杨晖/主编

深圳市桥头学校挫折教育案例集

# 以爱作桥

新华出版社

图书在版编目（CIP）数据

以爱作桥：深圳市桥头学校挫折教育案例集 / 杨晖主编.
—北京：新华出版社，2021.7
ISBN 978-7-5166-5947-2

Ⅰ.①以…　Ⅱ.①杨…　Ⅲ.①挫折教育—案例—汇编
—深圳　Ⅳ.①G44

中国版本图书馆CIP数据核字（2021）第125785号

**以爱作桥：深圳市桥头学校挫折教育案例集**

主　　编：杨　晖

责任编辑：庆春雁　　　　　　　　封面设计：中尚图

出版发行：新华出版社

地　　址：北京石景山区京原路8号　　邮　　编：100040

网　　址：http://www.xinhuapub.com

经　　销：新华书店
　　　　　新华出版社天猫旗舰店、京东旗舰店及各大网店

购书热线：010-63077122　　　　　中国新闻书店购书热线：010-63072012

照　　排：中尚图

印　　刷：天津中印联印务有限公司

成品尺寸：240mm×170mm，1/16

印　　张：30.5　　　　　　　　　字　　数：465千字

版　　次：2021年7月第一版　　　　印　　次：2021年7月第一次印刷

书　　号：ISBN 978-7-5166-5947-2

定　　价：68.00元

# 编委会名单

| 主　　编：杨　晖
| 副 主 编：石红梅　陆　春　曾静泉
| 编　　委：林　菌　陈远辉　金文江　郝　爽
　　　　　　左娇娇　马　丽　戴君洁

# 代序1

## 中小学心理健康教育大有作为

### 焦　璨

没有全民健康，就没有全面小康。心理健康是健康的重要组成部分，不断提升国民心理健康素质意义重大。习近平总书记在十九大报告中指出，要加强社会心理服务体系建设，培育自尊自爱、理性平和、积极向上的社会心态。青少年是祖国的未来，青少年心理健康是全民健康的基石，事关"两个一百年"奋斗目标和中华民族伟大复兴的中国梦的实现，做好青少年心理健康教育工作至关重要。

从党中央国务院到各级党委政府，都高度重视青少年心理健康教育工作，出台了一系列方针政策、指导意见、规章制度、行动方案等，为中小学心理健康教育工作指明了方向和目标。宝安区是深圳市经济强区、人口大区，也是教育大区，可用点长、面广、体量大来概括，中小学生心理健康教育工作任重道远。一直以来，宝安区紧紧围绕"立德树人"这个教育根本任务，对中小学心理健康教育抓得紧，抓得严，抓得细，抓得实。严格按规定开设心理健康课程，足额配置心理健康教师，完善心理健康教育场所，进行日常督导检查等。印发《宝安区教育系统中小学心理危机识别与干预工作实施方案》，定期对全区学生心理健康情况进行普查，健全心理健康档案，落实全区中小学心理危机动态监测"两周一报"制度，组建专业化的心理健康教育机构，对学生心理健康问题做到早发现、早介入、早化解，开展年度"阳光学子"评选等。宝安区中小学心理健康教育成效显著，形成的心理健康教育"宝安经验""宝安做法"，助力宝安教育高质量发展步入"快车道"。

宝安区中小学全面贯彻落实党的教育方针，因时而为，因校制宜，在学生心理健康教育方面大胆创新，涌现了许多好典型，形成了一批好做法。桥头学校就是代表之一。桥头学校原是一所村小，后改制成九年一贯制学校，学校办学历史悠久，生源构成复杂多样，学生心理健康教育工作更具挑战性，困难更多。我们欣喜看到，桥头学校勇于探索，善于作为，以"基于'奋斗幸福观'的中小学挫折教育策略研究"科研课题为抓手，系统性、深入化开展学生挫折教育研究，并取得了可喜的成果。这本沉甸甸的策略案例集就是例证。这本案例集，原生态地记载了一个个心理健康教育故事，真实、全面、鲜活地反映了当下中小学生的心理健康状况和存在的心理健康问题。这些心理问题，来源多样，有源于学习压力，有人际交往的不适，还有家庭原因等；对象多元，产生心理问题的学生从刚步入小学的小学生到面临升学的初中生；表现形式多样，程度轻的表现为焦虑、烦恼、暴躁、厌学、叛逆等，程度重的甚至出现暴力行为及自残、轻生等。一个个的案例，让人心情沉重，也让人提升警惕，更进一步说明做好中小学生心理健康教育的重要性和必要性。桥头学校老师们本着对教育事业的挚爱，对学生的关爱，以高度的责任心和教育智慧，关心、爱护每一个学生，引导、帮助他们健康成长。这一个个的教育案例，就是一颗颗心灵的成长。这本书记载的各类中小学生心理健康问题，不仅在桥头学校存在，在每一所学校都不同程度地存在。它山之石，可以攻玉。因此，这本书不仅是桥头学校学生心理健康教育的宝贵财富，深圳市或者其他地区的中小学，都可从中得到有益借鉴和启示。

国家的发展本质上是人的发展，人的发展离不开心理健康。随着教育基础地位和作用的进一步落实与体现，中小学心理健康教育工作大有作为，大有空间。希望桥头学校再接再厉，进一步推进中小学挫折教育的理论研究和实践探索，争取早日形成更具科学性、可推广、可复制、被认可的挫折教育模式，为中小学心理健康教育工作提供更多桥头做法和桥头经验。更希望其他兄弟学校守正出奇，守正出新，将学校心理健康教育工作推上新台阶，为推动宝安教育高质量发展"助力""赋能"。

2021年6月25日

**焦璨**：心理学教授，博士生导师。深圳大学心理学院副院长，深圳大学心理健康教育与咨询中心常务副主任，广东省心理学会心理健康专业委员会主任。

# 代序2

## 快速城市化视野下的中小学生挫折教育策略研究

### ——以深圳市桥头学校为例

杨　晖

当前，我国中小学生心理健康状况欠佳是普遍现象，因心理问题引发的恶性事件也不断发生。2020年5月，《中国青年发展报告》显示，我国17岁以下儿童青少年中，约3000万人受到各种情绪障碍和行为问题困扰。根据世界卫生组织统计，全球儿童心理障碍将成为致病、致残、致死的主要原因之一。党和政府高度重视学生心理健康教育问题，要求健全立德树人落实机制，大力开展心理健康教育。中小学生心理健康问题实质是中小学生心理韧性不佳，很大程度上体现为学生心理承受力弱、抵御挫折的意识及能力不强。挫折教育是我国心理素质教育的重要内容，也是全面发展教育的重要组成部分，对学生良好心理的养成、耐受挫能力的发展有重要影响。因此，在中小学开展挫折教育，引导学生树立面对逆境能主动调节与适应的意识，培养保持心理健康的能力，提升心理韧性和抗逆力十分重要。

从20世纪90年代开始，我国一些中小学已开始挫折教育研究。进入21世纪后，随着对学生心理健康教育重视程度的提高，挫折教育研究进一步深入。但这些研究或探索还存在局限和不足，如继续简单沿袭"挫折教育就是抗压教育"的视角，将挫折教育片面化视为提高学生挫折承受力的心理问题，忽略压力源、挫折感和挫折反应互动关系中变迁的过程性和复杂度，影响研究结论的有效性和适用性。特别是面对中国快速城市化对学生心理健康的影响，城市化与学生压力源和挫折感的关系，这方面的研究不多，也不够深入。深圳市宝安区桥头学校地处粤港澳大湾区核心中轴地带，作为中国快速现代化、城市化的参与者、见证者，经历了从村小到现代化学校的变迁。学校顺应快速城市化的背景，因时而为，因势而变，在中小学生挫折教育上进行了有益探索。

## 一、中小学生挫折特征

自20世纪80年代改革开放以来，一场规模宏大、史无前例的城镇化深刻地影响着中国。至2019年末，我国城镇常住人口84843万人，占总人口比重（城镇化率）为60.60%。"十四五"时期，我国常住人口城镇化率将提高到65%。市场转型、人口迁移及城市增长正在塑造一个转型中的城市中国。这场深刻的革命和广泛的变迁对教育生态，对中小学生心理健康教育产生了重大影响，且影响效应伴随中国城市化进程的加快更为凸显。

### （一）挫折成因更多样化、社会化

压力和挫折是不可避免的客观存在。一般认为，中小学生挫折成因分客观和主观因素，客观因素又包括社会（如政治、经济等）和自然因素（地震、自然灾害等），主观因素指个体的生理因素（如残疾等）。还有的将其概括为自然、社会、家庭和学校、个人因素四方面。无论怎么划分，社会因素都是中小学生压力源和挫折感的重要来源。当下，学生心理健康问题来源不仅是传统的学业压力、人际交往、青春发育期带来的身心发展不和谐、对现实和自我期望的认知分离等，更源于全方位、多维度的竞争压力，随着竞争加大加剧，受挫概率也会递增。这种竞争压力也不再是个体的单纯的学业压力，更延伸为个体及其家庭背后综合性社会要素的差异而带来的焦虑和挫败感。城市具有人口规模大、密度高、异质性高、流动性大、社会关系复杂等特征，社会要素差异性更大。随着改革开放和城市化进程深入，中国社会结构和社会阶层分化及重构加剧，这个分化及整合往往决定于社会经济地位。教育、收入水平和职业差异等是社会经济地位的核心变量。所有这些社会现实与自身期望的矛盾、冲突和分离，都会使青少年的自尊心受到严重伤害并产生巨大的挫折感，且随着这些矛盾、冲突、对立和分离的加剧而愈加强烈。这个趋势在北上深广这样的特大城市更为鲜明。以深圳市为例，改革开放以来，深圳城市规模及人口数量快速扩大，城市基本公共服务供应较快速增长的需求相对滞后，公办学位尤为紧张。目前深圳市义务教育阶段招生采取积分制，即将家长和学生的户籍、住房、社保等要素，赋予不同的积分，根据积分高低逐次录取。原本简单的义务教育新生入学，异化成家庭经济社会要素的"大比拼"。中小学生的压力也不再仅局限于学业压力，而来自更多方面。这种经济社会要素的差异而产生的压力和挫败感，与学生成长如影相随。以桥头学校为例，2019年以来，学校心理咨询室接待个案117人次，其类型分类见图1。

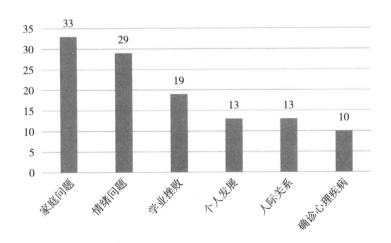

**图1　2019年至今学生个案所遇问题类型（人数）**

从统计可以看出，家庭问题居于学生心理健康问题成因的首位，而学业挫败为第三，家庭问题又与社会因素密切相关。

### （二）挫折对象更低龄化、群体化

压力与挫折因人而异。《心理健康蓝皮书：中国国民心理健康发展报告（2017—2018）》指出，我国的心理健康素养水平依群体而异。对于青少年而言（12—18岁），心理健康指数随年龄增长而呈下降趋势。报告针对青少年和儿童的调查还显示，流动儿童和留守儿童焦虑、抑郁和孤独感得分均高于普通儿童。深圳是中国城市化过程的领航者、实践者和见证者，市场经济发达但区域间发展不均衡，人口众多且结构复杂，社会阶层差异化、多样化特征显著，学校数量庞大、类型多样，且流动儿童和留守儿童数量大，他们的心理健康问题不容乐观。曾有研究对1739名深圳市中小学生心理健康状况进行调查统计，心理问题检出人数共230名，超过13%。心理问题不仅随年龄增加有加重的趋势，且普通学校学生比省市级学校学生心理问题更严重，较低学习能力和较高学习期望间的矛盾在普通学校学生中更突出。桥头学校高度重视学生心理健康教育，每年都对全校学生心理健康情况进行统计及分析。统计情况见表1。

表1　2019—2020年桥头学校学生心理健康调查表

| 年份 | 人数 | 心理状况欠佳或有心理问题倾向 | 心理状况欠佳或处亚健康状态 | 心理正常健康 | 合计 |
|---|---|---|---|---|---|
| 2019年 | 小学部（五、六年级） | 167 | 73 | 411 | 651 |
| | | 25.65% | 11.21% | 63.13% | 100.00% |
| | 初中部（七、八年级） | 19 | 42 | 326 | 387 |
| | | 4.91% | 10.85% | 84.24% | 100.00% |
| 2020年 | 小学部（四、五、六年级） | 258 | 120 | 802 | 1180 |
| | | 21.86% | 10.17% | 67.97% | 100.00% |
| | 初中部（七、八、九年级） | 128 | / | 606 | 734 |
| | | 17.44% | / | 82.56% | 100.00% |

根据以上数据对比可知，初中部学生的心理健康人数的占比，从2019年的84.24%下降了约两个百分点，心理状况欠佳或有心理问题倾向人数占比从15.76%上升到17.44%，这也说明，随着年段的增加，心理问题也有加重的趋势。

### （三）挫折反应更负向化、激烈化

挫折反应指个体面对挫折环境和压力而做出的反应，挫折反应有正向反应，也有负向反应。正向反应就是不畏挫折，及时调整情绪，将阻碍转化为动力，积极奋斗，进而消除阻碍；反之，如果压力得不到有效缓解，挫折感而引发的负面情绪得不到及时的干预、正确的调节和疏导，表现为焦虑、失落、抑郁、意志消沉等，进一步发展，根据米勒等提出的挫折—侵犯理论，更会导致情绪型越轨行为，如报复社会、暴力犯罪、自残等。当下我国未成年人犯罪暴力化、低龄化，高发的校园欺凌，频繁发生的学生跳楼、自杀等就是典型反映。城市在给人们带来巨大的物质财富和便捷的同时，人口膨胀、环境污染、交通堵塞、竞争激烈等"城市病"也给人们带来巨大的压力。青少年个体在遭遇挫折以后的心理和行为反应，主要取决于个体对导致自己挫折乃至失败的原因归结。如果一个社会对个人的自主性努力附加的限制越多，或对个体的努力给予不公平的报偿，那么，那些即使尽了最大努力仍未成功的个体便会将怨气发到社会上，并会产生情绪型越轨行为。日益加重的城市"问题"也导致中小学生心理健康问题多发，其挫折反应负向化、激烈化趋势加重。

## 二、开展挫折教育的意义

桥头学校重视中小学生挫折教育，开展挫折教育策略研究既是现实的迫切需要，也具有重大意义。

一方面，桥头学校是中国原乡村学校向城市化学校转变的样板。桥头学校前身桥头小学建立于1951年，地处深圳市宝安区福海街道，原是一所规模小，生源少的村小。2004年，伴随深圳市全面城市化进程，学校迁至现址重建，学校面积宽阔，校园现代新颖，成为全市村小改造的样板；2018年，为适应地方经济社会发展需要，学校改制成九年一贯制学校，开设初中部。学校现有中小学63个教学班，学生3200余人。改制以来，学校以建设"湾区核心优质示范校"为目标，坚持高质量发展理念，逐步成长为一所区域性优质品牌学校。可以说，桥头学校是中国特色城镇化、现代化、工业化背景下，农村学校向城市学校转型的代表。以桥头学校实践案例为依托，既能推动中小学挫折教育理论研究的进一步深入，又可以探索出更多、更有效的挫折教育策略、路径及方法，进而在更大范围上为中小学挫折教育提供普遍性的方法参考和路径借鉴。

同时，学校特殊的生源结构对心理健康教育特别是挫折教育提出了新课题、新要求。深圳是一个典型的移民城市，市民来自五湖四海，深圳市中小学学生来源也复杂多样，既有原本地居民子女，还有第二代、第三代深圳移民的随迁子女，更有大量的外来务工人员子女。家长的社会背景，包括社会阶层、从事职业、经济收入、教育背景、住房情况等具有相当大的差异性，这些差异性既是学生各类压力和挫折感的社会来源，更是开展挫折教育的丰富资源。深圳市提出培养中小学生八大核心素养，就包括加强意志训练，提高学生承受力、耐挫力和适应环境能力。桥头学校学生既具有深圳市学生结构异质性强的共性，还具有自身的特殊性。学校现有学生3200余人，其中外来务工人员子女占八成以上。这些学生家长普遍从事中低端制造业和服务业，经济收入和受教育程度相对偏低。据调查，其中单亲家庭和留守儿童（指父母单方或双方因工作长期不居家，由爷爷奶奶或其他人照看）又占三成左右。留守儿童更容易焦虑和抑郁，流动儿童更容易产生孤独感，这种特殊的生源结构背后就是家庭要素的缺失，从而导致学生各种心理健康问题易发多发。从图1中可看到，家庭问题是我校学生心理问题的首要影响因素。这个统计结果，也佐证了生源结构对学生心理健康的影响力。因此，学校基于特殊的生源结构，开展挫折教育策略研究，既是培养高质量的人才，推动学校高质量发展的迫切需要，也是对解决城市化带来的矛盾和挑战的积极回应，意义重大。

### 三、开展挫折教育的策略

桥头学校一直以来重视学生心理健康教育，改制成九年一贯制学校后，学校针对校情、生情、师情的变迁，将挫折教育列为学校发展战略的重要支柱，重视中小学生挫折教育策略研究，并形成了诸多行之有效的做法。

#### （一）开展"奋斗—幸福"挫折教育研究

学校注重以科研为指导，以课题研究为抓手，推进中小学生挫折教育的理论研究和实践探索的紧密耦合，相互激发。习近平总书记多次论述"幸福都是奋斗出来的""奋斗本身就是一种幸福"等重要思想，进而形成新时代的"奋斗幸福观"。挫折教育就是培养学生幸福的品质，会应对挫折的学生能获得更多的幸福感。学校以此为指导，开展"基于'奋斗幸福观'的中小学生挫折教育策略研究"课题研究，该课题被立项为宝安区"十三五"教育规划2019年度重点资助课题。学校开展该课题研究，不仅在于推动了中小学"挫折教育"理论研究的深入创新，更以桥头学校实践案例为依托，尝试从学校、家庭、社会教育等途径出发，探索构建一套系统的、较全面的中小学挫折教育干预策略体系，进而在更大范围上为快速城市化背景下的中小学挫折教育提供普遍性的方法参考和路径借鉴。目前课题研究正有序进行。

除此之外，学校还参与全国生涯规划教育课题研究。通过生涯规划教育研究，引导学生特别是面临升学压力的初中生正确认知自我，理性认识社会，正确对待差异，树立科学合理的人生发展长期目标和阶段性目标，并且根据变化进行修订，进而减少因认知偏差导致的挫败感。

#### （二）构建"1+N+3"的挫折教育模式

"奋斗—幸福"的挫折教育研究，建立在科学认知基础上。我们认为，挫折教育既是多要素、多体系构成的复杂系统，还是由压力源—挫折感—挫折反应等阶段构成的动态过程。因此，需要将多样的挫折源、多元的主体、多个发展阶段和多样的挫折反应统筹观察，整体研究，进而增强挫折教育理论研究的解释力和适应性。基于此，学校通过探索，构建了具有桥头学校特色的"1+N+3"的挫折教育模式。该模式构成见下图2。

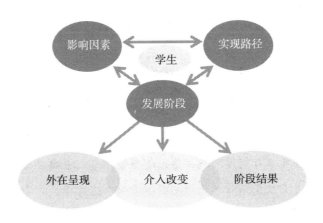

**图2 "1+N+3"挫折教育模式**

模式中"1"指一个原则，要以学生为本，以学生健康发展为中心；"N"指变量，这里主要指影响因素和实现路径。影响因素指造成学生心理问题的各种问题，我们将其归纳为学业压力、人际交往、家庭矛盾、身体因素、重大事故、突发事件等，实现路径指针对学生不同的心理问题而采取的各种心理介入方法及路径，我们将其归纳为心理谈话法、跟踪访谈法、注意迁移法、目标转移法、角色体验法、情景设置法、社会调研法等。实现路径是个变量，实现路径的运用也是个变量。针对不同的学生群体，针对不同的时间段，路径的选择、组合和运用顺序是有差异性，也是一个变量。"3"指一个学生完整的心理变化及发展过程要经历三个阶段，依次为外在呈现—介入改变—阶段结果。当然，这三个阶段不是截然分开，非此即彼的关系，每个阶段间相互交叉、相互重叠。发展状况影响着任务或目标，为实现任务或目标，又要选择相应路径和方法。从这个意义上看，发展阶段与影响因素、实现路径一样，都是影响学生挫折教育的变量要素。影响因素、实现路径和发展阶段这三个要素之间相互联系、相互激发、相互促进，共同构建起"1+N+3"的挫折教育模式。这个模式或策略体系体现三个遵循，即准确定时，明确学生发展阶段；准确定标，确定目标和重点任务；准确定法，确定路径选择和路径组合。"1+N+3"的挫折教育模式的构建，有效解答了挫折教育中的诸多问题，如不同学段、年龄段、群体的中小学生挫折分类，中小学挫折教育实施困境及原因，有哪些有效路径和方法，如何对路径方法进行监测，如何对实施效果进行诊断评估等。模式的构建，既是对学校学生挫折教育成果的总结和提升，又推动了挫折教育实践的进一步深入，使理论接了地气，实现了理论从实践中来，到实践中去。

**（三）全方位实施挫折教育课程**

课程是学校教育的核心。学校重视心理健康教育课程的实施。学校配置了专业心理学科教师，开齐开足心理健康课，学校还开展各类心理健康教育活动，比如心理健康教育讲座，心理活动周等，对学生进行心理健康知识普及，传授对挫折进行心理调适的方法，提升学生心理韧性。学校还因生制宜，正在开发和实施挫折教育（抗逆力）课程，即《桥头学校"奋斗—幸福"校本课程》，该校本课程从我校学生的实际出发，以科学数据为支撑，以实施策略为目标，为日后在中小学进行挫折教育提供"接地气"的实践模式参考。

学校注重学科交融，鼓励不同学科教育中挖掘和发挥心理健康教育资源，对学生进行思想品德、行为习惯和情感意志方面的教育；特别重视体育、艺术教育，让学生在运动中，在艺术熏陶中，学会调控情绪，磨砺意志，养成良好的心理品质；学校还通过活动课程和社会实践课程开展挫折教育。学校将心理健康和挫折教育作为学校德育的重要内容来落实，构建了形式多样，主体鲜明的德育活动体系，比如以每周升旗仪式、团队会、班队会等为阵地的德育常规活动体系，以学习和践行社会主义核心价值观为主线的德育主题活动体系，以中华民族传统节日为依托的德育特色活动体系等，对学生进行理想信念、意志品质教育。其他课程如综合实践课、社会综合实践活动、寒暑假期间的研究性学习、学生义工活动等，也突出学生心理品质教育。学校还开展生命教育、学科教育、榜样教育、亲子教育等，将学校、家庭和社会力量有机整合，实现挫折教育效果的"倍增"。

### （四）强化个性化、成长性指导

针对当前挫折教育缺乏个性和针对性，缺少"耐心"及"后续指导"的实际，学校重视个性化指导和成长性观察。一方面，高标准建设心理健康和心理咨询室，购置专业的心理测评软件V1.0和心理健康书籍，为重点学生建立和完善心理健康档案；同时以学生成长导师制度为抓手，推进挫折教育个性化实施。学校践行"发现、欣赏、创造"的办学理念，尝试开展学生成长导师制度，一位教师负责指导一至两名学生，对学生的个性、兴趣爱好、能力等各方面进行了解，并根据学生在成长过程中遇到的挫折，在充分考虑学生的需求下，制定成长计划，给予学生具有针对性的指导。教师将指导过程，包括成效、反思等记录在每一个学生的《基于"奋斗幸福观"的中小学挫折教育策略研究学生成长记录本》上，记录本就代表了一个有持续，有反馈，有后续的较全面、较系统的成长过程。

### （五）对接"儿童友好型"城市建设

1996年，联合国儿童基金会提出"儿童友好型城市"倡议，旨在让城市更加适合儿童成长，更好地保护儿童权利。中小学生挫折教育在于促进青少年全面、健康、优质发展。这与"儿童友好型城市"的目标是高度契合的。2016年，深圳市响应联合国"儿童友好型城市"倡议，在全国首次率先提出建设中国第一个儿童友好型城市的目标。桥头学校是深圳市"儿童友好型学校"试点单位，学校践行"以儿童为中心"的发展理念，将儿童友好型学校建设与挫折教育有机结合，推出了诸多创新型措施。

学校针对来深务工人员子女多，家长接送困难的实际，2018年5月，在全国首次推出了"儿童步行巴士"。步行巴士指家长或老师充当司机和乘务员，步行护送学生上下学。步行巴士作为一种安全、绿色、环保的出行方式，有效缓解了学生上、下学的时间和交通压力，又增强了他们生活体验。学校还成立了儿童议事会、小小人大代表工作站等组织机构，为学生广泛参与学校及城市治理，维护自身权益提供了平台和渠道。这些举措，加强学生特别是外来务工子女心灵关爱，提升他们心理健康调适能力，帮助他们树立且强化自信、自尊、自强、自立的精神，也促进他们更快、更好地融入城市、融入社会。

针对学校外来务工人员子女多，流动儿童和留守儿童心理健康指数偏低的实际，学校通过各种途径，将家庭教育和社会力量相结合，促进教育公平，为他们提供更多的发展机会。比如福海商会成立了商会会员儿童友好联盟，推出"彩虹课堂"公益项目，多维度引入社会资源，开展教育精准扶贫，基金会向优质培训机构购买培训服务，免费提供给有需要学生。公益项目首期落地桥头学校，受益学生200人。这些举措尽量减少社会因素差异带来的心理焦虑和学习障碍，减轻学生的挫折感。

心理健康是学生健康成长的基石，我们要高度重视学生的心理健康教育，培养学生良好的意志品质，传授学生有效的抗挫折的方法和技巧，用爱心和责任心，为学生搭建"心海之桥"，帮助学生走出一个个的心理挫折，头向阳光，积极向上。

# 目录

## 第 *4* 卷  情感认知  *341*

第1卷

学习问题

# 一名优秀生的学业挫败

**辅导教师：**林茵

**辅导学生：**张某某

**辅导时间：**自2019年7月至2020年12月

**辅导背景：**该生七年级入学时，因较出色的表现，成为老师与同学眼中的"好学生"。在一次年级月考检测后，得知成绩后崩溃大哭，认为自己成绩没有考好，辜负了老师与家长的期望，同时也对不起自己的努力与付出，认为自己是一个失败的人，一无是处，产生了巨大的挫败感。

**学生分析：**该生性格内向，个性也较要强，对别人的看法比较在乎。对此，在不知不觉中拔高了对自己的要求，要求自己做到并维护"好学生人设"，更不允许自己有一点失败。为此，给自己过多的心理压力。

## 辅导过程：

### 第一阶段：悦纳失败，合理归因，提升抗压抗挫能力。

考虑到该生因月考成绩没有达到自己的预定目标，故认为自己是一个失败者，同时出现了不合理信念。故第一阶段的教育内容重点在于认同感受、共情，引导学生悦纳失败，合理归因。

以下是我对该生的心理辅导过程。

我：我知道，你认为自己本次考试考得很差，觉得自己很失败，对吗？

生（点点头）：嗯……

我：我想你自己也没有想到会是这样的结果吧！

生（声音低沉）：是的。

我：那你本来的目标是怎么样的？

生：我本来希望自己的语文要上 85 分以上；我擅长的数学起码也要达到 97、98 分，结果数学只考了 93 分；我还希望英语有 98 分以上，结果考得也不理想。还有其他科目，如生物、地理、道法，都希望能拿到满分，历史起码要 70 分以上，但是都没有达到这个分数。

我：难怪你会这么难过，你给自己设定的目标都没有达到呢！

生：是啊，为了这次月考，我花了很多时间来复习。上个周末两天，我都在家里看书复习，什么其他娱乐活动都没有做。我甚至都不敢怎么休息。（说到这，该生有点想哭）

我：是啊，花了超级多的时间与精力来复习，结果发现付出与收入不成正比，真的太令人失望了！

生：我觉得自己很失败，真的很没有用。我对不起老师，一次普通的月考都不能考好，我还有什么用。这样下去，我中考也不会考好的。

我：是啊，你这种担心也是有道理的。同时呢，我有个想法，跟你有点不一样。你要不要听一下？

生（疑惑）：什么想法？

我：的确，你这次考试没有考好，这是事实。同时呢，在你参加真正的中考之前，你还有很多场考试，比如随堂考、月考、期中考、期末考、模拟考，你觉得往后的哪一场考试能决定你中考的成败呢？

该生沉默思考中。

我：同时呢，你现在是七年级，这次月考考查的也不过是七年级的知识点，而中考考查的则是初中三年的知识点，这两者可以等同吗？

生：不能……

我：嗯，那样的话，这场月考还能直接决定你的中考成败吗？

生：好像，不能……

我：嗯，其实你学习能力是有的。学习成绩除了靠学习能力、努力程度等因素外，还有一个因素就是心理状态。我记得你说你上周末两天都在拼命看书复习，对吧？你能告诉我当时你是怎么复习的，复习的时候心情是怎么样的吗？

生：我就是早上很早起来，吃完早饭就在那里看书复习，中午吃了饭又看书复习，晚上也是这样的。

我：中间有休息一会儿吗？比如午睡？

生：没有。要背诵的太多了。

我：嗯，那当时复习的心情与效率怎么样？

生：一开始看还好，后来觉得好烦，感觉也没有什么效率。但是一想到要考好，不能辜负老师对我的期望，又觉得压力好大。

我：嗯，所以那天考试也是差不多这样的状态？

生：差不多吧。

我：其实呢，心理状态真的会影响考试时发挥的，其实你的学习能力是有的，也就是你的实力不差。所以呢，你认为这次影响你成绩的主要是哪个因素？

生：心理因素吗？

我：嗯，你太紧张了，太介意这个考试结果了，太希望考好了，这种在心理学上就叫"超我"水平太高了，也就是对自己的要求太高了。同时，你也有一些不合理的想法存在，比如，一次考不好等于中考考不好，一次考不好等于自己"一无是处"，这些想法太绝对化，不是吗？

生：好像是的。

我：所以，知道怎么调整自己了吗？

生：嗯，老师，我知道了。

**第一阶段辅导效果及反思：** 本次谈话结束后，偶尔会在课间在走廊处遇到该生，有时候会打招呼简单询问一下。该生看上去精神状况良好，脸上笑容也渐渐多了，表示目前学习状态良好。在本学期第二次常规月考中，该生大有进步，并取得了总分全班第一的好成绩。本阶段教育中，比较值得借鉴的是对该生感受认同的部分。当时该生情绪崩溃后大哭，有老师安慰其已考得很好，比大多数同学好，但却对该生起不了缓解情绪的作用，该生反而愈加觉得自己失败。因此，在引导该生科学看待失败，合理归因之前，如果能认同该生感受，引导该生先处理好情绪，那么后面的教育自然也就水到渠成。

### 第二阶段：提升学习自信。

上次教育辅导后，该生状态一直良好，也能独自较好地处理学习上遇到的各种小状态，心理素质明显提高。本学期，该生在一次语文公开课课堂上，老师邀请其回答问题，结果该生没有回答好。想到老师的评价与同学们的眼光，该生倍感压力；加之此前一次语文质量常规检测没有考好，因此心情愈加低落，对语文学习信心愈加不足。此外，通过与该生的交流，发现该生在语文学科的学习方法上需要调整，语文学习的信心也需要提升。

因此，阶段二教育方案初步计划通过两个方面入手，希望能降低该生语文及其他学科的学习挫败感，提升其抗挫能力与对语文学习的自信。

第一步：降低语文学科学习的自我挫败感。

为初步了解该生对于学习的感受，包括对自己的要求、如何看待他人对自己的看法，我与该生约时间进行教育辅导面谈。

我：我看你最近，无精打采的，怎么回事？

该生沉默。

我：同学们对我说，你在公开课上的表现，这个件事对你有影响，是吗？

该生点点头。

我：当时怎么回事，可以说说吗？

生：老师希望我在课上举手回答问题，但是我不是很想。后来没回答好……

我：看来你当时挺难堪挺难受的吧！（帮助该生表达出自己的感受）

生：嗯。其实我挺怕语文老师的。

我：怎么说？

生：我上课都不敢看他，有时候他会突然叫我回答问题。然后对我语文成绩也有要求。比如说，你这次考试要考到多少分多少分之类的。

我：看来老师对你的期待有时候成了压力呀！

生：是啊，我压力挺大的。

我：所以你就算是一个人默默承受压力，语文有不懂也不敢去请教老师吗？

生：嗯。我是很想把语文学好，但是我不知道为什么，反而越来越退步。我也不知道原因在哪里。

我：哦，看来你也试过努力提升语文成绩，但感觉没效果。（继续认同感受）

生：嗯。

我：那你感觉语文的薄弱项在哪方面呢？或者这么说吧，语文考试中，你丢分比较多的是哪些？

生：嗯……

我：我们来梳理一下。语文考试的题型，前面是基础题和古诗词的内容，这部分是要记忆的，这部分你应该没问题吧，背诵这个任务你都是认真去完成的。

生：这部分没问题。我感觉我阅读不行。

我：阅读题吗？那一般情况下，你阅读题能拿多少分？

生：感觉扣的分数挺多的。

我：阅读题一般情况下就是考察你的阅读理解能力，这大概跟你的阅读量有很大关系。你能否告诉我，除了课本与指定阅读书目，你平时还会看哪些书籍？

生：没有。我只看指定阅读书目，因为那些考试会出相关题目的。

我：所以，你几乎不读任何课外书籍？

生：不读。

我：这样啊，其实呢，我的感觉是，语文的阅读题其实跟阅读量有很大关系，你阅读的东西越多，你可能会对阅读更有感觉。此前我也请教过年级的语文老师，他们也是这么说的。这就是为什么总听到语文老师们在说"阅读量很重要"之类的话。你之所以觉得阅读题难，会不会是你阅读量太少了？我感觉你对阅读不是很有信心，或者说，其实你有感觉的，但是你怕错，不敢去表达而已？

生（思考了一会儿）：我也不知道。

我：没事，那这样吧，我们今天先到这里。你回去找几篇阅读，自己读一读，把感受写下来，然后对比答案自己先看看，思考一下，或者跟同学们讨论一下。

生：好。

本次谈话结束后，我也在思考，该生学习努力，特别是对语文学科，因为他不想辜负老师的期望，同时，作为学生会干部、年级的优秀生以及班长，该生身上也背负着各种美好、优秀的"人设"。俗话说：戴其冠必承其重。该生有无可能其实是为了不辜负老师与同学的期望，而导致心理压力过大，至此无法发挥真正的学习水平？带着这些疑问，我决定与其面谈进行探讨。

第二步：探讨学习的方法与感受。

我：上次回去自己看得怎么样？

生：嗯，我也不知道。

我：或者你现在能不能拿出阅读练习，随便找一篇文章读一下，然后先不管这些题目的提问，你就告诉我，这篇文章讲了什么，作者想表达什么？

该生阅读了文章后，思考了一会儿，说出了自己的想法。从该生回答中，可感觉到，该生对阅读还是有感觉的，但自信心明显不足。如果能增加在阅读方面的自信，相信也能提高阅读水平。

我：从你的回答中，可以感觉到，你对阅读是有感觉的。你有问过阅读题做得好的同学，他们是怎么做题的吗？或者你回忆一下，老师怎么教做阅读的？

生：老师也有说过一些阅读题作答的规范表达，比如"作者通过……的写作手法，描述了……，表达了其……的思想"等这些。

我：嗯，非常好！说明其实你是用心学习的。我想，会不会是可能你还没有吸收这些方法。或者，你要不要在用这些方法之前，再加个小环节，就是你读完文章后，写下自己的感受，想到什么就写什么，不用去管对错。用这样的方式，渐渐地找一些阅读的感觉？

生：感觉可以试试。

我：同时，你阅读量太少了。建议你除了阅读指定书目外，也要适当地看一些课外书。如果没有特别喜欢的文学作品，也可看看一些比较好的杂志，如

《读者》《青年文摘》等，都有助于提高你对阅读的感觉。

生：好，我试试。

**第二阶段辅导效果及反思：**此阶段的教育，主要提高该生学习的自信心。其实通过与该生面谈，发现该生对语文老师教授的学习方法，其实是有掌握的，可能是基于自己为优秀生，心中不想辜负老师的期望，很想努力达到老师对自己的要求，同时也是该生对自己的要求，因此才导致心理压力过大，无法发挥出语文学习的正常水平。故此，从该生已习得的语文学习方法入手，再引导该生增加自信心，那么该生语文学习效果的提高也就水到渠成。

### 第三阶段：学会适当表达情绪或感受，调适心理压力。

在阶段一与阶段二调整好该生的学习上的情绪并提升信心后，现需要对该生的学习信心进行辅导与整体提升，包括该生对待家长、老师们的期望，学会正确看待与处理他人对自己的看法，故阶段三的辅导从以上方面入手。

在疫情复学返校后，我与该生再次约谈，了解该生的情况。

我：我感觉你经常板着脸，很严肃的样子。

该生沉默。

我：你不像陈同学或是李同学他们，有时候会"咋咋呼呼"的。

生：我有时候挺想的，就是不敢……

我：哦，怎么说？

生：我是班长，又是学生会干部，自然要严肃一点。

我：身为班长，又是学生会干部，成绩又好，这些"人设"不能崩塌，对吧？

生：嗯……

我：所以，你累吗？

该生惊讶地看着我。我继续问。

我：带着这些"人设"，像不像一块块石头压着你前行？我有种感觉你都不是你自己了。

生：有时候会这样觉得。

我：知道我刚才为什么说你很严肃吗？我感觉你不够"鲜活"，有什么感受、有什么心理压力，感觉你都是憋在心里，没表达出来，就是那句网络上的话"终究是一个人扛下了所有"。可是，你累吗？

生：有时候觉得挺累的。

我：我知道你对自己有要求，也不想辜负老师对你的期望。这些"人设"对你来说，是荣誉，其实这样挺好，你从中得到了锻炼。但是，可能你太过于看重这些，同时你也太在乎别人的看法，就不知不觉中对自己的要求提高甚至过高。比如学生会干部要有威信，要严肃，然后你就不苟言笑了；班长要起好带头作用，学习必须优秀，不能"垮"，更不能辜负老师的期望，然后你就在学习上给予自己过多压力。然后你发现，你越"用力过度"，效果越小，你都有点怀疑自己能力了。

生：好像是这样的。

我：所以，我对你的建议是，这些优秀的"标签""人设"，你都可以拥有，继续保持都是可以的，在这个基础上，给自己一点点改变：偶尔也跟同学开开玩笑，心理压力大了也可找你信任的朋友说一说，就是要"鲜活"一点，你也是人，你也是有感受有情绪的。我知道你一直想保持优秀，有时候弱一点下来不是什么丢脸的事情，反而能让自己更好、更强大起来，就像弹簧一样，也需要有紧有松才不会断，你觉得呢？

生（点点头）：老师，我明白了。谢谢老师！

**辅导结果**：本次教育辅导结束后，我也持续关注该生情况，有时候遇见该生也会简单聊几句，了解情况并进行简单提醒。后来，据班主任与科任老师反映，该生现在给人的感觉与以前大不同。脸上的笑容多了，话也渐渐多了，对他人的关心也渐渐多了，感觉整个人"鲜活"了。该生在学习方面的信心也逐渐提高。后续偶有一次质量常规检测，该生成绩不是很理想，班主任对其进行关心谈话，该生的反馈也比较好，说自己在心态与学习方面都会调整好的，实在不行会主动找心理老师聊天舒压。在后续的学习中，该生学习状态良好，成绩保持优良。

**辅导反思**：其实通过前两阶段的教育，该生已学会适当表达自己的情绪与感受，这对该生缓解自身心理压力有一定帮助；此外，在前两阶段的教育辅导中，着重树立该生的学习自信，从后面老师与同学的反馈看，该生对自己学习把握及处理学习上的挫折，都有自己的调适方法与能力，可见该生抗挫折能力明显提高。

完成了阶段三的教育辅导后，该生挫折教育也暂告一段了。在这长达一年半的跟踪辅导中，可看到该生从无法接受失败到正确看待失败，从不够自信到渐渐自信，从不苟言笑的紧张状态到开始学会自我调适，释放心理压力。该生在这一过程中，抗挫能力明显提高；本次挫折教育目标达成，成功有效。

● **专家点评**：对于不少青春期的学生来说，确实有一部分学生存在二分法的世界观：不是黑就是白，不是好就是坏。这与他们的经历少有关。部分学生自我认识方面存在偏差，不能合理的认识"成功"与"失败"的关系，常常会走向极端，表现为情绪的变化。林老师深知青春期学生情绪和认知的发展特点，引导该个案调整认知，合理"认识"压力并降低不合理期待。完成了三个阶段的辅导后，该个案的抗挫能力得到了明显提高。

# 一名学习障碍生的转变

**辅导教师**：黄小金

**辅导学生**：小杰

**辅导背景**：从四年级下学期接手这个班开始，他就格外不一样——瘦瘦小小，是班中男生最矮小的一个，一幅营养不良的样子，仿佛一阵风就能把他吹走。上课时候就像一条软糖，从来没有坐直过。在班上几乎就是被忽略遗忘的一员。小杰家住得不是很远，但每天早上几乎都是铃声响后才到教室，屡次教育但是效果不佳。上课经常趴在桌子上睡觉，老师提醒他，要么无动于衷，要么就想方设法地玩。有时还故意逗引周围的同学，和他一起说话玩耍。各科作业从来不完成，各科考试成绩更不用说，从来不超过十位数。而且有撒谎的习惯。对老师、家长的教育无动于衷。经过询问，因为小杰父母忙于生意，他经常是回家没有父母管束，整天拿着手机玩，沉迷于网络游戏。

**学生分析**：分析小杰同学对学习落后、行为散漫，学习能力低下这一些的行为表现，不正是学习行为困难的表现？那什么因素造成了小杰的学习障碍呢？导致学生学习障碍的原因有学生自身的内部因素，还有学校、家庭、社会等外部环境的影响。学习障碍学生的自我概念较差，自我评价低。小杰就是这样，他对自己是处于放弃的状态，对所有事情都随意，无所谓。这更导致了学校适应性差、学习进一步恶化。因为学业失败感到自卑，而且自身被同伴轻视，不易成为同伴喜欢交往的对象，这导致其亲社会水平较低。

学习障碍学生并非无药可救，他们与其他学生的区别在于他们是"有特殊需求的学生"，只要教育矫治方法得当，他们完全能够达到正常学生的发展水平。所以，小杰是可以转变的。剖析原因后，我决定试一试帮助他。连夜制定了对小杰的辅导转化目标和计划。

**辅导过程：**

**第一阶段：发现亮点，恢复自信，教给方法，激发兴趣。**

通过观察，发现小杰虽然学习方面有障碍，但对手机游戏却充满着热情。我就以此为切入点制造机会，让他恢复自信心。

一天上课前，我低头在收拾书本，不知什么时候，小杰和几个男孩子蹭到讲台边，小杰时不时用食指碰一下我放在讲台边的手机。

我边想边微笑地抬起头：呵，这是我刚刚换的新手机，看来，这个小家伙眼睛挺尖的。嗯，这何尝不是一个机会？

我：小杰，这是什么品牌的手机，你知道吗？

话音刚落，其他几个男孩子叽叽喳喳抢答"苹果手机""小米手机"。

小杰：嗯……嗯……我知道，是华为手机Mate30。

我（故作惊讶）：哎哟，真厉害，连华为手机的型号都记得住，你知道得挺多哟。

听了我的表扬，我看到小杰眼睛亮了一下，嘴角边还露出一丝微笑。

我（趁热打铁）：小杰，看来你很聪明嘛，如果上课也能认真一点就更好了。

小杰低着头笑了。

上课了，我意外地发现，小杰居然没懒洋洋地趴在桌子上，而是把腰板坐直了。我马上提高音调，故作吃惊：大家看看，我们班的小杰坐姿多端正，多神气呀！原来那么帅！大家都望向小杰，一开始，他还不好意思低下头，不一会儿，咧开嘴笑了，这可是我第一次在课堂上看到他的笑容。这一节课，虽然他大部分时间还会东张西望，那腰身还会偶尔软塌如面条，但我知道，表扬和肯定已对他起了作用。

第二天，从来没交过作业的小杰，居然破天荒交上来了，虽然字写得一塌糊涂，正确率只有10%，但我已闻到了成功的花香。自从那以后，我在课堂上想尽办法找出他的闪光点进行肯定和鼓励。渐渐地，小杰上课的态度端正了许多，但由于他基础太薄弱，加上高年段语文知识量大，难度加深，他学习起来困难非常大。于是，我利用课下和课后时间，给他开"小灶"，从最基本的语文基础知识开始，由易到难，循序渐进，还设立奖励打卡制度，每做对一道题，就奖励一个小印章，积累到一定的数量就可以换取小礼物。

**第一阶段辅导效果及反思**：就这样坚持了一个月，第一次语文小测，平时考零分的他居然考了30分。教学实践表明，学生学习障碍的产生在一定程度上也与教师的教学方法和教学态度有关。因此，我们不能借口学生"笨"或"脑子有问题"就推掉教育矫正的责任，而应在遵循"因材施教"以及"为了一切学生、为了学生的一切、一切为了学生"的教育原则下，履行对包括学习障碍学生在内的全体学生的教育义务。教师应真诚关怀学习障碍学生，对他们投入更多的教育时间、精力和情感，尽量多一些鼓励，少一些斥责；多一点理解，少一点偏见；多几分耐心，少几分焦躁。让学生感受到教师的深切关爱，消除师生隔阂，建立起融洽的师生关系。

## 第二阶段：结对关心，齐抓共管，持之以恒，巩固习惯。

第一阶段的辅导效果还是不错的，但是要彻底转化小杰，单打独斗肯定不行，必须充分发挥班集体的力量和家长的作用，双管齐下。因此，阶段二教育方案初步计划通过两个方面入手，希望让小杰有进一步改变。

第一步：发挥集体力量。

我安排班上学习成绩优异、乐于助人的小敏和小杰同桌，让他们结成"师徒"对子，设立"师徒同奖"制度。当小杰有进步时，除了表扬奖励小杰，我还大力表扬和奖励师傅小敏，为她竖大拇指，夸她是了不起的小老师。有了尖子生的榜样引领，班上其他同学也对小杰伸出友谊之手，当小杰上课开小差时，坐在后面的同学会善意提醒他，当小杰作业不会写时，同学会耐心为他讲解。就这样，小杰成了班上人人想帮，人人愿帮的孩子。

第二步：争取家校联合。

家庭是学生社会化最重要的基地。大量研究表明：青少年学习障碍和家庭资源密切相关。学习障碍学生的家庭资源、学习动机和认知发展存在因果关系。造成小杰学习障碍的原因，与他的家庭有着密不可分的关系。通过与班主任了解，小杰母亲是本地人，父亲是外地人，在市场开了一家杂货店，两人文化程度都不高，忙于生计无暇顾及孩子。为更深入了解小杰的家庭情况，我决定上门家访。

一个周末的上午，菜市场，小杰家杂货铺。

小杰母亲：老师，小杰最近怎么样？

我：小杰最近这段时间上课认真了很多……

小杰母亲（急急打断）：老师，你对他严一点，不听话就罚他。我都没有时间管他，这个是他的亲妹妹，每天要带他妹妹去市里做治疗。

我朝她指的方向望去，一个两岁多的小女孩，睡在儿童推椅上，有点像小杰，眼睛很大，但是却无神。

小杰母亲：哎！老师，他妹妹智力有点低下，刚查出来还有癫痫，两岁多了还不会走路，我每周都要带她去市里面做治疗，小杰我们都没有时间管他，他每天回来就是玩手机……

我看了这个瘦小的女人，明白了一切。

小杰母亲：老师，你帮我抓严一点，我知道他学习现在是很不行了，我只求他学会做人，不要当一个大坏蛋就好。

我：好的，我会严格要求他的，在班上也安排了优秀的同学辅导他，他进步很大，希望你们也要多督促，多鼓励他，给他自信心。

小杰父亲（不善言辞，终于从一堆杂货中抬起头）：多谢老师。

那次家访后，我还经常利用电话、信息与小杰父母进行沟通，让父母给予小杰多一些肯定与鼓励。并和小杰制定手机使用条约，规定手机使用的时间和范围。

**第二阶段辅导效果**：那一段时间，我欣喜地发现，小杰的作业书写进步了，正确率也高了很多，有一次居然全部做对。期末检测成绩居然考了60多分。

**辅导结果**：对小杰辅导跟踪的一年半的时间里，经历了醒悟、转变、反复、稳定四个时期，到六年级下半学期转学前，虽然他成绩还是达不到各科的平均分，但在课堂中，还是有了比较稳定的学习状态和学习习惯。据小杰妈妈反馈，小杰到了新学校，很快适应了学校的生活，表现还是比较令人满意的。

**辅导反思**：通过这次辅导过程，我深刻认识到要摒弃对学习障碍生的偏见，多给一些爱心，让爱的阳光温暖学困生的心灵，让爱的雨露滋润学困生的学习和成长，积极探索新方法和技巧，努力加强对学习障碍生的转化教育工作，或许另一个伟大的人物就在你的手中诞生！

● **专家点评**：黄老师的个案分析写得非常好，从现象到原因分析，查找了相关资料，分析了学业动机不强的具体原因，从细微处关注学生的点滴进步并及时表扬。联系家长后发现原来因为家庭的特殊情况，父母对他的关注较少。黄老师做好家校沟通，引导家长给孩子更多的关注和爱。小杰很快适应了新的环境，学习上取得了较大的进步。

# 适当挫折是好事

**辅导教师：**余泽彬

**辅导学生：**王某

**辅导背景：**该生是家长和老师眼中的尖子生，但升入三年级接触了新的学科——科学，第一次考试时很不理想，觉得周围的同学都在取笑他，认为自己成为一个差生了，很怕其他科目会随之变差。觉得自己辜负了老师与家长的期望，嗷嗷大哭。

**学生分析：**该生性格内向，个性要强，自尊心强，对父母和老师的看法也比较在乎。而且一二年级是学习标兵，该生对自己的要求比较高，更不允许自己有一点失败。为此，孩子在每次考试都抱着很大的心理负担，给予自己过多的心理压力。对于这门新的学科，也是抱着高度紧张的心态去考试。

## 辅导过程：

### 第一阶段：分析原因，树立自信。

本阶段的教育内容重点帮助学生分析原因，树立学生学习自信心。以下是我对该生的辅导过程。

我：你认为本次考试考得很差，觉得自己已经成为落后生了，对吗？

生（点点头）：嗯……

我：我想你也没有想到有一天会考全班倒数吧？

生（声音低沉回答）：是的。

我：那你觉得这次考试没有考好的原因是什么？

生：其实是我第一次接触这门学科，没有复习，有时没有认真听，后来听说科学要考试我有点担心，可是我也没有想到会考最后一名。

我：好吧，那这次期中考你的语文、数学、英语、科学的目标分是多少？

生：本来这次考试，希望语文要上 90 分；英语和数学要拿到满分。科学要求比较低，85 分，结果都没有达到自己的目标分。英语 98，数学 95，语文 84.5，可是科学 36 分，考得太不理想了，现在觉得自己是一个差生了。

我：那这样，老师大概知道你的原因了。看来这次考试失败了，但你实际没有讨厌科学吧？

生：我觉得虽然自己很失败，但我并不讨厌科学。只是我觉得有点对不起父母和老师，很害怕后面学的知识越来越多不会，这样下去，期末考还是要倒数。

我：是啊，老师觉得你的想法是好的，但你的做法却是被动的。我有个想法，跟你有点不一样。你要不要听一下？

生（疑惑）：什么想法？

我：你这次考试没有考好，这是事实。同时呢，在期末考之前，你有很多场考试，比如单元考、期末测试模拟考，你觉得往后哪一场考试你可以及格呢？

该生沉默思考中。

我：同时呢，你现在是考前面单元知识，这两个单元的知识你都会了吗？实验你都懂了吗？

生：有些懂，有些还是不懂。

我：嗯，如果那样的话，期末考就不会考期中考过的内容吗？

生：会考，可是我找不到学习的信心和动力。

我：如果你对科学学习没有信心也没有动力，那你在科学学科的失败将是永远的失败，当你打败了它，你将会收获成功的喜悦。

生：老师你觉得我应该如何学习呢？

我：科学是开卷的吧？是不是就意味着上课不需要听了，实验不需要做，作业也不需要做，更不需要复习？科学是开卷，但如果你上课不听，不做笔记，科学考试时间那么短，你可以完成吗？

生：是，我才找了几题，直到要交卷的时候，我发现好多题来不及做。

我：所以开卷对于不认真听课的人来说时间真的不够用。知道怎么调整自己了吗？要不要改变自己的学习态度和听课状态？有没有信心？

生：嗯，老师，我知道了。有信心。

**第一阶段辅导效果及反思**：本次谈话结束后，偶然会在科学课堂上去巡视该生在科学课的状态，下课走进去和他说，今天科学课表现很棒，老师奖励你一朵小红花。这个爱笑的男孩脸上笑容渐渐多了，上课认真听讲，平时主动跟老师请教，课后认真完成作业。在常规单元考中，该生大有进步，取得及格的分数。

## 第二阶段：调动学习主动性，构建教育网络。

上次教育辅导后，该生的状态良好，希望继续了解该生对于科学学习的感受，包括对自己的要求。于是，我主动和家长沟通。以下是我和家长的聊天。

我：孩子最近科学学习状态怎么样？

家长：上次老师和他沟通之后他的学习兴趣还是在的，最近一次考试也及格了，这给他增强学好科学的信心了。

我：是啊，这是他第一次考这么低的分数吧？

家长：是的，确实对他有点打击。

我：妈妈对孩子的要求很高吧？孩子是不是比较在乎别人对自己的看法？

家长：是啊，我对他要求比较高，孩子的学习基本是我在关注，从小到大他的成绩还算不错，上次科学考砸了试卷我都没有见到呢。（可能被他撕了）

我：那你当时的反应是怎么样？

家长：看着孩子这样的状态和心情我就知道没有考好。于是我也没有去逼问他，不想给他太大压力。

我：你这样做是对的，我要给你点赞。你觉得他不把试卷带回来是什么原因？

家长：我觉得他想逃避我打骂，因为对他低分我都是惩罚的，这次太低了，怕我接受不了。而且我了解孩子，只要他失去信心，他就很难树立信心。

我：那你后来发现他的科学学习状态是怎么样？

家长：我觉得他后面有一段时间慢慢变好了。回家了主动拿书起来看，也尝试动手做科学实验。

我：看来经过我上次和他沟通，他还是明白了！他还是树立自己的信心了。

家长：是啊，看他后面单元考试考及格了非常开心，我鼓励他继续加油，学习要有方法，不懂要请教老师。

我：那我们一起看看期末考试的结果如何吧！

家长：是啊！希望他可以克服困难，在家我也会及时关注他的学习。

我：不要给孩子太大压力吧，告诉他尽力就好。

家长：是啊，也许我应该反思一下自己，鼓励鼓励他，增强他的自信心。

这一阶段，除了与父母家长，还和孩子保持沟通、让这个孩子感受老师、班主任、家长都在关心着自己的学习。

**第二阶段辅导效果及反思：**此阶段的教育，主要提高该生学习的自信心。让被动学习变为主动学习。同时孩子也在父母和老师的关心下慢慢恢复学习的自信。从该生已经习得的科学学习方法入手，再加上家长的学习监督和关注、科任老师的引导，班主任的关注，该生学习效果的提高也就水到渠成。

**辅导结果：**我持续关注该生情况，遇见该生也会简单聊几句，了解情况并进行简单提醒。后来，根据科任老师的反馈，该生已经可以跟上课堂老师的思路，学习信心也逐渐提高。期末该生也取得了满意的成绩，成绩保持优良，拿到了学习之星，脸上恢复了以往的自信和笑容。

**辅导反思：**在这半个学期的跟踪辅导中，该生抗挫能力明显得到提高；本次挫折教育目标达成，成功有效。引导"优等生"走出"低谷期"，学会接纳"不优秀"的同时，帮助其重拾自信，重燃学习热情，明晰未来之路。给我们的优等生一点挫折吧，让他们知道生活应该是酸甜苦辣咸五味俱全的，不具备过硬的心理素质，经不起挫折与打击，很难保证他们将来能适应社会，成就未来。为了孩子的健康成长，为了孩子辉煌壮丽的明天，我们非常有必要采取更加科学的教育方式，给这些孩子创造"一些挫折"！

● **专家点评：**文中是一个优生第一次经历学业低谷期的案例辅导。三年级是学龄期儿童学业表现的一个重要转折期，倘若在儿童经历学业失败后未进行及时有效的辅导很可能一个优生从此沦为差生。余老师抓住该生第一次科学开卷考试失败的教育契机，引导学生改变对科学的不恰当认知，与家长携手帮助孩子积极面对科学考试及不佳考试成绩，并通过个人行动实现逆袭。达到了预设的辅导目标。

# 一位家长的来信

**辅导教师：**李彩云

**辅导学生：**李某

**辅导背景：**某天，我收到一位学生家长发来的信息，内容如下：李老师，孩子最近在校学习状态是否很差？我发觉她近来心情很浮躁迷恋手机……脾气也很大，缺了一周的课她说好多她都不懂，让她去问老师她又不愿意！这次几科考试都考砸啦。她自己也好着急，试卷我也没看到……让她补作业也不听！唉！我都快成她的敌人啦……叛逆期真让人头疼。感觉学习真是为父母……我不想她就此垮掉！从该家长语无伦次的话语当中，不难发现其对孩子现状的担忧与无奈。就此，我对该生开展教育辅导计划。

**学生分析：**该生在小学阶段不仅成绩名列前茅，且在运动、音乐、舞蹈各方面都非常出色，是师生眼中品学兼优的好学生。六年级上学期，该生因事请假一周后，缺失相应的课程，导致单元测验中退步明显。该生因此大受打击，表现出较为明显的焦虑和颓靡倾向，并沉迷网络小说。该生个性敏感好强，对自己有较严苛的要求，非常在意他人的评价和看法。长期使自己处于高压状态下，心理负担重，对失败和挫折的承受能力较低。

## 辅导过程：

### 第一阶段：家校合作，引导释放压力。

该生考试失利之后，学习状态不佳，心浮气躁易动怒，并且迷恋手机，沉迷玄幻小说，通过这种方式逃避现实中的失败。本阶段的教育目标在于家校合作，引导该生正确舒缓压力，不再沉迷于玄幻小说。具体方式如下：

家长：老师您好，请问我的孩子最近在校学习状态是否很差？

我：家长您好，孩子学习积极性有所下降，但目前在校状态还是较稳定的。

家长：上次确实有好几科考试都考砸啦，我知道她内心也好着急，近来变得心浮气躁，说什么也不听。

我：是的，孩子现在还未完全从失败的阴影中走出来。根据学校心理普查的结果显示，孩子目前已经有焦虑、自责、敏感倾向了，所以现阶段不宜给孩子太大的压力，作为老师和家长，我们应多给孩子一些关爱，帮助她舒缓情绪和压力，让她尽快恢复到正常的心态中来。

家长：好的，老师，孩子最近还有点沉迷网络小说，让她少看点她也不愿听，烦请老师抽空疏导一下。

我：好的，我会抽时间与孩子聊聊的。孩子沉迷网络小说可能是宣泄压力的一种方式，我们应多多关注孩子的内心世界，营造轻松愉悦的家庭氛围，建立良好的沟通，也可以与孩子共读，引导孩子发现网络玄幻小说的不良内容和危害，同时通过与优秀文学作品的对比，培养孩子分辨能力和鉴赏能力。除此以外，我们可以引导孩子通过其他积极健康的方式来舒缓压力，例如户外活动、兴趣爱好等，通过这些方式潜移默化影响孩子，使孩子从网络小说中走出来。

家长：我明白了，谢谢老师！

**第一阶段辅导效果及反思：**在家校合力下，该生不再沉迷玄幻小说，积极参加各项课外活动比赛，找到了自信和乐趣。本阶段的教育主要在于通过家校合育，引导该生从网络玄幻世界中走出来，找寻积极健康的方式舒缓压力。

## 第二阶段：跟踪教育，建立良好心态。

经历第一阶段的教育引导后，该生已意识到玄幻小说的危害，但学习积极性依然不高，课堂上表现得不如以前积极踊跃。与该生交谈发现，该生认为自己辜负了老师和家长的期望，努力付出却未能达到自己制定的目标，认为自己是一个失败者。故第二阶段的教育内容重点在于通过共情的方式引导该生正确处理负面情绪，提升该生抗挫折能力。以下是我对该生的心理辅导过程。

我：最近在课堂上发现你不如以前积极，是在哪些地方听不懂吗？

生：能听得懂。

我：那么我今天在课上提的问题你能回答吗？

该生犹豫着说出答案。

我：说得很好，有自己独特的见解，那么为什么不举手回答呢？

生：单元测验中也出现过这些知识点，但我考得并不好，我不知道这次我的回答能不能令老师同学满意。

我：嗯我知道，你认为这次成绩很不理想，觉得自己很失败，对吗？

生（沮丧点头）：是的，我辜负了大家的期望。因为缺课，我比之前花费了更多的时间和精力去复习，什么娱乐活动都取消了，甚至也没怎么好好休息过，没想到还是没考好。

我：是呀，努力都白费了，这多令你失望呀。

生（点头）：我现在学习的时候总是无法集中精力，心里觉得特别烦躁，我觉得我以后的考试一定也会考不好了。

我：我非常理解你的心情，但我有一些想法你愿意听一听吗？

该生点头。

我：确实，你这次没有考好，为此你感到难过伤心是可以理解的。但一次失败不能决定以后的结果。挫折本身不可怕，可怕的是被挫折轻易打倒。学会处理好自己的情绪能让挫折无机可乘。

生（沮丧）：嗯，朋友都说我变了一个人似的。

我：所以你看，你在考试前给予自己太多的压力，这些压力使你处于一种恐慌的情绪中，害怕题目答不好，这些影响了你真正的思考。所以你明白什么是导致你考试失利的主要原因了吗？

生（恍然大悟）：是的，我当时压力是真的非常大，考试时候我超级紧张。

我：是的，你太介意考试结果了。你现在明白该怎么做了吗？

生：老师，我明白了。

**第二阶段辅导效果及反思：**本次谈话结束后，能看到该生在课堂上逐渐恢复了状态，学习积极性明显提高，同学反映该生也变回从前开朗的模样。在之后的随堂测验中也取得了优异的成绩。本阶段的教育内容中，值得关注的是共情的交流方式。该生的情绪濒临崩溃边缘，如果只是安慰其已经很优秀，已经做得比大部分同学要好了，不仅难以达到缓解情绪的作用，反而更容易增添该生的心理压力，让其觉得自己很失败、自己本应更优秀的。因此，老师与其感同身受，让其更能接受老师的教育，对引导该生自主控制情绪更有帮助。

### 第三阶段：针对辅导，建立学习自信。

在阶段一和阶段二的教育引导后，需要针对该生具体的学习弱项进行针对指导。据观察该生的数学学科较薄弱，语文学科的考试技巧有需改进。本阶段的教育内容重点为针对辅导该生的学习薄弱项，使其建立起学习自信，减轻其心理负担。具体教育内容如下：

首先是针对性的学习指导。针对该生数学学科整体较为薄弱的情况，改善其学习方式，使其从死记硬背的方式转变为活学多用；多做针对性的练习，使该生逐渐找到学习数学的感觉。在语文学科方面，该生原先存在的问题是阅读题回答过于全面，导致做题速度较慢，因此我提出对于阅读题可转变为分点作答，既清晰明了也能节省时间。

再次是引导该生学会劳逸结合、减轻心理压力。该生曾坦言在单元测验的复习中几乎没有休息，并且给自己制定了极高的目标，因此导致了较重的心理负担，最终结果不尽人意。科学的学习方式应是劳逸结合，适当的放松反而能够提高学习的效率。因此引导该生学会正确的学习方式对其成长有极大帮助。

**辅导结果：** 在以上教育引导下，该生的数学成绩有较大进步，在语文考试中对时间的把握也更加得心应手，并在接下来的单元测验中取得了第一名的好成绩，学习自信明显提高。

**辅导反思：** 通过三个阶段的教育，该生在面临负面情绪时已能够迅速调整状态，且在学习上愈加自如，劳逸结合的方式也让其心理压力有效缓解，可见该生的情绪控制和抗挫能力有极大的进步，本次挫折教育目标有效达成。

● **专家点评：** 在初中阶段，可根据实际安排面向全体教师和初中家长关于青春期身心发展特点及沟通方式的培训，通过培训使老师和家长更科学的认识到青春期孩子的身心变化，尤其是指导家长调整教育方式和沟通的方法。李老师在该个案的辅导过程中，注重家校合作，从具体有效的途径入手，深入细致的跟进，激发了该学生的学习动机和学习兴趣。

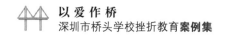
# 一位课代表信心的重建

**辅导教师：** 戴君洁

**辅导学生：** 肖某某

**辅导时间：** 自2020年9月至2021年2月

**辅导背景：** 七年级入学初，该生成绩位列班级第一，并担任语文课代表，但在相继而来的月考中，班级排名下滑到第八，其中最拖后腿的科目竟然是语文。这让他在语文学习上的自信一落千丈，认为自己在语文学习上没有天赋与能力，上课状态萎靡。

**学生分析：** 该生性格内向，平时话不多，但与老师交流时坦率真诚；接受能力强，反应速度快，造成该生个性高傲有优越感，他看重老师与同学的评价，有表现欲，但是不够勇敢；心理上不够成熟，做题不仔细，状态受分数影响极大，且不能及时调整。该生对自己成绩要求高，加之父母管教严格，对其期望值大，无形中背负着较大压力。

## 辅导过程：

### 第一阶段：减轻愧疚感，悦纳失败，合理归因。

该生因语文单科考试严重拖后腿而倍感焦虑。故第一阶段的教育内容侧重于感同身受，认同学生情绪存在的合理性，引导学生正确看待失利，正确归纳原因。

以下是我对该生的心理辅导过程。

我：你觉得你这次语文考试考得怎么样？

生：考得特别差。老师，对不起……

我：考试考得不好不需要和老师说对不起，重要的是我们一起来分析原因，下次考好才是我们的目标。你在做试卷的时候感觉难度怎么样？

生：感觉题目都不难，可试卷发下来发现，很多题目都没有得分。

我：从你考试的做题策略来看，还是有一些问题的，我们在考场上，做题时间有限，尽量是先易后难，遇到不会的题目不能停留太久，不然后面写作文的时间太少。

生：是的，我也发现了，这次作文我写得很匆忙，以后我会注意的。

我：你考试过程中还有一个问题，就是你会回想到老师在课堂上的内容，这是一件好事，但是你刚刚说你越想脑袋就越是一片空白，我在想你是不是考试的时候有一些紧张？

生：可能吧，考前还有想上厕所的感觉，应该是有点紧张的。

我：考前有这样的表现，可以确定你有一些紧张，那说说，为什么你会紧张吗？其他科目考试的时候会不会紧张呢？

生：其他科目考试的时候好像没有太大的感觉，心情还比较平稳。语文考试紧张因为我特别想要考出一个好成绩，如果考不好我觉得对不起你，作为课代表都考不好还有点丢脸。

我：所以考试之前你给自己的压力太大了，你要明白，我选择你做课代表是因为你在课上特别认真，每次作业都不用我担心，你已经是我的小助手了，而不是说你一定要考班级最高分。而且你工作认真负责。考得好或者不好，不会影响你在我心里的印象。

生：嗯嗯，谢谢老师，我会继续做好这些的。我希望下次可以考好。

我：很开心你能这么想，你觉得你现在感受怎么样？

生：我觉得心里好受了一些，好像没有那么大的负担了，心里也有一些自信了，觉得我只要保持好的状态下次应该就可以考得不错。

我：对，我们还是要对语文充满信心的，那你现在先要做的是什么？

生：我觉得最重要的就是转变我现在的状态，这两天上课有些消沉，不怎么有精神，所以我要重新振作起来。

我：非常好，就是要保持斗志，那我们再来说说这次考试失利的原因吧。

生：一方面是我紧张吧，就是心态没有放平，心态不好；另一个就是有些知识确实是没有掌握吧，一到考试的时候就忘记了，对知识点不熟悉。

我：嗯嗯，非常好，发现自己考试失利的原因后，你现在对语文还有恐惧吗？

生：感觉好一些了吧，现在就是有点斗志，想要看看自己通过努力，下次能不能考出一个理想的成绩。

**第一阶段辅导效果及反思：**本次谈话结束后，接下来一段时间，他在语文课上表现得十分积极。同时，我也感受到他对同学的积极影响在增加，他大声朗读和背诵所产生的感染力也在带动他的组员。在这种良好状态的带动下，该生在本学期期中考试中语文成绩大有进步，整体班级排名也有上升到了第二位。本阶段的教育内容中，其中比较值得借鉴的就是要对症下药，找出该生考试失利的原因，减轻他内心对教师的愧疚感，从而让他能够放心，继续全身心投入到学习当中去。俗话说：解铃还须系铃人，能够找出挫折的根源，帮助学生走出挫折就已经成功了一半。

**第二阶段：继续认同，增强自信。**

上次教育辅导后，该生学习状态一直较好，成绩虽然没有特别高，但是起伏不大，心态一直比较平稳。出乎意料的是在本学期的期末考试中，该生的语文成绩"一夜回到解放前"，创了历史最低——70分，这个分数甚至没有及格，也没有达到班上的平均分。分数一出来，比他更着急、更崩溃的是他的母亲，该生母亲就在线上和我交流：该生知道分数后崩溃大哭，学习自信心全无，坦言现在害怕语文考试，觉得自己真的是没有办法学好语文。该生母亲也倍感焦虑，不知道用什么方法来帮助孩子提高语文成绩，重建自信。

为疏导该生，我让该生再做一遍试卷，然后我批改后再对他进行反馈。这一阶段的教育方案需要达到两个目标，一是找出语文单科中的薄弱环节，第二个就是重塑该生的语文自信，因疫情原因，我和该生都留在深圳，我们约好时间在学校见面分析试卷，并将以往考试试卷一并带来整体分析。

我：最近放假这几天感觉怎么样？有没有出去玩？

生：还行吧，这两天都没有出去玩，没有什么心情。

我：都放假了，怎么还没有心情呢？

生：语文考得不好，成绩出来那天，我看到分数那么差心里本来就难受，然后我爸还训了我一顿，这两天都打不起精神。

我：嗯嗯，你的这个情况，我也大概了解了一下。好吧，那话不多说，我们先来看看你的期末试卷。你先自己来说一说你的薄弱项在哪里？

生：我感觉我基础部分答得还可以，基本上只丢一两分，但是阅读还有作文得分不高，阅读有些题都没有分。

我：的确，你的基础确实比较扎实，看来语文课代表没有白做哈。好的方面我们就不说了，那我们先来说一说阅读，你阅读上的一个突出问题就是答非所问，没有弄清楚题目的考点，或者就是在审题的时候不仔细。

生：有点不仔细，看一眼题目后就想着要写了，然后可能就没有那么仔细。

我：是的，这就导致很多时候你考完之后自我感觉良好，对自己的成绩还有一定的期待，可是最后有些题目一分都没有，分数和你预期的就会有一定的差距，这个差距越大，你心里的失落就会越大对不对？

生：是的，这次考完后，我心里还挺高兴，觉得都写满了，还检查了，认为自己考得不错，可是分数出来差距太大了，我都不知道为什么考得这么差。

我：那我们刚刚分析一下之后，心里是不是明朗了一些？

生：嗯嗯，知道了自己为什么会丢分，有些是阅读的知识点没有掌握，有的是因为在审题的时候不够仔细，答非所问。

我：非常好。就像你自己说的，审题不仔细，作文应该是你这次考试分不高的最主要原因，偏题了。

我：现在我们找出了短板，知道这个寒假怎么做了吗？

生：知道了，我一定会在阅读和写作上多下功夫的。

我：心里有没有舒畅一些？对语文有新的认识吗？

生：和您聊完，我觉得好受多了，谢谢老师的鼓励，我假期一定会好好看您推荐的书，我相信我可以的。

与该生谈完后，他已经知道分数低的原因，并且产生了主动补齐短板的干劲。于是趁着学生的热情，我趁热打铁，布置给他一个任务，再树立起他的自信。

我：最近接到一个任务，就是需要写读书小论文，每个班选一位同学来写，我觉得你可以胜任这个任务，不知道你是不是愿意写？

生：真的吗？老师我可以吗？

我：当然可以啊，你要相信我的眼光，过年前把电子版给我，写得好可以登上省级报纸哦，加油吧！

生：好的，谢谢老师，我一定会好好写的。

**第二阶段辅导效果及反思：** 此阶段的教育主要是帮助该生找到短板，同时重建自信。通过与该生交谈发现，该生对于语文老师教授的学习方法，其实是有掌握的，但是考试时不够细心，审题不认真。同时考试时的心理压力导致考试时没有发挥出最佳状态。因此，该生还需要从学习方法和习惯上加以引导，再不断增强其自信心，这样语文成绩必定会提高。

### 第三阶段：调适心态，提升抗压能力。

通过前两阶段的心理辅导，该生在新学期对语文展现出如初的热情，但是仅做到这一点还不够，可能下次再遇到语文考试失利，该生的心态还是会崩。所以第三阶段的目标就是要让该生能够自主调整心态，提高面对挫折的能力。正确处理家长的期待、老师的叮嘱和学生目光，在学习中找到自己的节奏。于是在新学期返校后，及时与该生约谈，了解情况。

我：最近上课感觉你都挺兴奋的，怎么了，有什么好消息要分享吗？

生：没有什么好消息，就是新学期挺开心。

我：怎么说？

生：我这个寒假都有在认真学习，还上了语文辅导课，我觉得我下一次考试语文肯定能考好。

我：那如果没有考好怎么办呢？

该生一时不知所措，最后就是看着我。

我：老师这么说不是否定你的寒假学习成果，而是要告诉你不要被成绩牵着鼻子走。我们不能陷入恶性循环：一考不好我们就失落，然后失去信心。我们要在平时就不断调整自己的心态，你觉得是不是？

生：是这样，我会调整好自己的心态的。

我：学习要注重学习的过程，感受过程的快乐，但是不能太苛求结果，所以是平时抓紧学习，考试放松心态，要做到有张有弛，不要给自己太多压力。

生：嗯嗯，我会的，谢谢老师！

**辅导结果：**本次教育辅导结束后，我持续关注着该生情况，平时他来办公室交作业，都会留下来简单聊两句，说一说最近的学习状态。他在语文课上的状态一直不错，考试成绩也令人满意。考试后他来和我分享他的考试状态：考试前告诉自己不管考得怎么样，寒假努力了就足够了。该生在考试前没有给自己一定要考好的压力，正是这样的放松心态，最后让他考出了自己的水平。

**辅导反思：**该生通过半年的心理辅导，该生能够做到平常心面对考试，调适心理，对语文的自信也慢慢增加，信心也变得更加稳固，不会因为考试的影响而瞬间崩塌。该生在这一过程中，情绪调适能力、抗挫能力明显得到提高。本次挫折教育目标达成，成功有效。

● **专家点评：**戴老师在教育引导学生的过程中，帮助学生发现问题、指出具体错误出在哪里、给出对应解决问题的方法、等待纠正，然后给予及时的反馈——这个循环过程将帮助学生循序渐进的进步。过高的期待和过严的自我要求，都会带给孩子更多的焦虑。帮助学生客观地认识自己，帮助他确定通过适度努力可以达到的目标，使他们不狂妄自大也不妄自菲薄，这在青春期的教育引导中是很重要的事情。建议桥头学校在初一学生中，开展"我是谁""认识我自己"主题的心理课或班会课。

# 克服考试焦虑

**辅导教师：**李怀玉

**辅导学生：**林某

**辅导时间：**2020年12月至2021年1月

**辅导背景：**林某，女，初一学生，思维正常，因期末考试临近，产生了焦虑情绪，在生理表现上出现时而食欲不振，时而暴饮暴食的现象，同时，该生还出现了睡眠质量不佳，夜间多梦，时而惊醒，注意力不集中，记忆力减退等等现象。该生出现的征兆已持续了一个月，初步评估为一般心理问题。辅导老师采用了"系统脱敏法"对求助者进行了帮助，经过五次咨询后，求助者的焦虑情绪得到了明显的缓解。

**学生分析：**林某是家中独女。父母均在深圳务工，初中文化程度，家庭经济状况中等偏下，因为凭借劳动力挣钱，十分艰辛，对林某学习要求就十分严格，希望她以后能考上名牌大学，通过知识改变命运。父母十分关心和照顾孩子的日常生活，对她的学习不敢有丝毫懈怠，省吃俭用也要给孩子购买学习用品，上各种辅导班。林某也很乖巧，学习成绩一直很好，品学兼优，并让她担任班级主要干部，但也使她有了更大的压力。因此，她主动放弃了许多休闲娱乐的时间，专注于学习。父母看到她努力上进的样子，都以她为骄傲，常常在亲朋好友面前夸奖她。进入初中以后，父母更加重视她的学习，她的学习成绩也十分稳定，但期中考试时，因为涂错了答题卡，她的考试成绩一下降低了很多。她的压力变得很大，吃饭时，常常感觉没有胃口，或者突然就胃口大开，吃到停不下来；晚上入睡困难，并且经常做梦，从睡梦中惊醒；而且还特别害怕考试，一想到考试就会紧张，手也会发抖；上课注意力不集中，学习效率十分低下。她的父亲担心这样发展下去，她会失去学习信心；老师认为她知识基础扎实，学习也刻苦，就是考场上紧张，没有发挥好。

初步评估为一般心理问题。

**评估依据：**经医院诊断，林某无器质性病变，排除生理性因素；求助者的主观世界和客观世界统一，没有出现幻听幻视等现象，人格相对稳定，可排除精神类疾病；求助者出现的心理症状具体表现为焦虑，注意力不集中，记忆力下降，情绪波动。生理症状具体表现为睡眠质量不良，行为症状，时而食欲不振，时而暴饮暴食；求助者的症状是由于考试这一现实刺激引发的；求助者的症状持续时间已经一个月；求助者的社会功能没有泛化，社会功能完整。

## 辅导过程：

### 第一次辅导

目的：收集求助者一般资料，建立辅导关系，做出初步评估。

方法：会谈法；测验法。

过程：填写辅导登记表，询问求助者基本情况；介绍辅导中的有关事项与规则，双方的权利与义务；与求助者及其好友进行谈话，收集临床资料，探寻求助者的心理问题及改变意愿；求助者做症状自评量表SDS、SAS；将测验结果及诊断结果反馈给求助者。

谈话过程（节选）：

辅导老师：你好，今天来找我，有什么我能帮你的呢？

林某：嗯，我最近老是睡不好觉，经常做一些很奇怪的梦，老是被人追杀。

辅导老师：最近？你可以具体说一下吗？

林某：从上次期中考试后，我就这样了，还越来越严重。

辅导老师：期中考试对你有什么影响啊？

林某：别提了，那次考试，我可郁闷了。本来英语很好的，但在考场上，不知道为什么会紧张，然后答题卡涂错了。现在一想到考试，心情就烦躁，还经常对朋友发火，搞到现在，他们都躲着我了，吃饭也不叫我，放学也不跟我一起走了。我知道自己这样不对，可是我控制不住我自己。

**第二次辅导**

目的：确立咨询目标，和求助者商量咨询方案。介绍系统脱敏疗法原理及方法。学习放松训练。

方法：参与性技术。

过程：布置家庭作业，让求助者理解系统脱敏原理，并且进行放松训练。实质上，"系统脱敏法"就是通过一系列步骤，按照刺激强度由弱到强，由小到大逐渐训练心理的承受力、忍耐力，增强适应力，从而达到最后对真实体验不产生"过敏"反应，保持身心的正常或接近正常状态。放松状态多次与引起求助者焦虑或恐惧的条件刺激物或者情景结合，即可消除原来因该刺激物引发的焦虑或恐惧条件反应。

**第三次辅导**

目的：用系统脱敏法帮助求助者。

过程如下：放松训练让求助者靠在沙发上，全身各部位处于舒适状态，双臂自然下垂或搁置在沙发扶手上。让求助者想象自己处于令人轻松的情景中，使其达到一种安静平和的状态。然后，用轻柔愉快的音调指导求助者练习放松前臂、头面部、颈部、肩部等，重点强调面部肌肉的放松；构建焦虑等级，根据家庭作业情况，引导求助者按考试刺激情景的轻重，从弱到强建立焦虑等级。求助者建构的焦虑等级如下：1级焦虑为收到考试信息；2级焦虑为考前一天准备考试用品；3级焦虑为考前一晚睡不着；4级焦虑为在去考场的路上想上厕所；5级焦虑为在考场上碰到不会做的题目；求助者应用放松训练试图练习1—3级焦虑等级，进行系统脱敏。

**第四次辅导**

目的：根据第三次建立的焦虑等级，对求助者进行系统脱敏。

具体方法：让求助者开始想象第一级情境：离考试还有三周，求助者处于放松状态；让求助者开始想象第二级情境：考试前一周想到考试时，求助者比较紧张，进行放松训练，反复进行直到求助者不再感到紧张，进行下一级的脱敏。

家庭作业：进行前4级"焦虑等级"训练，并试图训练5级情境。

## 第五次辅导

目的：完成系统脱敏，并且进行咨询效果评估，结果巩固。

家庭作业：进行5级"焦虑等级"训练。

**辅导结果：**

求助者自我评估。林某反馈：在深呼吸的放松训练下，我感觉能渐渐的肢体放松，然后脑子慢慢地也安静下来了，这样的放松休息之后能够感觉到自己的精神好多了。而且在学习的时候能够静下心来，听课的时候能够跟着老师的节奏，不再走神了，最关键的是背诵的速度也恢复了。

求助者症状改善程度。求助者在通过心理咨询后，食欲下降，入睡困难等症状得到明显改善；上课的注意力更加集中了，不再感觉焦躁，不再频繁地对周围的同学乱发脾气，人际关系得到了缓解；面对一般考试或者测验能够基本应对。

求助者社会功能恢复情况。求助者的人际关系得到了改善，与周围同学能友好相处。

该求助者比以前精神多了，可以看得出，她对考试不再感到那么焦虑，达到了近期目标，但该生的情况还需进一步观察。

**辅导反思：**

完成了5次的教育辅导后，该生的挫折教育也暂告一段落了。现总结该生的受挫原因，分析如下。

生物学原因。林某，女性，13岁，进入青春初期，身体的快速生长和心理的缓慢成熟出现冲突，此时的她正处于心理断乳期。在情绪表达上，本身就存在着情绪活动的外漏性，遇到开心的事情就无遮无拦，开口大笑；遇到困难，就会双眉紧锁，哭丧着脸。此外，初中生的情绪体验也存在着迅速性，情绪本身就是来得快，去得快，存在着喜怒无常的不稳定性。处于初中的她情绪体验还具备两极性的特点，遇到考试，会表现出害怕考试，又表现出跃跃欲试的心情；这种情绪可能会导致学生出现旺盛的斗志，也可能会减少学生的活动能量，在困难面前表现出手足无措并且丧失斗志。

社会学原因。学习竞争激烈；家庭和老师对其期望很高，在一次比较重要考试中没考好；缺乏必要的放松的策略与技巧，遇到焦虑情绪后不知道该怎么办，也没有得到社会支持系统的有效帮助；面临步入初中后的第一次期末考试。

心理学原因。该求助者对自己要求高，把父母和老师对自己的期望看得很重，认为考试成绩不好就对不起父母的辛苦付出；缺乏情绪调节的方法，缺乏有效解决焦虑的行为模式。

目前，在辅导老师师和求助者的共同努力下，已完成近期目标：协助求助者将焦虑等级降低与协助求助者改善睡眠情况。其应对挫折的能力也有了进一步的提高。但关于挫折教育的长期目标：协助求助者完善人格，则是未来我们还将共同探讨的话题。

● **专家点评**：通常，对于学生焦虑问题的产生要从其生长的环境寻找原因。过高的期待是来自父母对他的高标准高要求，还是来自完美主义追求产生的不合理的自我认识，厘清产生的原因。在初中阶段，建议在心理课或者班会课中开设"自我认识"这样一个主题的课，引导学生合理认识自己的优势和长处，对自己有个恰当的定位，设立适合自己的通过努力可以达成的发展目标，有助于帮助孩子充满希望又脚踏实地。

# 一名"学困生"的突围之路

**辅导教师：**段小丽

**辅导学生：**张某

**辅导背景：**她总是安静地坐在教室某个角落里，非必要时不和同学讲一句话；她总是瞪着茫然的眼睛直盯黑板；她总是全班最后一个慢悠悠地将空白的，或是错得一塌糊涂的作业本递给老师。进入三年级，学习难度增加，她更是一筹莫展，考试成绩经常是班级倒数。面对这样的状况，她更加努力了，鼻梁上还架了一副眼镜，可学习情况并没有改善。

**学生分析：**她是个性格内向的女孩，胆子小，不爱跟人交流。学习上注意力不集中，不善于观察和思考，记忆力不强。从一年级起，成绩就一直在班级处垫底位置，付出与结果不成比例，所以变得自卑，面对接踵而至的学习困难，她只能一再退却。面对这样的状况，她父母焦急，但是苦于没有方法，常常事倍功半，每天作业成了孩子和家长的噩梦，但又不得不面对。

## 辅导过程：

### 第一阶段：尊重学生，换位感受。

这个孩子很少体验到学习的快乐，对学习是害怕的，畏难的。行为上表现为被动，沉默寡言，注意力不集中，上课害怕老师和同学关注。久而久之变得自卑，意志薄弱，非常依赖家长与别人的帮助。学习动机就变得更弱，恶性循环，对她的成长非常不利。所以第一阶段辅导重点是通过替代经验的方法吸引她的注意，通过谈话沟通给她解压，关心、走近她，打开她的心扉。

在课堂上，我常常会特别关注她所在的这一小组，当这个小组有同学上课认真听讲，积极回答问题时，除了表扬个别学生之外，特别表扬这个小组同学坐姿端正，注意力集中。这时，整组学生在课堂上显得士气高昂，举手的同学更多了，有些同学即使不举手，也不知不觉坐得更端正了。她的眼神也不知不觉投向了同学和老师。当有个别跟她一样成绩落后的学生举手回答问题时，我也会及时表扬这个学生，表达这对种勇气的赞许。时间一长，她也会偶尔在课堂上颤巍巍地举起了小手，这时，我一定会请她来回答问题，肯定她的进步。

她的家长非常关注她的学习，每天都会陪她把每一项作业做完。所以，每次她的作业我都会特别关注，对她完成作业的态度进行表扬。然后抓住这些表扬的契机跟她聊天。从沟通中我得知她觉得语文是自己学得最困难的，也最害怕的，因为很多字词总是写了又忘，记不住，一看到文字很多的文章，读起来很费劲，很多字不认识，也读不懂。长长的问题一看就怕，也不知从何下手去回答，喜欢听故事，读英语，可是每天完成作业就差不多要到十一二点，没时间听故事……

**第一阶段辅导效果及反思：**班杜拉的"替代经验"认为（观察学习、示范、模仿）影响自我效能感。我运用这一原理，通过肯定同伴示范的方式激发她的动机。通过肯定她的点滴进步共情她的感受，打开她的心扉。她在语文课上，兴致较之前高了一些，偶尔能举手回答问题，迷茫的眼神也会闪过一丝丝亮光。虽然她面对的困难还很多，但有了这一丝亮光照进她的心田，就意味着一个好的开端。


## 第二阶段：接纳自己，悦纳失败。

通过第一阶段的交流，家长反映孩子在家完成作业的主动性提高了，但面对一些难题，还存在困难。所以第二阶段的重点是引导学生学会积极归因，客观评价自己，接纳自己。语文第二单元考试结束，她的试卷仍然有大面积空白，没有及格，但是比第一单元进步了几分。于是我找了她一起分析试卷。

我：我发现你这次考试成绩比第一单元有进步呀，不错哦。

她比较紧张，不太好意思地看了我一眼，没说话。

我：来看看你的试卷吧，你觉得这次考试哪些题是比较容易完成的呢？

她看了半天，指了指自己得分的一些简单的题目，没说话。

我：我也觉得是这些题，完成得不错。你再看看，有没有哪道题是你在考试时觉得很难，但是想了想还是写了答案，结果做对了的呀？

她指了一道题，我一看，她写的答案就是在上课时她举手回答过的。

我：对啊，我还记得这道题你上次上课时还举手回答了的，你还记得呢，真棒！我发现你越来越会学习了哦！

生（不太好意思地看了我一眼）：可是，还有好多题我都不会做……

我：记得第一单元考试，也有一道题你是空白的，可这次你就写对了哦。

她点点头。

生：你觉得这次是什么原因写对了呢？

她：因为上课时我听老师讲过。

我：嗯，你不仅认真听讲，还积极思考并尝试模仿，所以这次你就做对了！

生：是的。

后面在分析她对于基础知识记得不牢固的原因时，她说：有的是真的忘记了，有的是发现前面的都不会，后面的就不想看了，所以空着没写。再仔细看试卷时，发现有些空的部分其实她是会做的，还有一些空题是因为她怕错了，不敢写上去。于是，我鼓励她，下次你大胆按自己想的写上去试试。

**第二阶段辅导效果及反思**：这一阶段教育让我感受到：为学生提供从始至终的接纳环境，对学生内在自由感和安全感的发展很有必要。学生可在这样的环境下表达自我。她在之后的几次考试中，试卷上空白的题明显减少了一些。无论回答得是否正确，至少又迈出了一步，畏难的情绪也不那么明显了。


### 第三阶段：体验成功，提升自信。

有了前两个阶段的铺垫，期中考试她的进步明显，实现不及格到及格的飞跃。家长也主动跟我说，孩子最近完成家庭作业时间缩短了不少，老师的鼓励很有用。我明白，她的记忆能力弱，非常影响她的进步，如何实现突围？需要再创造机会，推她一把。

所以在语文第五六单元学习时，我在班级组建了一个6人小组的加油群。主要针对积累困难的孩子，做了单元知识点复习卷。让他们几个每天在晚辅课的时间抽20分钟做一次，然后检查订正。一开始他们的错误挺多的。我联系他们的家长，让他们在孩子回家完成作业后再带孩子复习巩固一次。就这样，知识点多次复现，巩固记忆，如此反复几天后再练习，及时跟进，这些困难的学生错误率明显下降。看到得分从50到60、70甚至到90分，他们就越做越轻松，越做越有信心。然后我用同样的复习卷在全班进行了单元基础知识考试，当念到她97分时，全班同学发出了尖叫声，大家不可置信地看向她，她的脸"唰"的一下红了，带着几分羞涩几分自豪地走上前来接过了试卷。其他几名同组的学生也和她一样，感受到来自同伴的赞许，一放学，他们几个主动要求我继续做题，要求挑战一下。

**第三阶段辅导效果及反思：** 在这一阶段的做法主要是创造机会，搭建平台，联合家长一起。让孩子化难为易，把目标各个击破，同时又通过同伴鼓舞的方式，让她充分体会到努力带来的成功，享受到学习的快乐，这份肯定和自豪感极大地提高了她的自信。在下半学期的单元考试中，她的应答能力得到了很大的提升。最后的期末考试中，她考出了93分的好成绩。在我给她发奖状的时候，她在全班同学面前咧开嘴笑得很甜很甜。

**辅导结果：** 通过近一个学期三个阶段的辅导，她在语文学习上的转变是巨大，平稳地实现了由低段向中段的过渡。在辅导中，我尊重和接纳她，理解并支持她，还创设环境让她体验学习的快乐，让她发现自己的优点，提升她面对挫败的能力，发展出更加积极的自我。

**辅导反思：** 她的突围之路，也让我深深体会到：其实教育是一件很奇妙的事，当我们对孩子予以真诚、共情、温暖、认可时，孩子就自然而然地敞开了心扉，他的自我探索和自我发现也就自然地发生了。"星星之火，可以燎原。"老师就应该做那道光，温暖的光，照亮学生的心灵……

● **专家点评：** 被关注被期待，同时将期待的目标与个案当下实际结合在一起，制定小步子进步的学习方案，从行为习惯、时间管理入手，对结果及时评价，这样的循环可以有效地帮助孩子培养良好的习惯及激发积极的学习态度。同时争取家长的配合，家庭教育和学校教育目标一致。显然，段老师用这样的方法辅导该个案，取得了良好的效果。在学生正向行为培养的过程中，可以总结方法并推广使用。

# 一名"学困生"的信心重建

**辅导教师：**马丽

**辅导学生：**赵某某

**辅导时间：**自2020年9月至2021年2月

**辅导背景：**该生七年级入学时，入学成绩较差，课堂上经常性出现神思倦怠、眼神迷离、打瞌睡等现象；对于老师的要求表面应承，却无实质改进，时常得到老师的特别关注。长此以往，逐渐产生厌学情绪，自我放弃。

**学生分析：**该生有时表面表现得不在乎别人的看法，其实内心特别在意，渴望得到周围人的肯定；但又性情散漫，对自己要求不高，缺乏自我提升的内驱力，长期的情绪积压，给自己造成了很大的心理困扰。

## 辅导过程：

**第一阶段：正确认知自我，适当肯定自己。**

该生基础薄弱，进入中学后，学习科目的增多和学习任务的加重，自身学习困难，逐渐失去对学习的兴趣，上课只能睡觉，作业更是应付了事。在老师多次就学习问题找他谈话后，并没有太大改变。我便尝试与他探讨，试图找出原因。

我：开学已经一个月了，适应现在的初中生活了吗？

生：还行吧，因为我小学也是在这个学校上的，对学校环境都很熟悉。

我：嗯，那你喜欢现在班级里的氛围吗？

生：还行吧……

我：为什么是"还行吧"？是哪里遇到了困难？同学关系？老师？

生：我跟班里大部分同学也没怎么交流过，对他们也不是很了解。

我：老师呢？适应老师的讲课方式和风格了吗？

生：有的时候会听不太懂，就会走神犯困，作业有的时候做不完，好像有几个老师还挺生气的。

我：因为老师是对你有期待的，所以才会提醒你。

生：嗯，我知道的。

我：我经常看到你打扫卫生，去垃圾房倒垃圾桶好像多数时候也是你，是班主任安排的，还是你自愿干的？

生：班主任安排我的，有时候我看到里边有垃圾，也会自己去倒，反正我跑得快。

我：哈哈哈……我之前听你班主任说，你还负责帮班里同学拿牛奶？有一次，还把隔壁班的牛奶框也帮忙拎过来了？

生：我就是顺手拿过来的，反正我也要拿我们班的。

我：能看得出来，你真的是个很热心、很善良的孩子！你真的让老师对你刮目相看。

生：我还以为老师都挺不喜欢我的呢？我成绩这么差……

我：成绩是可以提高的，你把班级劳动做得这么好，还能主动帮助其他同学，在学习上也一定可以做得很好。但学习是一个不断积累的过程，你要一点一点地积累。我建议你，可以尝试每天总结一下，今天我学会了什么，还有哪里没听懂，至少找一位老师去请教。好不好？

生：嗯，可以。

**第一阶段辅导效果及反思：**通过本次谈话，发现该生上课状态有所好转，有时上课会记笔记，打瞌睡的次数减少了，也开始交作业了，虽然质量还有待提升，但对于他来说，已是很大的进步了；精神状态也有了很大的改变；对于老师提出的问题愿意去改正，对老师有了认同感和亲切感，慢慢融入了班集体，变得自信起来。

**第二阶段：正确理解"期待"，学会舒缓压力。**

一次语文课上，赵某某私藏了答案。他的解释是"放其他科目书的时候不小心带进去了"。但我决定，先不急于处理这件事情。而是当天对其进行了家访。

在与其妈妈交流过程中，发现这位同学在家与其在学校迥然不同，不仅做家务，还会照顾妹妹，家访过程中招待老师，动作娴熟。第二天，我便找该生进行了一次长谈。

我：昨天家访，没想到你还真是个"宝藏男孩"呢！

生：嗯？为什么？

我：现在，像你们这样十二三岁年纪的男孩子，能够做家务，还能照顾妹妹的可不多！

生：嗯，平时我爸妈比较忙，很多事情都是我自己做的，早就练出来了，妹妹放学后一般也是跟着我。

我：所以说，你真的是个特别懂事的孩子。看得出来，你爸妈把你教育得很好。

生：嘿嘿……

我：所以啊，老师对你真的是越来越欣赏了！

生：嗯……老师，对不起，昨天的事情，我知道错了，我不该藏答案，还不承认，害得其他同学也没能上成课，还惹您生气……（他主动提起私藏答案一事）

我：那你能告诉我，你为什么会想着藏答案吗？

生：当时课代表说收答案，反正也不写名字，我就想着自己偷偷留一份。

我：那你为什么想要自己偷偷留一份呢？

生：我就想着，以后做的时候，可能能趁老师不注意的时候抄一点，也能多得一点分……

我：哦，你是想多考一点分是吗？

生：嗯，因为我知道自己学习成绩不好，我们组里也就我成绩最差，有时算平均分，我都会给我们组拉后腿。

我：组内同学抱怨过你吗？

生：虽然没有特别地抱怨，但有时候也会催我赶紧写啊记啊。我有时候也会觉得有点对不住他们。

我：你会为此感到很苦恼吗？

生：嗯，会！有时候，在他们面前，我都会觉得很自卑，甚至会想，能不能找班主任，把我自己调成一组，我也不想影响他们的。

我：你有没有想过，如果真的让你脱离了小组，你或许会更孤独，自卑。

生：想过……有的时候我也会觉得不知道怎么面对老师，我也想做得更好，可是我不知道怎么做。

我：其实，你是想在同学面前，在老师面前表现得更好，想让自己融入小组内，也想得到老师的继续关注，是吗？

生：嗯，是。

我：老师理解你的心情，你有这样的想法，说明你内心是在求进步，这很好啊！只是，老师更喜欢你光明正大地去做。而不是通过像偷抄答案这样的方式投机取巧，抄来的终究不是自己的。

生：……

我：老师理解你做这件事情的初衷，但是这种欺瞒的行为的确是不对的。

生：嗯，我已经意识到自己的错误了，确实不应该做出这样的行为，我愿意改正。

我：嗯，老师也愿意相信你。

**第二阶段辅导效果及反思：**该生私藏答案是想在做题时能多得一点分，"好看"，这样可能会得到老师更多的表扬和关注，也对得起老师对他的鼓励，同时父母也能开心，更重要的是在同学们面前也不会有太大的挫败感，不会太自卑。从而得知他是非常在乎别人对自己的评价的，也正是这样的原因，让该生产生较大的心理压力。经过谈话，该生认识到自己欺瞒和不诚实的行为是错误的，并决心改正，愿意做出深刻反思。


### 第三阶段：提升内驱动力，不断增强自信。

该生在第二阶段谈话过后的很长一段时间里，能看出他在极力做好每一件事，但精神状态却不如前段时间，上课有时打瞌睡，课下总是一个人在闷头做作业。我担心该生在学习方法上不得要领或太急功近利了，反而会造成更大的心理压力。针对这一问题对该生进行了第三阶段的谈话辅导。

我：最近是不是压力比较大？

生：嗯，是有点。

我：我看你最近有时上课会犯困，是晚上没休息好吗？

生：快期末考试了，作业比平时多了起来，我之前落下太多了，基础也不好，有时候做作业会做得比较晚，上课老师讲得太快了，我跟不上，所以有时候就会走神，也有时候会犯困。

我：我看你有时候课间会自己闷头写作业，写的是什么作业？

生：都是老师让订正的，因为我错得比较多，所以订正得也比别人多。

我：这说明你对自己是有要求的，你想取得更好的成绩，这样做很好！那你觉得哪一科对你来说难度较大呢？

生：数学。英语也挺难的。

我：你尝试向组内其他同学请教或者和老师沟通过吗？

生：没有，我基础太差了，不敢去。

我：我觉得，期末复习正是查缺补漏的好时机，这个时候，如果基础知识掌握熟练了，考试也可以考个不错的成绩呢。所以，我建议你现在去攻克基础难关。可以先从你觉得相对容易的一科入手。

生：我知道，但是总是背了就忘，而且，有时候背着背着就走神。

我：你可以利用咱们语文小组内的师徒结对过关的形式，主动找你的小师父限时背诵过关，这样会不会对你起到一个督促作用，提高效率？

生：应该会吧，我可以试试。

我：嗯，可以试试，我相信你可以做得更好。

**辅导结果：**该生在第三阶段的谈话后，尝试从基础抓起，在期末基础知识小测中多次取得接近满分的成绩，也学会了调适自己的心理压力，不再有自卑心理，开始在同学们面前变得自信了，脸上有了笑容。并且，在对自己作业和成绩不满意时，会主动找我交流他自己所分析出的原因，还自己制定了整改计划，找到进一步提高的方法。

**辅导反思：** 对该生三个阶段的心理辅导，其实是一个让该生剖析自我，认识自我，找出心理压力原因，并学会自我疏导和调适，逐渐建立自信的过程。针对他自主性不高，但又期待得到同学和老师肯定的情况，引导他，从适合自己的方法入手，逐渐取得进步，从而进一步提升他的自我期待，进而提升自我发展的内驱力，建立自信，肯定自己。

● **专家点评：** 心理学家马斯洛在需要层次学说中告诉我们，被需要这个事情会极大激发我们的内在动机。马老师发现该个案看似对很多事情满不在乎，其实内心敏感期待获得他人的认可。马老师有一双善于发现的眼睛，观察他生活和学习中各种优秀的表现并及时给予肯定，激发了他的内在动机和自信心。取得了较好的效果。希望马老师持续关注个案。

# 一名"优秀生"的心路历程

**辅导教师：**宣格格

**辅导学生：**吕某

**辅导时间：**自2020年11月至2021年1月

**辅导背景：**该生成绩在年级名列前茅，语文、英语等学科成绩优秀，但数学学科中表现不佳，在数学学科方面逐渐感到吃力，几次考试中成绩均不理想，对数学学习开始感到抗拒和恐慌，认为自己能力不足，不管如何努力都学不好数学。

**学生分析：**该生性格开朗，不拘小节。面对老师愿意吐露自己的心声、交流想法。但是在数学学习方面不够踏实，学习过程中有偷懒的情况发生，遇到似懂非懂的地方通常含含糊糊的过去。做题时不够细致，同时有畏难情绪，对难度较大的题目总是不自觉地放弃。

## 辅导过程：

### 第一阶段：合理归因，发现问题。

该生因考试失利而备受挫败感，在教师办公室情绪崩溃大哭。与该生交谈后发现，该生感到挫败的主要原因是与同学比较后发现自己在数学学习方面"比不过"旁人，忽视了自己的真实能力水平，将成就感的来源定位在其他同学身上，因此忽略了自身的优秀特质，产生了强烈的挫败感。所以，初期辅导的教育内容重点在于对自身能力的正确认识，对考试失利情况进行合理归因，重塑自信心，提升抗压抗挫能力。

以下是我对该生的数学辅导过程。

我：你觉得自己本次考试考得很差对吗？

生（点点头）：嗯……我觉得我能考得更好的。

我：是在考试的过程中状态不好吗？

生：也不是……就是感觉题目都是自己会做的，也都做对了，但是因为粗心错了很多。

我：那这次考试你给自己预估的分数是多少呢？

生：90分吧，至少！我感觉自己的数学起码要在班里排到前10名的，但实际就只是在中间位置，也没有达到90分，而且差的还蛮多的。

我：这样啊。那你拿到卷子有总结自己失分的原因吗？

生（拿出卷子）：我看了，就是计算错的比我想象得要多，我感觉我自己都算对了，但就是错了，而且我刚才自己又算了一遍，也算出正确答案了。然后选择填空错得也有点儿多。

我：那的确是，前面选择填空分值还挺大的，错的多了分数肯定就会低了呀。

生：嗯……我没想到我会错那么多，我拿到卷子的时候都震惊了，考试的时候也不知道怎么了，脑子就蒙了。

我：嗯，是考试的时候有点紧张吗？

生（点点头）：嗯……就总想着这次考试要考好，太在意了，我也说不出来，但是就和平时做题的感觉不太一样。考完试成绩出来，周围的好几个同学都比我高，我就有点受不了。

我：是这样，那么如果不和其他人比较呢？和你自己之前比较，你觉得你的数学有进步吗？

生（有些沮丧）：好像也没有吧，就好多知识点上课的时候觉得会了，但自己一做题又不知道怎么做了。

我：那是不是说明我们现阶段的学习过程中还是有一些问题的呢？

生：嗯，对。

我：你刚才说，很多时候做题，听的时候觉得听懂了，但是自己做题的时候又不会了。你觉得，是什么原因呢？

生（思考）：就可能懒吧……（有点儿不好意思）就好多题不愿意往深了去

想，错的题也不愿意看它一下子。

我：你对自己认识的还挺清楚的嘛，那既然知道，就要改呀。还有就是我发现你平时在做题的时候有些粗心啊，很多时候都是过程对了，结果算错，这些错误都是你细心一些就可以完全解决的问题呀。

生：是的。

我：所以，知道现在自己要怎么做了吗？

生：嗯，老师，我知道了。

当天晚上，学生在钉钉私信我。

学生：老师，试卷我订正完了，明天带错题本给您看看，这张试卷我觉得还挺简单的，但是就是您说的，粗心，不止计算错，单选题还看走眼。

我：是呀，单选题还是要重视呀，一道就三分，不注意的话，丢分会很严重。

学生：六分！我的心在滴血了，这一块真的要注意了。这次战役惨败，命名为"血的教训"。

我：下次努力，把分数考回来，你一定可以的！

学生：好！90分以上！

**第一阶段辅导效果及反思：**本次谈话结束后，该生的情绪有明显转变，之后数学作业质量有了明显提高，学习状态有了明显改善，遇到不会的题也会经常来办公室询问。成绩有了小幅提升，自身的学习自信心也有所提高。本阶段的教育内容中，当中比较值得借鉴的是对于学生自身学习问题的发现。在谈话的过程中，将学生的注意力从与他人的对比转移到发现自身的不足上来，引导学生自己发现问题，并思考解决问题的方法。除此之外，尝试转变学生对错误的看法，正确的理解失败，改善该生的沮丧情绪，调动起该生的学习积极性和主动性。


**第二阶段：鼓励激励，方法指导。**

上次教育辅导后，该生的学习状态一直良好，但成绩依旧不太稳定，虽有改善，但依然存在一些小问题。自从第一次辅导后，该生会主动来找我问题，我也会抽出一些时间单独辅导该生，在辅导的过程中，发现该生与家长在学习方面产生了矛盾。该生家长对学生数学学习非常负责，对于学生的错题，会单独摘出来，要求学生再做一遍，同时也会给该生讲题。这样的方式却给该生带来了不小的压力，甚至出现了抵触情绪，出现了本来会做，家长辅导后却不会做了的情况。加之家长的关注过多，该生逐渐对数学学习产生了依赖情绪，遇到不会的，第一时间想要依靠家长和老师解决而不是自己思考。因此，阶段二教育方案初步计划通过以下两个方面进行。

第一步：与家长沟通，缓解家长过分紧张在意的情绪，改善教育方式方法。

家长：宣老师，您好，我想了解我孩子最近的数学学习情况，他最近学习还可以吗？

我：他最近的状态很好，上课回答问题很积极，作业也完成得很好。

家长：那就好，他就是太懒了，我平时也会监督他，很多问题都是反复强调，他就是记不住，我都不知道怎么做好了。

我：是的，这个问题我也有和他讲过，最近好多了，下课经常来办公室问我问题的。

家长：那就好。

我：嗯，他现在最大的问题是不太愿意主动思考问题，有问题第一反应就是问其他人，这个其实也是阻碍他进步的一个主要的原因，数学最主要的就是要学会自己主动的思考。我有个小小的建议，不知道您愿不愿意听一下。

家长：您说。

我：在我看来，我们平时给予他的帮助可能太多了，从现在开始，能不能尝试着放开一些呢？遇到问题，让他自己来解决，而不是说着急给他讲明白。如果他能自己想明白题目的做法，收获一定更多。那么，久而久之，让他慢慢养成独立思考的习惯，是不是会对他更好一些呢？毕竟，考试的时候，遇到不会的问题，是没有人能够帮助他的啊。

家长：您说得有道理，我会考虑的。

第二步：与学生沟通，关注学生的学习情况。

我：最近做压轴题感觉怎么样？

生：太难了，就很多都只能做第一问。

我：那后面的题呢？我看你交上来的压轴题好几次都是给我写了"不会"两个字。

生（有些不好意思）：就真不会了，实在没办法了。

我：不会的就要解决它呀，问题放在那里，就永远都是问题。总害怕难题，那就永远解决不了它。

生：老师，我明白了。

我：我知道，一下子让你每道题都解决了肯定不可能，但是，也不能只找自己会做的做。一定要尝试，哪怕错了也是你思考后的结果。

生（点点头）：嗯。

我：这样吧，以后呢，每天的压轴题你先自己回去思考，然后第二天来给我讲题，不会的呢，我们就一起讨论，你看可以吗？

生（挠挠头）：啊？可以吧……

我：怎么？觉得难啊？

生（点点头）：是啊，那我要实在不会了，怎么办啊？

我：那到时候我们就一起讨论，总能解决的。我们先试试看，实在不行了再说。

生（下定决心）：行。

**辅导结果：**该生在之后的时间里每天都会来办公室讲压轴题，一开始不会，我就和他一起讨论，在辅导的过程中，不定时的给予他肯定和表扬，引导他进行思考，独立解决问题。逐渐的，该生在面对难题时不再躲避抗拒，也收获了解题时的成就感，畏难情绪也逐渐消散，在数学学习方面也更自信了。在辅导的过程中，我也时刻关注他的状态，给予安慰和鼓励，帮助他树立自信心，改变学习习惯。随着成绩的提升，家长对该生的监督也逐渐放松，亲子关系有所改善，学习状态稳步提升。在期末考试中，达到了预期的目标分，取得了不错的成绩。

**辅导反思：**通过半学期的教育，该生在数学学习方面有了更加明确的目标和方向，同时对于数学学习也有了全新的认知。从结果来看，该生已经探索出了一套适合自己的学习方法，对数学学习的态度也明显变得积极，找到了自己的学习目标，抗挫能力也有了一定的提高。该生从考试失利崩溃大哭到理智地面对每一次考试成绩，可以看到该生对失败和错误的看法从逃避转变为积极面对，在数学学习中从失意到自信，渐渐对自己的成绩感到满意，有了明显的进步。本次挫折教育目标达成，成功有效。

● **专家点评**：每个孩子都期待获得老师的关注，与老师的"约定"会促进学生的行为的改善，可以提高学生的注意力。如何面对学习中的失败，如何找到解决问题的方法——这些都使学生们需要学习的方法。宣老师联系家长，争取了家长的支持，营造了一个积极促进的良性互动环境。在这个过程中，达到了挫折教育的目标，有成效。

# 一名英语"学困生"的觉醒

**辅导教师：**刘灿灿

**辅导学生：**王某某

**辅导时间：**自2020年11月至2021年1月

**辅导背景：**该生入学成绩较差，特别是英语学科，只能考到十几分。在英语课上经常走神、打瞌睡，或者低头做自己的事情，提醒多次没有改变。因在英语学习上面很吃力，开始越来越抵触英语学习，英语没有给他带来学习上的成就感，只有挫败感。

**学生分析：**该生性格内向，平时话很少，而且总是在回避和老师的接触机会。内心敏感不自信，特别在意别人对自己的看法。

## 辅导过程：

### 第一阶段：用心沟通，打开心扉。

老师找该生谈话，他总是哭，却不说话。针对该生情况，我尝试把他带到学校花园边人少的地方去谈话，想要找出他每次大哭的原因。

我对该生的辅导记录如下。

我：王某某，咱们开学已经一个多月了，感觉初中生活怎么样啊？

该生支吾着不说话。

我：没事儿，随便说说，觉着自己适应了初中生活吗？

生：嗯……还没有……（眼眶又一次湿润，开始流泪了）

我：没事儿，慢慢来，时间久了就都熟悉了。王某某，能告诉老师为什么你哭了吗？

该生继续抽泣着，我递给他了一张纸巾。

我：是因为还没有适应新环境吗？还是因为学习的事情？

生：老师……还不熟……

我：还不太熟悉这个新班级，新环境是吗？

生：嗯……还有……（继续抽泣着）

我：王某某，深呼吸一下，调整一下自己的情绪。

带着他做了几下深呼吸，稍微平复了一下心情。

我：为什么这么容易掉眼泪？男儿有泪不轻弹的哦。

生：嗯……（慢慢地平复了情绪）

我：现在可以和老师说一下还有什么原因让你一直想哭吗？

生：老师，我上课听不懂……就像听天书一样……考试考不好，我爸爸还打我……我就害怕。

我：听不懂没有关系，现在开始学习一点都不晚。爸爸打你是不对的，但是你也要试着去理解父母，他们也是希望你取得好成绩，只是用错了方法，老师会和你的爸爸妈妈沟通一下这件事情。

生：嗯……谢谢老师。

我：老师知道你是一个特别善良而且也非常重感情的人，现在呢老师希望你要先学着融入这个新集体，适应这个新环境。然后把心思放在学习上面，有什么不懂的及时问老师或者问同学，好不好？

生：嗯，好。

**第一阶段辅导效果及反思：** 通过本次谈话，找到了该生每次谈话时只是哭却不说话的原因。本次谈话之后，该生上课状态有所改变，会盯着黑板了，有时候还会记笔记，打瞌睡的次数也越来越少，也开始交作业了，虽然质量还有待提升，但对于他来说，已经是很大的进步了；有小组活动的时候，也去和同桌交流了；对于老师希望他做的事情会努力尝试然后做到，开始融入新的班集体，变得越来越自信。


**第二阶段：和睦关系，重塑自信。**

通过与家长的谈心，了解到该生的父母都是吃了没有文化的苦，生活比较艰苦，因此希望自己的孩子学习成绩优异，能够出人头地。但是这么多年以来王某某的成绩一直很差，家长为此特别着急。我在电话中，全面、细致地分析了孩子的学习情况，建议家长正视现状，适当降低要求，不要给孩子太大的压力，同时调和家庭气氛，多和孩子沟通，生活中多一些欢笑，多发现，赞扬一下孩子身上的优点，打消孩子心中的焦虑，培养孩子的自信。

电访之后的下午又找到王某某同学长谈了一次。

我：中午和你爸爸打了电话，你想知道谈了什么吗？

生：嗯。

我：告诉了爸爸妈妈你这几天在学校的表现，这几天表现很不错，上课有在认真听讲了，还会参与课堂活动，你发现自己这些变化了吗？

生：有的。

我：老师特别开心看到你的积极参与，要继续保持哦。也和爸爸妈妈谈了一下他们在家和你沟通的方式，爸爸说他有些地方做得不对，但是希望你能理解他们，你可以理解吗？

生：嗯……能。

我：爸妈也不是故意想要和你发脾气的，他们希望你可以好好学习，将来可以有更好的生活。

生：嗯，老师，我知道了。

我：那你对自己接下来的英语学习有什么想法吗？

生：不知道，我的基础太差了，都听不懂。

我：基础差没关系，老师上次是不是和你说过现在开始学英语一点都不晚。

生：是的。

我：老师建议你从最基础的单词开始，先学会读单词，上课的时候认真听老师是怎么读的单词，课下要多去跟读单词的音频，如果还有不会读的单词一定要来问老师或者同学，可以吗？

生：可以。

我：除了掌握最基本的单词之外，你还要做好一件事情，就是利用好上课的时间。你觉着上课的时候状态怎么样？

生：不是特别好，有的时候会打瞌睡，有的时候会开小差……

我：为什么会打瞌睡呢，是晚上休息不好吗？

生：晚上睡得比较晚，作业做得晚。

我：为什么会写这么晚呢？

生：有好多都不会写，写得就慢了。

我：那你有想过怎么解决这个问题吗？

生：上课认真听讲，做好笔记。

我：说得非常对，上课的时间要好好抓住利用好，认真听讲做笔记，不懂的可以及时问或者下课后问，这样你才能学会，做题的时候才可以很顺利地做出来。

生：嗯，好的，老师。

我：很棒，在课堂上要认真听讲，做笔记，充分利用课堂上的时间。你的字写得非常漂亮，你要把笔记做好，这样方便以后复习的时候用，你觉得呢？

生：嗯，我会的，老师！

我：老师相信你一定能做到！你先按照老师的建议去学习，等你慢慢学会之后，可以总结一套更加适合自己的学习方法。

生：好的，谢谢老师，我会努力的！

**第二阶段辅导效果及反思：**通过电访和长谈，消除了孩子胆小和恐惧的来源，更加深知孩子的教育一定离不开家长和老师共同合作。父母是孩子的第一任老师，父母对孩子的影响很深刻，尤其是对孩子的性格。在孩子失败的时候，要及时加以鼓励、引导。千万不能有伤害孩子自尊心的语言或者举动，因为这样他们就会觉得自己在家中也得不到温暖，更容易产生自卑心理。本次长谈后，该生开始主动地学习英语，在课堂上也更加活跃了。

**辅导结果：**该生在第二阶段的谈话后，自己开始按照老师说的方法努力从基础的单词抓起。英语的早读课上，能够听到他的读书声音，不会读的单词也会问老师和同学，晚上会认真地完成跟读作业，并背会了整篇课文。每次周测的单项选择题和翻译题中多次取得好成绩，在课堂的活动上面开始主动地开口说英语。同时，他学会了调整和父母相处的方式，理解父母对他的期待和希望，也学会了疏解自己的心理压力，不再有自卑心理，在同学们面前变得更加自信，还会主动分享他的英语课堂笔记。并且，每次在完成规定的作业后，还会主动多加一些抄写作业以巩固所学词汇。他寻找到一套适合自己的英语学习方法，也会主动和我交流他自己总结的学习方法，学习的主动性越来越高。

**辅导反思：**从对该生的辅导结果可看出，该生已能够在老师给的学习方法上探索出一套适合自己的学习方法，对英语学习的态度也明显变得积极主动，慢慢找到了适合自己的学习目标和方向，人也变得更加自信开朗起来。该生从刚开始每次谈话就会害怕大哭到能够认真地面对每一次的作业，理智地看待每一次的考试成绩，在英语学习中从恐惧抵触到自信面对，渐渐对自己的成绩感到满意，可以看得出他在英语学习上不管是方法还是成绩方面都有了明显进步。

● **专家点评**：刘老师想了不少办法提高该同学自信心，同时及时家校沟通，告诉家长孩子在学校的积极变化和取得的进步。并且帮助他制定了适合其实际情况的英语学习计划，同时给予及时强化以树立他的信心，提高他的内需力。不良情绪都有产生的原因，刘老师通过提高他对英语学习的信心，使他变得自信起来。

# 成绩对"尖子生"心理的影响

**辅导教师**：陶男男

**辅导学生**：李同学

**辅导时间**：自2019年7月至2020年12月

**辅导背景**：该生入学成绩优异，在年级中名列前茅。但是该生的情绪受考试成绩影响起伏较大，如果考试中发挥出色，会十分高兴，精神气十足；如果考试失利，则会陷入低沉情绪，郁郁寡欢。甚至会担心自己中考会考试失利，无法进入公办高中，并且为此哭泣。

**学生分析**：该生性格争强好胜，对自己要求严格，十分在乎来自同学、老师和家长的看法。该生有远大的梦想，并且愿意为此梦想砥砺前行，不允许自己有丝毫懈怠。

## 辅导过程：

### 第一阶段：感同身受，调节情绪。

该生在某次考试中成绩不理想，因此断定自己会一蹶不振，周围的人会看不起他，同时严重影响到他的个人情绪。故第一阶段的教育内容重点在于理解他的感受，帮助他看到考试失利的积极一面，并且让他认识到成绩不是全部，老师同学不会因此而不喜欢他。

以下是我对该生的心理辅导过程。

我：我发现，自从月考以后，你好像不太开心，能和老师说说吗？

生：我没有达到自己给自己定的目标，错了很多不该错的题，有的题做对了但是因为马虎勾选错了答案，如果加上那几分，我就能达到目标了。

我：那你本来的学习目标是怎么样的？

生：我想考进年级前十。

我：虽然这次你没有考进年级前十，但是我知道你绝对有这个实力。而且我很欣赏你有明确的目标，并且考试之后你也在认真思考自己哪里丢了分，为什么丢了分，这是很重要的学习能力。

生：老师，我很害怕考不上好的高中，我妈妈还说如果我成绩下滑就让我转回老家读书。

我：你成绩一直很优秀，考上高中没问题的，不要自己吓自己。不过你的这种恐惧感我很理解，我初中的时候也是班级里的尖子生，我也会胡思乱想假如自己中考考砸了怎么办。

生：老师，那你怎么调节自己情绪的呢？我感觉自己高兴不起来，我怕这个状态下去，下次考试会更糟糕。

我：我当时呢，就安慰自己，我会写日记鼓励自己，告诉自己学习就像一场蒙着眼睛的赛跑，我不知道谁跑在我前面、谁被我甩在后面，我能做的就是一直努力地、不受他人干扰地向前跑，而学习过程中的不良情绪和认知，就是跑步过程中的阻碍和负担，如果不及时清除掉，就会影响到比赛结果。你想啊，轻装上阵跑步和带着负担跑步，结果肯定不同。你得调整一下自己的情绪了。

生：老师，我会尝试着调整的。我也不喜欢自己这个样子。

我：以后还有很多考试呢，学会调整情绪是很重要的学习能力。你要感谢错题，感谢中考前每一次考试的错误与失误。

生：我为什么要感谢失败啊？

我：失败是成功之母啊，你想想如果每科你都考到满分，那么这次考试对你来说就是浪费时间，因为你无法通过这次考试看到自己的不足。除了中考、高考这样的大型考试，其他的每一次小考试都是为了查缺补漏，你查缺补漏越多，你中考犯错误的可能性就越低，你觉得呢？

生：好像是这个样子……

我：所以你考完试之后不要不开心，你要学会乐观一点，并且及时总结错题，让自己不在同样的错误上栽两次跟头。我最近读了一本书《学习高手》，是一个考进哈佛的学长写的，特别适用，里面就提到了如何看待自己的考试失利，如何应对错题等，你一会儿把这本书带回家，周末有时间读读。

生：谢谢老师。

我：还有啊，老师注意到你最近怎么都自己一个人待着，也不和其他同学一起玩耍了呢？

生：我情绪烦躁，不想和他们玩，他们觉得我这次考得不好，也许会看扁我，老师你是不是也对我有点失望？

我：我怎么会因为这一次小考试对你失望，你的努力勤奋我一直都看在眼里，你心中有理想，有目标，我很喜欢你，并且和你聊天我总是会回想起自己的初中时代，我很开心的。

该生腼腆微笑。

我：还有就是，朋友是很重要的，和大家一起探讨问题，放学一起回家，周末一起约出来逛逛，能够帮助你缓解压力。而且咱们班同学不会因为你成绩下滑而看扁你的，因为大家都知道你基础好，有实力。知道吗？

生：老师我知道了，谢谢你。

**第一阶段辅导效果及反思：**本次谈话结束后，该生的情绪有明显好转，上课时恢复到了正常状态，积极回答老师问题；认真阅读了我借给他的书，和其他同学的关系也有所好转，常看到一起讨论难题，并且积极主动找各科老师帮忙分析自己的不足。本阶段的教育内容中，比较值得借鉴的是拿自己的经历来安慰该生，让他明白老师对于他的处境感同身受，让他知道每个人学习的道路中都不会一帆风顺，但是风雨之后见彩虹，一次次的挫折，不仅会帮助他查缺补漏，也会磨炼他的意志，让他成为更加坚强优秀的人。


**第二阶段：自我肯定，增强自信。**

上次教育辅导后，该生的状态一直不错，但是有一天情绪再次陷入低落，通过询问后得知，失落的原因是明明上课和其他几名同学同时说出了答案，但是老师只点名表扬了其他几名同学，他觉得他被忽视了，怀疑老师对他有看法，进而产生了自我怀疑与否定。

因此，阶段二教育主要侧重于提高学生自信，鼓励他自我肯定。

我：你刚刚上课怎么了，怎么不回应我的问题了，身体不舒服吗？

该生沉默哭泣。

我：怎么了，可以和我说说吗？

生：今天上午某某老师公布成绩，明明我也考得很不错，但是她只表扬了某某某同学，可是我考得也很好啊。

我：原来因为这个啊，某某老师是新老师，她可能根本想不到她的言语会给你造成那么大的伤害，但是你知道为什么你考得很不错，她却没有表扬你吗？

生：不知道。

我：我站在老师的角度来分析，她可能觉得你一直很优秀，成绩很平稳，所以这次她只表扬了原先成绩不好，这次成绩很好，也就是进步大的同学。在老师眼里，可能你就是可以达到一定的水准，老师对你的优异成绩习以为常了，所以就忽略了表扬你。

生：老师你不要和那个老师说我因为这件事哭了。

我：放心吧，我绝对不会说的，我替你保密。不过通过和你谈话，我确实认识到了，优生也是需要表扬的，你们的优异成绩不能被老师们当作理所当然。忘记表扬你不是因为你不优秀，而是因为你一直很优秀，知道吗？

生：老师我知道了，现在我觉得心情好多了。

我：你要知道你这么优秀的学生老师都是很喜欢的，同学们也很喜欢你，可是好像只有你不太喜欢自己哦，你不够肯定自己，认可自己，总是怀疑自己，是我说的这样吗？

生：嗯，是这样的，有的时候我很自信，可是有时候又很自卑，我很矛盾。

我：其实一个人要想成功，就要学会自我欣赏，自我肯定，即使别人否定他，对他说no，他也不会因此贬低自己，正确的自我认知既要不狂妄自大，也不能妄自菲薄。你觉得有道理吗？

生：嗯，我确实太容易胡思乱想了，也许根源就是不能真正接纳自己吧。

我：你以后可以尝试着自我接纳认可吗？当自我否定的想法严重干扰你的情绪状态的时候，你要尝试着转念一想，鼓励自己，表扬自己，看到自己身上的闪光点，激励自己越来越优秀，好吗？

生：嗯，我会尝试去做的，还有就是，我想考一所非常好的大学，我怕自己实现不了自己的梦想。

我：你想考哪个大学啊？

生：一个国外的很有名的大学。

我：你有这个梦想，那就朝着这个方向努力就好啦，其实只要你真的想实现梦想，有很多条道路可以走的。而且庆幸的是，你初中就已经想好要读什么大学了，你有很多时间为它做准备。

生：老师，可是那个大学很难进。

我：是的，那是你问问自己，别人可以进，我为什么不能呢？你还有很多时间准备，说不定你读大学的时候，去国外读大学更方便了呢？毕竟时代在发展。

生：嗯嗯，我会一直努力的。谢谢老师，现在我感觉心情不那么郁闷了。

**辅导结果：**本次教育辅导结束后，我继续密切关注该生情况，我发现他不再有明显的情绪起伏，每天认认真真高效率地完成老师布置的任务，课堂上和老师的互动更加积极，笑容变多了，并且更加愿意和我闲聊，成绩也有了一定的提升。

**辅导反思：**通过两个阶段的心理辅导，该生更加愿意向我吐露心声，这也就证明了他信任我。吐露心声也是一种发泄，是挫折教育必不可少的环节。在这长达一年半的跟踪辅导中，该生从考试失利郁郁寡欢到坦然地接受失败，并从失败中吸取教训；从总是自我否定怀疑到尝试着接纳欣赏自己，学会了情绪调适。该生在这一过程中，抗挫能力明显得到提高；本次挫折教育目标达成，成功有效。

● **专家点评：**在人的成长发展维度中，良好的社会适应、悦纳自我、感同身受的能力，以及有目标且积极付诸行动、有较好的调整情绪的能力——这些维度的实现对人终身成长至关重要。很多孩子在学生时代把学业成绩误当成成功或者失败的重要标准，未免陷入焦虑当中。陶老师引导学生自我悦纳，将该学生的目标具体合理化，减少不合理期待所带来的焦虑，并引导学生提高行动管理的能力。在这一过程中，个案对应挫折的能力增强。

# 关注的力量

**辅导教师**：刘婷娥

**辅导学生**：钱某

**辅导背景**：该生从小和爷爷奶奶生活，和爷爷奶奶感情颇深，父母一直在外打工，很少和孩子团聚，该生品学兼优，一直是"别人家的孩子"。进入三年级后，学习环境的变化和学习任务的加重，学习成绩起伏很大，加上爷爷病情加重，学习和生活的巨大起伏，使该生心理产生了挫折感。

**学生分析**：该生性格开朗，独立性强，对事情都能形成自己的看法，同时也很在意别人对自己的看法，习惯于将很多事情埋藏在心里，自行消化，对自己要求过于严厉，承受了相对太大的心理压力。

## 辅导过程：

### 第一阶段：找出"病"灶，对症下药。

我找了一个机会和该生谈话，发现该生在适应三年级学习时出现了困难，加上爷爷生病失忆。这种心理落差导致学习出现被动，甚至失去了信心，所以在第一阶段，关键在于让学生正视这种挫折感的根源。

该阶段心理辅导过程如下。

我：其实很早就想找你谈一次，因为和以往相比，进入三年级后你一直没有在最佳状态，起伏比较明显，是哪里出了问题吗？

生：老师，我对学习没信心了。

我：为什么，出了什么事情吗？

生（低声）：我觉得自己太累了。

我：和老师说吧，让我们一起面对、解决，或许我可以给你一点好的建议。

生：一二年级时，我自己很有学习冲劲，想着一定要学好，考上自己理想的学校，所以平时和周末的时候都学习，刻苦换来的就是好成绩。但三年级后，我感觉周围同学异常努力，真的好拼，成绩一下都赶上来了，超过我了，我甚至怀疑之前的方法是不是错的，原来他们才是真正的优等生。眼看小升初考试一天天临近，而我和他们的差距越来越大，我觉得我的成绩没希望了。

我：对的，这也是我今天想和你谈谈的原因之一，三年级是小学阶段的转折期，同学之间开始真正"较劲"了，你追我赶，所以新转来的同学在刚开始的时候，往往会吃不消，适应不了这种氛围，我想你目前也处在这种适应阶段对吗？

生：我也不确定，我感到压力很大，这样氛围是我之前没有经历过的。

我：但这正是三年级学生需要面对的，不仅你，其他同学也有同样的表现。

生：那他们的成绩起伏并不大呢。考试时，我做着做着就想着其他事情了，有几次，我想填写96，但是却写成了69，我想我可能真的不太适合这种氛围。

我：其实，在我看来，这是你的挫折感战胜了你的理智。

生：我也不清楚，现在觉得学习太紧张，根本无法专心。

我：在三年级这个转折点，同学和家长大多都紧绷着神经，对自身要求十分严格。在这种情况下，学生都是出现过度焦虑，有可能一点小事情就会形成大爆发，从而影响学习效率。

该生仔细听着，眼睛不再躲闪。

我：每个人在成长和生活中都会面临各种各样的挫折，比如自己的优势科目考得不理想，或在大庭广众下被责骂等，但这些"成长的烦恼"是成熟的必经阶段。学习上的挫折并非都是负面的，你可以把它看成一种鞭策，让你在胜利时保持警醒，在失败时奋发前进，所以重要的不是挫折，而是你如何看待挫折。你觉得老师说得有道理吗？

生：我同意，从小到大考试哪有不栽跟头的，正面看待，调整一下再出发。

我：是的，直面挫折需要勇气，更是走向成熟的标志。像现在的你一样，我们刚开始聊天的时候，你没有表达的欲望，眼神透着倦怠，但现在整个状态非常好，这才是老师熟悉的你。在课堂上我是你的老师，在课后，老师希望和你们成为朋友，一位知心姐姐，任何事情我们都可以交流。

生：感谢老师的开导，我想我知道怎么做了，"直面挫折，迎难而上"，暂时的挫折是在鞭策我。

我：是的，永远要相信自己是最棒的。

生：老师，其实还有一个事情让我久久不能释怀，憋着太难受。

我：说出来吧，让我帮你分析分析。

生：嗯嗯，我是爷爷奶奶带大的，父母一直在外打工，过年才回来一次，所以我和爷爷奶奶感情特别的好，但前段时间，爷爷生病了，已经失忆了，连我这个他从小带大的孙子都不认识了。这一变故让我手足无措，我现在什么也做不了，到目前为止，我还没有经历过这么大的变故，这把我对家的认知都打碎了，总担心爷爷会离我而去。

我：原来是这样，我想或许这才是你目前状态下滑的根本原因，如果你早一点对老师说出这个事情，你心里会好受一点。

生：不瞒您说，确实是这样，我想帮助家里做一些事情，但他们让我专心学习，但无论我怎么做，我都会分心。

我："隔代亲"加上爷爷对你一直以来的照顾，让你十分珍惜与爷爷奶奶的每一天。虽然爷爷失忆，他对你的印象也许在停留在小时候或者其他某个时候，那时的你听话、活泼。病床上的爷爷肯定也希望看到你健健康康、快快乐乐地学习和生活，对吗？

生：是的，爷爷小时候严格要求我，我的学习习惯都是在爷爷帮助下养成的，我对爷爷有说不出的感激，所以也更让我焦虑。爷爷倒下了，我的精神支柱也就没有了。

我：虽然爷爷病倒了，但是他内心还是希望你像之前那样听话对吧！

生：这个当然。

我：所以，在老师看来，你现在更需要的是重振精神，虽然爷爷记不住你了，但你要和他讲话，和他慢慢重新熟悉起来，让他知道还有一位优秀的孙子，对吧！

生：对的，老师，我明白自己该怎么做了。

**第一阶段辅导效果及反思：**经过这次长谈，该生的精神状态明显有了变化，学习情况也大为改观，上课的眼神不再躲避，而是紧紧地盯着老师，作业和考试进步明显，接下来的几次考试中都稳定在了前几名。本阶段教育的关键在于疏解学生内心的负面情绪，让其认识到挫折的两面性，正视挫折才能积极迎难而上，不能让挫折感战胜理智。学生找到问题所在之后，才能为后续的辅导奠定基础。

## 第二阶段：聚焦学习与生活，增强抗挫能力。

经过第一阶段的疏导，学生保持了原有的状态，学习和情绪状态较为稳定，但是注意到该生在数学学习上开始进行题海战术，遇到一些偏难怪的问题，喜欢较真，有时还会因为一道难题闷闷不乐，影响了学习状态。

针对这个情形，我进行以下教育辅导。

我：最近的几次考试，你觉得发挥得怎么样呢？

生：应该还不错，经过上次的谈话，我自己调整了状态，目前感觉挺好的。

我：三年级是我们小学阶段的关键期，我们一定要打起十二分精神咬牙坚持。

生：对的，我现在每天加倍学习，尽量把每天的知识点都扎实地过一遍。

我：嗯，同时也要注意方式方法，你课间也没有休息，经常看到你在做题。

生：是的，我希望能多做些大题，大题拉分，但是有一些试题确实太难了，我对照答案看也是一知半解，有时候上课我也在做题。

我：大题是数学拉分点，但不是提分点，目前数学复习是以基础知识为主，逐步过渡到拓展题，我想应该把关注点多聚焦在基础知识上。

生：但是，大题分数占比太大了，我看其他同学也在专攻大题。

我：数学大题是很重要，但是需要筛选，选择一些经典真题和模拟题练习，而不该单纯进行题海战术，不能围着偏、难、怪题转，在上面投入时间容易影响自己的复习效率，也会让你产生挫折感。

生：确实是这样，之前我拿一道题去问老师，老师直接说这种题不用看，压根不会考，那时还挺纳闷的。

我：所以，我们要跟着老师的节奏学习。复习方向对了，可以增加你考试的信心，避免不必要的挫折。

生：我知道了，老师，可能我过于急于求成，偏离了复习计划。

**第二阶段辅导效果与反思：**在恢复学习状态之后，该生在复习数学时单纯地想通过做偏、难、怪题型来增加分数，容易造成复习挫折感。我及时根据他的日常表现进行引导，让学生从题海中走出来，夯实基础，以中低难度题为主，注意筛选真题，这样才能让学生在复习过程中增强信心，使复习更具效率。

### 第三阶段：多维度切入，提升心理调适能力。

经过一二阶段，学生对挫折的认识、对学习的态度有了明显转变，而在第三阶段，教育辅导的重点在于引导学生从整体上增强抗挫能力。

我：这是我们第三次谈话了，最近感觉怎么样？

生：整体很棒，我感觉已经完全融入班级的学习氛围了。

我：我从其他同学和老师那里也了解到最近你的变化是挺大的，我想这才是你的真实一面。

生：把自己内心的想法说出来，真的会让你非常轻松。

我：你能和老师袒露心扉，说明你真的听懂了老师的话。无论在当前学习阶段，还是以后工作中，如果无法处理各种挫折或者突发情况，不把内心的事情倾诉出来，总要一天你会爆发，那时的后果往往是负面的。

生：是的，压在心里，倒不如向人倾诉。

我：生活中难免有不顺心，你如果任由其发展，你的生活和学习将会被打乱，那个时候，你为弥补付出的代价就太大了。

生：谢谢老师。

**辅导结果：**本次辅导结束后，无论是在学校相遇还是生活中的偶遇，学生的精神状态都好多了。虽然在后面的几次考试中也会出现排名下滑，但他都能够及时自我分析，整体起伏并不算大。另外，他对爷爷生病的事情也逐渐释怀。他对我说，他现在所要做的就是好好陪陪爷爷，毕竟在他眼里，我过去和将来一直是听话的好孩子。

**辅导反思**：整体而言，通过第一阶段的辅导，学生已经找到了自己状态不佳的原因，并加以正视，不再被挫折牵着鼻子走；在第二阶段，学生因为复习策略偏差的原因出现了短暂性的挫折感，但是都能平稳度过；在第三阶段，学生已经完全懂得如何看待并处理挫折，学会了与人倾诉。本次挫折教育目标达成，辅导效果有效。

● **专家点评**：该案例让我们看到了关注的力量。在与低年级的孩子沟通中，教师能够理解和倾听本身就是一种治愈力量。刘老师的积极关注获得该生的信任，该生向刘老师吐露心声，刘老师在学业上给予孩子指导…整个过程似乎让我们看到了刘老师蹲下来与孩子积极沟通的画面。

# 走出焦虑阴霾

**辅导教师**：赖伟萍

**辅导学生**：琪琪

**辅导时间**：自2020年8月至2021年1月

**辅导背景**：该生是小学二年级的学生，聪明活泼，乖巧懂事，是家里的独生子，家庭环境较好，父母重视孩子的学习教育，对孩子的学习期望较高。该生在校表现优秀，学习成绩优良，偶尔会与同学发生争执，情绪爆发较激烈。一次，该生因没有完成作业被老师点名批评而倍感挫败，产生焦虑情绪，从而逃避上学，要家长强行拉进学校。

**学生分析**：该生性格活泼好动，个性也较要强，对别人的看法也比较在乎，心理承受能力较差，被老师一批评，或和同学发生矛盾时，眼泪啪嗒啪嗒往下掉，有时还会控制不住情绪，当众号啕大哭。该生从小表现优秀，很少被父母或老师批评，受挫能力较差；家庭教育一直以欣赏、表扬为主，从不对孩子说一句重话。从表面上看来孩子教育似乎很成功，但不堪一击。

## 辅导过程：

### 第一阶段：正确认知自我，合理定位。

该生认为被老师点名，会让自己抬不起头来，因为只有坏孩子、学习成绩不好的孩子才被老师留堂，所以干脆拒绝上学，采取有意回避的态度，压抑自己。故第一阶段的教育内容重点在于引导正确认识自我，合理定位。

以下是我对该生的心理辅导过程。

我：在老师心目中，你一直是个很优秀的孩子，上课积极发言，学习认真，平时对老师也很有礼貌，老师经常表扬你，也特别喜欢你，对不对？

生（不好意思）：是的。

我：那你能告诉老师你为什么不想上学吗？

生（声音低沉）：我怕作业没有完成，被老师留堂。

我：那你昨天作业完成没有？

生：我有完成，但我怕，怕漏掉一项作业没有做，被……

我：你每次作业都完成得很好，就有一次你漏做一项作业被老师批评了，所以你每次都担心漏做作业被老师批评留堂，是吗？

生（点点头）：是的。

我：那老师上次有没有让你留堂？

生：没有。

我：你知道为什么老师没有让你留堂，让其他同学留堂了呢？

生（困惑）：不知道。

我：因为老师知道你和其他孩子不一样，你是个认真学习的孩子，每次都有按时完成作业，偶尔没有完成，老师相信你是有原因的，所以没有让你留堂补作业，而其他经常不完成作业的孩子就必须要留下来补作业。对不对？

生：对。

我：你是个很棒的孩子，但偶尔粗心漏做作业很正常，每个人都会有犯错、犯迷糊的时候，老师有时候会这样，爸爸妈妈有时也会这样，很正常的，不用紧张，只要下次注意点就好了。老师点你的名字，不是批评你，是提醒你，你说是不是？

生（不好意思地笑了）：是的。

我：我们每个人都不是完美的，总会有犯错的时候，但我们要勇敢地面对错误，做错了改过来就好了，在错误中吸取教训，在失败中成长，你会更加优秀。下次如果自己做错了，你还会那么紧张吗？

生：不会了。

**第一阶段辅导效果及反思**：本次谈话结束后，该生不再抗拒上学，见到老师能很高兴地和老师打招呼，上课情绪也很高涨，每天的作业也完成得很好。在本阶段的教育内容中，老师一次批评使她失去原有的心理平衡，变得焦虑不安，感到害怕无助，继而逃避，这是一种高度焦虑症状的消极心境。这时候家长和老师不闻不问，或继续批评责骂，不仅不会消除这种不健康的心理，反而会增强这种心理。长此下去，其认识就愈片面，心理的闭锁就愈强。因此引导该生正确认识自我，合理定位，既不要过分自卑，低估自己，也不要把犯错看得过重，而成为一种包袱。帮助其认识到人生道路上难免会遇到各种各样的挫折，在挫折面前应勇敢地面对而不应逃避，更不应该因一次挫折就自暴自弃。

### 第二阶段：创造机会，增强自信心。

上次教育辅导后，该生的状态一直良好，心理素质明显比之前提高。但不久家长反映该生情绪低落，又不想上学了，说要做个傻子，原因是她的同桌总是说她是个傻子，什么都不会。该生从小就被教育不能说不文明用语，经常被同学这样说就较真了，认为自己就是个傻子。我帮该生调整了座位，给她换了个同桌，没过几天，她跑过来反映，说这个同桌不好，总是说她坏话，影响她学习。此外，通过与该生的交流，发现该生对同学的负面评价很在意，导致自我怀疑和自卑感，对自己失去信心，形成严重的焦虑症。因此，阶段二教育方案先降低该生对同学负面评价带来的挫败感，再提升其抗挫能力。

我与该生约时间进行教育辅导面谈。

我：最近心情不太好，是吗？

生：是的，我同桌老是骂我，说我是笨蛋，我不理他，他就老是用手戳我。

我：嗯，如果是我，我也会很生气，那你认为自己是不是笨蛋？

生：当然不是啦，我成绩比他还好。

我：对呀！你也觉得自己学习成绩这么优秀，肯定不是个笨小孩，但听到别人说你是笨蛋，你还是很不开心，你很在意别人说你的坏话，是吗？

生：嗯。

我：那其他同学有这样说吗？老师有这样认为吗？

生：没有。

我：大多数人都不认为你是笨蛋，大家都认为你很棒，很优秀，你觉得谁对你的评价才是正确的？

生：大家的评价才是正确的。

我：那你有必要为个别同学对你的错误评价感到难过，不开心吗？

生（若有所悟）：没必要。

我：是的，我们要正确认识自己，你这么在意别人说你不好，说明你还不够自信，觉得自己还不够优秀，你说是吗？

生：是，我觉得自己还不够好。

我：没关系，你可多参加活动锻炼自己，让自己变得更好，我们班现在是"班干轮换制"，你觉得自己能成为一名班干部，参与到班级管理中来吗？

生（眼睛一亮）：老师，我可以。

我：老师相信你也可以，加油，好好干。

**第二阶段辅导效果及反思**：经过一番激励之后，该生积极投入到班级各项管理中来，她对自己、对同学、对事情的看法有了明显的变化，她不再因为别人的一句话沉沦在自卑之中，更多展现出来的是一种自信、自强。

**辅导结果**：经过大半年的跟踪辅导中，可以看到该生有了较大改变，从敏感、脆弱转变为阳光、开朗、自信，焦虑阴霾一扫而光，不仅对学习表现出极大的热情，积极参加班级各项活动，与同学的关系也非常融洽，学习成绩也更加优秀。该生在这段辅导过程中，焦虑情绪得到有效改善，抗挫能力明显得到提高；本次挫折教育目标达成，成功有效。

**辅导反思**：经过此案例，我在思考，父母的庇护不但没能使孩子茁壮成长，反而让孩子在遇到困难时束手无策，无所适从，经受不起挫折的打击和考验。要在21世纪找到生存的空间，就必须要有顽强的抗挫折能力。如何提高小学生抗挫折的能力，是我们教育者的当务之急。教师应在日常的教育教学活动中，设置适量适度的困难处境，创造艰苦磨炼和提高耐挫能力的条件，磨炼学生的意志，提高孩子的耐挫能力。

● **专家点评**：有一段时间流行"赏识教育"，对孩子一味表扬使孩子误以为赞美才是正常的，而否定则不能接受。现在又出现了"捧杀"这个词，指一些孩子在没有原则的赞美中成长，不能客观地认识自己，但凡受到一点挫折打击就会受不了。赖老师辅导的个案遇到了困扰，带来了焦虑情绪，根据描述，焦虑情绪有泛化的趋势。赖老师是个有心人，敏锐地发现了该学生焦虑情绪的来源并根据个案的实际情况制订了辅导方案和目标，并一步步根据计划达成。辅导效果较好。

# 一名"后进生"的成长

**辅导教师：**罗倩倩

**辅导学生：**王某某

**辅导时间：**自 2019 年 9 月至 2020 年 12 月

**辅导背景：**该生就读三年级，男，独生子女。该生成绩较差，处班级倒数。上课总是发呆，或者玩一些小玩意儿，完全沉浸在自己的世界里。学习很被动，需要老师在旁边盯着。作业很难按时完成，不是丢了就是忘带了。没有朋友，同学都不跟他玩，他也不跟同学说话。与人谈话时，眼睛不注视对方，且表情呆滞。

**学生分析：**该生性格内向，不爱与人沟通，缺乏安全感，和父母交流较少，注意力很难集中，学习成绩差，也比较在意别人对他的看法，自我认同感较低，感觉自己很糟糕，给自己"差生"的定位，认为自己怎么努力也赶不上其他同学。

## 辅导过程：

### 第一阶段：悦纳自己，合理归因，与其建立信任关系。

我约谈了该生父母。通过访谈得知，该生入学前和祖父母一起生活，两位老人尽管经济条件不富裕，但凡孙子提出的要求都一一满足，对其关怀入微。入学后该生跟随父母生活，父母工作繁忙，在其他方面很少关注孩子，对孩子是一种不管不问、放任的态度，但对学习成绩却有较高的要求，孩子成绩不理想时会责骂孩子，父母平时也会因一些小事吵架，甚至提到离婚。孩子平时在家都是一个人，父母每天下班回来都很晚，和孩子基本没有交流。从以上谈话可看出，该生由于长时间的隔代抚养和不良的家庭氛围，让他内心产生了焦虑和不安全感，一定程度上影响了他的在校表现。与该生交谈发现，该生自身内向的性格特征和自卑的心理给他的生活学习带来了一定的影响，出现了心理失衡。故第一阶段的教育内容重点在于共情、关注，引导学生树立正确的自我意识，悦纳自己，合理归因，与其建立信任关系。

以下是在第一阶段，我对该生心理辅导过程中的一次非正式谈话。谈话目的是让该生意识到自己的优点，相信自己并客观认识自己，发现自己优点。

我：周末过得怎么样啊，去哪里玩？

生（有点害羞）：挺好的。去了游乐场。

我：哇，很不错耶。玩得开心吗？

生：嗯嗯……爸爸妈妈陪我玩了碰碰车。

我：喜欢和爸爸妈妈一起玩吗？

生：喜欢。要是以后的每个周末都可以陪我出去玩就好了。

我：爸爸妈妈是很爱你的，只是他们平时工作忙了点。

生：嗯嗯，我知道的，他们很爱我，是我自己比较差。

我：老师不这样认为哦。你看你运动会的时候跑50米的比赛还拿了第二名呢，老师觉得你很棒！还有你每一次值日的时候桌椅总是摆放得很整齐，前后左右都整整齐齐的，这也是很难得的。

生（点点头）：嗯……但是我成绩很差，其他同学都比我好。

我：你觉得别人好成绩是随随便便取得的吗？不用努力就可以取得吗？

生：不可以。

我：那你觉得你真的有努力去学习吗？

生（沉默了几秒钟）：还不够努力。

我：老师觉得以你的聪明才智，再努力点，也可以做得很优秀。你不用和别人比，你就和自己比，只要下一次比这一次有进步就可以了。没有人是完美的，你可能觉得人家比你成绩好，但是你跑步很快啊，听说你游泳也很棒，对吧？

生：是的。

我：那就对咯。你身上也别人没有的优点啊，你要对自己有信心，老师相信你可以做得更好。你学习上有什么困难或者不开心的，都可以找老师，老师愿意做你的倾听者！

生：我会努力的。

**第一阶段辅导效果及反思：**类似的谈话有很多次，渐渐地，我发现他眼中的胆怯和迷惘少了许多，也不再是问一句答一句了，他开始尝试着主动表达内心的想法了。该生一直以"差生"自居，对学习无兴趣，对自己一概否定。因此，引导该生树立正确的自我意识，既看到自己的优点也看到自己的不足，悦纳自己，感受到被尊重被接纳，与其建立信任关系，那么后面的教育才会有序进行。

## 第二阶段：帮助与同伴交往，培养自信心。

第二阶段尝试通过科任老师帮助和建立友好同伴关系的方式，逐步培养该生的自信心。

第一步：调整科任教师对该生的对待方式。

根据该生的性格和实际学情，与科任老师协商，调整对待该生的方式，各科任老师对该生的生活、学习给予关注。一方面，对该生在课堂上的积极表现给予及时的肯定和鼓励，让其知道老师对他的关注；另一方面减少对其不当行为的负面评价，适当调节期望水平，不能过高，让该生再一次体验失败，也不能过低，伤害到其自尊心。以下是我与该生的一次非正式谈话。

我：最近听到不少老师表扬你呢！

生：真的吗？

我：对呀！你数学这次考试是不是进步啦！

生：嘻嘻，是进步了一点点。

我：有进步就很棒啊，进步的每一分都是很宝贵的呢。

生：嗯……

我：听说上节课你还被科学老师选为实验小助手了呢！

生：是的，老师选了我。我们上节课做实验，测空气的质量，老师说哪位同学做得最端正就选谁做科学小助手。

我：哇，这么棒（竖了拇指称赞）！实验好玩吗？

生：很有意思，老师，空气是有质量的，就是好难测出来啊，我们是用绿豆和打满气的小球测的。

我：听起来很有趣，老师也好想尝试做这个实验了呢。

生：哈哈……

通过本次谈话，该生在各科任老师的共同努力下，逐渐改变了以往对学习的冷漠态度，他开始在意自己的学习，也能发现课堂的乐趣所在。在学生的学习生活中，需要老师的认可，同伴之间的相处也尤为重要。平时很难看到他与别的同学交流，与班集体格格不入，他是焦虑的。因此，就同伴交往问题，和他进行了几次谈话。

第二步：正确认知，积极进行同伴交往。

我：老师小时候也不太爱和别人讲话。但老师有好几个玩得特别好的朋友，经常一起玩耍写作业，很喜欢那时候。我们今天谈一谈交朋友好吗？

生：好。

我：平时你和谁一起玩啊？

生：小刚，但是他转学了。

我：那现在你和谁玩啊？

生：嗯……没有了。

我：我们是一个班集体，其他同学都可以做好朋友啊？

生：他们都不和我玩，因为我成绩不好。

我：有谁这样说吗？

生：嗯。

我：每个人都是既有优点又有缺点的，他们说你不好你就觉得自己不好了？

生：嗯。

我：你希望别人对你这样吗？

生：不希望。

我：我们想要别人怎么对待我们，我们就要怎么对待他们，你想要别人对你好，你就要对别人好。你路上见到同学有主动打招呼吗？

生：没有。我觉得他们有时候看不起我。

我：那是你自己的主观想法。别人怎么会看不起你呢，对不对？

生：嗯……是的。

我：所以从今天开始，先主动跟别人打招呼，看会有什么效果好不好？

生：好。

**第二阶段辅导效果及反思：**本阶段的辅导教育，主要是通过各科任老师的帮助、与同伴交往，逐步培养其自信心。其实通过访谈发现，该生对于老师的肯定和认可有着积极的情绪体验，其能渐渐体会学习的乐趣。

### 第三阶段：调整心态，应对学习中的挫折。

通过阶段一与阶段二，该生自信心得以提升，但该生在学习方法和学习习惯上还不理想，故本阶段从以上方面入手。本次访谈目的在于使该生意识到自己学习成绩的落后在于不懂不问，意志力不坚定，不良的学习习惯等。

我：你觉得好成绩有捷径吗？

生：嗯……没有吧。

我：你觉得取得高分的秘诀是什么？

生：努力，坚持……

我：昨天让订正的试卷怎么没订正呢？

生：嗯……没听懂。

我：所以不管了？应该怎么做啊？

生：嗯……去问其他同学。

我：那你有去问吗？

生：没有……

我：除了问同学还可以问谁？

生：老师。

我：那你有问吗？

生：没有。

我：你想一下，如每天都留一个小问题，一学期就会有很多小问题。如果你每天解决一个小问题呢？

生：问题会变少。

我：很对，那我们以后不懂就要问，相信你这样去尝试了去做了，就会有意想不到的收获。老师以后也会和你分享一些学习小秘诀，你可要认真听哦！

生：好的。

**辅导结果：**本次教育辅导结束后，我发现他开始和同学交流了，脸上的笑容也多了起来。家长反馈说孩子放学回家后开始积极做作业了，开朗了很多，会主动和他们分享学校的趣事。科任老师也反馈说他课堂上专注的时间多了，回答问题的次数多了，作业尽管做得还不是很理想，但是愿意交作业了。课文都背得很流畅，和他一起玩的同学多了，感觉他现在话还挺多的呢。

**辅导反思：**在第一阶段与该生建立起来的信任关系是顺利开展教育辅导的重要前提。该生从刚开始的全盘否定自己到渐渐的悦纳自己，树立正确的自我意识，这些都是基于真诚的沟通交流。同时第二阶段各科任教师的帮助及同伴交往，增强了该生对自身的认同感和自信心。阶段三的辅导，通过家长、老师及同学的反馈，可看到该生从刚开始的自卑到逐渐自信起来，从害怕交流到渐渐敞开心扉、融入班集体，从对学习的冷漠到开始关注学习，主动完成作业。本次挫折教育目标基本达成，成功有效。

● **专家点评：**案例是一个后进生。该生缺少来自父母的关爱，对自我缺乏信心。整个案例辅导中，我们感受到罗老师对该生的关爱，这本身就是一个治愈因素。罗老师积极了解该生背后的家庭环境，从学业角度给予具体的指导，有效实现了该生的转变，达到了预设的辅导目标。

# 入学不适应症的缓解

**辅导教师：**陈佩仪

**辅导学生：**张某某

**辅导时间：**自2019年9月至2020年1月

**辅导背景：**该生在小学期间一直是老师和同学们眼中的"好学生"，但进入初中后，由于对周围学习环境和学习内容的不适应和不协调，在认识、情绪、行为等方面表现出了迷茫、困惑、痛苦等"入学适应不良症"。

**学生分析：**该生性格比较内向安静，个性也较要强，对自己有较高的目标和要求，认为设立的目标一定要实现，给予了自己过多的心理压力。

## 辅导过程：

### 第一阶段：悦纳失败，转换角色。

第一阶段的教育内容重点在于引导学生消化"恋旧情绪"，从消极的情绪和对新环境的恐惧中走出来，尽快适应初中学习阶段的生活，完成角色的转变。

我：开学到现在已经两个月了，你觉得初中生活怎么样？

生（皱着眉头）：唉，我觉得初中生活好无聊，我还是没有找到学习的感觉，虽然我和小学一样努力，但成绩还不如小学时好；并且我也没有认识到什么同学和朋友，觉得很孤单、无助，我还是很怀念小学时候的生活。

我：为什么会怀念小学的生活呢？

生（语调提高）：小学时，我有一大群好朋友，每天下课都可以一起聊天打闹，感觉非常开心，我们也熟悉每一个老师，要是人一直不长大就好了。

我：现在不是也有新同学和新老师吗？

生：现在班上全都是新同学，我都不是很熟悉，不少同学一下课就是埋头学习，我觉得有点孤单。老师也是新认识的，而且一上初中多了好多科目，也多了好多科目的老师，我实在认不清。

我：认识新同学和新老师不是一件很有趣的事吗？可以接触到更多同学，和不同的人交流分享？

生：我知道认识新同学是件好事情，但我不敢主动和同学们说话，我怕大家会不喜欢我。（说到这儿，该生有点想哭）

我：其实你不用担心大家不喜欢你，每个人都有他自己的闪光点。同时呢，我有个想法，跟你有点不一样。你要不要听一下？

生（疑惑）：什么想法？

我：想念以前的同学和老师是一件不可避免的事情，但如果我们一直恋旧，不给自己认识新同学的机会，是不是让我们自己更加难受、更加苦恼？

生（沉默思考中）：是的，其实我也知道，但是第一步太难迈出了。

我：嗯，你不要太紧张，太介意别人对你的想法。既然大家都是刚进入新校园，你先不要预先假设别人不喜欢你，你不如先通过一些机会多去熟悉同学们，你不是喜欢画画吗？那班级黑板报不正是个好机会吗？可以让别人了解你爱画画，又可以在画黑板报的过程中和其他同学交流认识？你觉得呢？

生：好像是的。

我：你愿意去试一试吗？

生：嗯，老师，我知道了，我愿意去试一试。

**第一阶段辅导效果及反思：**本次谈话结束后，他主动向申请参与这个月的班级黑板报，在画黑板报的过程中，认识了班上不同的同学，他的绘画特长也让同学们和老师赞不绝口。之后，他不再是孤单地玩耍，而是和三五同学一起在走廊聊天，有时候还会主动帮助课代表、老师帮忙抱作业、发作业。看上去精神状况良好，脸上的笑容也渐渐多了，感觉初中生活也变得有意思起来了。因此，在引导该生适应初中生活的过程中，引导该生先处理"恋旧情绪"，那么后面适应性学习也更加有基础了。

### 第二阶段：指导学法，提升自信。

上次教育辅导后，该生的状态一直良好，渐渐完成了角色转变，逐渐习惯了新的学习环境。但学习成绩上还是没有太大的进步。对于地理学科本来非常感兴趣，却因在期中考试没有达到自己的目标，仅在及格线的边缘，出现了沮丧的消极情绪，心情低落，学习失去信心，在本来非常活跃的地理课上却热情一般。因此，阶段二教育方案，初步计划降低该生对地理学科的学习挫败感，探讨学习方法与感受，提升其对地理学习的自信。

第一步：降低地理学科学习的自我挫败感。

我与该生约时间进行教育辅导面谈。

我：最近地理课上，我看你无精打采的，怎么回事？

该生沉默。

我：课代表跟我说，期中考地理成绩对你有影响，是吗？

生：我认为自己本次地理考试考得很差，觉得自己很失败，我明明已经很努力，上课也很认真在听了。

我：那你本来的学习目标是怎么样的？

生：最起码也要达到45分以上，为了这次地理考试，我花了很多时间来准备，地理知识点我背了又背，什么其他娱乐活动都没有做。

我：是啊，花了那么多的时间与精力来复习，结果发现付出与收入不成正比，真的太令人失望了！

生：我觉得自己很失败，真的很没有用。我对不起老师，一次普通的月考都不能考好，老师上课还经常给我机会回答问题，但是就是考不好，唉！（叹气）

我：的确，你这次考试没有考好，这是事实。但，就一次考试怎么能说就是失败呢？你看，平时我们也有作业、周测、模拟考等，你都有不错的表现，怎么能说一次考试失利就说失败呢？考试能决定你的成败吗？

该生沉默思考中。

我：其实你学习能力是有的，上课的难题都有能力回答出来。你知道吗？学习成绩除了学习能力、学习努力程度等因素外，还有一个因素就是学习方法。

你能告诉我平时你的学习方法吗？

生：我就是会把老师上课说让做的笔记全部背下来，一字不漏地背诵。

我：只背诵吗？还有别的方法吗？

生：没有了。

我：嗯，知识背诵很重要，但知识那么多，你全部都能完整地背下来吗？

生：一开始学得内容比较少还好背，但是后面越学越多，就越来越难背了，就觉得压力好大。

我：嗯，其实你这属于"死记硬背"，对于短期学习是有效的，但以后就不行了。所以我建议你回去先把知识的框架用思维导图的形式做出来，然后再背，到时候再反馈给我，试试看有没有效果。

生：嗯，也行。

我：所以，知道现在要做什么来调整自己的地理学习了吗？

生：嗯，老师，我知道了，我先尝试！

第二步：探讨学习的方法与感受。

我：上次回去自己学得怎么样？

生：嗯，我试了，做思维导图还做得挺好玩！

该生拿出了他的笔记本，打开了他所绘制的思维导图，一眼看上去，字迹工整，框架清晰，重难点突出，可见他确实花了很多心思，可以感觉到，该生对于这个学习方法比较上手了。

我：说一说你的感受？

生：老师，我觉得这个方法真的挺有效果的，你看一个简单的框架，我感觉一看这个框架，全部知识我都可以背下来了！从"地球的运动"五个字，我可以分散出两个知识点"地球的公转"和"地球的自转"，然后再从绕转中心、运动方向、运动周期、产生的地理现象这四个词我已经在脑海中把熟背的知识点做出了对比和区分，背下来的速度更快了！

我：其实从你的回答中，我已经可以感觉到，你对地理摸到门路了，非常好！我再给你一个建议，除了用思维导图来梳理地理知识以外，再用画地图的方式加以理解，相信我，这个方法，你一定会爱上！

生：好，刚好我也喜欢画画，我回去试试。

**第二阶段辅导效果及反思**：此阶段的教育主要提高该生学习的自信心。故此，从该生已经习得的基本的地理学习方法，再引导该生通过他喜欢的绘制地图方式增加其自信心，那么该生地理学习效果的提高也就水到渠成了。

**辅导结果**：本次教育辅导结束后，我持续关注该生的情况。下课后，他不再是孤零零的一个人，而是主动出来在班级里与同学进行聊天和交流，也主动承担了班级的班干部职务。地理课下课后，他也会主动和我分享、展示他最近所绘制的思维导图、地图笔记等等，在期末考试，他的成绩也进入"A"层次，达到了他自己的学习目标，他对地理学科的兴趣也更大了。在后续的学习中，该生的学习状态也良好，成绩保持优良。

**辅导反思**：其实通过前两个阶段的教育，该生在已经完成了角色转换，在新的校园环境中逐渐适应新的同学、新的老师、新的班级，这一方面对该生缓解其自身的心理压力有一定的帮助。此外，从地理学习的效果看，该生对自己的兴趣科目已经找到了有效的学习方法，学习信心明显有了提高。本次挫折教育目标达成，成功有效。

● **专家点评**：案例中，陈老师有效帮助该生实现了初一学段的适应，并转变了其对地理学科的学习效能感。案例对话内容记录翔实，相信该生通过两个阶段的辅导能够在未来任何一个人生新阶段都能够积极去应对，并有信心去面对更多的挫败经历。

# 一位追求完美的学生

**辅导教师：** 苏三妹

**辅导学生：** 周某某

**辅导时间：** 2019年9月至2020年7月

**辅导背景：** 该生是一年级学生，入校以来表现得突出，是班上得力的小班干，成绩一直很优秀。第二学期以来她对班干工作不积极、上课不认真、成绩也退步了，整个人看起来无精打采。家长跟我反映该生不想上学，讨厌上语文课。

**学生分析：** 该生是一个非常要强的女生，无论什么比赛什么考试，她都要第一。"我一定要……"是她经常说的话。她经常会跟班上的同学比，不想自己输给别人，也不允许自己比以前退步。

## 辅导过程：

### 第一阶段：深入谈话，寻找原因。

该生语文单元检测后，就经常因身体不舒服请假。刚肚子痛时带去看过医生，好了。但后来还是时不时说肚子痛，也带去看过医生，但检查不出来什么问题。家长观察发现该生前一秒还好好的，背上书包后就说肚子痛。我查看了该生的请假记录，恰巧是有语文课的上午就请假。根据经验，不排除"肚子痛"只是一个不想上学的借口，所以我想通过谈话试探"肚子痛"是不是一个借口。

以下是我对该生的心理辅导过程。

我：你肚子经常痛吗？要不你请假几天让妈妈带你去大的医院检查一下？

生：我妈妈已经带我去检查过了，但是我的肚子还是痛。（声音有点小，并且低着头）

我：是不是经常吃冰冻的东西或者油炸的东西呢？一般什么时候肚子痛？

生：我妈妈不允许我吃冰冻或油炸的东西。一般早上上学的时候肚子就痛。

我：真是可惜了，肚子痛又上不了你平时最喜欢的语文课！平时上课，全班就你听课最认真。每次回答问题声音响亮，全班同学都很羡慕你呢！

该生平时上语文课状态非常好，我想通过夸奖她，故意刺激她。

生：老师，我不想上语文课！

说到这里的时候，该生情绪有点激动，声音也比较大，这使我感到非常诧异。

我：你语文学得挺好的呀！你看你的字写得多么大气啊！每次语文检测都那么好！要是你不喜欢语文的话，你肯定学不了那么好！

生（激动地接话辩解）：我就是不喜欢语文。还有我上个单元的检测就没有考得好，才考了82分。

我：那可能是你不认真学习才考了这么低的分吧？（这孩子性情较急，我想通过旁敲侧击问出原因）

生：才不是呢！我是上课因为肚子疼，后来请了两天假，肚子好了以后来学校就考试，所以我没有考好。（果然，该生一下子把答案给了出来）

我：82分确实对你来说有点少，因为老师知道你很优秀，你对自己的期望也很高，按照平时的成绩你应该是98分以上的，是吗？老师想到了一个好的办法，能提高你的成绩。你想不想试试这个办法？

生（迫不及待地回答）：想！

我：你下午放学后来老师办公室，老师给你辅导，持续一周的时间，肯定能达到你想要的效果！但是……

生：但是什么呀，老师，你说呀！

我：但是你肚子经常痛，要请假，老师都没机会给你辅导，真是有点可惜！哎……

生：老师，我肚子早已经不痛了。第一次去看了医生后，我急性肠胃炎就好了。

我：但是你后面不是因为肚子痛经常请假吗？

生：那是因为我不想上语文课了，不喜欢语文了，我都没考好。

我：你没有考到预期的成绩，是因为你真的肚子痛，请了两天假。而这两天的课，占了考试内容的一半呢！意思是你只学习了考试内容的一半，按道理讲你应该只能考50分的，但你能考82分，说明你语文的基础非常好呢！

生：老师，我不请假了，每天下午放学你给我辅导吧！

我：你确定肚子不痛了才能来辅导哦！身体不舒服来上课，导致病情严重那可不好。

生：老师，我后来说肚子痛请假都是骗我妈妈的。但是老师，你不要告诉妈妈这件事情，要是妈妈知道了这件事情，肯定要我面壁思过了。

我：嗯，我不会告诉你妈妈，这是我们的秘密。但以后可不要因为考得不好而不来上课了。

生：我知道了老师，以后我不敢了。

从那天开始，我每天下午放学给她辅导半个小时，该生听得很认真。家长告诉我，每次回家后该生都会自己再复习一遍，学习的劲头比以前更足了。我还是把那天谈话的事情告知了该生家长，让家长知晓孩子的"假肚子痛"，也好放心。

**第一阶段辅导效果及反思：**本次谈话结束，我感到有点震惊。我陷入沉思，我想不到一个一年级的小朋友会对自己要求如此的高。以前我知道该生性格要强，但是没想到是如此的强。在遇到不理想成绩的时候，她没能合理归因，于是选择用逃避的方法去处理问题。这也给我上了一课，日后要更综合、全面地分析原因，从表到里关注孩子的身心健康。


**第二阶段：多维引导，学会归因。**

该生每天上课精神状态非常好，专心听课，认真思考，积极举手回答问题。作业书写也比以前更加美观。下课后，还经常笑着给我讲她在课外书上看到有关语文成语运用错误方面的笑话。在接下来的检测中，也取得了预期的成绩。但这还不够，我应该适时让该生或是其他学生知晓，导致结果的原因是多方面的。教会学生合理归因，对以后的学习还是生活中遇到的挫折，都能够有方向去自我归因。

恰巧，有一次检测的题目比往常要难很多，全班整体情况都不是很好。该生情绪低落，满脸不高兴。但该生获得了前三的成绩。我想借此机会对该生进行结果归因指导。我找了该生和另外一个因为上课不认真考得不好的学生（林某）一起来办公室谈话。

我：老师找你们来聊聊这次检测的事情。林某，你觉得这次检测考得怎样？

林某：不好。

我：为什么不好？

林某：因为我上课不认真，老是喜欢偷偷玩笔和橡皮擦。

我：周某某，你觉得你考得怎样？

生：我觉得我很努力但是考得还是不好。

我：你知道是什么原因？

生：我……我也不知道。（支支吾吾，但还好没把结果归因到内因）

我：老师觉得你考得很好啊！你看你进入前三，得到A+，分数低是因为题目难很多了，所有同学都难了。

生：原来是这样。

我：林某某考得不好是因为他自己不努力学习，而你认为自己分数低、考得不好，那是因为题目难了。所以我们不能单看分数而认为自己学不好。

生：原来是这样。原来不是我的原因，是题目的原因。

我：是的，遇到挫折要找原因。看看是自己的原因，还是外在的其他的原因。

生（脸上露出了笑容）：好的，我知道了，谢谢老师。

**第二阶段辅导效果及反思：**此阶段的教育，主要是引导该生去思考，多维度去寻找原因，及时调整自己的情绪，在日后积极面对学习与生活中的挫折。

**辅导结果：**在本次谈话结束后，该生不再因为大大小小的挫折而发脾气或者去自我责备。该生还是那么要强，但是表现得积极乐观，"装病逃学"等逃避现象再也没有出现过。

**辅导反思**：通过教育辅导，该生已经对学习的结果正确归因，不会遇到学习结果不理想就将失败的原因全部归结于自己自身能力的不足。该生的学习状况也越来越好，学习的积极性越来越强，产生积极的自我价值感使得该生更加努力去学习，从而有了良性循环。遇到挫折的时候，根据不同的孩子的性格，结合以往的表现，引导学生进行正确的归因，及时对孩子进行心理辅导，这是非常重要的。

● **专家点评**：在接待个案学生的过程中我发现，有过高期待的家长往往会培养出有完美主义倾向的孩子。在学习生活中，这类孩子不允许自己有一点瑕疵，但凡得不到他人的赞赏，就会认为自己是一个不受欢迎、不被充分接纳的人，会产生逃避行为。苏老师有智慧，帮助该生认识到问题并对产生问题的原因合理归因，帮助她找到解决问题的方法。

第2卷

家庭影响

# 一名初中女生的情绪障碍

**辅导教师：**林茵

**辅导学生：**小木

**辅导时间：**自2020年3月至2020年9月

**辅导背景：**该生在开学后，出现心情低落，精神不佳的心理状况。主要表现为无精打采，偶尔会无缘无故地想哭，表示自己很累，上课有时会趴着听课。自我评价低，觉得自己很没有用，同时有自杀想法与自残行为。

**学生分析：**该生是班上的中优生，学习成绩较好，同时个性比较要强，对自己的期待比较高；也在意别人对自己的看法。

## 辅导过程：

**第一阶段：发现心理异常，了解内在原因。**

该生在开学后，出现心情低落、精神不佳的心理状况，班主任和同学发现其有自残行为，班主任立即反馈至心理室，请求协助。当天，我便将该生约至心理室，进行初访。

以下是我与该生的部分谈话。

我：我看你好像很累的样子，今天上心理课也是这样的。

小木：嗯。

我：能说说你遇到什么情况了吗？或许我可以帮到你。

小木：老师，我很害怕。

我：你怕什么？

小木：老师，我已经一周几乎没有怎么吃饭了，我爸爸说，如果今晚我还不吃饭，他就要对我不客气了。我很怕。

我：听上去你爸爸对你不吃饭很生气。

小木：嗯，老师，我是真的吃不下，我也不知道为什么。（说到这里，小木有点想哭）

我：你是什么时候开始吃不下饭的？

小木：之前就开始了，就是胃口开始变小；后来就一点也吃不下去了。

就这样，我和小木同学开始了第一次辅导。小木同学说，自己已大概两周没有怎么吃饭了，有时候也只吃一点点，但也不觉得肚子饿，自己也不知道为什么。有时候，自己会无缘无故觉得很痛苦，然后就很想哭。自己已躲在房间哭了几次，是哭得很伤心、很痛苦的那种，每次哭完后，也不见得心情会变好。自己曾经跟妈妈说，自己的心情很不好，觉得压力很大，很累。没想到妈妈并没有重视与理解自己的意思，妈妈的回复是：我也很累，我压力也很大，谁的压力不大，不要一天到晚想这些没用的。听到妈妈的回应，小木觉得妈妈无法理解自己，于是更加痛苦。小木说，妈妈对自己的学习期望很高，希望自己学习成绩能够百尺竿头更进一步，更要以"四大高中"为目标，考上好高中。妈妈还经常跟自己说，由于她（妈妈）小时候没有读书，现在学历不高，所以现在工作很辛苦，赚钱也少，妈妈希望小木能多读一些书，将来考大学，生活才不至于过得这么辛苦。同时，妈妈对小木同学现在的成绩不太满意，希望她努力学习，取得更好的成绩。最近她不知道为什么就是吃不下饭，她也知道爸爸妈妈很关心自己，甚至爸爸还特意买了她喜欢的食物，但是她真的吃不下饭，一点胃口都没有。爸妈对此很不理解，对她颇有微词。此外，她的睡眠也不是很好，早上起来觉得心情特别不好，自己也不知道为什么。同时，小木同学觉得活着很痛苦，不如死了算了。

根据小木同学的描述，我结合了PHQ-9问卷的相关问题，在访谈中逐一了解了小木同学对这九个问题的感受程度，根据她的回答，初步怀疑小木同学具有抑郁发作的表现。为了准确确定她的情况，更好地帮助她，当天学校心理危机干预小组立马启动学生心理危机干预机制，对小木同学的心理状况进行心理危机干预。

班主任当晚约家长到校参加"家校联席"会议，德育主任、年级长、班主任和心理老师参加会议。会议中，告知家长小木同学当下的心理情况与需要家长配合的地方（包括监护小木同学的人身安全等），建议家长尽快带小木同学到公立医院心理专科做进一步心理健康的检查与鉴定；心理老师与德育主任、年级长、班主任一起协商，如何向其他科任老师表述小木同学的心理状况及如何因材施教，调整对小木同学的教育策略，以便能更好地帮助她。

"家校联席"会议后，家长为小木同学预约了医院心理专科的挂号，并带她到医院做进一步的心理健康检查。经专科医生检查与鉴定，确诊为重度抑郁发作，并开始药物治疗。

**第一阶段辅导效果及反思：**在本阶段中，对小木同学的教育过程，值得借鉴的地方就是能及时地发现学生心理异常的信号，并及时启动学生心理危机的干预机制，德育团队每一位老师都立马进入状态，各司其职，为小木同学提供相应的帮助与干预；同时，班级里同学发现信号，及时告诉班主任与心理老师，这也说明了学生有善于观察的眼睛，有发现同学心理危机的敏感度，这一定程度上也说明了心理健康活动课的教学效果。发现小木同学心理异常后，学校心理危机干预小组反应迅速，立马召开"家校联席"会议，引导家长参与其中来帮助孩子，这对孩子建立社会支持系统有一定的帮助。

## 第二阶段：耐心倾听，漫长等待。

小木同学确诊重度抑郁发作后，根据医院医生的专业建议，需进行药物治疗，小木及其家长同意并执行该治疗方案，她开始了药物治疗。然而，心理问题的治疗并非感冒发烧，药到病除，对于她来说，等待疗效也是一个漫长的过程。在这个过程中，她的情绪依旧存在反复不定的情况。

生：老师，我还是觉得很痛苦，吃了药根本没用。

我：你在怀疑吃药是不是有效果？

生：嗯，而且吃了以后，会觉得恶心、想吐，感觉有副作用。

我：医生怎么说？

生：医生说这是正常的，坚持吃，过一段时间就好了。

我：其实我也认同医生说的话。这个药跟感冒药不一样，不是药到病除，需要吃一段时间，才会逐渐有效果。所以，我感觉你不用太着急。最近感觉自己还是很辛苦，很累，是吗？

生：嗯，老师，你说，为什么我会活得这么痛苦？

我：我知道，你很想找到答案。或许找到答案，知道原因就不会这么痛苦了。

生：我真的不知道为什么要受这样的苦，我做错什么了吗？妈妈还老说我是想太多了，自己想开点，病就好了，就没事了。我真的很想说，他们理解我吗，知道我的感受吗，清楚我的痛苦吗？如果他们知道，他们就不会这么说了。

我：我知道，你希望爸妈能够理解到你现在的感受，你的痛苦。

生：嗯，不过也不可能吧。这个世界上本来就没有真正的感同身受。

我：嗯，可以说，是能部分感同身受吧，就像现在我跟你一样。但是完全的感同身受，可能不一定真的能做到。那不如这样，你要不尝试把自己的感受表达出来？你可以用文字，用画画，或是用一首歌，都是可以的。我不敢说你这么做了以后，就不痛苦了，但这么试着表达出来以后，痛苦感觉会少一点。

生：我想想。

生（想了一会儿，写下了一段文字）：老师，我可以感受到大部分人不喜欢别人丧，觉得很不自在，自然而然就会离那个人远一点，就连我有时候听别人说多了我也会烦，人嘛就是这样的，但是吧，这种丧并不是我自己想有的，准确一点就是我根本也不是丧，我开心不起来，但是我也难过不起来，我就是觉得很累，就是想原地"死亡"。我会想"你说你也是这样的，可是你没有经历过我的事情，你怎么会知道我到底有多么的难过呢？你不能感同身受因为你没有经历过"。这几天的我一直处于一个恶性循环当中，我觉得没人爱我，我觉得这样子我为什么活着，我也不知道为什么要活着，我不知道我活下去有什么意义。

我：我能明显地感受到，你很痛苦，你的心一定很痛吧！

生：是的。

我：你可能觉得，如果死了，也许自己就不会这么痛苦了。

生：嗯。

我：我能理解你的感受与想法。不过我有个跟你不一样的看法，你要不要听一下？

生：你说。

我：死可能真的是解决痛苦的方式，但也只是方式之一，我想如果你能找到别的方法来缓解痛苦，也就不一定要用这个方法来解决了。

生：好像，也有点道理。

小木同学目前正处于治疗的初级阶段，情绪不稳定，主观痛苦感明显，且有轻生的念头。因此，在对小木同学进行心理干预时，倾听、共情、认同感受是必不可少的部分，也是当下最需要做且适合做的部分。随后我与小木讨论了一些可以缓解痛苦的方法，比如书写自己的感受、接纳自身的感受，允许自己哭、痛苦的时候可以抱抱父母，不一定要有言语的那种，希望通过各种各样的方式，来缓解她的主观痛苦感，并且也鼓励她主动向父母亲表达自己的感受与需求，让父母参与进来支持与帮助，以完善小木同学的社会支持系统。

同时，小木的父母亲为学校周边工厂的务工人员，文化水平不高，生活压力大，对她的病情存在一些误解。由此，学校班主任与心理老师通过面谈、电访或家访等多种形式，与家长多次沟通，向家长普及一些关于抑郁症的基本知识及如何陪伴孩子的建议，希望家长要作为一股心理支持力量，给小木同学适当的帮助。

**第二阶段辅导效果及反思**：此阶段中，小木同学正处于抑郁发作与药物治疗的初级阶段，情绪不稳定，主观痛苦感强也是正常的情况。本阶段中，除学校德育团队、班主任与心理老师对小木进行心理干预工作外，也将其父母作为一股支持力量，让其参与其中，这样对于小木的心理恢复，有更好的帮助效果。

**辅导结果**：经过半学期的休学调整，小木同学的心理状况在逐渐恢复。她在八年级新学期开学前，给我发了一段这样的话："老师，谢谢你的出现！你也是我的光！谢谢你哦，我知道你一直都在！我依然相信未来美好，人间值得，走一步算一步吧，我就是希望可以看到未来的自己是怎样的。""守得云开见月明"，经过两个阶段的引导，无条件的倾听、共情与陪伴，加上药物治疗、定期复查，她的心理状况明显好转，情绪逐渐稳定，主观痛苦感降低。2020年暑假开学前的一次复诊中，医院检查结果显示她的心理状况恢复较好，自杀与肇事风险低，具备复学条件，可恢复正常学习生活。

**辅导反思**：在本案例中，小木同学因确诊了情绪障碍，属于心理问题范畴。她在病发时，主观痛苦明显，由此影响了正常的学习与生活。小木同学陷于无法自拔的痛苦情绪当中，甚至产生轻生念头，这是小木同学成长中遇到的一次重大挫折。在教育过程中，能及时发现她的心理异常并及时干预，同时给予无条件的倾听、接纳与陪伴，这对小木同学的心理状况恢复是有积极作用的。故本次挫折教育有效。

●**专家点评**：林老师有专业敏感，敏锐地从该个案反馈的信息中，初步判断出该个案有可能是抑郁相关症状，通过量表评估验证判断后，第一时间报告学校，学校启动了危机干预机制，整个过程规范严谨。该个案在就医后，跟进在家服药及治疗的情况，同时配合心理辅导，经过两个阶段的治疗及心理辅导，该个案有了明显的好转。这个案处理的思路，可作为学校班主任培训的内容分享。

# 一个小学生的亲子冲突

**辅导教师：**李怀玉

**辅导学生：**梁某

**辅导时间：**2020年9月至2020年10月

**辅导摘要：**本文记录一例青春期亲子冲突的辅导案例。在建立良好的辅导关系之后，通过认知领悟，帮助求助者能够接纳自己在青春期的某些看似特别，实则正常的心理感受，并通过角色扮演来引导求助者学会换位思考，改善亲子关系。

**辅导背景：**梁某，男，小学六年级学生，家中长子，还有一个三岁的妹妹，身高1.51米。父亲在深圳务工，母亲在深圳照顾兄妹二人，家庭经济状况中等偏下。由于父母的受教育程度不高，凭打工挣钱，十分辛苦，对于求助者抱有一定的期待，希望孩子以后不要走父母的老路。父母十分关心孩子的生活和学习。梁某一直以来在学校表现良好，成绩中等，人际关系良好。

新学期开学后，梁某未调整好自己的开学状态，情绪状态不稳定，作业完成质量不高，科任老师致电其母反馈了梁某的学习状态。他母亲非常生气，情绪比较大，非常严厉地批评了孩子，万万没有想到，一向乖巧的孩子竟然与父母爆发了激烈的言语冲突，且摔碎了最喜爱的玩具，之后便闭门不出。第二天，母亲在收拾梁某房间时，发现梁某在字条上写下："欠游戏时间一小时，以及语言侮辱一小时，造成精神损失，体力损失；生气，生气，生气，她必须死，此仇不报非君子，君子报仇十年不晚，不在沉默中爆发就在沉默中死亡。此仇记录于2020年9月4日，22时25分。"妈妈看到字条，想到这么多年的含辛茹苦，付出那么多，孩子却不知感恩，还想报复，内心十分伤心，便联系了班主任老师。在班主任老师的陪同下，梁某来到了辅导室。

**辅导过程：**

**第一次辅导：建立良好的辅导关系。**

观察梁某在咨询室的表现，我感觉他不是一个"坏脾气的孩子"，询问班主任带他来找我的原因，他有些不好意思地说起了自己和妈妈的冲突。当然，他是站在他的角度来说的。看着有些拘束，有些腼腆的梁某，我忽然意识到，他有可能是害怕我跟妈妈一样会批评他？于是，即使他说的有什么不对的地方，我也并不急于纠正他，我只是耐心地倾听，梁同学渐渐变得健谈起来，最后眉飞色舞地将事情的始末原原本本说了出来，我想这是他信任我的开始。

**第二次辅导：认知领悟技术，引导接纳自己的需要和情绪。**

梁某第二次来到辅导室，看到他这一次有些拘束和紧张的样子，这一次我先和他一起参观了辅导室，之后，他紧张疑惑的心情有所缓解，之后和我谈话过程比较放松，而我也因此了解他内心深处许多的真实想法。当他讲到"摔玩具"的现象时，我特意观察了他的表情——有些尴尬，似乎是意识到了自己不应该，但眼神中也有一些放松感。

我：你摔了玩具以后有什么想法呢？

生（沉默了好久）：其实，我也知道我做得不对，但是我不知道怎么办，就觉得摔东西很畅快。

说不出的快感只是被压抑的愤怒爆发之后的轻松。我用同理技术表达了对梁某行为和心理感受的理解，但是他更需要先觉察并接纳自己在青春期产生的某些特定的想法和心理变化。尤其是要接纳自己愤怒、不满、厌恶等负性情绪，要知道负性情绪也是正常情绪。因此我决定通过认知领悟技术，让他了解和接纳伴随成长而至的某些情绪，而不急于判断"应不应该"拥有某些情绪。

我：你在什么情况下会愤怒？

生：其实我妈说我的时候我并没有觉得生气，就是她不停地一直说一直骂我，让我觉得很烦躁。

我（微笑了）：果然，我们都躲不掉妈妈的唠叨。

生（追加一句）：还有人身攻击。

我无奈地笑了，笑过之后，继续谈话，我侧重于引导他注意梳理情绪之间的关系，他很快理解了"希望和妈妈平等和谐地沟通是人的正常需要，而愤怒源于自己的某些愿望不能满足"，当愤怒不能通过合理的方式及时宣泄、疏通的话，势必会像不断充气的气球一样走向炸裂，最终伤人伤己。

### 第三次辅导：角色扮演，学会换位思考。

通过前两次谈话，梁某已学会接纳自己的负面情绪，但要他跟妈妈说出心理的需要，他还是觉得没信心。

生：她只会挑剔我，攻击我，从来不管我心里想什么。

我：妈妈要是不关心你的话，就不会时刻提醒关注你在学校的表现了，也不会因为老师的反馈而动怒了。

我试图让他站在妈妈的立场上重新梳理自己的情绪和认知，但是他十分抵触，他坚持认为，妈妈并不是真的关心他，从不关心他的内心感受，更别提尊重他，和他平等沟通了。他对母亲的偏见太深，我所运用的"合理情绪"与"认知领悟"技术收效甚微，因此我尝试使用"角色扮演"来改变学生的认知。

当我提出和他一起完成"角色扮演"时，他有些不好意思，刚开始也并不能进入"妈妈"角色，仍然站在自己的角度诉说自己的委屈。后来，在不断的尝试下，他将妈妈身上的种种特点表现得非常夸张。可是慢慢地、真正融入角色中，才发现自己的有些想法和做法显得非常幼稚、不近情理，特别是在第三次、第四次角色扮演之后。

我：你刚才扮演的是一个怎样的妈妈？

生：其实，我刚才有些夸张了，我妈不生气的时候，挺好的，很照顾我，给我做好吃的。我对她的顶撞，有时候是有些……（梁同学的思想有转变）

我（进一步追问）：你觉得作为妈妈，听到老师反馈孩子在校作业完成质量不高会这么生气的原因是什么？

生：不知道，可能就是我妈不想我比别人家的孩子差，丢她的脸；也可能是不想我走他们的老路吧。

我：这可能需要你问问妈妈了。

此时，我意识到，有时候，在气头上沟通的双方，只看了彼此的情绪，而忘记了自己的初心，我也需要和家长取得沟通了。

**辅导之外：家校联系，坦诚沟通，探寻亲子相处新模式。**

之后，我找到班主任老师，真诚请他转述梁某在辅导后的表现和进步，同时也希望班主任老师再次和家长沟通，希望家长改变自己不合理、不合适的做法。我建议他们母子利用这次契机，认真地听听对方的真实想法，坦诚沟通才能消除误会，重建亲子关系。

班主任老师随后反馈，梁某先向妈妈道歉了，之后又坦率地说，希望妈妈能尊重他，不要总是一直唠叨他，骂他，尤其是要给自己消化的时间；妈妈表示赞成，同时也对梁同学的行为习惯、学习生活等提出了相应要求。双方达成了和解。

**辅导结果：**求助者反馈，"心里不憋屈的感觉简直太爽了，妈妈不一直唠叨我的感觉太好了"。梁妈妈惊喜地表示，孩子待人处事成熟多了，人也开朗了，有什么想法或需要都愿意同他们说，还会主动做一些家务。班主任则说，梁某再没有出现过作业随意敷衍了事的情况，学习状态和成绩也有了明显提高。在和班级同学相处上，变得更加健谈。

**辅导反思：**完成了四次的教育辅导后，该生的挫折教育也暂告一段了。总结该生的受挫原因，分析如下。

生物—心理原因。梁某，男性，12岁，进入青春初期，身体的快速生长和心理的缓慢成熟出现冲突，此时的他，正处于心理断乳期。在情绪的表达上存在着情绪活动的外漏性，遇到开心的事情就无遮无拦，开口大笑；遇到困难，就会双眉紧锁，哭丧着脸。此外，青春期学生的情绪体验存在着迅速性，情绪来得快，去得快，喜怒无常。并且，他的情绪体验还具两极性的特点，遇到妈妈的责备，既会表现出不喜欢妈妈的样子，产生希望妈妈消失的念头，又会表现出想起妈妈的好，觉得妈妈辛苦，自己应该听妈妈的话。

社会学原因。六年级面临着小升初的升学压力，加上开学初的学习状态不佳；被母亲批评产生了不良的情绪体验；缺乏必要的情绪调节策略与技巧，产生不良情绪后不知该怎么办，也没有得到社会支持系统的有效帮助。

亲子关系原因。由于家长始终觉得孩子还是小学生，没有意识到孩子已渐渐步入了青春初期，家长仍然希望孩子一直能够与自己亲密无间，能随时了解孩子的思想、心理动向，听自己的话，所以当孩子像刺猬一样越接近越暴躁、越亲近越失控的时候，家长便觉得孩子变坏了，最终造成家长与孩子之间冲突不断，亲子关系也渐渐从亲密走向疏离。实际上，青春期的逆反心理恰恰是青少年自我成长的外在表现，意味着他们有了独立的思想意识和行为系统，不再依附于曾经被自己无比尊敬和崇拜的父母。如果此时，家长仍以"批评""训斥"的名义要求孩子必须按照家长的想法做事，势必会引爆亲子矛盾。亲子关系是互相制约的，在青春期，孩子的力量在不断增加，家长力量势必要削弱一部分才能保持平衡。因此，面对青春期的孩子，不妨冷处理，保持些许距离，给他们相应的时间与空间，这样反而会促进亲子关系的稳固发展。

●**专家点评：**李老师专业素养很高，在此个案辅导的过程中，用心理学知识对个案学生进行了评估，认识到青春期学生偏激认知及情绪起伏大的特点，利用角色互换的方式引导学生体验母亲在照顾他时的真实感受，使他产生同理心。并在家庭教育指导中给妈妈合理的建议，使妈妈认识到"批评""训斥"的消极意义和效果，并告诉妈妈青春期孩子的心理发展特点。

# 一种幸福叫手足相依

**辅导教师：**张英颂

**辅导学生：**小谢

**辅导时间：**2019年9月至2021年1月

**辅导背景：**小谢，女，就读二年级，家里有父母和两岁的弟弟。家庭经济状况一般，父母每天都非常忙碌，经常不在家。小谢原本活泼开朗，喜欢读书、画画。有了弟弟后，性格变得敏感多疑，情绪低落，上课常常走神，注意力不太集中；课间常常一个人发呆，黯然神伤。在家里也不爱说话，经常把自己锁在房间里，拒绝跟父母交流。还给父母留纸条，说不爱你们了。看到妈妈在照顾弟弟的时候，表现出了伤心、嫉妒，甚至还出现了退化行为。

**学生分析：**小谢原本成绩优秀，疫情期间网课后返校，上课无精打采，书写马虎，作业经常不完成，成绩更是一落千丈，越学越没兴趣。加上孩子一直认为父母偏心，听不进父母的劝告，父母缺乏教育方面的知识，对孩子的管教机械化、简单化，效果不明显。

## 辅导过程：

### 第一阶段：调整认知，体会不一样的爱。

从小谢母亲那里了解到，在二胎前，小谢母亲还是比较有时间、精力照顾小谢。自有了弟弟后，父母全身心地投入到年幼弟弟的衣食住行上，小谢感觉被冷落了。姐弟俩的相处不融洽，与父母关系也十分紧张。

我：你觉得爸爸妈妈喜欢你吗？

生：不喜欢，他们只喜欢弟弟。

我：你喜欢弟弟吗？

生：不喜欢，弟弟抢走了我原来的一切，有了弟弟，爸爸妈妈都不喜欢我了。

我拿出从小谢妈妈那里借来的小谢照片，有三大本。照片里的小谢阳光、自信、快活。小谢看到自己的照片，既惊讶又兴奋，忍不住给我介绍照片，脸上洋溢着微笑。

我：小时候的你好可爱呀！看得出来，你的妈妈有多爱你，把你小时候的照片都按顺序整理出来了，多用心的妈妈呀！

生：是的，妈妈说要把我小时候的样子都记录下来，每年都要这样做。

我：听你妈妈说，你喜欢画画？

生：是的，我特别喜欢画画。

我拿出小谢小时候画的画，是用一个个文件夹装好的，每一张画都标好了画画的日期。小谢很惊讶，她不知道妈妈把画全都用文件夹装起来了。小谢一页页专注地翻看，激动得说不出话来，估计脑海里全是美好的回忆。

我：说实话，老师没见过这么用心的家长，老师都被你妈妈的举动感动了。你妈妈用照片记录了你成长的每一步，用画册见证了你的进步。这难道不是对你的爱吗？

生（低下头）：我好像错怪妈妈了。

我：我听你妈妈说，还给你报了美术班、古筝班、拉丁舞班，对吗？

生：是的，妈妈想让我多才多艺，变得更加优秀。

我：据我所知，你们家经济情况并不富裕，妈妈给你报这么多班，是要花费很多钱的，可是为了你，他们省吃俭用多不容易呀！

生：嗯嗯，妈妈从来不给自己买新衣服，只是给我和弟弟买。

我：是呀，你和弟弟都是妈妈的宝贝，怎么会不爱你呢？只是每个孩子，每个阶段需要父母给予的爱的方式是不一样的。虽然你妈妈忙着照顾你弟弟，但她对你的爱没有改变。因为妈妈觉得你长大了，对你可以放手了，这是你妈妈对你的信任呀。

学生听了我的分析，变得开心起来，原来妈妈是爱自己的。

**第一阶段辅导效果及反思：**在这次谈话中，我主要运用了"认知疗法"里

"以偏概全"的错误认知纠正方法，启发小谢正确认识到她在成长的阶段，父母给予的爱的方式是不同的，父母由过去照顾她的生活，转变为关心她的成长、学习，是在默默地关爱着她。小谢也明白了这一点，脸上的笑容多了，也自信了，还经常举手回答问题。她妈妈反馈说，现在回家能主动完成作业，还会让妈妈检查。

### 第二阶段：家校牵手，达成共识。

作为教师，要运用专业心理学知识和技法给家长们保驾护航。于是在第二阶段中，我主动找来了小谢的父母和他们谈谈孩子的情况。

我：你们好！工作很忙吧？平时很难联系上你们。

小谢父亲：是的，我上班比较忙，自己还做了点生意，平时很少在家，家里事都是孩子妈妈在管。

小谢母亲：是的，我没有上班，在家带俩娃，俩娃经常吵闹，还要洗衣做饭搞卫生。我一个人真的很累，无论是身体上还是在心理上。

我：俩娃在家不乖吗？

小谢母亲：不乖，特别是姐姐常无缘无故惹矛盾，总是拿弟弟来和自己比。比如，为什么可以喂弟弟吃，不喂我吃？为什么弟弟可以出去玩，而我还要做作业？还经常抢弟弟玩具，惹得弟弟大哭，弟弟哭得越伤心，姐姐就越得意。

我：那这种情况下你们是怎么处理的呢？

小谢母亲：当然是批评姐姐啦，越批评她就越无理取闹。

我：这就是造成老大一系列问题的原因。

小谢父亲（很惊讶）：是我们造成的吗？

我：是你们对俩娃发生问题时，没有正确引导造成的，你们偏心吗？

小谢母亲：说实话，老大经常闹情绪，老二乖点，还真有点偏心老二了。

我：那也只是老大不乖时你才这样想的。其实俩娃在你们心目中都是一样重要的，对吗？

小谢母亲：那当然，手心手背都是肉，我对他们尽量一碗水端平。但他们发生矛盾时，我的处理方式简单、粗暴，经常对老大一顿臭骂。老大就会很生气地关上门，待在房间里不理我们。

我：是的，长期这样下去，难怪老大觉得你们不爱她，性格越来越孽。

**第二阶段辅导效果及反思：** 在第二阶段的辅导过程中，明显感觉到小谢父母内心是很爱孩子的，但也很无助。直至他们来学校谈话后才找到问题所在，认识到自己平时无形中对孩子内心造成的伤害。我给他们提出了一些建议：一是要树立孩子之间平等的地位；二是让两个孩子互相照顾、互相爱护，姐姐参与照顾弟弟，两个孩子在接触中会建立感情，姐姐会有参与感和责任感；三是增加亲子互动的机会，家长要多关注孩子的心理变化，多和孩子交流，多听孩子内心的想法，让孩子感受到被家长重视的幸福。小谢父母非常赞同我的建议，并保证努力做到。

### 第三阶段：主题班会，同伴影响。

为了让小谢认识到手足情谊的珍贵，我特意在班上召开了一次主题为"有一种幸福叫手足相依"的主题班会。

教学内容（节选）：

1.开场白。理解"手足"的意思：同学们，你们都是父母的宝贝，你们是上天赐予父母最珍贵的礼物。每个孩子都是父母手心里的宝，你们的成长是父母一生的事业，他们在你们身上倾注了所有的爱与希望。自从二胎政策开放以来，很多孩子多了一个手足，拥有了玩伴，生活变得热闹有趣了。可也有一些孩子过得并不快乐，甚至因为弟弟妹妹的出现变得不开心，这是为什么呢？我们班有很多二胎家庭，让我们来听听他们的心声吧。

2.二胎娃心声。

生1：自从我们家有了弟弟后，爸爸妈妈陪伴我的时间少了很多。以前都是围着我一个人转的，想去哪里爸妈都会毫不犹豫答应，现在想他们陪我半天都难，总是说弟弟太小，还不能出去，或直接就说你自己一个人去玩吧。看到我的同伴爸妈只生一个娃的，天天陪着他，我真的是羡慕极了。好几次我都伤心地哭了，我感觉自己是多余的，弟弟抢走了爸妈，我讨厌弟弟。

生2：我们一家人出去玩，爸妈都只顾着照看妹妹，逗妹妹开心，妹妹哭了连忙哄她，而看到我马上就会变严肃，总是叫我去看书、做作业，真不公平！妹妹可以整天玩，而我却每天都要做作业。

生3：妹妹影响了我的学习成绩。以前晚上睡觉前妈妈经常给我讲故事、辅导我。现在妈妈根本没空管我的学习。有时我不会做作业，妈妈没来得及辅导我，导致我第二天不敢交作业，被老师批评留堂。我越来越没信心，成绩越来越差。

3.家长心声（视频播放）。

母亲1：宝贝，我们对你的爱永远比弟弟多，因为你比弟弟大，我们一直爱着你，并没有减少，只是因为有了弟弟，我们的时间和精力分了一部分给他，我们对你爱的方式，也由关心你的衣食住行转到了学习成长方面。因为你已经长大了，妈妈希望你能像小鹰勇敢学会飞翔一样学会生活。

母亲2：宝贝，妹妹还小，她需要我们的照顾，在你小的时候，我们也是这样照顾你的呀，你忘了吗？妈妈还把你小时候的照片按时间顺序洗出来，放进相册里，就是方便你随时能感受到父母对你的爱呀！每个年龄阶段都有不同的事情，现在你已经长大了，到了学习知识的年龄，妈妈希望你好好读书，将来做一个对社会有用的人。

母亲3：这一点妈妈实在很惭愧，没有在你需要的时候出现，但妈妈一直在关心你的学习和生活。每天晚上等弟弟睡了，妈妈都悄悄走进你的房间去检查你的作业，半夜还定闹钟去看看你有没有踢被子，生怕你着凉生病。只是因为你已经睡着了不知道这些。今后妈妈会尽量安排好时间，争取多和你亲子阅读，多辅导你的作业。

4.手足生活趣照（视频展示）：观看完后，各抒己见。

5.歌曲欣赏：《手足情》。

6.安排二胎娃与家长见面：拥抱、谈心、亲吻。

7.班主任发言。二胎的到来为家庭增添了许多的欢乐，但新成员的增加也给哥哥姐姐带来一定负担。如何解决由二胎带来的家庭格局变化与家庭矛盾，成了父母和社会所面临的重要课题。今天的班会，相信让孩子们对手足情谊有了更深刻的认识。这所有的困难都只是暂时的，手足情谊将会是令人羡慕的财富!

**辅导结果:** 经过教育,小谢认识到了父母对自己的爱,认识到了弟弟是父母给她最好的礼物。小谢不再觉得有弟弟不好,反而觉得有弟弟是一件自豪、幸福的事情,并保证要给弟弟做个好榜样。根据小谢父母反映,他们亲子关系得到改善,小谢和弟弟相处也融洽多了。小谢不仅喜欢弟弟,给弟弟讲故事、画画、唱歌,还会保护弟弟。在学习方面,小谢变得更加积极主动,成绩有了很大提升。

**辅导反思:** 在第三阶段中,我主要利用了同伴关系的影响来改变小谢。随着儿童逐渐长大,同伴对他们的影响越来越大。小谢的烦恼不是一个人的烦恼,很多二胎家庭都有过相同的经历。经过和同伴的交流,小谢有了正确的认知。这无疑是小谢的成长,也是我们教育者的欣慰。

● **专家点评:** 对"被爱"不确定的顾虑会使孩子产生焦虑,如果家长没有注意到这一点,嫉妒和不安全会使老大感到情绪低落。张老师在这个个案辅导的过程中,敏感地注意到孩子情绪的变化,并在家长的配合下回顾了代表"爱"的点点滴滴回忆,并调整了该同学的认知,介入家庭,指导家长如何更好地营造家庭环境帮助孩子度过"二胎"适应期。

# 从自卑到自信

**辅导教师：**苏咏

**辅导学生：**李某

**辅导背景：**李某是一名六年级女生，12岁，在一年级到三年级时学习成绩名列前茅，而现在是中等水平，导致她自信心下降，产生自卑感、挫折感。父母文化水平不高，家庭条件一般。她性格非常内向，时常产生悲观厌世情绪，觉得自己是世上多余的人。

**学生分析：**她的父母也是性格内向的人，但可以通过外界环境来影响她。另外，父母工作忙，缺乏与她相处的时间，看见别的孩子有家人陪伴，而自己却一个人，让她产生了孤独感。

## 辅导过程：

为帮助她感受到家庭的温暖和关爱，打消她的自卑心理、挫折感，重建自信心，我与她进行了长期的交流，并实施了以下辅导方案。

## 第一步：信任、发现心结。

为增强她的自信，我把板报工作交给她负责，她表现出空前的热情和认真，版面设计新颖，内容丰富，我在班上表扬她，她非常高兴，找到了信任和自身价值后，开始逐步敞开心扉。

她的学习成绩属于中下水平，关键是她的自我评价过低，我开展了多次心理导向课，目的是让她能正视自己，接纳自己。在一次"说说我的优缺点"主题班会上，当我要求"谁愿意说说自己最烦恼的事"时，她第一个举手，当着全班同学的面说出了自己烦恼的事。她说，本来爸爸妈妈对她就不是很关心，自从有了弟弟后,感觉自己就是个多余的,照看弟弟就是每天最重要的事情,哪怕作业不完成,那也要先顾着弟弟,如果弟弟有什么闪失,打骂是家常便饭,感受不到家庭的温暖。这便是她的烦恼,是她自卑并产生挫败感的真正原因。

### 第二步:与家长配合。

我从孩子家庭了解到,父母忙于生计,女孩长大了,就应该承担起照顾家庭的担子,重男轻女的封建思想很严重。她的妈妈经常说:"我们小时候,父母对孩子的成长都是放羊式的,哪有现在的孩子那么金贵,现在还不是照样生活。"每次父母对她的"教导",她都会铭记于心,日积月累,造成巨大的心理压力。鉴于她母亲的反应,我婉转告知家长:孩子年龄还小,还没有足够正确的判断能力,很多时候,需要父母的正确引导,才能让孩子健康快乐地成长。与我沟通后,母亲渐渐意识到了自己的错误,家庭氛围也缓和了许多。我建议她给自己充充电,与时俱进,尽量对两个孩子一视同仁,多与老师沟通,及时了解孩子在学校的情况,或是把孩子在家的情况反馈给老师,做到有问题能及时解决。孩子的脸上渐渐地露出了灿烂的笑容,人也变得积极向上了。

### 第三步:沟通与赏识。

我为她介绍了一些心理健康知识,使其形成正确认识,从而能正确对待自己遇到的麻烦。除此之外,我还利用案例帮她分析自己的情况。例如,关于弟弟的问题,多了个弟弟,这是件很开心的事情,以后有人陪你聊天,有人给你做伴,把照顾弟弟当作一件快乐的事情,只因弟弟还小,父母的注意力当然是要放在弟弟身上,并不是不关心你。所以应有一颗宽容、积极乐观的心对待周围的同学和自己;她频频点头,表示认同。

另外,上次她在"说说我的优缺点"主题班会课上说出了自己的烦恼后,同学们给她的勇气与坦诚以热烈的掌声。课后,她也说:老师,现在我感到从未有过的轻松,原来是我想的太多了。经过类似的活动和与她的沟通,她已认识到自己是受同学们欢迎的。

　　**辅导结果**：经过几个月的辅导，我发现她比以前开朗多了，她的交往能力、自我理解、评价能力和集体观念都有了提高，成绩也有了进步。

　　**辅导反思**：虽然小李同学有了很大进步，但是还是需要给她积极的心理辅导，我相信在父母和老师的引导下，她会一天比一天更有进步的。另外，在小李的案例中，我深刻认识到，每个人都有积极向善的一面和脆弱的时候，对于已经存在一定问题的学生也不例外。我们只有善于发掘，真诚理解和帮助，才能打动他们，让他们接受帮助，自觉从泥潭中振作起来，找回失去的自我。

　　● **专家点评**：做好学生心理健康教育，既要爱学生，还要关注学生的情绪变化，从细微中见问题。苏老师爱学生，而且关注班级学生的每一点变化，然后采取针对性措施，所以效果良好。

# 关注、倾听、引导

**辅导老师：**钟文燕

**学生：**孙同学

**辅导时间：**2020年9月至2021年2月

**辅导背景：**孙同学成绩中等偏上，但不稳定，尤其英语学科，一旦取消外力的监督和约束，成绩会大幅下降。该生学习状态时好时坏，存在偷懒、敷衍等情况。自9月下旬开始，出现多次不交作业、质量不好现象，老师、家长多次提醒无果，甚至和家长发生言语冲突，导致家庭关系紧张，家长在微信群里求助，希望老师能介入解决。

**学生分析：**孙同学在校是个内敛少话的女孩，整齐的刘海总是刚好压到眼睛，有青春期爱美的表现，性格上也有青春期的小叛逆和小躁动。据家长反映，孙同学在家是欺负弟弟的"小霸王"，经常不听话，甚至还顶撞长辈。最影响孙同学成绩波动的是她缺乏自我管理能力，沉迷于网络小说，经常瞒着父母偷看小说至凌晨，导致第二天学习状态不佳，英语成绩也逐渐下滑。

## 辅导过程：

### 第一次：一次次"徒劳无功"的办公室约谈。

我把没有完成课文背诵的孙同学叫到了办公室。

我：最近这几天为什么没有完成打卡呢？给老师解释一下原因。

生（显然有所准备，音量低但语言流畅）：我忘记了，今天回去补。

这是我们第一次"正面交锋"，每个孩子都有懒惰的时候，如果能意识到自己的问题并积极主动改正，我们应该给予肯定，所以我让她回去，并告知下不为例。可能是欺生、欺软，很快，我迎来了和孙同学的第二、三、四次"正面交锋"。每天办公室补作业的总有孙同学这位"旧人"，她隐藏在大家当中，补得"非常低调"，每次批评她，她表现出一种极具混淆意味的难过、后悔和自责，但下一次又会"如约"出现在办公室补作业大军中……办公室补作业大军也换了旗号，变成罚作业大军了，孙同学适应能力也极强，很快，罚读罚背也越来越得心应手。

我：每天都因为作业不完成被叫来办公室不会觉得丢脸吗？

她默不作声。

我：以后都按时按质完成作业好吗？你英语底子很好，不要因为懒惰和松懈而掉队。

她还是不回应。

我加重了语气：如果你继续以这样的态度学习，很难说能不能考上高中。

生（点头）：好，我知道了。

此后一段时间，孙同学都没来办公室，她妈妈也说，虽然有时候还是要提醒、督促，但是在家基本能完成作业。为师内心甚感安慰，内心悄悄期许孙同学能在下次考试中华丽蜕变，惊艳所有人。


**第二次：两瓶酸奶的"交心"。**

孙同学的蜕变还没等来，倒是等来了她妈妈求助的微信信息，说因为孩子不做作业，拿手机熬夜看小说，家人劝阻不了，想把手机、平板没收，和孙同学发生了语言冲突，家庭关系紧张，希望老师能帮助解决一下问题。第二天，我把孙同学带到酸奶机前面，让她选了一瓶，问问她平时的爱好、喜欢的明星，她慢慢地打开了心扉，也主动跟我说起了自己的理想。

生：我想成为一名老师或者作家。

我：哦？为什么呢？

生（轻声）：我挺喜欢看书的，而且我看得很快……（她话语里有压抑不住的兴奋，但是话到嘴边却突然停住了）就是我妈不让我看，她觉得影响学习……

我（感觉机会来了）：为什么她会这样想呢？

生：她觉得看那些书没用，做好作业才能进步。

我：喜欢看什么类型的书呢？

生：什么书都看，仙侠、穿越、言情……

我：哦，学到什么啦？

生：也学不到什么吧，但挺有趣的吧。

我：可能就是这样，所以妈妈比较反对你看？你多久看一次呢？

生：每天写完作业就看。

我：每天大概看多久呢？

生：每天看得很晚吧，因为看了前面就想快点看完……

我：所以你作业没做好也有这方面的原因吧？

生（点头）：其实我知道要多放精力在学习上，但是在家挺压抑的，我妈只知道叫我写作业，我弟又总是惹我生气，我在家就想睡觉和看小说。

没想到她自己主动聊到了和家里的矛盾，也没想到她能在我面前如此坦诚。

我：你有个弟弟呀？你们相处得不好吗？

生：读一年级，以前他更小点的时候还挺好的，现在长大了总是抢东西，随便进我房间翻东西，我跟我爸妈讲，他们又总是偏向我弟，或者就叫我让他。

她开始流泪、啜泣，是小孩子受了委屈的样子，越哭越大声，越哭越急……我递给她纸巾，轻轻拍拍她的肩，给她一点安慰。

我：爸爸妈妈肯定对你和弟弟是一样爱的，只是对事情的判断和做法未必能很清楚很正确，但这是我们每个人都会存在的问题呀，你说呢？

生：但是他们总是不帮我，有问题就一定是我的原因，什么都是我错。（情绪越来越激动，不适合聊下去了）

我：好，那下次把妈妈叫过来，老师也在，聊聊看是不是有误会。


**第三次：非正式"三方会谈"。**

利用午休时间，我把她妈妈请来学校，开始了本次非正式"三方会谈"。

妈妈：她在家就是个"霸王"，大家都要让着她的，欺负弟弟就算了，包括爷爷奶奶这些长辈，一点不如她意的地方，就要在家里大发雷霆，大家都怕了，真的没见过女生那么凶那么没礼貌的……

　　我（赶紧示意她停下来）：孩子处于青春期，有点脾气或者情绪都是正常的，作为家长和老师，我们要积极地看待这件事并且给予引导。

　　我话语还没落下，孙同学先接上了：我哪里有这样？你说啊，我什么时候有你说的那样……

　　母女俩互不相让，神态动作颇有针对意味，现场气氛一度充满火药味。

　　我（赶紧拦住）：我们今天来梳理一下，你为什么说她欺负弟弟呢？

　　妈妈：她小时候和弟弟玩得挺好的，因为弟弟好骗嘛，她让干什么，弟弟立刻帮她做，现在弟弟大了一点，也有自己的想法了，她对自己的东西和自己的钱很在意，但是弟弟也想和她分享嘛，弟弟的东西她想要，自己的不愿意和弟弟分享一点点……

　　生：那确实是我自己的钱，我不喜欢别人碰我的东西和钱，你又不是不知道。

　　我：分享会多一份快乐呀，如果我们对身边最亲近最亲爱的人都舍不得分享，和其他人的相处是不是距离更远呢？能有人和我们分享吃的、开心的事，我们活着才会觉得幸福吧，你说是不是呀？

　　生：我也知道，就是有时候觉得很烦，因为他总是不问我意见就拿我东西，后面我就不想主动给他了。

　　我：那妈妈回去跟弟弟说一下，不能随便动别人的东西，从小培养界限感。

　　妈妈（点点头）：好的。

　　我：那对待长辈是不是也要注意自己的态度和说话方式呢？

　　生：知道了，但是能不能让他们少点唠叨我，说太多我会觉得很烦。

　　我：这个问题我们分三方面解决，首先无论什么时候什么情况，我们对待别人的基本礼貌不能丢，这一点我们换位思考，我们也不希望被别人这样对待，是吧？第二点，我们要诚实地问问自己，为什么别人需要一遍遍地唠叨我？我每件事情每次都能一步到位做得很好吗？如果不是，别人的提醒就是有必要的，所以你自己主动先把事情做好；然后妈妈这边也适当放手，让孩子自己去完成她该做的事，不要一遍又一遍地提醒，甚至恨不得拿根绳子牵着她赶紧把事情做好，这些都不适合，成长需要适当地放手。

她俩听得很认真，气氛有了些许融洽。我立刻把话题引到"学习"的方向。

我：今天坐在这里，老师也有些期许，手机的使用是不是得稍微控制一下呢？看小说的时间是不是有点长了？如果能把看小说的时间和精力转移到英语学习上，是不是可以学得更好呢？

生：是的，我也意识到这个问题，但是看着看着就想快点看完。

我：这点老师理解，保持这份好奇心对生活和学习都会帮助很大，但是我们要约束它花在小说上的比重。我们规定一下每天看小说一个小时怎么样？

生：一个半小时吧，一下子只能看一个小时，太少了。

我：好，那我们慢慢来，两个星期之后我们再改一个小时，这个由妈妈在家监督，每天完成作业的情况由老师在校监督，可以吧？

生（点了点头，小声）：可以。

我拍了拍她的肩膀，给予她肯定和鼓励。

**辅导结果**：和孙同学的"鏖战"来来回回三个阶段、多个回合，终于有了一定成果，再没收到她妈妈投诉的信息，也没在缺作业名单上见到她的名字，现在写下这些文字，内心是颇多感慨的，我们都曾年轻过、叛逆过，也曾经是少年，所以能懂一点少年的内心吧，那个隐秘的角落有过躁动和不安，但只要我们轻轻安抚，每个少年都会享受爱的雨露，继续茁壮健康成长。

**辅导反思**：经过此次对孙同学的辅导，我深刻意识到为人师表的责任与力量，每个与我们相遇的孩子都是我们的责任，处于初中阶段的孩子，青春活力、朝气蓬勃但也问题多多，"叛逆"是常见的代名词，他们逐渐形成自己独特的对待世界和他人的方式，我们引导孩子们走出这个阶段的荆棘，迎接美好的人生，这是非常重要的责任。在初中生的关键成长期，老师具有强大的教化力量。因为大多数孩子悦纳老师，愿意听取老师的建议。在辅导方法上，我也认识到了，针对学生的不同情况，我们应该采取不同的辅导方法，何时该强何时该软，进到哪一步又退守哪里，这些都值得我们思考。

● **专家点评**：钟老师详细记录了心理辅导过程，运用了心理咨询原则，建立了良好的信任关系，启发引导该学生反思，并针对现状提出问题引发学生思考。邀请妈妈和孩子一起，使他们能够在心理安全的前提下充分自我表达，并彼此表达了期望，信任关系的建立是教育产生效果的基础。钟老师是个有心人。

# 一名插班生的改变

**辅导教师**：谢晓玲

**辅导学生**：张某某

**辅导背景**：该生是五年级时转来的插班生，父母离异，跟妈妈、外婆一起生活。高高的个子，胖嘟嘟的，同学喜欢用手指戳他，为此他厌学，不敢来上学，觉得同学都欺负他。有一次，他感冒请假一天，第二天一早来到教室，静静坐在自己的座位上，使劲用笔尖划自己的手臂，同学叫他不理，老师叫他也不听。我给了他一张白纸和一支笔，让他写下来，并告诉他我一定会保密。纸上他写着：家长的原因。安抚他情绪之后，他颤抖对我说：我身体不舒服，现在还没好，妈妈就送我来上学，说我耽误学业，怕我跟不上。

**学生分析**：该学生性格比较内向，不自信，但心思细腻，很在乎别人的看法，小小的事情都会有各种考虑，给予自己更多的心理压力。正是这种性格特征，导致他在与同学和家人沟通、交流时出现了障碍。同时，因为该生是转校生，他认为大家另眼看待他，所以逐渐产生厌学心理。在感冒未痊愈的情况下，被家长逼着上学，他采取极端的方式虐待自己。

该生父母离异，导致他更加敏感，任何人一个不经意的动作或言语都可能让他产生自卑、抗拒心理。妈妈带着他与外婆一起生活，他感到自己被父亲抛弃了，自己的家庭与其他同学的家庭不一样，所以，他表现出对他人信任程度低、态度冷漠、不与同学沟通交流等情况。同时，由于父爱的缺失，他成长中与女性角色接触过多，这在一定程度上也是他过于细腻的心思和在乎别人看法的性格产生的主要原因。

校园环境对学生也有很大的影响。该生是转学生，部分小学生比较调皮，尤其看到略肥胖的同学就喜欢指指点点，有同学喜欢用手指戳他，导致他产生厌学心理，不敢到校上学。这是很多转校生容易遇到的问题，由于小学生年纪较小，不懂得如何与新同学沟通交流，只能采取这种方式。

**辅导过程：**

**第一阶段：深入交流，敞开心扉。**

为帮助该生形成正确思想认识，消除极端心理与行为，我与他进行了深刻交流，引导他正确看待身边的人和事。在了解该生性格特征以后，我先与他约定，我们的对话绝对不会有第三个人知道。所以我们交谈的过程中他也很放松，向我吐露了心声，并主动向我寻求帮助，我告诉他尝试和其他同学交流：你们都是一样的孩子，本身没有什么坏心思，只是每个人表达情感与他人沟通的方式不同，同学也想跟你玩，但由于你刚来到班集体中，大家对你不了解，又不知道应该怎样和你接触，所以只能采取这种方式，其实他们并不是讨厌你。

然后，我又讲述了自己的经历：我上学的时候也遇到过这种事，不知道为什么大家都孤立我，我很难过，在被我的老师发现以后，他对我说：乌鸦都是成群结队的，只有老虎是独来独往的，因为它是森林之王，它足够优秀，之所以现在感觉被孤立了，那可能正是因为你足够独特、足够优秀，不被大众接受，因为优秀总是与孤独一同生长的。只要你坚持做自己，并适当地改变，一定可以很快有自己的好朋友。就这样，我没有因为被孤立而懊恼，也在学习中收获了终身挚友。

他听得很认真，表示愿意尝试改变。

其次，离异家庭的孩子心理比较脆弱，为提升该生的自信心，我为他讲述了一些身边的真实案例：我的好朋友也生活在单亲家庭中，但他并没有感觉自己与其他同学不同，他说虽然爸爸妈妈分开了，但我知道他们都是爱我的，就当作爸爸去国外工作了，我想他的时候就视频、打电话。我的好朋友一直非常乐观，从不避讳这些问题，他的朋友很多，没有人在乎他是不是单亲家庭。我告诉该生：你爸爸和你距离近，想见随时都能见的，爸爸也是非常关心你的，平时会向老师了解你的学习情况。我们在面对问题的时候，只要自己足够乐观，所有的问题都不是问题，没有人可以打败你，能够打败你的人只有自己。

通过交流，学生有一定的改变。

### 第二阶段：多次家访，形成合力。

该生出现了极端行为，与家庭有着直接关系，因此，我与该生家长做了电话沟通，约定了家访时间。在家访中，我告诉家长孩子不喜欢上学的原因，以及用笔尖划自己小臂的事，家长听后很震惊，一时也不知道应该怎么处理。

我：在孩子犯错以后不能一味地指责，应该先听听孩子的心声，然后从孩子的角度考虑问题，并引入自身经历，让孩子从自己的经历中总结解决办法。

家长：我忙工作，很少关心孩子，上次孩子生病确实没完全好便让他去上学了，因为他是转校生，如果不去上学，功课肯定会被落下，除此之外，并没有想其他的。现在出了这种事，我也不知道怎么办了，老师，你能教教我吗？

我：孩子的教育与工作都很重要，我已经对孩子做了开导，但远远不够。张妈妈，你要主动与孩子交流，因为他的心理比较脆弱，认为同学排挤他，在与你的沟通中，也不敢轻易表露自己的心声，可见孩子有些自卑。你要与孩子多交流，让他认识到自己与其他同学在任何方面都是一样的，并没有不同。在日后遇到问题时，多倾听孩子的心声，让他说出自己的真实想法，而不是直接替他做决定。生病期间在家做好复习和预习，落下了课程，我可以通过钉钉传给你，其他科目也可以随时问任课老师，老师们会很乐意告知的，只要有主动学习的学生和监督到位的家长，我相信孩子的学习肯定可以跟上节奏的。

家长：是的，我可能做错了，上次生病没好，不该逼他去上学。

我：孩子出现这种自残的行为，是比较严重的心理问题，我们需要重视，及时带孩子进行相关的咨询和诊断，我们学校也有心理咨询室，各个社区的心理援助方式、区未成年人心理援助热线、区精神卫生中心热线心理危机干预热线、工作时间等，我们要重视。

家长：感谢老师的提醒和帮助，我会努力的。

经过我们一系列的沟通交流以后，家长了解了应该怎样教育孩子，并认识到自己在孩子教育上的缺失，家长表示以后一定会多与孩子沟通，帮助他形成积极健康的性格。

### 第三阶段：给予机会，增强自信。

不自信是该生的重要表现之一，为消除这种心理，我鼓励该生尝试肯定自己，给自己一个机会，感受自信所带来的成果。该生在朗读方面比较有优势。由于学校每周一都会举办一次国旗下讲话的活动，全校轮流参与，每班选择一个学生讲话，我将这次机会给了他，让他勇敢地表现自己。在最初准备阶段，他比较胆怯，我让他在我面前讲，然后再到班级中讲，让他接触越来越多的人，经过多次反复训练，他逐渐不再害怕。在全校面前讲话时，他也表现很好。

**辅导结果：**本次教育中取得了很好的效果，达到了教育目的，该生的自信心正在逐渐建立，厌学心理消除，性格更加开朗，与同学之间的关系也越来越好。

**辅导反思：**该生尽管有改变，但也存在不足，主要表现在部分学生因调皮伤害同学心理的行为，针对这种情况，在下一阶段的教育中要对这些学生进行深度教育，帮助他们改正不正确的行为，了解正确与他人相处的方法，只有这样才能让校园氛围更加和谐，帮助更多学生建立起自信心。为避免在教育中引起学生抗拒，应采取实践教学的方法，让学生在实践中感受不正确思想与行为所造成的后果，深化学生理解。

●**专家点评：**儿童心理健康与否与家庭结构、父母关系、父母的教养方式有着直接关系。在安全和睦的家庭氛围中，孩子会建立较好的安全感。在谢老师呈现的这个个案中，由于父母离异，在意同伴评价并且表现出过度敏感，孩子的信任感和安全感受到了影响。类似的个案在中小学生时有发生，教育者需要引导家长关注孩子的情绪变化，合理引导孩子认识和接纳现状，并对孩子鼓励支持。谢老师是个有心人，创设条件增加孩子的自信心，使他能更快更好地适应新环境。

# 离异家庭学生的喜怒哀乐

**辅导教师**：黄样花

**辅导学生**：周某

**辅导背景**：该生原本成绩优异，全面发展，尊重师长，代表班级参加各项比赛，是其他学生的好榜样。该生活泼爱笑，无忧无虑，与同学友好相处，是班级公认的"开心果"。在五一假期回来后，性情大变，随意丢东西，顶撞老师，与同学打架斗殴，故意毁坏公物，不在乎学习，任何事情都变得无所谓，每天都处于极度狂躁中。

**学生分析**：该生是个非常要强的学生，做什么事情都希望做到最好，不服输。他喜欢挑战，对自己要求比较高，自律性高。

## 辅导过程：

### 第一阶段：接受事实，舒缓心理压力。

与该生交谈后发现，该生因五一期间父母离婚了，认为自己是一个没有人要的小孩，出现了不合理想法，自暴自弃，还不准别人提起自己的父母。故第一阶段的教育内容重点在于认同感受、共情，引导学生接受父母婚姻变化的现实，理性看待。

以下是我对该生的心理辅导过程。

我：最近怎么了？同学们都说你把窗户弄坏了，是你做的吗？

生：嗯，是我干的，我也控制不住自己，就是很烦。

我：你最近心情不好对吗？同学之间有不和谐、不愉快的情况？可以跟我分享一下，这样你的不愉快就会减少一些。

生（情绪低落）：嗯，他们都不好。

我：他们不好？他们是谁？哪里不好呢？

生：同学不好，都不好，最坏的是我爸妈。我爸妈上个星期打架，吵架了，我让他们不要吵架，他们都不听我的，还骂我，都不要我了。我哭着拉着他们不要去离婚，他们都不听，就把我一个人丢在外婆家，也不回来接我，也不送我上学（此处崩溃大哭），都不要我了。

我：我能体会到你很伤心，爸爸妈妈也许是最近有事情要处理呢！

生（情绪激动）：根本不是，就是因为我爸爸他总是不回家，在外面有另一个家，还说我有一个新妈妈，妈妈就生气了，他们就吵架。他们都骗我，还骗我说只要我好好学习、听话，考到前三名，爸爸妈妈就会爱我，带我去旅游。现在他们都离婚了，没有人要我了。

我：给你一个拥抱，爸妈的问题，我听你说起来，我感觉他们还是很爱你的，因为他们早就想分开了，但是因为爱你，就一直还在一起，陪着你，给你一个美好的童年，到现在才离婚，就是爱你的原因，孩子。

生：他们现在分开就是不爱我了，爱我就不会离婚，我希望他们不要离开我。

我：你真是个好孩子，你爱爸爸妈妈，那你希望他们开心吗？爱他们是不是也希望他们可以开开心心的？

生：我希望他们开开心心的，他们开心我也开心。

我：嗯，是呀，爸爸妈妈这么些年总是吵架，他们并不开心，你知道为什么吗？因为他们没有得到自己想要的生活，他们生活得不开心。所以他们在一起天天吵架，你希望看见他们天天吵架吗？你心里肯定不喜欢他们吵架的，很多时候吵架还是因为你的原因是吗？

生（点头）：嗯。

我：那我们这样，我们先想办法让爸爸妈妈开心一点，因为你也爱他们，也希望他们可以开开心心的，不要吵架的前提就是心情愉快，你说是吗？

生：嗯，是，那怎么做呢？我现在破坏了学校的公物，他们更加不开心了，他们会失望的，会觉得我是个坏小孩？他们会骂我吗？

我：不会的，我会和你爸爸妈妈联系的，我会和他们说清楚的，但是答应我，以后坚决不可以再破坏公物了。

生：好，我错了，我以后再也不会这样了，对不起，老师。我爸爸妈妈要怎么样才开心呢？

我：孩子，你希望你爸爸妈妈幸福，那你就主动去问问他们，他们想要的幸福是什么，爸爸妈妈幸福的话，你也会幸福的。

生：我心里是希望爸爸妈妈可以开心的，不想他们吵架。

我：嗯，那我们想想，假如他们离婚后，大家都过得开开心心的呢？他们寻找到了自己想要的生活呢？你会为他们感到高兴的，对吗？他们不是不要你，只是想寻找到一个更好的方法，去陪伴你，给你最好的环境。那现在，他们吵架，就给你带来了悲伤，他们不想吵，就会想找个办法解决问题，才能更好地去陪伴你，不然时间都在用来争吵，也没有用在你身上让你快乐地生活，老师也爱你，也不希望你每天在争吵的环境下成长。

生：那他们离婚了还爱我吗？

我：肯定还爱你的，没有父母不爱自己孩子的，只是我们也要爱爸爸妈妈，要尊重他们的选择，大人也有大人的生活，小朋友也有小朋友的生活，我们和爸爸妈妈谈谈，说一说你的想法，让他们不要再因为你的事情吵架，你也要好好努力，打起精神来，在学校，你有老师陪，有同学陪，不孤单，老师的拥抱也一样温暖，咱们重新找回自信，继续做一名好学生，继续做班上的好榜样，这样你爸爸妈妈也会很高兴的。

生：嗯，好。

我：那我们说好，擦擦眼泪，笑一笑，抱一抱，就回去上课吧。

**第一阶段辅导效果及反思**：本次谈话结束后，再遇到该生，看上去精神状况良好，脸上的笑容也渐渐多了，也没有再犯错误。在第二次常规月考中，该生成绩稍微比之前稳定。本阶段的教育内容中值得借鉴的是对于该生感受认同的部分。当时该生情绪崩溃后大哭，让其发泄出来，再给予安慰，表达不同的感受爱的方式，懂得换位思考，如果直接因为其破坏窗户，进行批评指正，再表扬优点，这样的老办法，对该生起不到缓解情绪的作用，该生反而愈加觉得自己很失败，老师也不爱他了。因此，在引导该生理性看待父母感情问题，认同该生感受，引导该生先处理好情绪，那么后面的教育自然就水到渠成。

### 第二阶段：合理引导，重建积极心态。

本学期，该生在一次语文公开课上没有做好回答。因为该问题是涉及三口之家的幸福，因为家庭原因，害怕面对老师的评价与同学的眼光，该生倍感压力；加之此前一次学习质量常规检测没有考好，心情愈加低落，对学习的信心不足。

此外，该生对面对同学和老师的状态需调整，数学学习的信心也要提升。因此，阶段二教育方案初步计划通过以上两个方面入手，希望能改善该生心态，提升对数学学习的自信。

我与该生约时间进行教育辅导面谈。

我：上回看你上课，不敢回答问题，神态紧张，有时候在走廊上遇见你，你总是无精打采的，怎么了？

生：我怕同学们笑我。

我：笑你什么？笑你爸妈离婚了吗？会很丢脸？（引导学生说出原因）

生：嗯，他们爸爸妈妈都是在一起的，我怕他们觉得我爸妈离婚了，会笑话我是没人要的小孩。

我：原来是这样，那这么久以来，同学们和你一起聊起过你父母吗？别人谈爸爸妈妈带去哪里玩时，你和同学们聊什么呢？

生：我就听着，不出声，不说话。

我：这样，我有一个办法，我想邀请你爸爸妈妈来一次学校，参加周一的故事分享会，你觉得可以吗？

生：真的吗？那我可幸福死了。

我：爸爸妈妈来一趟学校，那你可以勇敢介绍自己的父母了。孩子，不用害怕别人异样的眼光，做好自己就行，并且你有这么好的父母，你要以此为荣。

生：嗯，好，我知道了，老师。

我：最近数学成绩也不理想，是什么原因呢？

生：我最近总是打瞌睡，上课没精神，就想睡觉，导致数学老师讲的内容我听不懂。

我：晚上没睡吗？

生：晚上我想爸爸妈妈，想他们早一点来接我（流泪）。我想得睡不着。

我：你睡眠不好，就会影响学习，甚至抵抗力下降，生病了。爸爸妈妈会伤心的。你不是希望爸爸妈妈开开心心的吗？他们要知道你睡不好觉，可要不开心了。

生：嗯，好。

我：那你睡好觉，第二天才能有精力学习哦，你是个聪明的孩子，你肯定能重回学习王者的，你可以的，是吗？明天我去走廊那里看看你的表现哦？（该生原本学习成绩班上前三名，基础好）

生：好，我试试。

**第二阶段辅导效果及反思：**此阶段的教育，主要提高该生学习的自信心，引导勇敢表达对父母的情感，通过邀请父母到校展示，引导该生从觉得父母离婚的灰暗地带走出来，并教会他把心里想表达的东西，用文字记录下来，也算是一种发泄办法。通过调整作息，再引导该生增加其自信心，那么该生数学学习效果的提高也就水到渠成。

**辅导结果：**其实通过两个阶段的教育，该生已经学会适当表达自己的情绪与感受，不再不由自主地暴躁，也勇敢面对父母的离异问题，包容父母，这对该生缓解其自身的心理压力有一定的帮助；此外，在教育辅导中，也着重树立该生在其他方面的自信，从后面老师与同学的反馈来看，该生变得积极乐观，勇往直前，能较正确对待及处理自己的学习、生活上的挫折，抗挫折能力明显提高。

**辅导反思：**在长达一年的跟踪辅导中，该生从无法接受父母离异到正确看待父母感情，从不够自信到渐渐自信，从不苟言笑的紧张暴躁状态到开始学会自我调适，释放心理压力，抗挫能力明显得到提高。本次挫折教育目标达成，成功有效。

● **专家点评**：黄老师有明确的辅导目标，在辅导的过程中分阶段用合适的方式达成目标，从认知的角度引导学生客观认识家庭的现状，创设安全的心理环境使学生充分表达顾虑和真实情感，利用积极心理学的方法帮助她建设自信心。儿童身心健康成长有赖于安全的环境，有赖于被接纳、关注、理解、支持、纠正和等待，还需要奖励和适度惩罚。关注孩子状态的变化并及时给予情感支持，对孩子们很重要。

# 独立上下学的背后

**辅导教师：**黄郴红

**辅导学生：**小静

**辅导时间：**自2020年8月至2021年1月

**辅导背景：**小静，小学二年级。在班级表现不爱动、不合群的，害怕参与集体活动，孤独、胆小，即便老师或同学热情、主动地和她交流，她也会选择安静沉默，一个人待着。小静会刻意回避与他人交流、相处。

**学生分析：**小静的性格自卑、敏感。父常年在外工作，很少见到；母亲工作忙，很少有时间顾得上孩子，缺少父母的陪伴，小静内心是孤独的。从二年级开始，妈妈让小静一个人上学、放学，她经常一个人在家，更加感到受挫。

## 辅导过程：

### 第一阶段：将心比心，共情理解，建立信任。

初次找小静单独沟通时，她很腼腆。她驼着背、低着头，局促紧张地站在我面前，一句话也不说，看得出来她对外界的戒备心理。所以只有首先建立起她对我的信任，才能打开小静的心扉，更好地帮助小静。我尝试从讲故事入手，尽量保护小静脆弱敏感的内心，同时话语中应对她的家庭和性格予以足够的尊重、理解。

以下是我与该生的心理辅导过程。

我：这是一个关于小雏鹰的故事，鹰妈妈觉得小鹰长大了，应该自己学会飞翔出去捕食了，所以有一天，鹰妈妈把小鹰带到悬崖边，把小鹰扔了下去。小鹰在危急的时刻，拼命地扑腾自己的翅膀，一下子就学会了飞行，从此也能够独自觅食，离开妈妈的怀抱，小鹰变得更加勇敢了！

生：我知道，小鹰长大了，所以它会飞了。

我：你觉得小鹰在面临被丢下悬崖的危险时，它有没有放弃？

生：没有。

我：那只勇敢的小鹰，老师觉得就像你一样，都在慢慢学会独立，所以它才学会了飞行。老师知道你从二年级开始也是自己一个人上学、放学了，对你自己来说就是一种巨大的进步呢！

生（若有所思了一会儿，然后迟疑地点点头）：我妈妈工作很忙，爸爸也很忙，所以这个学期开始，妈妈要我自己一个人上学和回家。

我：所以你的心里觉得落差很大是吗？

生：是的，我有时候觉得很孤独，爸爸和妈妈好像不爱我了，所以他们才让我一个人。

我：你看故事中的小鹰，鹰妈妈如果不让小鹰掉下悬崖，小鹰会不会那么快就学会飞翔呢？

生（摇摇头）：不会。

我：小鹰如果没有学会飞翔，一直留在舒适的窝里，就不能学会自己捕食，如果有天鹰妈妈离开了，小鹰会怎么样？

生：它可能就会饿死了。

我：其实呢，天下所有的爸爸妈妈都希望自己的宝贝能勇敢地成长，所以他们会给孩子一些挑战，比如你的妈妈，她这个学期让你自己独立上学、放学，老师看到你就像小鹰一样长大了，独立了，也更加勇敢了。

生：所以，爸爸妈妈不是不爱我？

我：当然了！

生（低垂着头）：可是，爸爸妈妈一直在忙工作，很少有时间陪我，我觉得自己什么都不如别人。

我：你知道爸爸妈妈为什么一直在努力工作吗？

生：不知道。

我：爸爸和妈妈一直都很爱你，你的妈妈很担心你，看到你最近的表现，她很着急，但是他们还是要出去工作，正是因为他们想给你更好的生活！

生：（沉默思考中）

我：其实，你是一个让老师非常喜欢的孩子，这学期你的变化很大，懂事的你变得更加独立了，我们班很多同学都觉得你在生活上是一个很勇敢的孩子。

生：是的。爸爸妈妈忙，所以他们教会我自己吃饭、自己独立，很多事情我都会自己做了。

我：也许这个学期刚开始，你面对妈妈不再接送你上学这件事时，心里面会有一些受挫，但是老师和爸爸妈妈都愿意帮助你，如果你遇到了什么困难，或者有什么话想单独对老师或者爸爸妈妈说，我们都很愿意倾听你的想法，并且和你一起想出解决办法。

生：我明白了，谢谢老师。

**第一阶段辅导效果及反思：**在本次谈话结束后，小静不再躲避或抗拒老师，能够单独在老师面前吐露心声。著名教育家阿德勒曾指出：所有人在刚开始生活时，都会存在一定的自卑感，这是因为孩童的生存完全依赖于成人。对小静来说，亲情的缺失，导致她的人际交往出现困难，加上本学期开始，母亲对小静不再接送，这一事件增加了小静内心深处的自卑感和孤独感，引发了小静在学习和生活上的一系列变化，这些反常行为是小静应对挫折和自卑感无法正常调节的表现。因此，要使小静形成健康的心理状态，正确应对挫折，要从家庭、学校、集体、社会等多方面形成合力，从而帮助小静形成正确认知，合理应对挫折。


**第二阶段：家庭与行为认知疗法辅助，改变不良认知。**

家庭成员之间的关系、相处方式会对学生的个性成长产生巨大影响，在调节学生个体受挫后难以调节的心理状态下，辅助家庭治疗共同协调，能够帮助小静更好地形成正确认知。在第二阶段，以家庭为单位，教师承担协调者的角色，在对小静进行辅导的过程中，充分了解其家庭成员的特点、态度、行为方式等，改善家庭的心理接纳和协助功能，以促进被辅导者的心理健康。

我：小静爸爸妈妈平时的工作忙不忙？

该生父亲：我一年中很少有时间回家，平时工作很忙，联系家里的时间也比较少。平时都是妈妈管孩子。

该生母亲：在一年级的时候，我管得还多一点，但是今年厂里工作多了起来，所以对孩子的管教和陪伴也少了。

我：小静其实是个很有潜力的孩子，但这个学期前半段时间的表现让人意外，相对于之前来说，一下子退步了很多，表现得更加内向了。

该生父亲：因为我常年在外务工，确实对孩子疏于管教，但是也没办法，如果不去上班，她的生活都会成问题。

我：我确实是很理解您工作上的辛苦，您很少有时间和孩子沟通，其实人这一生，孩子的教育过程只有一次，在这个年龄阶段的小孩，对父亲、母亲陪伴的渴求很强烈，也许爸爸妈妈协调一下工作与陪伴孩子的时间，就会让小静发生改变，相信她从爸爸妈妈的陪伴中感受到爱，会让她成长得更加自信、勇敢。

该生父亲沉思了一会儿。

该生母亲：确实这样，其实我和孩子爸爸都明白孩子还小，我们不能只顾着眼前的工作，而丢掉孩子的成长和未来，这也确实是我们做得不到位的地方。

我：很理解你们的不容易，看到小静最近的退步，想帮助她，但光依靠老师的努力是不够的，我们要一起为孩子营造良好和谐的成长环境，给小静更多的关爱和交流机会，感受到爱的孩子会更加自信，改变自己的不良认知。

该生父母：我们会尽力为孩子营造一个好的成长环境，给她更多的陪伴和交流，谢谢老师的建议！

经过第二阶段的辅导，小静家长意识到了自己平时对孩子的疏忽，同时做出了改变。小静妈妈调整了工作时间，会接送小静，承诺小静的事情一定努力做到，等到小静能够自己大胆地上学、放学后，才会完全放手。爸爸也从原来的一年只见一次面，增加了与孩子的沟通次数，每到周末时就会和小静进行视频通话。小静慢慢改变了，她在父母的关爱和陪伴中得到了家庭的肯定。她理解了爸爸妈妈工作的辛苦和不易，变得自信起来。

生（高兴地走到我身边）：老师，这个周末我的爸爸会回来看我啦！

我：是吗？那你一定很开心吧？

生：对啊！因为这个周六是我的生日，爸爸说他还会给我一个小惊喜。

我：那可真让人高兴！你的爸爸妈妈其实一直都是爱着你的，现在的你是不是更加明白爸爸妈妈的爱了？

生：是的，以前我总是觉得爸爸妈妈不爱我，不知道他们的工作原来那么辛苦，所以爸爸妈妈很不容易，我要更加努力，不辜负他们的期望。

我（肯定地摸摸她的头）：相信你对自己、爸爸和妈妈都有了新的认识，老师祝贺你越来越进步了！

**第二阶段辅导效果及反思**：经过这个阶段的家庭与行为认知辅助治疗，小静父母慢慢改变了与孩子的相处模式，对孩子多加关注。小静从家庭中收获到了更多的自信，平时的笑容也渐渐多了起来，同学们也反映，这段时间小静的变化很大，她愿意和同学们交朋友了。

## 第三阶段：个性辅导，肯定自我价值，收获成长自信。

小静的自卑心理，多数来源于家庭资源劣势的挫折心理，这使得小静在身心发展和交往能力方面产生了障碍。经过前两个阶段的辅助治疗后，小静的消极情绪和自卑心理得到了一定改善，但该生在对自我的成长和自我价值的肯定上没有足够的信心。因此，在第三阶段，教师从个性辅导出发，帮助小静肯定自我价值，收获成长自信。

我：小静，你在这一次的班级书写比赛中，进步可真大！老师听说你获得了"书写飞跃奖"，祝贺你！

生：我没想到自己能获奖，我觉得自己的字写得不好看，班上很多同学的书写都比我漂亮。

我：但是，你还记得吗？老师颁发给你进步奖的时候，表扬了你认真书写的态度，还有你为超越自己所付出的努力。

生：是的，语文老师说希望大家向我学习。

我：那是当然，每一个超越了自己的孩子都是最棒的。

小静露出害羞而又惊喜的笑容。

生：今天的数学计算比赛，我是班上第一个写完的。

我：你写完之后做了什么？

生：我立马就举手，告诉老师我已经写完了。

我：当时你的心情怎么样？

生：我发现只要我认真去做一件事，还是能够做好的。

我：说明你是一个很有潜力的孩子，这段时间，老师还听说你做了很多有意义的事，比如帮助生病的小雨同学值日，给请假的同学登记作业，等等。

我：你的主动让你在学校有了很多的新朋友，不是吗？

生：是的。而且我在学校还当上了英语小组长，我很开心！

我：这些都是你努力、上进的结果。相信自己，一分耕耘一分收获！

生：嗯嗯，谢谢老师，我会继续努力的。

**辅导结果**：经过将近一年的心理辅导，小静的交往能力和自信心明显提高了，在学校与同学、老师的相处变被动为主动，课堂上会积极举手回答问题，课后遇到困难时也会主动向老师、同学寻求帮助。从前的小静自卑、孤独、不爱说话，现在她会主动去帮助同学，还有了自己的好朋友，家长也反映，小静在家会主动分享自己在学校发生的事，心态和情绪更加积极阳光。

**辅导反思**：孩子的自卑和受挫心理不是与生俱来的，如果一个学生在成长的过程中，极少体验到成功的喜悦，无论是父母、同伴还是老师方面，都未给予他赏识和关注，那么孩子自信心就会被压抑，自卑心理会越来越严重，一个对自我评价不当的孩子，在各方面的挫折和压力下，极易对自己希望，所以，在对学生的辅导中，教师要倾注更多的关注和爱，建立信任关系，同时加强与家长的沟通，形成合力，这样的心理辅导效果才会事半功倍。在本案例中，教师通过"闪光点"教育，帮助小静肯定自我价值，收获成长自信，进而取得了明显的进步，但是在辅导过程和具体行为的操作和描述上，还不够细致，后续在小静的成长过程中，辅导者将继续跟进。

● **专家点评**：*"孩子的自卑和受挫心理不是与生俱来的"*，黄老师在这个个案的跟进中得出了这样的结论。我们常常说：父母是孩子的第一任老师，家庭是孩子的第一个教育场所。父母的教养方式、家庭的氛围都影响着孩子的情绪、态度和安全感。引导家长关注孩子的情感需求，培养孩子健全的人格——这是多么重要的事情啊。有不少家长为了保障孩子的物质生活，把所有的时间和精力都用到赚钱这件事上，确实令人钦佩。但需要纠正的是，对孩子的健康成长来说，父母的关爱更重要。黄老师通过家校沟通引导家长正确地认识到这一点，令人欣慰。

# 以"死"相逼背后的无助

**辅导教师**：王晓云

**辅导学生**：林某

**辅导背景**：某个工作日的晚上，林某家长给我发短信。家长说，学生在家学习状态不佳，于是与学生沟通，但沟通无效。就在这时，学生突然对她坚定地说：你再逼我，我就从窗户跳下去，你就会失去我这个儿子。家长当场震惊无比，在调整情绪后，与我联系。

**学生分析**：该生学习成绩较差，学习持续性差。喜好电子产品，对游戏特别得心应手。头脑灵活，外向活泼，乐于助人，同时十分在意外界对他的看法。

## 辅导过程：

### 第一阶段：交心谈话，释放负面情绪。

初次与家长谈话。学生从小一开始，爸爸就一直在老家，只有妈妈一人带着学生。她白天上班，晚上很晚才能回家。家长表述，学生在家无心学习，沉迷于电子产品，一直打游戏。家长多次劝告后仍无动于衷，于是家长对学生说：你这么不爱学习，那我就送你回老家，你和你爸爸可以一起天天玩游戏，玩手机。学生听闻后，很生气地对家长大吼，紧接着说道：我是不会回老家的，你再逼我，我就从窗户跳下去，你就会失去我这个儿子。

与学生谈话。我开门见山地问道：昨天妈妈很伤心地给我发信息，老师想知道你们发生了什么事情，有什么想法，可以大胆地和我说，我们是好朋友，看看我能不能帮助你。学生表述：妈妈下班回来，发现学生作业没做，全身心投入在游戏当中。于是妈妈就对学生说要送他回老家。学生很反感妈妈总这样与他沟通，他不想回老家，不想待在没有妈妈的地方。于是他故意威胁妈妈，其目的就是希望妈妈多陪伴他，不要总忙工作，不想只有冷冰冰的四面墙壁陪着他。

再次与家长谈话。与家长反馈学生的想法，家长表述，学生多次对家长说，只要妈妈愿意多陪伴学生，他愿意好好学习。但因工作的原因，每天不加班的情况下，也要晚上八九点才能下班，如遇上加班时，就需要11点后才能回到家，因此与学生交谈的时间也比较少，家长很自责，每次遇到学生不听话时，除了打骂学生外，也没有很好的方法与学生有效沟通。而因为自己的能力与年纪关系，很难换找到工资相等的工作，说着说着，情不自禁地流眼泪。

本次谈话结束后，我主动向年级长报备情况，与学校心理老师反馈该生情况，并商讨处理方案，同时与班级科任老师沟通，除多关注学生每日情况，同时开启个案跟踪记录。接下来，与学校心理老师共同与家长和学生单独谈话。

与学生谈话。心理老师采用同理心方法与学生沟通，肯定学生的感受。学生不自觉中，也越来越喜欢表达自己的想法与做法，整个谈话过程中，学生轻松愉快。

与家长谈话。家长多次表示自己的无奈。因为不希望孩子与他的爸爸一样，所以坚决地、不怕辛苦地一边工作一边照顾孩子。而学生很多行为让她苦恼不已。心理老师除了安抚家长的情绪外，还和家长分析了学生的心理发展特点、建议处理方法与引导措施。

**第一阶段辅导效果及反思：**本次谈话后，明显感觉到学生与家长都有了转变，据家长反馈，学生主动对家长道歉，并向家长承诺会改正自己的行为。在学校里，学生一改常态，上课能多次举手发言，并认真听课，而家长也利用周末的时间陪伴学生外出社会实践，增进亲子关系。


**第二阶段：主题班会：万念俱灰与雄心壮志仅在一念之差。**

利用班会课的时间，给学生观看生命的演变，了解每一个生命都来之不易，引导学生表达自己的所思所想。学生通过直观的视频学习，明白了每一个生命仅有一次，需要珍惜。于是我将问题引到另一个视频，视频中，一个学生因受不了压力，选择跳楼轻生。视频结束后，学生们纷纷举手表达自己的看法，认为其行为是不正确的，轻生是逃避、是懦弱的表现，可以多多与老师或家长倾诉自己的想法。而该生在其他学生表达观点时，一直认真聆听。在班会课结束后，我表述道，人是世界上最高级的动物，大家想一想，我们多幸福，可以吃遍各种美食，走遍各个地方，而其他动物有的只能在动物园供别人观赏，有的在一片森林里过着有一顿没一顿的日子。所以我们要好好珍惜现在，去面对人生的每一次挑战，不轻言放弃。

**第一阶段辅导效果及反思**：通过本次的班会课，该生得到一些正确的引导。学生们的回答对该生起到尤为重要的启发作用。最让我惊喜的是，大多数学生在接下来的时间里，都能认真完成学习任务，他们的相处也友善了许多，同时学生们更注重自身的安全。从以上的种种可以看出，好的引导离不开老师的精心准备与及时教育，学生的思想与行为也能从一次次的教育中，渐渐发生改变。

**辅导结果**：经过三个阶段的辅导，该生与家长之间的关系缓和了很多，不再沉迷于电子游戏，每天认真完成学习任务。本次辅导结束后，再没有听学生说起任何关于轻生的话题。他不再用偏激的手段去博取家长的关注与认可。家长与学生一起制定了一系列有效的奖惩制度，不再出现家长与学生双双崩溃的情况。其他学生也从本次辅导中，理解了家长的不易，学会正确面对压力。

**辅导反思**：本次挫折教育目标达成，成功有效，人生面对的问题有很多，希望学生能在每一次学习中，改掉错误的思想，调整自身，重新出发。

● **专家点评**：生命教育、自我认识、情绪管理、人际交往、自我悦纳、亲子沟通、生涯规划——这些都是青春期阶段心理健康教育的主要内容。案例中的学生内心很矛盾，王老师看到了孩子内心的无助与矛盾。王老师积极与家长沟通，引导家长修正自身沟通方式，并积极认可学生的内心感受。在班级管理中，王老师围绕该生设计一节班会课，引导该生珍爱生命，积极面对生活。

# 孩子的累，我们懂吗？

**辅导教师：**黄俏君

**辅导学生：**小王

**辅导背景：**小王上四年级以后，各科成绩有了明显进步，成了班级的一匹"黑马"。他学习用功，下个目标是超越他的同桌——成绩优异的小红。小王默默努力了大半学期，可一次也没有成功，最近课堂上不是找人讲话，就是在玩小东西，写作业磨蹭，应付了事。有时候，他还会因上课举手没有被叫到而心情低落，无心向学。老师一批评他，他一脸不屑地趴在桌子上一动不动，嘴里嘀咕：我好累，我不行了，什么事都做不好……任凭老师和同学说什么都不理。

**学生分析：**小王个性要强，情感脆弱，受不了挫折，经不得一点委屈和失败，很在乎别人对他的看法。小王父母对他学习期望高，报了很多辅导班。家长过度批评孩子，导致孩子失去自信，感到压力很大。

## 辅导过程：

### 第一阶段：处理情绪，初露心思。

我把该生叫到办公室，他垂头丧气地走了进来，头埋得很低，一副犯了大错的样子。我笑了笑，搬了把椅子示意他坐下，他放松了一些，坐下了。

我：我知道你学习很努力，每天都被安排得满满的，学习压力一定很大吧？

生：嗯，很多很多……

我：都有哪些呢？

他的泪水夺眶而出，终于忍不住大哭起来。我拍了拍他的肩，一会儿他擦干了泪水。

生：下午放学后我有一个小时的篮球训练，6点钟妈妈做饭，我写作业，大概7点钟吃饭，吃完饭我要帮忙做家务拖地，有时候要洗碗，然后继续写作业。每周二、周四晚上8点要参加数学课外辅导班，周一、周三晚上8点要参加语文课外辅导班，周末还有英语辅导班，辅导班的老师也要留作业。我妈还要我每天练字，我每天写完作业都10点了，有时候11点！

我：真的好多，那你觉得哪些可以不要？我跟你妈妈说。

生（沉默了许久）：我觉得都很重要，都不能去掉。

我：看来，你真是个勤奋的孩子，老师也觉得你的作业实在是太多了，是我也做不完。

生：是啊，我都不知道我是怎么坚持过来的，真的太累了。

我：不过，你的努力没有白费，各科成绩都有进步了。

生：可是我的同桌小红，她说她从来不补习，每天很早就做完作业了，还有很多时间玩，每次考试成绩都比我好。

我：你最近成绩有很大的进步呀，你看语文成绩从三年级的60多分到现在80多分，英语成绩从以前的80多到90多，其他科目都有进步，你自己跟之前比是不是很厉害？

生：嗯，好像是……

我：而小红的成绩一直以来都很好，这与她的努力和良好的学习习惯有关。你知道的，她课前认真预习，上课认真听讲，课后认真完成每一项作业。我觉得如果你能像她一样，赶上她，只是时间问题，可你最近上课是怎么样的？

生（迟疑了一下）：最近常讲话，还搞小动作，写作业还偷懒。

我：是呀，那你每开一次小差就错过一些知识点，学习就像滚雪球，一点一滴累积，你上课一会儿讲话一会儿搞小动作，就会有很多知识点没掌握，那么这个雪球就越滚越大，你的成绩肯定会退步的。

生：好的，我知道了。

我：对了，老师要表扬你上课积极举手回答问题，可是班里同学那么多，不是每次举手都能叫到你回答的，明白吗？

生（思考了一下）：老师，对不起，我以后再也不在课堂上闹情绪了。

我：嗯，知错能改就是好孩子。

**第一阶段辅导效果及反思：**本次谈话结束后，小王如释重负地走出办公室。科任老师都说他精神状态好了，上课认真了，放学后，他认真地完成当天的卫生值日工作，并去参加了篮球训练。当学生遇到挫折时，心里是不好受的，这时候，我们要悦纳学生，帮助安抚学生，耐心听他们说说心里话，和学生一起分析原因，让学生意识到自身的问题，正确面对挫折。

## 第二阶段：家校沟通，倾听共情。

家长需要充分认识到孩子的优点和缺点，给予合理、客观的评价，提出科学的期望。只有合理的期望才能促使孩子正确地认知自己，从而增强学生的勇气和信心。以下是电访过程。

家长：黄老师，您好。

我：小王妈妈，您好。您有时间吗？我想跟您聊聊孩子最近在学校的情况。

家长：有时间，黄老师您说。

我：小王跟我说，他很努力地学习，可是考试成绩却不理想。因为学习任务繁重，除了要完成学校的任务外，还要上好多的课外辅导班，他在我办公室崩溃大哭。

家长（情绪激动）：是啊，我给他定了目标分是85分以上，语文没达标，这孩子题目都读错了，实在太粗心了。黄老师，他的学习任务不多的，这孩子就想偷懒，您别听他的，您知道的，这孩子本来基础不好，就该多补补。

我：是啊，他确实有点粗心。

家长：我希望他这学期各科都能考到90分以上。

我：嗯嗯，这对小王来说很有难度哦。

家长：就是因为有难度才报了那么多班呀。

我：我们都看到小王这学期各科成绩都有进步，课堂上大部分时间都能认真听讲，课后自觉完成作业，书写也进步了，孩子已做得很不错了。我想我们需要给孩子多一点时间，让他慢点跑，跑太快，他会摔跤。

家长：是这样吗？

我：分数并不能说明一切，因为每次考试的难度是不一样的，所以不能只看孩子一个人的分数，要与班级平均分做对比，要为孩子定一个他能够达到的目标。

家长：嗯嗯，有道理。难怪他这几天在家闹情绪，作业也很马虎。他爸爸出差，我忙于工作，下班比较晚，作业都是他自己完成的，估计是应付不过来。

我：是啊，孩子说他每天太累了，他认为自己很努力了，却没有得到自己想要的成绩，已经开始自暴自弃了。

家长：这么严重啊，那老师有什么好的建议？

我：我跟孩子聊过了，他答应以后上课会认真听讲，听说他每周有六次辅导课，因为补课他有时候晚上11点才能睡，是吧？

家长：是的，作业多的时候会睡得晚。

我：嗯嗯，孩子现在正是长身体的时候，需要充足的睡眠。如果他睡眠好了，第二天上课也有精神，听课会听得更认真，学习效率也会提高，成绩自然好了。

家长：看来是我太着急了，他这些天确实是状态不佳，那我跟课外辅导机构老师说减一半课吧。

我：小王自尊心强，很在乎别人对他的看法，你要多抓住学习和生活中的点滴进步表扬、肯定他，让他找到自信。

家长：我平时很少表扬他，喜欢拿他与班里其他同学对比，每次对比他都不高兴，我以后会注意，谢谢黄老师提醒。

**第二阶段辅导效果及反思：**通过家校合力，该生的状态逐渐变好。他脸上常露出笑容，也能独自处理学习上遇到的各种小问题，心理素质明显比之前好多了。小王的妈妈转变了观念，给孩子减少了一些课外辅导课，尝试着多鼓励孩子，并能站在孩子的角度想问题，制定合理的学习目标。几天后小王妈妈发信息跟我说："黄老师，谢谢您，您比我更懂孩子，这几天我表扬了孩子，他在家做什么都特别积极。"父母与老师是学生接触最多的人，老师要始终与家长保持密切的联系，将挫折教育融入学生的生活点滴中，时刻关注和鼓励他们。

**第三阶段：科学指引，提升自信。**

语文成绩不理想一直是小王最苦恼的事。一次语文单元测试，小王又"考砸"了，看他一脸沮丧，我对该生进行了辅导，与他一起分析考砸原因并探讨语文学习方法。

以下是我的辅导过程。

我：你看起来很不开心，对语文考试成绩不满意？

生：嗯……

我：那你的目标是多少分？

生：85分以上，结果才76分。

我：嗯，这分数确实跟你的目标分有差距。

生：这次考试不难，考完我觉得会有个好分数，语文学习我已经很努力了，可是成绩却越学越差，我觉得我学不好了，我也不知道怎么办。

我：难怪你那么伤心，我对这件事情与你有不一样的看法，你想听吗？

我：一次考试失败不能说明你就是个失败的人，这次只是语文单元测试，考查一小部分知识点，目的就是为了让大家更好地查漏补缺。

小王点点头。

我：你试卷上丢分是哪些题呢，你去把试卷拿过来，我们一起看看？

生（声音低沉）：我漏题了，阅读题画线题我没看见，扣了4分，阅读理解题总共扣了17分，作文扣4分，基础题扣3分。

我：嗯，考试前你的复习了吗？

生：很认真地复习了，把课文笔记复习了两遍。考试前的一个晚上我还默写了单元的古诗和翻译，听写了词语。

我：嗯嗯，那你考试前心情是怎样的？

生：有点紧张。

我：考试前的那晚你会不会紧张到睡不着？

生：没有，我9点多就睡觉去了。

我：那你看到试卷题目的时候是什么心情？

生：开心，我发现大部分题目我都复习到了，作文也是我刚复习过的。

我：所以你写得很快。

生：你怎么知道？

我：我看你试卷上的字，写得不是很工整，你还把画线题漏做了，说明你做试卷的时候不够认真、细心。

生：是的。

我：你再仔细读读阅读的错题题目，你发现了什么？

生：哎呀，题目要求介绍深圳的一处景点，我却介绍了武汉的景点，又丢了5分，还有一道题两问的，我却回答了一问。

我：是呀，因为你太轻敌了，没有认真读题就丢了11分，如果你认真些，这11分是不会丢的，那你就有87分了。

生：是哦！

我：学习和生活中我们会遇到很多的问题，我们要去思考为什么会变成这样，找到原因后，我们就去想办法克服，问题是不是就解决了？

生：是的。

我：语文学习是一个长期积累的过程，要坚持阅读，多读好书，当你读到好词好句的时候，最好摘抄下来，那样可以丰富你的积累。

生：好的，我让我妈去帮我买个摘抄本，

**辅导效果：** 经过多次的沟通交流，小王会主动找我聊天，聊学习的收获，生活的困惑。他变得更开朗了，再也没听到其他科任老师说他闹情绪了。学习成绩有进步但不明显，我想他还需要更多的时间。

**辅导反思：** 奥斯特洛夫斯基说过：人的生命似洪水在奔流，不遇着岛屿、暗礁，难以激起美丽的浪花。孩子焦虑、难受、伤心，一定是生活上遇到了挫折，而且自己还没有完全处理好，老师要有耐心、细心、爱心引导孩子走出困境，在新的挫折面前孩子能变得更坚强、更勇敢、更自信。

● **专家点评：** 考试本是对孩子学业状况的评估反馈，而学生们更多却将考试看作对自身能力的一种评估。当一个孩子经过努力却未取得理想成绩时，就容易自我怀疑、自我否定。案例中，黄老师认可了该生的感受，并与孩子共同分析试卷，让一次考试实现了其原本的功能，也引导孩子正确对待考试。此外，黄老师与家长的及时沟通，家校合力一起帮助孩子突出困境。

# 自残的背后

**辅导教师：**彭海浪

**辅导学生：**安某

**辅导时间：**自2020年9月至今

**辅导背景：**该生12岁，初中生，家中有一个5岁的弟弟，父亲在厂里打工，母亲全职在家照顾姐弟俩。该生自小学六年级时出现自残行为（用刀子划伤手臂）。升入初中后，在校与同学相处尚可，成绩中等，未表现出较大异常。一天，其向同学展示自己的伤口，后被同学告知班主任。经班主任与家长协商，至医院进行了一段时间治疗之后返校。

## 辅导过程：

### 第一阶段：一次意外冲突。

我是年级长，担任该生的历史老师，返校之后，该生曾主动找过我一次，表达了自己因在家休养耽误了学业，导致学习跟不上，能否对其降低要求的意愿。我询问了下她的近况，告诉她不必太过焦虑，我在课本上给她勾画出了相关的重点内容，比平时多努力一些即可追上来，之后安抚其继续学习。我与该生的冲突事件发生在一次自习课上，我从该生旁边经过，看到她堂而皇之地把一本小说摆在桌面上看，考虑到该生的心理状态，我让她下课之后到我办公室。

我（把书摆到她的面前，语气凝重）：说吧，为什么要在课堂上看小说？

在该生返校之后，各个老师考虑到她的情况比较特殊，也难以把握该以何种态度来处理该生的问题，怕稍有不慎会导致该生出现过激行为，一般对于她的过错，大家都会选择性地宽容。她估计也意识到了老师们的担心，一开始并未料到我会对她态度严肃。

生（戏谑地）：这本书是我借的，我明天就要还了。

我：所以，因为你明天就要还了，你就在课堂上看小说？

生：对，所以呢？现在是要写检讨还是叫家长？我写检讨行不行？好吧，我写检讨，我错了行吗？

我：那你就叫家长过来吧。

我当时也没能控制好自己的情绪，随后打电话叫家长过来。

生（忽然声泪俱下，撸自己的袖子，露出伤痕）：老师，我都这样了，你这是要逼我走向绝路，我比较容易走极端，是不是我死了你就会比较开心？

听到这句话，我的心里是比较慌乱的，我不太确定这个孩子因为这件事而轻生的概率有多大，如果处理不当，会带来怎样的后果。我先安抚这个孩子的情绪，一起先冷静下来。家长过来之后，出乎我们的意料，家长还未问清事情原委，先是抱着她，说道：别怕，妈妈过来了，别怕，有什么事情我们一起承担。

我叫了班主任一起和家长谈话，事后又将详细情况上报德育处领导。在与家长的谈话过程当中，孩子在谈话室外，由班主任对其进行情绪疏导。我们首先询问了孩子上次就诊之后的一些情况。家长表示，孩子上一次带到了医院之后，医生初步诊断为抑郁发作，建议住院观察两个星期，但由于家中尚有一个年幼的弟弟需要照顾，故而她在家居家了两个星期。

家长表示，现阶段以孩子的生命安全为首要考虑因素，希望老师对其降低要求，不在意其分数，并要求学校老师多以"朋友"式的方式来和其沟通。我们本欲建议先休学一段时间，再次将孩子带往专业机构治疗，可家长表示出了对相关机构的不信任，认为自己孩子情况不至于严重到需要去精神科，而只是去儿童医院即可。鉴于当晚的谈话效果并不是很理想，我们约定第二天再约家长到校，并请家长当天晚上密切关注孩子的动向。

**第一阶段辅导效果及反思：**第一次谈话事发突然，临时叫家长过来，我作为一个当事人，并未完全从事件的情绪当中抽离出来，第一阶段与家长的谈话可以说没有取得实质性的进展，但通过第一阶段的接触，我们认识到孩子返校之后的表现与家长存在一些关系。首先，家长向孩子传递了一些错误的观念，孩子有一部分压力因素来源于学业，但家长传递给了孩子一种自己可以因自己的"特殊"情况而不再认真完成学业，甚至家长还和孩子传递了"零分都无所谓"这样一种观念，家长仿佛站在了学校的对立面，言语之中透露出对学校的不信任。从谈话的过程了解到，家长可能也做了一些关于抑郁的孩子的功课，知道要在情感上多支持和关注孩子，但家长因为孩子的"特殊情况"陷入了另一个极端，即无原则、无条件地，甚至盲目地站在孩子一方，可以想见在家庭当中，估计也是家长多以让步为主，又联系到孩子入校之后的表现，找老师表示能否对其降低要求，在被抓包看小说，面对老师的质问时，桀骜的态度，也与家长的态度有较大的关联。

### 第二阶段：与家长沟通——帮助家长树立正确的养育观、调整家庭关系。

该生有一个弟弟，但对于弟弟的到来，该生并不是很能接受，弟弟是爸妈征求她的同意所生的，该生在小学阶段即出现过割手腕的情形，同时与其要好的一名同学也存在割手腕情形，该生的割腕行为存在模仿该名同学的可能性。该名同学已转回老家就读，不能确认两人是否还有联系。在大致了解了孩子的情况后，我提前和学校领导商议了下午与家长谈话的主要内容。家长的观念比较固执，故而我们与家长谈话的第一个内容重点在于认同感受、共情，取得她对学校的信任，才能形成教育合力。

德育主任：孩子出现这样的情况，我们心情沉重，我也有孩子，我的孩子比你的孩子大得多，已经工作了。我也为人父母，所以，我非常理解您的心情。

我：虽然我没有孩子，我作为老师，看到自己的学生在做这样一种伤害自己的行为，我同样非常担心孩子的心理健康问题。

德育主任：通过昨天晚上的谈话，我们感觉到某些方面，你可能对学校存在着一些误解。首先，我们并不是站在对立面的，只有家长和学校密切配合，才能更好地帮助孩子。

家长：我没有不配合学校，就是考虑现在孩子的一个心理状态，我们希望学校在处理她的某些问题上能稍微放宽一些。说实话，我们现在也不是很在意她的学习成绩，只想要她健康就行了。

我：我作为当时的亲历者，我承认情况比较突然，一瞬间我可能也没有很好地控制自己的情绪，但是也希望你能理解，从一个班级管理，乃至学校管理的角度来说，如果我们看到学生的行为有偏差而不去纠正，长此以往班里其他同学就会有疑问，为什么这个同学可以特殊对待呢？我能否效仿该同学的行为呢？老师对待同学要求不一致，其威信势必大打折扣。

德育主任：既然你决定把孩子送到学校，我们就不能给孩子传递一个错误的观念——考零分无所谓。如果家长都跟孩子这样说了，孩子有恃无恐，自然行为会越来越差。这样的态度不是在帮孩子，而是在害孩子。

家长：当时我们也是考虑到孩子的情况，怕对她有要求又刺激到她，所以才说这样的话。这点，我们承认的确不该说这样的话。

我：既然孩子愿意来学校学习，那么我们要鼓励孩子，在自己能力范围之内，尽力学好，不管结果如何。作为一名学生，来学校的首要任务就是认真完成学业。这样才是正确的导向。

此时家长的态度有了初步性转变。

我：平时她和弟弟关系怎么样？

家长（若有所思）：我们生这个宝宝之前，有和她商量过，也是得到了她的同意才生的。说实话，我们也在反思，可能生了弟弟之后，对她的关注不够，所以现在想尽办法多给她一些关注和关爱。

我：我非常欣慰你们家长在孩子问题上这种主动学习及自我反思的态度。我们身边很多家长都没有你们这种态度，这样我们开展工作会容易得多。

我：生育二胎是家长的权利，您说征求孩子的同意，但是孩子当时只是一个小学生，她并不能成熟到帮家长做决定。二胎的到来可能给大孩带来心理不适。家里多了一个孩子，大孩首先担心的可能就是自己不再是家庭的中心，担心父母对自己的爱会减少，那么我们家长一定要让大孩感觉到弟弟妹妹的到来，并不会让父母的爱减少，家长一定要及时关注大孩的心理变化。而且在处理大孩和二孩的关系上，我们家长一定要不偏不倚，处事公正，坚持原则。最后，我们多给这两个孩子创造独处的空间，引导大孩悦纳新生命的到来，比如让大孩帮忙挑选弟弟妹妹的小衣服，帮忙装修弟弟妹妹的婴儿房，这样两个孩子才能相处愉快。

家长：是的，我也是这样想的，有的时候，我带他们去公园，她会说，可不可以不带弟弟去，给弟弟买玩具时，要她同意才能买，我都会说，要学会分享。

德育主任：上次带去医院，医生怎么说？

家长：我有时候觉得我女儿没有病，她可能就是想通过这样的方式获得我们的关注。

德育主任：她有没有生病，得专业的医生说了才算。虽然她的行为看上去像是在威胁，但我们谁都不敢断定，是不是真的，万一是真的，处理不好，我们都要抱憾终身。我还有一个小小看法，就是我们家长有时候也不能太由着孩子的性子来，如果孩子总是从中尝到甜头，行为可能会更加乖张。

我：是的，家长和学校要相互理解，学校也有难处。如果这个孩子以后遇到类似的情况，动辄就用死来威胁老师，那么我们老师会很难办，学校也会很难办，在学校难免会碰到一些情况，不只有学业方面的，还包括同学相处、人际沟通等，万一真的出了什么意外，我们学校真的承担不起。我们在教育过程之中，还是会以一个共同的原则来要求所有同学，学业上，她真的要尽力去做。

家长陷入沉默。

德育主任：那么，我们约定，一定要带孩子及时治疗，有什么情况，及时和学校反馈沟通。另外，我们得约定一下，如果评定孩子的情况已经不适宜再在校内学习，需要你们家长配合让孩子先回家休息治疗。

家长：好的，学校说的话我们一定会积极配合的。

我：另外，建议您关注一下孩子平时有没有浏览一些不良的网站、书籍、影视作品等，因为现在孩子心智不太成熟，模仿性强，一些不好的作品会教唆青少年自残或自杀。对于孩子之前那名同样自残的同学，建议就是远离身边的负能量，多接触一些开朗乐观、积极向上的学生。

**第二阶段教育效果及反思**：第二阶段中，我们事先了解了孩子的情况，再与家长会晤之前，做好了充分的准备，可以说取得了相对较好的效果。首先，我们通过共情、认同，取得她对学校的信任，消除了双方谈话的对立感；其次，纠正家长的错误观念，引导家长树立正确的家庭教育教育观；再次，表明学校的实际困难，约定规则，寻找教育合力，让家长及时寻求专业医疗机构的帮助。

### 第三阶段：与孩子沟通——树立正确的生命观、挫折观。

针对该生的情况，我从以下几个方面开展辅导。

第一，珍爱生命。由于第一阶段，我与该生因为小说的事情有了冲突，所以我的首要目标是缓和我与该生的紧张关系，并对其开展生命教育。该生因为此事，害怕被学校要求回家休养，故而我让其到办公室，就当天的情况写一份"情况说明"，之后就让其返回班里继续学习。一方面我让该生意识到自己的行为的确有偏差，其次选择相对较轻的方式处理，减少我与她的对立感。在让其写情况说明前，由于我意识到其父母对其比较关心，也有处理好弟弟和其关系的公正的态度，有较良好的社会支持体系。所以我引导该生体会父母对自己的理解和关心，通过换位思考设想自己的极端行为给身边人造成的影响，矫正其不良的认知，引导其珍爱生命。

我：当你用死亡威胁老师的时候是什么感受呢？

生：当时就是觉得心里太难过了，而且我觉得我比起以前已经好很多了。

我：当你发生这件事之后，妈妈是什么反应呢？

生：妈妈很快赶来学校了。

我：如果你出了事情，真的像你所说的采取了极端行为，设想一下，妈妈会怎么样，面对女儿冰冷的尸体，妈妈会怎么样？

该生陷入沉默。

我：我不知道你如何看待自己的妈妈，就我看来，我觉得妈妈非常关心你，第一时间赶到学校。我能感受到妈妈对你的支持和爱，我不敢想象，假设妈妈来到学校，看到你出了意外，妈妈会如何。

该生沉默。

我：无论遇到什么问题，要珍爱自己的生命，而且这真的是一件很小的事情，因为这样的事情，而采取极端手段，你觉得是聪明的、明智的选择吗？你年纪还小，还有很多时间去探索未来世界。这样就结束了，难道不可惜吗？

该生最开始是敷衍地写了一个情况说明给我，听到这样的话之后，若有所思地说，自己能不能重新写一遍情况说明，我感到我的话触动了该生的内心。

第二，学会调控不良情绪，掌握合理宣泄方式。该生一旦遇到冲突事件时，容易采取胁迫他人，甚至自伤的手段，除了引导她珍惜生命，还要让其学会用合理的方式调控自己的不良情绪。

我让该生撸起袖子，检查了她的伤口，一些伤口已经愈合。

我：这些口子疼吗？

生：并不疼，没有太大感觉。

我：老师非常欣慰你从医院回来之后的这段时间，没有再添新伤口，你在情绪控制方面有了一些进步，我希望你的进步可以一直维持下去，不管什么时候，碰上什么事情，都不能再轻易说出"死"字，或者用刀子伤害自己。

该生自述用刀片划手并不感到疼痛，之后我引导该生认识到自己本身对疼痛不敏感不能成为她可以划伤自己的理由。

我：你用刀子划伤自己的时候，心里一定很难受吧！

生：是，我有时候就感觉活着没什么意思，感觉特别难受。

我：老师想你一定想通过这样的方式来缓解自己的难过，释放自己的压力。每个人都会面临压力，我们有很多可以释放压力的方式。比如，找一些替代品，运动啊，转移注意力，看看电影，唱唱歌等，不一定要通过这种方式。老师难过的时候就喜欢去跑步，跑完之后，觉得整个人就畅快了。你也可以试一下，找一找自己喜欢的方式。

生：那我试一试画画吧。

我：老师还想让你明白一个道理，就好像天气有好有坏，月有阴晴圆缺一样，人生并不是完美的，你赞同我的观点吗？

生：嗯。

我：我们成长的道路上会遇到种种困难，压力与挫折无处不在，中考、升学、工作后职场的困难、家庭、经济，那么我们靠什么来面对这些困难呢？我觉得是靠一个良好的心态，善于调控自己的情绪，掌握情绪调控的方法，不管是面对学业压力，还是人际关系各方面的困扰，都不能采取极端方式。我还要你和老师达成一个约定，有问题一定及时寻求心理老师或者家长、老师、朋友的帮助。不要把情绪积蓄在心里，学会表达自己的情绪，学会调适心理压力，我相信你是一个不会轻易被困难压垮的人。

在这里，我通过扭转该生的不良认知，使其认识到压力与挫折无处不在，尝试使用替代品来减少自残行为，鼓励她通过阅读、体育竞技、看电影等方式调节自己的情绪，增强她的抗压能力。

之后在课堂上，该生因为几次与同学的不愉快而来向我投诉，我选择公正地处理，我感觉该生和我的距离正一步步拉近。

第三，同伴心理疏导。该生在课堂上划手的事情，是由其同桌反馈给老师的。考虑到初中生现阶段心智尚不成熟，且具有较大的模仿性，事后我与班主任对其同桌进行了心理辅导。

该生的同桌是一个性格大大咧咧，比较乐观的女生。根据她的描述，平时该生有给她展示自己的伤口，她被该生的行为吓到了，觉得该生不太正常。针对该种情况，我们和班主任首先引导其同桌正确看待这件事。

班主任：相信你也有不开心的时候，碰到过一些让人难过的事情对吧？

该生同桌：是会遇到，但是没有像她一样用这种方式，她是碰到什么事情了吗？

我：每个人都会碰到一些困难，一部分人会选择用恰当的方式来处理自己的情绪，但也有一部分人不知道如何处理自己的情绪。这部分同学与其他同学并未有任何不同，只是大家的抗压能力不一样。

班主任：是的，你们作为她的同学，如果她愿意把烦恼倾诉给你们，你们要当一个合格的听众，如果她暂时并未把自己的烦恼告诉给你，表明她不希望自己的事情，或者自己的隐私被同学知道。作为她的朋友，你们应该怎么做呢？

该生同桌：帮她保密。

我：是的，这个事情，不宜在班上过度声张，我们不要以异样的眼光来看待她，然后尽自己的力量多陪伴她，关注她，关心她，因为你们是和她接触最多的同学，如果她有什么异样，一定及时和老师反馈。

班主任：还有，万万不可模仿她的行为，这并不是一个值得炫耀的、很酷的行为，而是一种伤害自己的行为，切记！

第四，加强家庭教育指导。该生出现自残，与其无法接纳弟弟有较大的关系。后来从该生的讲述中得知，该生的爸爸妈妈存在吵架现象，帮助其悦纳弟弟的到来，帮助改善相处模式，营造温馨和谐的家庭氛围，是另一重要的工作。一次该生找我询问作业，我趁着这个机会和她聊了一下。

我：听说你有一个弟弟，可以和我聊聊弟弟的事吗？

生：弟弟就是在我写作业的时候经常会吵闹，导致我作业写不下去。

我：弟弟就没有可爱的时候吗？可以说说弟弟的优点吗？可以说一些你们相处的细节吗？

在该生诉说之后，我也现身说法，讲述了自己和弟弟的一些相处细节，虽然会有吵吵闹闹，但骨肉亲情让我们相互陪伴。之后，我给该生看了一些网上的妈妈怀胎十月的照片。

生：原来怀孕是一件这么辛苦的事情。

我：是啊，怀孕还不是特别辛苦，更辛苦的是养育孩子，你妈妈也是这样含辛茹苦地把你养大的。

我：为什么爸爸妈妈要承受如此大的辛苦生育第二个孩子呢？我想最大的原因是想你在成长的过程之中，有一个好伙伴，有弟弟或者妹妹，以后遇事可以一起分担，互帮互助，是一件多么幸福的事。而且，我想你作为姐姐，是能够尽到关爱弟弟、帮助父母的责任的，是吗？

生：我试一试吧！

我：嗯，老师相信你可以做到，比如帮弟弟拍照等都可以。

针对该生反馈的家长吵架现象，学校心理老师将其父母约见到学校，告知父母其孩子最近出现再次划手现象。我们肯定母亲在平衡两个孩子的关爱方面的努力，建议该生继续坚持服用药物，遵循医生的建议，同时增加亲子互动，尤其是大孩和弟弟的互动时间，让该生感觉到被爱和被重视。此外是要处理好夫妻双方关系，营造良好和谐的家庭氛围，而且建议孩子的父亲也来学校多了解孩子的情况，夫妻双方共同帮助孩子成长。

**辅导结果：** 通过一段时间辅导，至期末考试前一段时间，该生都未再出现划手行为，与同学相处也比较融洽，从其日常作业来看，虽正确率不高，但能看出，还是尽力完成自己能够掌握的部分。据其母反馈，她也按时服用药物。就在我们都以为该生日渐好转之时，又有同学反馈，该生在课堂上又出现划手行为，据该生反馈其父母又出现吵架现象。家庭的改变并非一朝一夕，该生的行为常出现反复，后期还有大量的工作需要我们去做，希望通过各方的努力，该生的情况能日渐好转。

**辅导反思：** 学生的一些问题，其背后往往有更深层次的原因，老师需要挖掘多方合力，通过构筑家校合作的平台，形成多方合力，让家长参与教育过程，才能让教育的效能得以扩大。

● **专家点评：** 处理这类的学生个案真不容易，看这篇个案辅导记录，我的心也随着彭老师的文字起起伏伏。不少家长在得知孩子有抑郁症时，很容易从严格要求的极端变成只要好好活着就行了的标准。在这样的环境中，孩子很容易遇到问题就产生退缩回避的心态，这对孩子的成长来说，会产生严重的不良影响。孩子终将长大，走向没有父母悉心保护的社会中，用恰当的方法引导孩子正视问题、面对困难，是比传授知识更重要的事。彭老师在学校的支持下，恰当地纠正了家长的不合理认知，在关注孩子治疗的同时，通过各种途径帮助孩子调整了情绪，并正向引导她认识生命、关注他人。为彭老师点赞。

# 我不再是多余的

**辅导教师：**黄玮

**辅导学生：**李某某

**辅导背景：**李某某，女，9岁，性格内向，很少与同学交流，成绩较差，随着年级的升高，成绩下降得更快了。在课堂上能遵守课堂纪律，偶尔也回答老师提出的问题，但该生经常不能按时按量地完成家庭作业，长期处于补作业状态。最近该生出现未经家长允许，私自拿钱请同学吃零食的情况，家长对此毫不知情。

**学生分析：**该生父母在城市务工，她出生刚满月，就被父母送到乡下随爷爷奶奶一起生活。在她两岁那年，父母又添了一个弟弟，弟弟随父母在城市生活。该生6岁时被父母接到身边上学，父母重男轻女，经常冷落该生。得不到家庭温暖的她觉得自己好像是多余的，她变得不接纳自己，认为自己是个没用的人，做什么事都没有信心，在家里的言行举止都很小心翼翼，稍有不对就会遭到父母的白眼和辱骂。因此她无时无刻不想逃离这个家，该生对家庭的厌烦、恐惧影响了她在学校的正常生活，成绩逐渐下滑，在她心理上有不可逾越的心理障碍。由于家庭原因，父母对她的关爱较少，对于她的需求多数不予理睬。为了满足自己的虚荣心，她偷拿父母的钱购买了一些零食，由于她怕同学把她的这种行为告诉家长和老师，所以就用零食来讨好同学。

## 辅导过程：

为帮助该生改变对自己的看法，使她真正感受到父母的温暖和关爱、同学们的帮助和关心，消除她的自卑心理，帮她重建信心，重树健康的、积极的人生观和世界观，我对该生进行了长期的辅导。

**第一阶段：自信是万事之本，用爱换回信心。**

结合学生在心灵上经受的伤害，我先消除学生自卑的心理，使学生重拾信心。首先，解决该生对"重男轻女"的认知，建立她对自己的信心。

我把她叫到办公室、操场、后花园等地方，和她聊"家常"。比如，你喜欢什么动画片、喜欢什么运动。通过聊兴趣与爱好，缩短我们之间的距离，这样使她感觉到老师可以给自己安全感，是值得信赖的。刚开始在与该生的交谈中，该生大多数沉默不语，虽面带微笑，但她的笑不是发自内心的。在说到父母时，她显得很失落、很漠然，笑得也很牵强。通过一次次的聊天，我们建立起友谊的桥梁，我慢慢地引入有关家的话题。聊家中的成员，他们的工作、性格、成员关系，自己对他们的看法，同时也让她学会理解他人，从不同角度感觉父母对她的爱。通过聊天使她逐渐认识到家对自己的重要性，并感觉到家的温暖，使她对家人有信心，对自己有信心，最重要的是纠正她是多余的观点。她经常说着说着就哭了，也许是因为她在我这里得到了久违的关怀和温暖。在此后的日子里，我都主动和她聊天，鼓励她与父母多沟通。

课堂上，我时常关注她回答问题的情况，并及时对她的表现进行评价、表扬，使她在学习上有了信心。我会把她在做作业时表现比较好的地方写下来或者在班上集体表扬，使她产生一种自豪感。内心明白，老师和同学都是非常爱她的，愿意去帮助她，让她感受到集体的温暖。

**第二阶段：给孩子公平的爱，多方面关心孩子。**

该生的自卑大部分源于家庭，为帮助她提高自信，走出"我是多余的"的阴影，我梳理了该生与家庭成员的关系，这是帮助该生重树健康心理的关键所在。

我通过电话跟她奶奶沟通。奶奶是该生心中最可亲可敬的长辈。她特别喜欢回到老家和奶奶在一起，只有在奶奶身边，她才会感到自己是个被人关心的孩子。为此，我和该生奶奶交流了很长时间，希望她给予孩子鼓励和关心，毕竟亲情是无法替代的。

在家访中，我也了解到该生的父母由于家里添了个弟弟，心里有些兴奋，似乎把全部的爱都给予了儿子，忽略了对女儿的关心。还经常让女儿干些家务，洗衣做饭照看弟弟，稍有过错还责骂她。我想，要解决该生的问题，最关键的是让她感到在父母眼中她还是受父母疼爱的孩子。于是我去了该生的家。

这是一个非常简单的家。该生的父母说她跟他们不亲，她不爱说话，老喜欢独自一人，言语中流露出不满与责备。我与他们谈了该生在家的感受，也谈了她的自卑心理以及他们平时的责骂对她的伤害，还与他们谈了青少年的心理特征：渴望得到父母的爱，受到父母的尊重。动不动就责骂，极容易使孩子产生心理问题。我详细分析了该生在校的表现情况及原因，与他们商量解决孩子不良心理的办法。尽可能多给她爱，多关心她，使该生从内心改变父母不爱自己、她就是多余的那个人的结论。

该生父母说，他们不知道孩子会有这样的想法，他们保证以后会多关心她，不再伤害她的自尊心。他们说他们是爱她的，可能是儿子太小了，所以就照顾得多一些，对该生冷落了点，他们以后会注意自己的言行，不再伤及孩子。这样，通过家访，得到了该生父母的积极配合，使该生有了一个温馨的家庭氛围。

### 第三阶段：创设良好氛围，引导正确发展。

我在班级中营造出轻松和谐的课堂氛围，以使该生减轻心理压力，提升自我价值。我给她安排了一个任务，即担任小组长，负责监督检查小组同学的学习情况，该生的学习成绩属于中下水平，原因就是她自我评价过低。在班中，我开展了多次心理导向课，目的是让她能正视自己，接纳自己。我还安排了"感恩父母"主题班会，让同学们体会父母的爱，学会用感恩的心去对待父母。当然这一课的设置必须考虑到该生的性格及实际心理感受。

当我要求学生说说"你的父母是怎样爱你的"，该生犹豫了一会儿，也发言了。她当着全班同学的面，说出了父母对她关爱，脸上洋溢着从来没有过的幸福的微笑。课后，她对我说，老师，现在我的爸爸妈妈对我太好了，我感到特别的幸福，以前可能是我想太多，误会他们了。通过这次活动，该生对自己的评价越来越清晰，越来越科学，她认识到自己是受父母欢迎的，并不是多余的那个人。

辅导结果：通过一段时间的辅导，她有了很大的变化。不但学习成绩有所提高，而且课后能主动与同学交流，做游戏，家庭作业基本上都能按时完成，心情也格外好。家长反映，她在家主动学习，每天都自觉地写作业，并且还主动帮家长做家务，照顾弟弟。我再跟她聊天，感觉她脸上的笑容是发自内心的快乐，再也没有觉得自己是多余的那个人了。为什么该生变化如此之大？我想就是因为爱。

辅导反思：女孩在成长过程中，往往因为性别歧视而受到伤害，这种伤害有可能陪伴一个人的一生，甚至影响到未来的生活。自卑，在每个人心中都或多或少地存在。因为父母对该生的"不公平"，导致她极度自卑，产生了自己是多余的那个人的想法，因为自卑所以没有了自信，因为没有了自信所以厌学……班主任敏锐地从学生性格的变化，深入挖掘诱因，进行正确心理引导，从而帮助学生健康成长。有人说，一个成功的教育工作者，一定是一个成功的心理健康导师。无论我们怎样教育学生，都别忘了，爱心、细心、恒心才最暖人心。

● **专家点评**：家庭是孩子成长的第一所学校，孩子健全人格的培养，有赖于安全有爱的家庭环境。孩子，尤其是小学低年段的孩子出现行为问题，一定要从其成长环境寻找原因。黄老师敏锐地发现该个案不合理行为背后，是对情感的渴望。从家庭教育指导入手，切实指导家长改变教育观念。尤其是对重男轻女的家庭，时不时介入指导纠正父母不合理的价值观，对孩子的成长是很有好处的。

# 轻生的念头被打消

**辅导教师**：邓文娟

**辅导学生**：小雅

**辅导时间**：2020年4月至2020年12月

**辅导背景**：该生由于疫情在家学习期间，受到父亲冷嘲热讽，感觉父母不理解、不认可自己，内心受到打击，沉迷于网络游戏，这样让她觉得有存在感、认同感。但回到现实，情绪就很低落，觉得生活没有意义，有一次产生轻生念头，拨打了区里的心理咨询热线寻求帮助。

**学生分析**：该生性格看似活泼、爱表现自己，但内心敏感多虑，人际关系中，很在意身边的人是否关心、理解、支持自己，也很在乎自己在别人心中的位置，在意身边人的看法。

## 辅导过程：

### 第一阶段：打开心扉，愿意交流。

2020年4月19日（新冠疫情在线教学期间）傍晚，学校的一个突然来电，打破了宁静。原来，区里心理咨询热线接到一个我们班孩子的来电，这个孩子（小雅）有轻生的念头，情绪比较低落。那一刻，我如梦惊醒。我似乎才睁大眼睛看清：47个孩子中的她，那个我印象中总是伶牙俐齿、活泼要强的小雅，原来有我不了解的一面，有被我忽略的一面。

我迅速瞄了一眼学校发来的孩子目前的大概情况：受到父亲冷嘲热讽、父母不理解、梦想当作家，但受到父亲打击，她在网络游戏中找到了存在感、认同感……我不容自己有太久的思考余地，马上拨打小雅的电话。我知道，此刻最重要的是和孩子取得联系，缓解她的情绪，确保她的安全。作为班主任，我虽身在千里之外的湖南，但心已飞往深圳。打电话前，我先找了一间安静的房间。电话接通后，我的心一直揪着，当听到小雅的声音传来，我才舒了一口气。

我故作轻松地问：小雅，在干什么呢？

小雅似乎也若无其事地说：老师，我在床上看书呢！

我心想：孩子，你在向老师掩饰什么呢？我得先确定有没有亲人在你身边。于是又问小雅：爸爸妈妈呢？家里还有其他人吗？

小雅：他们都去上班了，家里还有弟弟和妹妹。

我关心地问：弟弟妹妹乖不乖呢？是你来照看他们吗？

小雅：是啊，我照看弟弟妹妹。

对于一个十一二岁的小女孩，每天独自照看弟弟妹妹是多么不一般啊！此时我应该认可孩子。我马上表扬：原来你这么厉害！能照顾好弟弟妹妹是件很不容易的事呢！老师每天也要带两个小孩，有时忙得团团转。

小雅听到我这样说，"话匣子"松动了。她告诉我，弟弟今年3岁，妹妹上一年级了。弟弟爱玩，妹妹也有点闹，总要来烦她。妈妈自己经营着一个小店，要晚上十一二点才回家。提到爸爸时，小雅明显有点吞吞吐吐，只说到爸爸是做快递工作。据前面的了解，小雅就是觉得受到爸爸的冷嘲热讽和打击，才觉得生活没有意义。

我：看来爸爸做快递一定很辛苦啊！

小雅：我基本上见不到他人，他常常一整天出去工作，要深夜才回来。

小雅说这几句话时似乎很无所谓，我无法猜到她的心情。但我知道她一定有所保留，我也能想象小雅爸爸回家时疲惫的身影。疫情期间，其他行业受到冲击，但快递行业反而更加忙碌。小雅爸爸就是那风里来雨里去、随叫随到的快递小哥，想必每次工作到很晚后，回到家即使与孩子有交流，也是浮于表面或话不投机吧！

时间一分一秒地过去，不知不觉和小雅交流了很多，我也越来越明白，原来对于小雅来说，疫情带给她的不只是学习方式的改变。她要和弟弟妹妹相处、和自己相处，更要和工作繁忙、无暇理睬她的父母沟通……也许弟弟妹妹的吵闹让她很烦躁，也许一个人时她觉得很孤独，也许父母只顾吃饭、工作，觉得她长大了，不用操心了，与她没有任何深入的交谈……

我该如何在电话中解开她的难题？我想起小雅之前在学校常常向我借书看，她的梦想是当作家。于是，我临时决定，和小雅聊聊最近在家干了什么事，读了什么书。因为我相信，爱读爱写的孩子会更懂得独处，也会更容易发现生命的趣味和意义。小雅很喜欢这个话题，开始主动表达自己的想法。她告诉我，她平常喜欢画画和读书。她还喜欢诗歌，想背下所有唐诗，现在正在摘抄《离骚》，于是我和她谈起了诗人李白。她说喜欢鲁迅，我就向她推荐《朝花夕拾》。她说喜欢看福尔摩斯，这正中我下怀，我恰是一个侦探小说迷，我暗自庆幸自己的"博览群书"。我们越聊越兴奋……

关于读书的话题，已让小雅的心情明朗起来。小雅越来越愿意表达真实的内心，情绪已稳定下来。当一个人愿意表达自己时，无论表达的内容是什么，都是在打开心扉，接纳别人了。而当小雅谈到要背下多少古诗，要写出什么故事的宏愿时，我觉得她不仅是在接纳我，也是在展示自己、认可自己。她是多么想要有一个听众、一个赞赏者。我鼓励她，若写了什么故事，记得发给我看。

此时，小雅妈妈还没回来做晚饭。我想，何不转移她的注意力，让她去为弟弟妹妹做点吃的，当人产生责任感时，有需要完成的目标和任务时，就会珍惜眼前的一切，就会努力向前。

我问：已经七点半了，妈妈还没回家，她可能很忙，你会自己做饭吗？

小雅：我只会做面。

我由衷地称赞：哇，会做面呀！不简单了。

她好像有点不好意思起来，笑：我有时候会自己做点吃的，但很简单的。

我趁热打铁：弟弟妹妹一定饿了，你可以去给他们做点简单的食物吗？或者找点可以充饥的东西给他们吃。你可以做到吗？

小雅竟然爽快地答应。

我如释重负：那老师也饿了，先去吃晚饭了。你一定要给弟弟妹妹们弄点吃的哦，然后一边吃东西一边等妈妈回来。有什么事，你可以随时打我电话。另外，我很期待看到你创作的绘画或故事啊！记得发给我看。

小雅似乎很轻快地和我告别：好的。我会的，谢谢老师。

**第一阶段辅导效果及反思**：本次电话谈话结束后，当天晚上，我发现小雅在钉钉上提交的作业，比平时要快，而且书写很工整。她还给我单独发来一张亲手画的水彩画，色彩明丽、形象可爱，这表明她的情绪已经稳定下来了，也愿意打开心扉，主动与人交流。与小雅的这一通长途电话，让我意识到：孩子有那些所谓的轻生念头，其实是因为身边没有大人陪伴，孩子需要与人沟通、交流，需要有人认可她的才华和内心的想法。不然她会排斥这个世界，变得孤独、敏感和脆弱，甚至偏激冲动。虽然小雅的问题主要是在和爸爸的关系中被激发的，但父母若有一方能陪伴孩子、多了解孩子，走进她的内心，认可她的思想，让她有一个被关注的点，让她尽情地展示自己、悦纳自己，就不会出现缺乏安全感、认同感或存在感的问题了。

## 第二阶段：交流、欣赏、鼓励、悦纳自我。

挂了小雅的电话，马上给小雅妈妈打电话，告诉她，孩子需要她在身边，尽快下班回家陪伴孩子，最近密切关注孩子的状态，多多关心孩子，与孩子多谈心，尽早下班。当天晚上，学校专门与小雅爸爸沟通，小雅爸爸这才认识到自己在处理亲子关系上存在的问题，答应以后要多关心、理解、认可孩子。

此后几天，小雅每天都给我发送一幅手绘画。我每次都会及时点评和赞赏。后来，还会收到小雅发来的原创诗歌或故事，那些作品虽然稚嫩，却渗透着小小年纪的她对友情、对生活的观察和思考，有烦恼，有疑惑，也有喜悦，在我看来，非常精彩！我感到，创作对小雅来说，是一种表达的出口，而我乐意随时站在出口等待她的分享。所以每次读完小雅的作品，无论多忙，我都会及时地给出我的解读和建议。

有一次收到小雅发来的原创诗歌《我和我的父母》，里面写道：……他是第一次做父亲/没有人教他要如何做家里的顶梁柱/但他做得很好/他是一名非常棒的父亲/而我/也是第一次做女儿/很多人教我/但我做得非常糟糕/我不是一名合格的女儿……

这些句子引起我的注意，我感觉到小雅开始反思自己和父母的关系。于是我在网上回复她：写出了真情实感，很棒！从你的诗中老师感受到你对父母的感恩之心。你也在反省，觉得自己做得还不够好是不是？但不能说"糟糕"或"不棒"哦！这是因为你还在成长，每个人都是在犯错中不断成熟，不断纠错，不断长大的。之后，我们仍然常在线上交流，有时也会讨论作业内容。终于，不知从何时起，小雅不再每天给我发绘画和故事了。

我暗自高兴，这说明她不用再依赖老师的辅导了。

**第二阶段辅导效果及反思**：第二阶段的辅导，让该生慢慢地回归到正常的学习和生活状态，通过文字、图画在线上进行双向交流，作品渗透着该生对生活、亲子关系的观察思考，我对她的作品欣赏、点评，一方面鼓励了她，另一方面也在引导她更积极地面对人际关系、亲子关系。一开始她比较依赖老师的点评和欣赏，后来当她不再每天给我发信息时，说明她学会自处，学会真正地悦纳自己了！

### 第三阶段：稳定情绪，激励关注，提升信心。

2020年5月初，在疫情稳定后，全市准备复学，返校前，我与该生再次电话约谈，了解该生的情况。

我：马上开学了，老师很期待见到你啊！你呢？

小雅：老师，我只想见你，其他人都不想见。

我：哦，是好久没见到同学，觉得有距离了吗？

小雅：嗯，我也说不出，有种怕怕的感觉。

我：有时候很久没见到某个人，我也会有种不安的感觉，想见又不想见。

小雅：是啊。

我：一切顺其自然就好，有话说的话，大家说说笑笑的，慢慢就亲切了。如果没话说，就不说，也没多大问题，大家的情况其实都差不多。

小雅：嗯。

我：所以你不用担心什么。

小雅：嗯。我还担心学习会变差。

我：我也有点担心。因为大家实在太久没在教室上课了，所以我们老师也要适应一下。争取不要讲得太快、太难，让你们也能接受。

小雅：好。

我：等开学后我们见面时，一定会发现大家有很多变化，老师猜你可能长高了点。

小雅：呵呵，我没变胖就好了。

我：那我们开学再见喽！

小雅：好，老师再见！

复学之后，我与小雅见面了，想到她在复学前的担忧，于是我选她做语文小组长，让她在平常收发作业的过程中，与同学之间的交流更加频繁而常态。我也常与她交流，激励她在课堂上举手发言。她有好的习作时，我会在班上当范文朗诵，借此鼓励她，提升信心。

**辅导结果：**本次教育辅导结束后，我继续关注该生的情况，有时间也会在课间与她聊聊天。为了让她正常地学习、生活，我以严慈相济的方式对待她。该生现在状态良好，据她妈妈反馈，在家里变化很大，慢慢戒网，有空了就会看书，周末还会帮妈妈做家务、照顾妹妹，与家人相处和睦。在学习上的投入度越来越高，成绩也比较稳定，与班上的同学关系保持良好。

**辅导反思：**第一阶段的辅导，是在孩子有轻念头时的一种应急处理方式，由于疫情期间的特殊情况，只能通过长途电话进行沟通和了解。电话沟通，看不见孩子，不知道她的真实行为状态，只能用语言、声音、语气、谈话内容，去感染孩子，去调动孩子的兴致，揣摩她的心思，站在孩子的立场，去舒缓孩子的抑郁情绪，转移她的注意力，让她重新燃起对生活的信念，不做出冲动轻生行为；第二阶段的辅导，是在与该生父母做好沟通，家校合力的前提下，继续在线上关注该生，让该生慢慢找到自我表达的出口，在不断表达创作中，学会调适自己的心理状态，学会更理性客观地看待亲子关系和生活中的问题，最终学会自处并悦纳自己，慢慢地回归到正常的学习和生活状态；第三阶段的辅导，是在孩子面临复学这又一变故的情况下，摸清孩子的心理变化，稳定孩子的恐学情绪，为复学做好准备。复学后，让孩子更加积极地适应变化，提升信心。

该生在这一过程中，心态变得明朗，言行变得积极，抗挫能力明显得到提高；本次挫折教育目标达成，成功有效。

●**专家点评**：让人充满希望并使他感觉到爱的链接，被他人和环境需要——这些都会增加个体面对困难的勇气和提高解决困难的能力。邓老师在这个个案辅导过程中，了解到这个孩子的家庭环境，用契合这个家庭和这个孩子的爱建立链接，并时不时布置一点小作业同时及时反馈肯定她的进步，使她感受到爱和被需要。

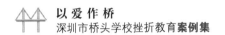
# 一位单亲孩子的变化

**辅导教师：** 钟雪娜

**辅导学生：** 吴某

**辅导时间：** 2019年11月至2020年12月

**辅导背景：** 该生2019年7月入读小学一年级，父母离异，母亲独自经营小店，父亲是货车司机。离异的父母忙于生计，该生只能与年迈的爷爷奶奶生活，长期处于无人教育状态。一次又因爷爷不停催促写作业，被爷爷批评后，出现拿剪刀剪手指的行为。

**学生分析：** 刚入学时不能遵守各项纪律，注意力差，表现为发呆、讲话。由于缺少父母的陪伴和交流，在与同学的日常相处中不能明确表达自己的观点，经常与同学发生冲突。面对学习不知道自己要干什么，或者要怎么做。一系列事情让这个学生觉得生活处处充满挫败。

## 辅导过程：

### 第一阶段：完整生命铁三角。

对于任何一个孩子而言，父母和他构成了一个生命铁三角，在其成长中对孩子生活、学习起着全关重要的指导作用。因此第一阶段的重点工作是联合父母、爷爷奶奶，共同深入了解孩子内心，分析出现问题的原因，制定初步的教育计划。

经过我与幼儿园大班班主任的沟通，爷爷因该孩子抚养权判给了爸爸，弟弟的抚养权判给了妈妈，而引导孩子"妈妈已经不是你的妈妈，而是弟弟的妈妈"，类似负面思想。孩子对妈妈怀有深深的抵触，当妈妈指导作业，孩子不听妈妈提出批评时，孩子就出现对抗的反应。家长之间的相互敌视，使孩子变得不相信人与人之间的友好、亲切的关系。而且在生活、学习中，孩子已经出现抵触行为。孩子缺少模仿的榜样，学习上也不听从正确的指导和建议，失去了正常成长的环境。

以下是我们逐步会谈的主要内容。

与爷爷和奶奶会谈。首先我要感谢爷爷、奶奶，你们身体年迈却承担起照顾孙子的重任，给了孩子温暖的港湾。孩子暂时无法与父母生活，那么我们就要在目前的生活条件下为孩子营造和谐的生活氛围，为孩子树立父母的正面形象，不要出现缺位父亲，或者缺位母亲的情况。

与父亲会谈。我从与孩子的沟通中，大概了解到孩子眼中的爸爸是这样的：我爸爸是开车的，平时接到单就出去开车，没有单的时候就在家睡觉。在孩子的描述中，缺少"我与爸爸一起做什么"这部分内容。我能理解货车司机的工作不易，但父亲要了解父子相处的重要性，并作出改变。首先，父亲要通过自身的角色给孩子正确认知自己的性别作出正确的示范，这也是孩子目前面临的生活挫败；其次，养成孩子坚强果敢的个性。孩子目前遇到爷爷的批评出现意图剪手指的行为是一种退缩行为，孩子遇到问题不想解决也不知道如何解决。而父亲通常具有独立和自信的品质，在与孩子相处的过程中，会促进孩子形成类似的性格。孩子也会模仿父亲的行为，并且慢慢变得果敢与自信，以后遇到生活挫败、学习挫败就会尝试用正确的方法来处理问题。

与母亲会谈。我也了解了妈妈是最辛苦、最委屈的。因为爷爷不会辅导作业，每天放学后都把孩子送到妈妈工作的小美容室。妈妈一边要照顾客人，一边还要辅导孩子学习。每每抓住没客人的空隙来辅导孩子，孩子却拖拉、抵触，妈妈都感觉很崩溃，往往就会呵斥孩子。作为母亲，要时刻提醒自己放松心态、接纳孩子，善于发现孩子的优点，控制自己想要掌握孩子的欲望。多鼓励，多沟通，多陪伴，坐下来听一听，孩子今天学到了什么，今天有怎样的作业安排。不要用自己的时间计划来限制孩子，孩子有自己的思想与计划。孩子的作业也许会慢一点，但这样也许更稳一点。

本轮谈话效果良好，家长都非常赞同老师的观点，并愿意和老师共同制定行动计划，坚持实施。

**第二阶段：联合行动阶段。**

1.阅读浸润心田，师生共读。我与孩子共同阅读了《好处就在……》这本绘本。这本绘本探讨的话题是父母离异后孩子的生活，为孩子展现了故事小主人公积极的一面，充分享受和父母在一起的快乐时光。父亲和母亲其实也有相同点——全心全意地给孩子呵护和关爱。通过课外阅读浸润孩子积极的人生态度。

2.亲子共读。绘本是一种帮助孩子理解事件很好的教材，因为大人往往不懂孩子的内心世界，自然无法站在同一个平台上与孩子讨论事情。通过阅读，父母一方面可以了解到孩子可能会怎么想，一方面可以随着情节发展问问孩子的想法，引导孩子将自己心中的想法说出来。当孩子的情绪能够抒发出来，他心中的伤痛便能获得释放。我也给其父母推荐了相关书目，关于父爱的绘本有《量身定做的爸爸》《我的爸爸叫焦尼》《我爸爸》等；关于母爱的绘本有《猜猜我有多爱你》《我和妈妈》《妈妈我爱你》；关于爷爷、奶奶的绘本有《爷爷我爱你》《等一等再睡觉》《小猴和最爱的奶奶》……

3.心理医生指明方向。校心理老师与孩子聊天后，给出指导意见：父母的离异其实是强迫孩子接受而又无法改变的事实，这与孩子的生活密切相关，孩子的情绪变化大概是悲伤、否认、愤怒，到最后才接受。帮助孩子度过适应期，家长可以做到：保持生活习惯，保持原有的生活环境。这点需要妈妈与爷爷奶奶保持良好的沟通，短期内保持原有的生活习惯。家长和孩子正面讨论分开的原因，让孩子体会到父母的分开，并不影响父母爱孩子，并用行动来证明；父母尝试帮助孩子去发现、表达、宣泄自己的情绪。

**第三阶段：停靠爱的港湾。**

美国心理学家马斯洛认为，可把人的需要分成五个层次。该生严重缺乏父母关爱，导致孩子"爱与归属需要"断层。基于现实生活环境，我们共同制定了"爱的港湾"共同抚养计划。

爷爷奶奶作为坚强的后盾负责接送孩子上下学，负责孩子饮食、起居。

孩子每天放学后晚托1小时完成课后作业，解决妈妈因辅导作业与工作冲突由此情绪焦虑而引发的母子大战。

晚托结束后约17：30，爷爷送孩子到妈妈店里。孩子与妈妈享受亲子时光，与妈妈共进晚餐，在妈妈店里玩耍，妈妈有空时母子聊天。

因为父母两家离得近，如果爸爸在家，爷爷19点来接孩子回去，孩子与爸爸享受亲子时光。如果爸爸外出跑货运，爷爷20点来接孩子回去。确保孩子每天能享受父母的关爱，相互沟通，体察孩子的感受，体会他的思想，进入他们的情绪和思维领域之中，以他的心情去了解他的心，以他的思想去思考事物。

打破离婚夫妻老死不相往来的陈旧观念，打开心胸，大人友好相处，孩子问题共同商量解决。孩子的重要节日共同出席，例如孩子的生日、六一儿童节……

### 第四阶段：留言暖心窝。

本学期语文园地四刚好学到了留言条，这个环节特别适合他们父子。父亲长期早出晚归，很难与孩子见面。于是我建议父子俩把家里的冰箱门装饰成留言板。下面是我记的一些普通镜头。

儿子：

　　爸爸今天下午拉货去东莞，因为要等仓库卸货，比较晚回来。你先安心睡吧！不要等爸爸。

爸爸<br>2020年10月25日

爸爸：

　　我们今天的班会课进行了"每月课堂表现"评比，我被评为"进步之星"。奖状放在书桌上，你记得看哦！

儿子<br>2020年11月1日

**辅导结果：**坚持了一个学年后，该生的学习、情绪状态进步很大，作业每天坚持完成，书写工整。上课安静、认真听讲，时常会举手回答问题。在孩子与老师的沟通中，妈妈经常会被孩子挂在嘴边，妈妈这一学期的努力首先被孩子肯定。情绪趋于稳定。但孩子成绩还是相对比较落后，但令人欣喜的是孩子的父亲，母亲能用平和的心态耐心地等待孩子，能坚持辅导孩子的学习。期末时，经过老师的鼓励和辅导，家长的耐心鼓励，孩子的语文、数学、英语均在90分以上，获得了"飞跃之星"的称号。当孩子上台捧着奖状，双手接过学校精心准备的企鹅伸缩笔袋时，脸上带着无比自豪的笑容。孩子终于慢慢走出阴霾，踏上阳光大道。

**辅导反思：**父母、亲人是孩子成长过程中爱的源泉，老师是孩子成长的重要他人。老师只要用心对待单亲家庭的孩子，深入了解其家庭背景，设身处地地为孩子着想，制定确实可行的计划，定期总结，孩子一定能健康成长。

● **专家点评：**家庭是孩子成长的第一个也是最重要场所，父母的爱、关注、引导是滋养孩子健康成长的重要源泉。因忙于生计加之离异，父母对该个案缺乏关注，爷爷奶奶也不能给孩子足够的成长支持。在这种情况下，孩子呈现的问题是家庭问题的显性表现，解决问题的对象和根源是家庭不是孩子。钟老师与该个案的家庭建立的信任关系，想尽各种办法对家长开展家庭教育指导，引导他们建设一个适合孩子成长的家庭关系，经过坚持不懈的努力，取得了很好的结果。钟老师辛苦了。

# 一个特立独行的多亲家庭孩子

**辅导教师**：李秋娥

**辅导学生**：林某某

**辅导时间**：自2014年3月至2015年11月

**辅导背景**：该生是我毕业初任教的二年级学生。他可爱、单纯，但是又有一些"特别"，上课时很难坐得住，爱起哄，下座位，会故意说一些搞笑的答案来引起同学们的关注，逗笑大家。班级常规方面，也经常有小失误，在班里没有玩得好的朋友，同学们对他评价都是比较消极的。

**学生分析**：该生是"多亲"家庭的孩子，缺少关注、鼓励和陪伴，导致没有养成良好的学习习惯和行为习惯。该生很在乎别人的看法。因家庭原因，他很敏感，希望得到大家的关注，但是因学习基础较薄弱，不能在学业上引起大家的认同和关注，就变得特立独行，喜欢和大家不一样。他有敏锐的情绪感知能力，很会察言观色，情商较高。

## 辅导过程：

### 第一阶段：多亲近，让学生更有安全感。

由于该生的"特立独行"，于是我决定"特生特办"。首先要多亲近，让他有安全感，感觉我是可以信任的。开学第二周的一天下午，他的作业没写完，于是我请他留下来补作业，教室里只剩我和他。他的位置就在讲台边上，我就自己在讲台上备课，他便安静地在补作业。留下来时，我跟他说：别人抄一遍，你不做，那你今天要抄完两遍才能走哦。他乖乖地拿出书和作业，写起作业来。虽然我的书摊开了，可是我也没心思备课，我在偷偷地观察他，眼前的画面多么可爱啊。只见他低着头，小手扶着书本和本子，认真起来这坐姿还是可以的嘛。再看看他，平时大大的眼睛因为要看本子，此时倒是小了很多。再看看他的本子，哇，好惊喜，没想到他的字能写得这么好，横平竖直，像是学过书法的样子。

我：你的字很漂亮嘛。

生（抬起头有点不好意思地笑了）：我学过书法的。

哈哈，语气里还有两三分傲娇呢。

我：那你就这样好好写，一次写好了，今天写一次你就可以放学啦。

他便低头继续写。20分钟不到，他写完了。

我拿过来一看：你看，这书写，要是掺杂在作业堆里，改作业的时候我会以为是哪位优生的作业。

他腼腆地低头笑了。于是我便收拾东西假装跟他同路，和他一起走出教室。初春下午，暖暖的阳光照在校园里，因为放学早，学校里也只有稀稀拉拉的一些人影。

我：你为什么没写完作业啊？

生：没人看我写作业。

我：那你爸妈呢？（心里已经有了不好的预感，多半是有特殊情况。可是开学时已经给家长发过信息了，如果有特殊情况的孩子，请私信我告知。可是开学至今，我都没接到过他家长的信息。）

生：我爸很忙，没时间管我。我妈不在这边。我很久没看到我妈妈了。我放学就去晚托班，晚托班的老师管不住我。（说话的时候，他脸上有种不符合这个年纪的孩子的云淡风轻和不在乎。）

我（扯开话题）：班上同学说你是插班生？

生：是啊，我之前在另一所小学读书，这是我第二次读二年级了。我以前经常被老师投诉，因为我整天打同学，现在我决定不打了。

那你还真是进步了呀！真是让人哭笑不得。我决心一探究竟，多了解一点林同学。

### 第二阶段：多了解，让学生更有认同感。

为加强教育，我去他家家访。去的是他原来的奶奶家，经和奶奶沟通才知道，这孩子是"多亲"家庭的孩子，有两个奶奶，两个妈妈。亲生妈妈在他两岁的时候就跟他爸爸离婚了，之后也没怎么来看过小孩。后来的奶奶和后来的妈妈也不太乐意他去她们家。奶奶年岁大了，只能管好基础吃和睡，对学习基本是无能为力了。那次家访，林同学还展示了他高超的厨艺，煎蛋给我和同行老师吃，我们都对他竖起了大拇指。当时我写了一篇日记：每个孩子都应该被宠爱，他们是我们的未来；陪你长大，我们一起努力……

经过此次家访，我对林同学有了进一步的了解。同时，他也越来越认同我对他的教导，让我的挫折教育计划越来越清晰。

### 第三阶段：多关怀，让学生更有幸福感。

有一天，雨下得很大，孩子们的衣服都湿了，给家长发了信息，家长们纷纷送衣服过来给自己孩子。最后，只剩下林同学的裤脚湿了一大片，当时天气已是深秋。这样湿着熬到放学怕是不行。我便悄悄把他请出教室，带他到我宿舍，让他自己用吹风机把裤脚吹干，也没说什么别的，就让他回去上课了。

他经常会来办公室找我聊天，有一次，我问他：你想妈妈吗？他的眼泪夺眶而出。最孤独和最需要关注的，往往就是这样的看似热闹的"多亲"家庭的孩子。类似生活中的小事，对我们来说只是小事，却能让他获得一点点幸福感。

### 第四阶段：多鼓励，让学生更有成就感。

在接下来的学习和生活中，一方面我继续和他的其他家庭成员接触，逐一攻破，找到他们家的掌门人——孩子爷爷，做他们的思想工作，呼吁他们给予孩子更多关注。慢慢地，他来到学校时不再穿错校服了，他也开始去不同亲人家里欢度周末了。同时给予这个孩子更多的鼓励，我尽量表扬他的优点，哪怕他只是端端正正地坐在那里，我都要表扬他端正的坐姿，他的眼里慢慢地有了不一样的光。偶尔他表现欠佳，我也只需给他一个眼神，他便马上回到状态。

慢慢地，他不再被投诉上课时下座位，值日时也和同学们一起做得热火朝天，作业漏交的次数也越来越少，有时课上还会看到他积极举手，听到他精彩的回答。

慢慢地，同学们对他的投诉也越来越少，也越来越喜欢去发现他的优点。有一次，我邀请他上台为大家背诵，他有点不好意思。我提议孩子们给他一点掌声鼓励一下，他上了台。但是教室里依旧安静，大家都看着他，期待他的背诵。他深吸了一口气，开始了，虽然有点不流利，但是他真的背完了。他的最后一个字刚说完，同学们就热烈地给他鼓掌，每个学生眼里都仿佛有星星闪烁。他们的掌声，让我非常感动。他们像是在看着自己的兄弟姐妹，克服了一个大难题一样。那一刻，我觉得他们都无比可爱。他的同桌是我安排给他的小老师，她认真教，他认真学，他学会了，她真心为他高兴，向我报喜。

同时，每次林同学犯了错我都是请他到办公室，循循善诱，晓之以理，动之以情。有一次他犯了比较严重的错误，我问他：你忍心让老师失望吗？他眼眶湿润，不语。但是此后他再也没犯同样的错误。就这样，一天又一天，他在课上认真回答问题的次数越来越多，和班里的同学关系也越来越融洽。

### 第五阶段：多指引，让学生更有方向感。

寒来暑往，春去秋来。三年级我也依旧陪着他们。在他们升上四年级时，因为学校工作安排，我任教别的班级去了。但是他和那个班里的孩子还会经常来我的办公室看我，或者偶尔放上他工整的练字习作，他画的画作，偶尔只是在办公室窗口趴着叫我一声"李老师"。我出来回应他，有时候他会和我说班里其他同学的事，有时候他只是和班里的同学们抱在一起，在我面前憨憨地笑。看着面前和同学关系融洽的林同学，我真心为他的进步感到高兴。

有一天，那个班里一群孩子来找我，问我：李老师，你知道林同学的QQ好友申请的问题是什么吗？答曰：不知道呀。于是他们给了我他的QQ号，我登录QQ，输下号码，按下搜索，提交好友，只见好友验证中有这样一个问句：我三年级的班主任姓什么？真是惊喜，感动。

他们五年级时，我怀孕要保胎，请假了没来上班，他便第一个发信息给我：

李老师，你怎么了？前几天才知道你最近都没来上班。现在已经是我和他认识的第六个年头，还是能经常收到他的信息，我也经常通过QQ了解他的近况，解答他的疑惑让他更有方向感。鼓励他继续向上，向善。今年他就要参加中考了，开学初，我送了他一支笔，祝他中考旗开得胜。他和我说，你6年前送我的我都还保管着呢，我却忘了我在6年前送过他一支普通的笔。

　　**辅导反思：**"我三年级的班主任姓什么"这一句话，是我疲惫时候的英雄梦想，提醒自己遇到挫折也不要放弃。同时也时刻在鞭策着我，作为一名教育工作者，肩上责任之重大，如何帮助孩子面对成长过程中的挫折。对待学生，多了解，多关怀，多鼓励，多指引；自己也要多学习，多实践，多反思，多改进。不抛弃，不放弃。

●**专家点评：**我们常常发现，在小学低年级阶段，部分学生的特殊行为问题有相当一部分来自对于关爱的渴求，但表现形式有差异。李老师细心地发现了这个学生出现的问题，并从家庭当中寻找解决问题的思路和方法，李老师是个有心人！

　　学生产生心理问题的原因很多，很多心理问题的产生与家庭结构、父母的教养方式甚至父母关系有关。李老师细心地发现这一点，从家庭入手，引导这个家庭结构有点特殊的家长合理关注孩子的需求，取得了较好的效果。

# 焦虑会传染

**辅导教师**：方丽梅

**辅导学生**：小雨

**辅导背景**：小雨原本是一位成绩优异的学生。新学期开学后，学习状态下滑。每天作业做得很晚，白天精神状态不好，成绩也下滑了。家长很着急。

**学生分析**：学生成绩优异，比较好强，对自己评价很高。但因为家长的过高期望、过分关爱，将焦虑感传导给了学生，导致有抗拒心理，也影响了学习。

## 辅导过程：

一天，小雨妈妈来电话，先是询问了小雨在课堂上的表现，我的回答是肯定的。然后就说起她语文的入学考试不是很理想，说起前班主任是语文老师，对孩子们特别细心，要求很详细很具体，在班级的家长群是如何的负责和耐心。我心里在自责，是不是开学这一周在工作上出现了一些纰漏，让孩子和家长们对我产生了疑惑。

紧接着，小雨妈妈开始说：老师，小雨在开学时候听说要换班主任、换语文老师的时候真的好伤心哦，孩子不停地联系以前的老师，不知道她在课上有没有调皮捣乱。她第一天领完书回来跟我说，老师看着就比我们大不了几岁，就像哥哥姐姐一样，不知道能不能教好哦。我心里想，这既是孩子说的，也是家长的担心吧，我必须在短时间内让孩子和家长们放心和安心。我知道，你们都是刚毕业的大学生，对孩子们不能太温柔，要严厉一些，你们刚开始工作压力也挺大，你们也是不容易……接着小雨妈妈还和我聊了很久，关于她怎么带着小雨学习，但是她说她是24小时看护着小雨的，小雨写作业，她在旁边守着，周末也给小雨规划了学习时间、休息时间。这通电话大概持续了一个小时，我心里在想，这样随时有人监督的学习氛围，孩子会不会有一点逆反呢？

和小雨妈妈聊完第一通电话，我心里总是有一点点担心，所以课上和课间我总是会多观察她一下。她在课堂上还是很活跃的，尤其在英语和数学课堂上她很喜欢主动回答问题，我知道她是一个特别聪明的孩子。在课间，她虽然不像其他尖子生那样讨论问题或者写作业，但也是很活泼的，嬉笑打闹很开心的样子。几天的观察，我好像不那么担心她会因为妈妈的教育方式受到一些影响了。

直到开学后一个月，数学测试小雨的分数掉到90分以下了，我和小雨的妈妈又开始了长时间的通话。其实在此之前，基本上小雨妈妈每周都会给我打个电话，大多数时候都在重复说着某些话题：老师，小雨这次数学考这么差，她是不是上课不认真了？您帮我看紧一点，她这孩子很调皮和贪玩的，她每天作业都拖到12点以后……她作业没写完，我让她休息，结果她凌晨1点等我睡着再起来写作业。这是我难以相信的，因为我曾调研过班级孩子的作业时间，基本上回家后一两个小时可以做完，更不用说成绩好的孩子了，他们都是早早就上床休息了，小雨要做到12点以后，我觉得问题比较严重。

小雨不同于其他尖子生，她不会主动找老师的，我叫她过来谈话，她总是透露很少的信息。我和她对着站在教室外面依靠着栏杆，走近了才发现她有很严重的黑眼圈。

我：小雨，你平时作业要做到多久啊？

她：12点以后。

我：为什么呢？以你的水平，各科作业都是20分钟左右就可以做完的啊？

她先是沉默，过了许久她说，就是写着写着就到12点了。我就很疑惑了，每次数学考试，小雨总是最先写完整套试卷的，怎么在家要做这么久呢？

我：每次做作业，妈妈都陪着，怎么会写到这么晚呢？

她：就是因为妈妈在旁边唠叨，我根本没法写，她在旁边说话，我没法思考。我明白了，是小雨妈妈的监督，导致小雨每次都在用这种方式和妈妈对抗。小雨打开话匣子之后，还述说了妈妈在家里的各种比较专制的行为，其实她还说到一点，妈妈总是重复地说起某些事情然后说不停，这一方面我和其他科任老师也深有体会。

对于小雨心里的苦恼和一些叛逆的做法，其实我是能理解的，毕竟这个年龄段的初中生，大多数都会反感父母过度的关心和干预，和他们的相处模式早就应该是平等对话、相互尊重了，最好是采取商量的口吻而不是压迫式的教育方式。因此我对小雨说：老师非常理解你现在的苦恼，因为我也曾厌烦过我的父亲，他总是要求我去做什么，给我规定得死死的，不能反驳，但是我现在离开他到很远的地方工作，才体会到他对我的严格要求都是为了我好，我可以理解他甚至责怪自己当初和他对抗了。说了这番话，小雨的眼泪在眼眶打转，她去洗了把脸，平复好心情后，我跟她提了几点要求，第一，作业必须得在晚上11点之前完成，不能拖得太晚；第二，和妈妈有什么矛盾要心平气和地说出来，因为争吵不能解决矛盾只会激化矛盾；第三，再和妈妈有沟通不了的，可以和我交流，老师会帮助你的。小雨点头，然后很礼貌地谢谢我。

我必须和小雨妈妈好好沟通一下了，沟通内容主要是建议她不要看管孩子过于严苛，建议她有时间多去看看青少年心理学相关书籍，了解孩子们现在的心理，给予孩子们足够的自由空间，至少24小时监管陪护是不大合适的。沟通过了两天，小雨妈妈给我发来信息，大概意思是感谢我的沟通，小雨现在每天作业很快就做完，早早上床休息了。小雨的精神状态比以前好了很多，在课堂上依旧很积极活跃，那个笑容满面的小雨好像又回来了。但我觉得小雨和妈妈的长久对抗关系应该不是我打一两次电话就能够缓和的，为了让她们相互都能放下芥蒂，我经常会分配给小雨一些任务，比如她很喜欢画画，因此班级的板报我主要是交给小雨做策划和主办。几乎每次她都能出色地完成任务，为班级环境的美化和班级荣誉做出贡献。借此机会，我经常在小雨妈妈面前夸奖她有统筹能力，也有绘画和设计天赋，希望她能够了解小雨是一个有主见、有想法的好孩子。我还让小雨担任班级学习小组的行政组长，组员一对一帮扶，小雨组的一个后进生连续两次考试都取得了较大的进步。我时常将这些事情分享给小雨妈妈，一方面希望她知道自己的孩子在学校是领导者、尖子生，另一方面希望她能够放手，让孩子自己管理自己，父母只是陪伴和适当地引导就足够了。我发现给小雨分配一些任务以后，她做得很开心。我也建议她多和父母分享自己在学校的快乐，让父母更了解自己，他们才会发现自己的姑娘已经可以独当一面了。

**辅导结果：**半学期过去，小雨在期末的表现也是很优秀的。她的成绩稳定在班级前三、年级前十，这与以前的忽上忽下、成绩不稳定相比其实进步了很多。我再去问她和妈妈的关系是不是有所改善时，她说已经缓和很多了，妈妈很多时候都给她独立的空间去完成作业，她自由了许多。小雨和妈妈的关系逐渐缓和，在学业上也取得了进步。

**辅导反思：**作为家长，关爱孩子是必须的，但如果过度，反而会将自己的焦虑感传导给孩子。因此，处理好青春期的亲子关系，对孩子的健康成长十分重要。

● **专家点评：**方老师娓娓道来的故事深深地吸引了我，她在沟通的过程中与家长和学生建立了良好的信任关系，消除了家长的顾虑并细心地发现学生变化，同时寻找问题产生的原因，建议妈妈根据青春期孩子的心理发展特点调整教育方法，取得了良好的效果。

在20年来的心理工作实践中，我发现，产生心理问题的学生往往都有一对教育方式不得当的父母。当发现学生情绪和行为异于平常，作为教育者，我们要从学生成长环境和事件中发现问题，并在家长的共同努力下寻找解决问题的方法。

在桥头学校老师们撰写的个案心理辅导方案中，我深深地感受到了这一点。

# "问题生"的转变

**辅导教师：** 王丙华

**辅导学生：** 张某某

**辅导背景：** 张某某，男，六年级学生。上学总是迟到，每天都是早操后才到教室，就算进到校园也是拖拖拉拉、优哉游哉地进到课室。学期累计能准时到校的天数不足5次，说起原因无外乎是闹钟坏了、身体不适、在外吃早餐等。上课几乎都在睡觉；课间要么在外走动不进教室，要么到校园周边闲逛；经常上半节课后才进入课室。他曾独自将某学科实验室的教学器材偷走，后来发展到带着他人一起偷器材。

**学生分析：** 该生幼小时，隔代教养，由奶奶管教。奶奶过分娇惯孩子，在物质上尽量地满足他，基本上有求必应，但对孩子的学习和教育则放任自流，造成孩子一切以自我为中心，任性骄横，不顾及他人的感受。对学习没有兴趣，开始还能敷衍应付，后来连应付都没有了。小学三四年级时，父母在他身边。父亲忙于生意在家时间极少，母亲溺爱他，生怕他受苦受累。

## 辅导过程：

### 第一，教师需要有信心。

人性本良好。作为"问题生"同样具有良好的本质，身为教师要相信通过自己的爱心与坚持，"问题生"也能够改变自己。在引导教育"问题生"的过程中，教师一定会遇到碰壁的情况，但我们不能失去信心，不要放弃转变"问题生"的信念。在教育张某时，我总是用心观察他的所言所行，尽力想从他身上找到一些正能量的东西来做做文章。

有一天（疫情时期），他自带了一部电子测温枪（他本意是当作玩具的），被我发现后顺势加以引导，在班上对全班同学说：孩子们，我们班张某自带了体温检测仪，正好可以做班上的体温检测员，以后的体温检测由他负责，也希望大家配合他，相信他一定可以完成这个任务。话说完，在他脸上我看到默认的表情，此后的他到校时间提前了，他明白了他有"要事在身"。

再有一次，在数学课后，我说：老师看到你这节课，比以前听课认真了许多，你的动手能力还是不错的，一下就能摆好这个立体图，加油啊孩子。他毕竟是孩子，一夸就高兴了，往后稍有实践性内容的课堂上，他的积极性是较高的。于是我就经常夸他，偶尔还降低标准地为他发星以及一些奖励，当然也不失时机地向他提出更高要求，为班级做一些力所能及的事……这样一来增强了他的自信心，提高了他的学习兴趣。

### 第二，教师要有爱心。

"问题生"其实是弱势群体，他们需要教师更多的关爱。当出现"问题行为"的时候，多采用换位思考、"心灵感应"，给予一份理解、一份同情。对于张某这样的后进生，我放下架子亲近他，对他敞开心扉，并以关爱之心来触动他的心弦。"动之以情，晓之以理"，用师爱去温暖他，用真情去感化他，用道理去说服他，从而促使他主动地改正错误。当然老师也要用好班集体的力量，举办一些有益的班级活动，让他们在活动中增进友谊，互帮互助。对一个后进生来说，同学的力量有时胜过老师的力量，让他感受到同学给自己带来的快乐，让他感受到他在班级集体中的价值，感受到自己是班级重要的一员。这样的话，后进生的转化工作往往较能达到事半功倍的效果。

### 第三，家校要形成合力。

在对"问题生"的教育中，要发挥家校的最大合力，让每一次的教育作用发挥到最大化。经常与家长联系，相互交流，或是电访，或是面访，或是信访学生在家里、学校的表现。我和家长达成共识，齐抓共管，如今孩子开始写作业了，考试时不再交白卷。课堂上，我不时地走到他身边，经常提问他，督促他，他一有好转就反馈给家长，表扬他的进步，共同交换需继续督促的事项，在学校和家庭的共同教育下，孩子学习的兴趣以及一些行为习惯比以前好了很多。

### 第四，教师要有计划。

对该生的学习先适当降低难度，该生的家庭作业和其他同学有所区别，量也适当减少，题目也是最基础的。并且，与家长约定，只要该生在某一时间段认真完成了家庭作业，可以满足该生一个小小的要求或给予适当奖励。有关课堂上违反纪律的情况，就和该生签订书面合同，合同根据该生的表现情况经常变化，慢慢提高要求。

**辅导结果：**通过以上几个方面的努力，张某已经有些进步，迟到现象少了，课间不会擅自离开教室。从没有做过早操的他都能准时参与早操了，跟同学之间的关系也有所好转。各科考试基本上把会做的题都做了，再也不会交白卷，偶尔上课时也会举手发言，自信心增强了，参加活动的主动性也提高了。

**辅导反思：**张某的一些转变，使我感受到了教育工作的成功与喜悦。作为教育工作者，对待这一类学生，要有一些特殊的方法，既要做他们的老师，又要像他们的父母，要走进他们的情感世界，引导他们健康快乐地成长。

● **专家点评：**孩子当下不合理的行为和态度，深深地带有成长环境和教养方式的印记。王老师是个有心的教育人，关注到这个孩子不良行为，并没有给他贴上行为不良或者品行不良的标签，而是像一个研究者一样分析孩子不良行为产生的原因，并对应找到纠正孩子行为的思路和方法。如果能按照这个思路，加强家校沟通，建立教育的共同目标，对家长提出具体的指导意见并跟进，会带来更好的效果。

# 一名"易怒好斗生"的心理变化

**辅导教师：**梁丽萍

**辅导学生：**郑某

**辅导背景：**该生为四年级学生，父母一直在深打工，他由老家的爷爷奶奶看管，小学之后才来到深圳与父母团聚。他与同学发生矛盾习惯用拳头解决问题，班上有部分学生会疏离他。一次，该生因与同桌发生矛盾，用拳头攻击同桌的眼睛，被对方家长投诉后，家长暴打了他一顿。他的身心受到了极大伤害，在人际交往中产生挫败感。

**学生分析：**该生体格强壮，极具运动天赋。生活和学习习惯不佳，学业水平中等，沟通能力较差，易怒好斗，与同学、家长的关系较为紧张。

## 辅导过程：

### 第一阶段：接纳自我，合理宣泄。

该生在与同学的交往中，由于缺乏沟通能力、不会情绪控制，加上曾经有多次攻击行为，给同学们留下了"暴力"的印象，所以被同学们疏远。家长总是用暴力管教孩子，缺乏正确的教育方法。该生想改变现状，却常常事与愿违。第一阶段的重点是让其分析、了解自身的情况，接纳自己，合理宣泄。

以下是我对该生的心理疏导过程。

我：孩子，我知道你现在肯定不好受，对吧？可以跟老师说一说吗？

该生顿时流泪了，把衣袖卷起来，只看到手臂上一大块淤青。

我（靠过去，抬起他的手臂，心痛地说）：是谁把你打成这样？

生（一边哭，一边说，双手握成了拳头）：我爸用衣架打的。

我：你爸经常这样打你吗？

生（哭得更加撕心裂肺）：只要我犯错，我爸就会打我，有时候我妈也会一起打，有一次把棍子都打断了。

我（抱着该生，用纸巾给他擦眼泪）：那你恨你爸妈吗？

生：我不恨，他们都是为了我好。

我：你还记得你爸妈第一次打你是什么时候？

生：我不记得了，我是在老家上的幼儿园。那时候，爸妈不在我身边，只有爷爷奶奶带我。我刚上幼儿园的时候，班上有一个小朋友总是打我，我很伤心，但是我爸妈又不在，无法保护我。

我：是因为这样，你觉得大人保护不了你，你就用打人的方式来自我保护？

该生沉默。

我：打人这种方式保护了你自己，却伤害了别人，也让你失去了朋友，你说对吗？我相信，你也不喜欢别人用这种打人的方式对待你，对吗？

生：我不喜欢爸妈打我。

我：是的，你爸妈是爱你的，你也知道，他们打你，是不想你变坏。不过打人是不正确的，关于这个问题，我会再和你爸妈沟通的。

该生看了我一眼，又把目光移开。

我：孩子，我特别心疼你。你一开始打人，是因为你想保护自己。而且你误认为打人会让人觉得你厉害，你开始习惯用这种方式处理与别人的矛盾。你的父母发现你有打人的习惯，想改变你这种行为，却也采用了打人的教育方式，让你觉得特别矛盾，一边说不能打人，一边却在打你。现在，老师非常明确地告诉你，打人是不对的，不管出发点是什么。

该生看着我，点了点头。

我：每个人都会有情绪，当我们非常生气的时候，你觉得可以用什么方式帮助我们缓解？

生：我会看书，看一些搞笑的书。

我：这种方式挺好的，转移注意力。我觉得你下次有情绪的时候，特别是和同学发生矛盾的时候，一定要先离开，不要再争论对和错了，然后去一个安静的地方看书，或者去运动场跑步。

该生点了点头。

该生的行为习惯，与原生家庭有非常大的关系。与家长的沟通中，我感受到了家长的无力。病因找到后，与家长达成了共识：修复亲子关系的最好方式是沟通，遇到问题减少（最好避免）打骂孩子；充分利用假期，与孩子外出游玩，加深彼此之间的感情；遇到问题，多与老师沟通。

**第一阶段辅导效果及反思：** 交谈之后，孩子特意跑到我的办公室，说家长因为打他这件事，向他道歉了。他面带笑容，感觉得到了莫大的尊重。之后的一段时间，孩子与其他同学偶尔还会发生矛盾，不过，他很少主动打人。第一阶段让孩子明白到打人行为不妥，并转变这种错误认知。同时也获得了家长的配合，从家庭教育中改善亲子关系，让学生处于一种较为平和的心理状态中接纳自我。

## 第二阶段：提高自控能力，融入集体。

完成了第一阶段的教育，孩子安全的需要基本得到满足，接下来，就是让该生融入集体，满足其归属与爱的需要。

以下是我对该生的心理疏导过程。

我：老师发现你最近有挺大的进步，不过，很少看到你和同学们一起玩耍。

生：他们不愿意和我一起玩。

我：你的意思是，你很想和他们一起玩，不过他们不愿意和你一起玩，对吗？

生：是的，有时候我过去，他们就会走开，我就拍一下他们的肩膀，让他们同意和我一起玩，结果他们就会打我。

我：你主动与同学交友，这是一件好事，不过，会不会是你拍打他们的肩膀，他们误以为你要欺负他们，所以他们才会还手？

生：可是我是轻轻地拍，并不是打。

我：我明白你的出发点，但如果与对方还不是非常熟悉，我们觉得轻轻地拍，别人可能觉得我们在冒犯他们。你能换一种方式吗？

生：用什么方式？

我：我们可以先用语言说明意向，比如你想加入他们的游戏，你可以说，我可以加入你们的游戏吗？

生：如果他们拒绝呢？

我：如果他们拒绝，那我们也要尊重别人。你是不是想和好朋友一起玩耍？

生：是的。

我：那我们可以尝试对他人示好。

该生低着头，若有所思。

我：你想别人接受你，最好的方式就是多帮助别人。别人遇到了困难，你主动帮忙，他就会感觉到你的友好。平时如果有好看的书，主动与同学分享。当然，这是一个漫长的过程，想改变别人对你的看法，需要付出更多的努力。

该生点了点头。

班干部是班级学生的引领者，私下，我又鼓励他们帮助该生尽快融入集体。

**第二阶段辅导效果及反思：**该生在自我控制方面，有一定的进步，减少用肢体接触的方式与同学交往。加上班干部们适当地鼓励，同学们对他有所改观，不像原来那么排斥与他交友。但是他和同学玩耍时，偶尔还是会起争执，由于语言表达能力不佳，急起来还是会动手打人。但是，起码在集体中，他找到了一两个好友，减少了自己的社交压力。

### 第三阶段：扬长补短，树立自信。

该生是一个有着极高班级荣誉感的学生，四肢发达，运动能力好。第三阶段辅导主要是帮助他扬长补短，树立自信。运动会是个非常好的教育时机。该生对运动会的热衷，从他的报名速度上就体现了出来。

以下是我与该生的交流过程。

我：我看到你是第一个报名参加运动会的同学，你报的是什么项目？

生（笑嘻嘻地）：100米和800米跑步。

我：看来跑步是你最擅长的运动项目，你非常有信心吧？

生：肯定啦，之前100米跑步都是我拿前三名的。

我：太厉害了，班级的荣誉靠你来争取了。

该生自信地一笑。

我：为了公平起见，我计划举办选拔赛，每个项目成绩最好的两名同学可以代表班级参赛。我看，很多同学都想争取，你有什么训练计划吗？

生：我每天放学回家都跑步。

我：是的，虽然你很有实力，但还是需要加强练习，才能在比赛中取得好成绩。我们班级的荣誉，需要你和其他同学一起争取，加油！

该生吸了一口气，像接受了一个重要的任务一样。

在此之后，我时常会在课间和该生交流，看看他训练进度如何。他每一次都非常开心地回应我。与他父母沟通，孩子确实为了这个比赛坚持训练，整个人的状态都很不错。在运动会上，他中途摔倒，但马上站起来继续比赛，获得了年级第三的好成绩。在班会上，我浓墨重彩地描述了该生在这次运动会中的表现，同学们都受到极大地振奋与鼓舞，用热烈的掌声祝贺该生，他反而害羞地低着头。

**辅导效果及反思：**通过第三阶段，该生对自我的认同感更加强烈，感受到了班级荣誉带来的快乐，以及受到同学爱戴的喜悦。该生有一股不服输的韧劲，在运动方面得以体现，不过迁移到学习方面，就没有那么突出，学习上还是缺乏钻研精神。三个教育阶段层层递进，相互促进，该生在情绪控制、人际关系处理方面有一定提高，如何在学习生活中加以巩固和完善，还需要长期探索。

● **专家点评：**学生的心理问题原因是多样的，其外在呈现也是多样的，我们需要透过表象看实质，这样才能有针对性开展心理辅导。从这个案例中可以看到，梁老师十分关注这个学生，并能探寻到问题的症结，从而再采取针对性措施，这样自然事半功倍。

# 换位思考，学会改变

**辅导教师**：杨媛媛

**辅导学生**：胡某某

**辅导时间**：自2016年9月至2018年7月

**辅导背景**：该生由长辈隔代教育，较为溺爱，因此养成了强势的个性。一次与同学因小事产生矛盾，对同学大打出手，在班级造成了不好的影响。家长知道后，采取了较为粗暴的方法教育孩子，造成了孩子的心理阴影，并且在学校的行为也并未好转。

**学生分析**：该生表面上性格外向，个性要强，对别人的看法也比较在乎。家长不科学的教育方法并未使孩子有所好转，反而让其产生了一定的逆反心理。

## 辅导过程：

### 第一阶段：合理归因，提升责任感。

与该生交谈后发现，该生认为整件事自己吃了亏，一定要报复回来，并不认为自己做错了，家长的粗暴教育更让其出现了逆反心理。所以第一阶段的教育内容重点在于引导学生承认自己的错误，合理归因，提升责任感。

以下是我对该生的心理辅导过程。

我：先坐下，冷静一下，回想一下这次事情的发生经过。

生：好。

我：现在情绪平复了吗？老师想要了解清楚这次事情的经过，好吗？

生：好。

我：这次跟A同学为什么打架呢？

生：嗯……因为他不让我跟B同学一起玩。

我：你跟B同学那个时候在做什么？

生（犹豫）：我想跟B同学一起玩游戏，但是他不让我加入，所以我很生气。

我：所以你动手打了B同学？

生：是的。

我：那你为什么又打到A同学那里去了呢？

生：他不让我打B同学。

我：那A同学有动手打你吗？

生：没有，他拉着我的手。

我：是啊，A同学并未打你，他只是阻止你跟B同学打架，你觉得你把愤怒发泄到他的身上，是对的吗？

生（沉默思考中）：不对。

我：的确，你的行为是不对的，这是事实。同时呢，B同学不想跟你玩耍，你可以问他是什么原因，如果是你的原因，相信你改正了之后，他会愿意跟你玩的。或者呢，你可以跟另外的同学玩，相信你同样也是能收获友情的。你觉得老师说得有道理吗？

生（点头）：有道理。

我：所以呢，整个事情你觉得你自己做错了吗？

生：是的，我做错了……

我：嗯，你是个懂道理的、知错能改的孩子，其实老师知道你非常爱交朋友，如果你能用对方式，相信你的朋友会越来越多。

生：好的，老师。我以后不会这么冲动了，我会改过来的。

我：你应不应该去给另外两个同学道个歉呢？

生：应该，我马上去跟他们说对不起。

**第一阶段辅导效果及反思：**本次谈话结束后，下课时去班里会看到他跟这次打架的同学已经继续一起玩耍了。该生看上去精神状况良好，也表示自己跟同学的关系很好。本阶段的教育内容中，比较值得借鉴的是提升该生责任感的部分。当时该生情绪激动，如果直接问他，他并不会想表达自己。因此，在合理归因之前，引导该生先处理好情绪，那么后面的教育自然水到渠成。

### 第二阶段：正面激励，提升自信心。

上次交流后，该生的状态一直比较好，也能处理好与同学之间的关系，表现比之前有所提高。但是，后来在午托班该生又把别班的一个孩子打伤，脸抓伤得更厉害。加之该生家长一直没时间管孩子，教育方式也比较粗暴。因此，该生情绪越来越不稳定，对待同学的态度也越来越差。因此，阶段二教育方案初步计划通过以上两个方面入手，希望能稳定该生的情绪，提升其抗挫能力与自信心。

为了解该生在家的情况，我与其家长约好时间面谈。

我：孩子妈妈，我看孩子最近在学校又开始打人了，你知道吗？

家长：知道啊，哎呀，每天我都在家里跟他说不要打人，上学进校门之前我也跟他念叨无数遍不要打人不要打人，但是他都不听。

我：我有听一些同学讲过，孩子其实从一年级开始就有这个问题了。

家长：是的，我工作比较忙，之前上一年级的时候是奶奶在带孩子，奶奶老跟他灌输一种不要吃亏的思想，再加上他又喜欢学武术，所以下手比较重。

我：当时奶奶对孩子是比较溺爱的，现在呢？还是奶奶在带吗？

家长：没有了。奶奶已经回老家了，是我本人在带他。

我：嗯，您平时跟孩子交流多吗？

家长：我现在工作也很忙，所以平时就把他放在午托、晚托班里。

我：这么看来，您平时跟孩子的交流并不多，我也能理解您的处境，毕竟现在谁工作都不容易。不过时间不会重来，孩子的成长需要家长的陪伴，这也是我今天来跟您交流的原因。

家长：我明白，自己的确有做得不好的地方，所以也想跟老师沟通一下，看看怎么把孩子教育得更好。

我：平时孩子做错了事，您是怎么教育他的？

家长：听说他在学校犯事，我就非常生气，会骂他，特别生气的时候甚至会揍他。

我：孩子其实是家长的一面镜子，如果您平时容易生气激动，孩子也会产生这样的情绪。您知道吗？其实孩子非常明白事理，上次他跟A同学打架的时候，刚开始情绪非常激动，并不觉得自己做错了，让他冷静了一会儿后，他就能平静地跟我阐述事情的经过了。慢慢地，他知道自己做错了，并且愿意去跟同学道歉。后来的一段时间，他跟同学的关系也处理得非常好。

家长：嗯。我有时候上完班回去非常累了，又听说他不听话，就觉得这孩子不让我省心，火气非常大，就会情绪激动，想想这也是我太冲动了。

我：忍住一时的冲动，效果会更好。其实在班里，孩子非常热心，时常主动地拿起扫把帮忙扫地，帮忙擦黑板，每当我表扬他是个"小雷锋"的时候，他的热情更加高涨了。

家长：嗯。在家里我看到他干家务活也会表扬他，不过感觉没什么效果。

我：是不是您平时批评更多？

家长：是的，以后我会对孩子更细心、耐心一点。

我：期待孩子有所进步。

家长：好，谢谢老师。

本次谈话结束后，我也了解到家长工作繁忙，确实有一点心有余而力不足，而且没有用对方法去教育孩子。跟她交流后，我决定再次与该生谈话。

我：最近又跟别人打架了？

生（低头）：嗯，我错了。

我：你已经知道自己做错了，这说明你认错态度良好，这点老师得表扬你。

生：谢谢老师。

我：但是你最近在班里怎么不太积极了啊？

生：上次跟同学打架妈妈很生气，揍了我一顿，我不太开心。同学们也因为我打架，不跟我玩了。

我：孩子，妈妈平时上班早出晚归，是为了家庭，更是为了你。妈妈下班回家后，希望听到的当然是你得到表扬了呀，然而却听到了你打架的事情，换作是谁都会生气的，你说是吗？

生：是的。

我：当然，我跟你妈妈交流之后，妈妈也觉得自己的方式有些不对，所以她也会慢慢地改变，你可以理解妈妈吗？

生（点头）：能理解，我是做错了。

我：妈妈实际上非常爱你，跟老师说了很多你的优点。

生：太好了，我会继续帮妈妈干家务活的。

我：好孩子。老师希望你不仅在家里表现好，在学校也同样要表现好哦。

生：可是同学们都不爱跟我玩了。

我：你换位思考一下，你愿意跟一个老是打架的小朋友一起玩吗？

生：不愿意。

我：对呀！所以你做到控制自己的情绪、乐于助人的话，哪个小朋友会不喜欢呀！

生：好的，老师，我明白该怎么做了。

**第二阶段辅导效果及反思**：此阶段的教育，主要在于调整学生家长教育学生的方式，以及提高该生的自信心。通过与该生家长面谈发现，该生家长对于该生期望值较高，但是苦于方式不对，期待后续家长的改变。与该生再次面谈后，了解到该生很渴望得到别人的肯定，因此在做错了事情后，家长和同学的反应让他心理受挫，情绪低落。故此，与该生交谈，多从他的优点谈起，增加其自信心，那么期待该生后续的表现。

**辅导结果**：该生现在给人的感觉与以前大不相同。他在班上做事更加积极，与同学关系融洽了很多，更遵守纪律，学习积极性也提高了，成绩有了很大进步。此外，该生家长也表示，该生在家状态良好，令她省心了不少。

**辅导反思**：在长达一年多的跟踪辅导中，可以看到该生从无法控制情绪到情绪平稳冷静，从不认为自己有错到主动承认错误，从不够自信到渐渐自信，变化巨大。本次挫折教育目标达成，成功有效。

● **专家点评**：杨老师引导学生换位思考，并通过举例的方式与学生交流合理表达情绪的方法，联系家长，希望引导家长一起配合学校的工作，纠正孩子的行为。通过两个阶段的心理辅导，孩子情绪较为稳定，并学习了合理表达自己的想法。在这个个案辅导的过程中，调整认知、引导换位思考、教会学生合理表达，这些环节及对应的方法，用得很好。

# 一位单亲家庭学生的转变

**辅导教师**：王日胜

**辅导学生**：孙某某

**辅导时间**：自2019年9月至2020年7月

**辅导背景**：该生就读三年级，父母离异，性格孤僻，缺乏安全感，自卑，与同学难相处，与父亲有心理隔阂。

**学生分析**：该生是一个单亲家庭的孩子，他爸爸重新组建了家庭，他家人对他从小比较溺爱，他性格也比较固执，很难听进别人的建议，脾气十分暴躁，好胜心十分强，容不得别人说他的不是，别人惹了他，他就要动手动脚来解决。但我发现他书写十分工整美观，表现欲特别强，很想得到别人的肯定，而且在班中比较有威信，同学们都很怕他。

## 辅导过程：

### 第一阶段：以爱动其情。

一切真挚的爱，都是建筑在尊敬之上。用爱倾听孩子心底最神秘的声音，才能真正转变学生。于是，我经常找他聊天，至于聊天的内容，与学习一点关系都没有。一开始，他并不愿意搭理我，总是逃避或是抗拒交流。一个星期过去了，两个星期过去了，他还是以抗拒的态度对我。我一直坚持，表达我的友好和对他所有行为的理解：聊家常、送零食、送本子、表扬他字写得工整美观、询问他的睡眠，等等。近一个月以后，他终于对我放下了戒心。有一天，向来闭塞和暴躁的他，竟然主动找我聊天了。

以下是我对该生的心理辅导过程。

生：老师，我总觉得我不受同学们欢迎，是个异类，很难和他们玩在一块，他们不太爱搭理我，看到他们玩得那么开心，我很羡慕，很想找他们玩，可是我觉得很难融入他们中去。

我：你觉得是什么原因让你感到孤单，难以和同学们友好相处的呢？

生（声音低沉，眼睛有些红）：我总觉得同学们都看不起我，排斥和我这样的孩子在一起玩，我感觉在学校里很不自在……

我：你觉得同学们瞧不起你，能具体说说从哪些地方看出来的吗？

生（思考了好一会儿）：我经常感觉周围的同学喜欢看着我，然后在小声议论，我觉得他们肯定是在讲我的坏话或者在谈论我哪里没做好。

我：同学们在小声讨论，并不一定就是在说你哦，也有可能是在说别的话题。你可能想多了，你是不是怕被别人议论你家里的事情，担心给他们笑话或是瞧不起？一旦听到他们谈话里有这些苗头，你就很容易激动发火，暴跳如雷，想动手打人，是这样吗？

生：是的。我控制不住自己。

我：你试过主动去跟同学们交流你的想法吗？

生：我不敢，也不愿意。他们不会理解我的。

我：老师很理解你的心情，也想帮你，谢谢你对老师的信任。如果你愿意，以后有什么事情想告诉老师，老师随时欢迎你，也很乐意听你讲，好吗？

生：好的，谢谢老师。

**第一阶段辅导效果及反思：**自从本次谈话结束后，我就发现他有一点转变，他会时不时地跑过来跟我分享一些他的事，包括父母、同学及课堂，等等。

### 第二阶段：以理导其行。

看到他有所改变，接下来我继续为他创造表现机会，一有进步就表扬他，并经常找他聊天。慢慢地，他变得爱学习了，也愿意参加集体活动。我顺势推荐他做副班长。这种好的状况持续了一个多学期，但他暴躁的脾气还是没办法改。有一次他故意去涂画班上一位女生的写生本，惹得那位女生非常生气，他却幸灾乐祸，我当时批评了他，他不但没意识到自己的错误，反而在班上摔椅子表示抗议。我心里十分生气，但我还是抑制住了，把他叫到一处安静的地方，心平气和地跟他聊天。

我：老师留意到，自从上次和你聊天后，你改了很多，上课积极举手回答问题了，作业能认真完成，课间愿意和同学们一起玩儿。这些都做得不错，老师要表扬你。但是，今天你的做法有点让老师失望了。

刚才还暴跳如雷的该生听到我这样说，低下了头。

我：你想听听老师的想法吗？

生：嗯。

我：每个人都有犯错的时候，如果你的好朋友犯错了却不愿意改，你还愿意继续跟他交朋友吗？

该生想了想，然后摇摇头。

我：你是他的好朋友，你觉得你应该怎么做？

生：我要提醒他，告诉他哪里做得不对，帮他改正错误。

我：是的，好朋友是要互相帮助，互相提醒的。明知道好朋友做错了，也不指出来，不帮忙改正，下次好朋友还会做错，那样岂不害了好朋友，那还是好朋友吗？你说是不是？

生：老师，你说的有道理。

我：如果你指出了好朋友做得不对的地方，而你的好朋友却不接受，也不愿意悔改，你会感觉怎么样？

生：我会有点失望，甚至考虑还要不要和他继续交朋友。

我：就是嘛。今天你的好朋友也看到了你的行为。他们都觉得你今天的做法不对，不应该那样做，希望你能改。如果你做错了却不愿意改，那是不是你的朋友会对你失望，说不定你的好朋友会因此离你而去，你希望那样子吗？

生：不希望。

我：当我们犯错的时候，真正关心我们的，才会指出我们做错的地方。我们只有知道自己哪里做错了，以后才不会继续犯错，对吧？

生（点点头）：嗯。

我：虽然被人指出做错的地方确实不大好受，但是，确实能帮助自己认识到做错的地方，这样自己之后才能做得更好，对吧？现在你觉得可以做点什么吗?

生:老师,我知道错了,我这就去向同学道歉。

经过一番交流,孙同学终于意识到自己的错误,他含着泪说以后会改的,会好好表现给我看的。

**辅导结果:** 接下来的学习和生活,他真的变了个样,学习更加主动积极了,上课特别认真,还积极发言,作业也不用我操心了,学习劲头十足,成绩逐渐上来了。更让我开心的是,他和同学们的相处有了很大的改变,他对待同学比以前温和了,脾气也没那么暴躁了,听到批评的意见也慢慢能控制自己的情绪了,没有随便动手。

**辅导反思:** 问题孩子无论之前如何表现,当他体会到我们是在真诚地帮助他的时候,当他愿意让我们走进他的内心世界的时候,当他把我们老师当成他的好朋友的时候,他就有了改变的意愿。如果我们能激发他内心真诚、善良、美好的一面,他就有变成好孩子的可能。我为他的转变而感到欣慰。

● **专家点评:** 孩子出现心理问题,原因是多方面的,其中家庭原因是重要因素。本案例中,老师非常有爱心和责任心,对孩子不放弃不抛弃,循序渐进,耐心指导,终于取得教育效果。爱心、耐心和责任心真的很重要。

# 小升初不适应的压力

**辅导教师：**马国华

**辅导学生：**冯某

**辅导背景：**该生入学成绩在班级名列前茅。但因没有适应初中学习节奏，班级排名与入学相比有退步。该生与同学和老师互动较少且被动，但是该生又很在意新同学和老师对自己的看法，心理压力较大。

**学生分析：**该生性格相对内向、慢热、被动，刚从小学升入初中，与班里的同学不熟悉，又不敢主动交朋友。见到班主任会躲起来，不敢主动打招呼。她在新班集体里还没有找到归属感和安全感。该生在学习方面有进取心，自我要求较高，但进入初中以来成绩不理想，自信心受挫。父母教育理念不一致，没有给该生提供和谐的家庭学习氛围，也没有帮助该生养成良好的学习习惯。

## 辅导过程：

### 第一阶段：主动适应接纳，找到班级认同感。

我想，她内心对新的人际关系是没有安全感的，需要帮助她建立对同学和老师的信任。于是，我找她谈心。

我：新学期刚开始，不知道你在班里适应得怎么样？

生：还好啊。

我：我上次好像看到你了，但是你没有跟我打招呼，是很害怕我吗？

生：没有啊。

我：你的小组组员还蛮喜欢你的，他们说你的作业写得特别认真。

生（腼腆地笑了）：是吗？

我：是的，老师都说你很踏实。老师知道你跟原来的朋友关系好，同时我也希望你能在自己班交到新朋友，我觉得班里有几个女生真的挺不错。

生：是啊，我也很喜欢那几个女生。

我：你有尝试跟她们说话吗？

生：没有，我不好意思。不知道说什么。

我：她们都挺热情的，你擅长数学，可以主动给她们讲讲题。不要害怕，聊两次就熟悉了。

生：我跟她们说过话，只是还不是很熟。

我：一回生二回熟，我希望你能在班里找到好朋友、好伙伴。相互督促，一起进步。

生：好的。

**第一阶段辅导效果及反思：**在跟学生沟通过程中，发现该生虽然腼腆、内向，但内心还是渴望班主任和同学的认可的。她也在主动与同学相处，只是因为慢热，所以交朋友的过程有点慢。但我相信，在老师的引导和鼓励下，她能够较快地适应新集体，增加对老师和同学的信任。

**第二阶段：搭建沟通桥梁，纠正认知偏差。**

第一步：从该生角度了解到学生与妈妈的矛盾根源，沟通化解。

我：我听妈妈说你晚上写作业经常熬夜。

该生流眼泪。

我：怎么了，怎么哭了呢？

生：我妈妈对我不好，她不喜欢我，她喜欢我弟弟。妈妈带我和弟弟买零食，分零食时候会给我弟弟多一点，分给我的少。

我：是吗？这不合适啊，两个人应该一样多，是吧！

生：我妈妈很少表扬我，她和爸爸吵架，就说离婚的话要弟弟不要我。

我：妈妈当时很生气吧，她说的会不会是气话？我听说你作文里写了生日也没有收到生日礼物，很委屈吧。

生：嗯，她就是更爱我弟弟。

我：我刚问了妈妈，她说当时买了蛋糕，你记得吗？妈妈没有说是给你买的，但其实就是给你生日准备的。我看妈妈给我解释的时候挺着急的，她之前给我说你睡觉晚，很担心你的健康呢。

生：是有买蛋糕。她说她不进班级群，说我到了初中都由爸爸管，她只管弟弟。

我：这样啊，那我要好好了解情况。咱们班教室后面的这个优秀作业展览墙上需要挂上优秀作业，你做事细致，你能帮我整整齐齐地挂好吗？

生：能！

我：我刚跟你妈妈好好聊了聊。妈妈真的挺关心你的，她可能是表达没有到位，所以让你误解了。你到了初中是需要适应这个快节奏的，妈妈希望你快点适应，可能给你的压力有点大了。她刚说那都是气话，她不可能不管你，她还说晚上要来接你。

生：嗯。

我：其实妈妈工作时候也会遇到一些困难和挫折，妈妈只能自己消化，她有时候脾气急躁，会不会是她的压力太大了呢？她又要工作，又要顾家，每天早上、中午还要给你和弟弟做饭，下班后要看着你们学习。老师觉得妈妈好辛苦啊，妈妈真的挺伟大的。你想，妈妈有时候着急跟你发脾气，是不是情绪没有控制住？你有时候故意跟妈妈对着干，是不是也没有控制住情绪呢？如果你这时候能控制住情绪跟妈妈说一句"妈妈你别急，你说的我都知道了"，我相信妈妈一定会很欣慰的。

该生点点头。

第二步：从妈妈角度了解到妈妈的教育理念和方式。

该生妈妈：老师您好，我们没有把孩子教育好，没有把她的习惯养成好，给您添麻烦了。

我：你好！跟孩子沟通需要一些教育方法，特别是对初中生。我觉得是要静下心来好好跟孩子沟通的。她的观点不会一次就改变，是需要腾出一点时间沟通的。这是我的建议。

该生妈妈：是的。

我：可不可以看到孩子身上的优点，适当表扬一下，让她看到你的肯定？

她上次在我这里做卷子，对自己的分数不满意，重新做了六七遍。

该生妈妈：她爸爸出差了，她还比较听话一点。

我：到了初中，身边优秀学生很多，她应该也是有压力的。现在嘴硬，不愿意说自己有压力，她是一个要强的孩子。

该生妈妈：是的，她是一个要强的孩子，她每天就想把作业写得全对。不管多晚她都要完成。

我：是，这孩子现在学业上受到了一定打击。她需要别人的支持、帮助，她想拿回自己的名次。

该生妈妈：我就是恨我自己没有时间陪伴她。她老爸不给我一分钱，如果我丢了工作，我就没办法养他们。

我：你的困难你跟她说过吗？

该生妈妈：是的，她刚开始进去是第一名，她就想争取第一名，但是我想到她每天那么晚睡觉，身体要紧，如果她把时间安排好一点，她成绩也会好一点。

我：嗯，可以通过聊天的方式，比如妈妈心疼你之类的话。

该生妈妈：她写的作文，我看了，就是说她生日没有人给她送礼物，其实我只是没有告诉她，我还是给她买了蛋糕。

我：您对她的爱可以多用语言表达，可以对她说"专门给你买了蛋糕"。

该生妈妈：我在超市订了一个没有奶油的，然后我就买了一个小的，上面有奶油。我只是没有告诉她，是特意给她买的。

我：可以跟孩子表达你的爱和关心，还有你的难处。我想她会试着理解的。

该生妈妈：她可能知道我们大人的关系不好，她心里有压力，然后她总是想着我是对弟弟好。

我：内心在意你，才会因为弟弟的事情伤心吧。

该生妈妈：我平时带他俩出去玩，我问她心里是怎么想的，她一般不会告诉我实话。

我：做父母比较难。父母是孩子最重要的老师，也要注意控制自己的情绪。

该生妈妈：她在家里写的作文一般都不让我看，我想写一封信和她沟通，可我这周末要加两天班，没时间好好构思信的内容。请您给我一点建议吧，我写哪些内容，才会让她知道我是爱她的。

我：把一些具体的细节写下来，就是你的心理过程。还有你默默地为孩子做了那么多，有时候要明确地表达您对孩子的感情。

该生妈妈：好的，辛苦您！我以后也尽量控制我的情绪，可能是我自己身体也有一些小毛病，听医生说有甲状腺疾病的人脾气不好。让老师们操心了，我以后多抽时间陪陪她。

我：是的，你们的关系正常了，对你的身体也好。

第三步：了解学生爸爸的教育理念和方式。

该生爸爸：老师打搅了，孩子开学这几天，彩排不算，每天都是晚上七点多到家，要去接她，还以各种借口不让接。写作业时，以不会为借口索要手机搜索答案，其实就是想玩手机。有次半夜一点多被她妈妈逮到，我们才知道。换新学校，她的思想变化很大，她有个优点是很听老师的话，但是在家油盐不进。所以麻烦您做一下她的思想工作（小小年纪，顶着两个黑眼圈，她妈妈很着急）。她的学习我们其实不怎么操心，她到哪里基本上都是优等生。

我：现在刚开学确实事情非常多，请见谅。她还是比较乖的，所以我没发现这个问题。感谢您跟我反映这一点，我会找她谈话。

该生爸爸：她在学校乖，所有老师都是这个评价，但是在家说什么都不听，我们的家教很失败。谢谢老师了，才开学，老师都很辛苦。她每天都很晚才到家，并且不要我们去接，作业也是写到很晚，晚上12点前没有睡过觉。

我：我们作业没有那么多，晚上10点前能写完。您可以跟她沟通一下，是不是作业开始写的时间有点晚，或者写作业的时候玩手机了。

该生爸爸：我看她一直在写作业，但是每天就是会写到很晚，还有很多题不会做，只能让她用手机搜索答案。

我：您问一下她大概是什么科目不会。

该生爸爸：我问了，她说就是个别题不会，老是纠结耽误时间。而且她做作业前面很悠哉，到后面时间晚了就"百米冲刺"。这段时间我一直陪着她，我都感觉非常疲惫，不知道她白天上课怎么集中注意力。

我：今晚10点钟我跟你联系，了解她作业完成情况。

我：现在作业完成得怎么样呢？

该生爸爸：现在全部完成了，道法一道题纠结了半小时，整个道法做题加背诵一个小时。她不知道是缺乏自信还是追求极致，明显是对了也要确认才放心，其实就是睡眠不足注意力不集中。

我：好的，今天的情况我了解了，感谢您告诉我这些。明天我找时间跟孩子谈一下。

该生爸爸：老师，孩子做作业到这个时候，还没有洗澡，平时基本上很少晚上12点前睡觉，她的记忆力越来越差，我建议停掉她的一切班委活动，她没有这个能力。

我：您好，她是学习委员，负责的事情不是很多。我们一般6点半放学，作业也并没有过量，写到半夜有点夸张了，是不是写作业的方法有问题呢？能不能提高效率？班委的人选，我会根据她的表现来定要不要换人。我刚问了几个班级前十名的孩子，很多都是十点前写完的。

该生爸爸：学委的事作为家长去干涉，有点冲动了，睡了一觉醒来看她还在做作业，既生气又心疼，只要她保证作业在10点半前完成，我也不去管她，她其实能够做到，就是习惯拖拉。

我：我早上特意问了几位学生，我们的作业确实没有问题。我问了其他班级的情况，学到这么晚的是没有的。基本上都是10点半就睡觉了。我给您的建议是：给孩子定好到家时间；陪孩子安排好每科的时间；规定10点前必须写完作业，没写完就收起来，10点半必须上床睡觉。

第四步：阶段性再沟通，强化效果。

我：您好。很久没有跟您了解孩子的情况了，她最近在学校表现挺好的，不知道在家里怎么样呢？

该生妈妈：马老师您好，她比以前好多了。这段时间基本上都不跟我顶嘴，作业比以前也要完成得早。

我：表现得不错。

该生妈妈：谢谢老师们的辛苦栽培，真心地跟您说声谢谢！

我：孩子最近表现不错，感觉她心情也挺好的。

该生妈妈：上次您和我讲的话，我都记在心里了。她是一个要强的孩子，以前在老家没学过英语，到四年级才开始学，如今成绩是全班第一，非常难得。只要我们在背后默默支持她，老师精心教导她，我相信她以后会越来越好，千言万语化为一句话，还是要感谢老师！

我：看到您的反馈，心里真的很感动。孩子很优秀，我们都是爱孩子的，也希望陪着她一起优秀。这孩子要强，希望得到老师的关注，接下来我会给她更多展现自我的机会，相信她会越来越好。

该生妈妈：她很喜欢您，也很喜欢每位老师。只要孩子喜欢老师，孩子的成绩就绝对差不了。她心里有一个目标就是能让老师满意、开心，不管怎么困难，她都会想方设法地达到自己的目标。

我：这孩子是需要肯定的，我觉得她在班里表现不错，希望她继续保持。

该生妈妈：她其他方面都表现得挺不错，我们家长却有好多需要改善的地方，如果父母的思想一致，家庭和谐，孩子会更优秀！

**第二阶段辅导效果及反思：**该生很要强，她非常希望得到老师的关注和肯定。经过和该生及该生的父母谈话，我意识到即使是班级优生，在刚进入初中时也会遇到适应不了的情况。如果家长和孩子沟通不良，反而会起到反作用。作为班主任，要密切关注学生在人际交往和学习适应方面存在的问题，增强学生的班级认同感和集体意识，及时引导学生建立良好的作息习惯。

**辅导结果：**该生妈妈反馈，孩子作息习惯有所改善。在班级里，该生笑容明显增多，课间也会跟小伙伴聊天，主动跟老师问好。

**辅导反思：**通过此案例，认识到老师在给学生辅导时，非常有必要给家长提供一些与孩子沟通方面的技巧与注意事项。到初中了，一些学生开始有自己的想法，如果家长还是按照小学那种强压的方式教育孩子，可能会适得其反。这时候就需要家长学习控制自己的情绪，冷静地与孩子沟通。如果有学生对父母不理解，甚至通过对着干的方式抗议，老师需要及时协调，解开学生的心结，帮助学生顺利度过过渡期。

● **专家点评**：当老师真不容易啊，不仅要给学生传授知识，关注孩子的全面发展和心理健康，同时还要关注家长，引导教育出现偏差的家长调整教育方法。对于初一学生来说，适应问题是容易出现心理问题的一个角度，小学到初中的转变，环境和学科都发生了很大的变化，有一些适应能力不够强的学生确实会出现这样或那样不适应的表现。父母焦虑，父母之间的教育观念不一致，同样会给学生带来更多的困扰。马老师深入细致地了解到该个案家庭的情况，并且从不同角度引导他们，取得了良好的效果。学生的心理问题，更多要从家庭环境寻找原因。

# 一个经常"拉肚子"的学生

**辅导教师**：余文娟

**辅导学生**：蒋某

**辅导背景**：该生表现良好，成绩在班上属于中等偏下水平。有次因生病请假，爸妈轮流请假在家照顾并监督其上网课。该生回到学校后开始上课不做笔记，回家不写作业，对学习明显丧失兴趣，并不断借口身体不舒服课间上厕所，然后请假不来学校。每次没有完成作业，对于老师的催促也不以为然。

**学生分析**：该生的性格较为内向，在班上人缘一般，一直以来肠胃不是很好。在校比较尊敬老师，虽然偶尔调皮捣蛋、上课也有分心说小话的时候，但是基本上能认真听讲做笔记，按时完成各科作业。该生喜欢凑热闹，心智不是很成熟，爱玩闹、打游戏和看电视。

## 辅导过程：

上学期，该生在上课时间总是有呕吐感、头晕并拉肚子要频繁上厕所，家长接孩子去医院做检查，病好之后再返校。过几天，家长跟我说：老师，医生说没什么问题，就是最近肠胃不好，开了止泻药，这几天都吃得很清淡，已经不拉肚子了，可以返校上课了。可该生来学校后没过一天，又在上课时举手要上厕所，并说又开始拉肚子了。校医跟我说，让家长接回去，不然在这边都要虚脱了。如此反反复复四五次，断断续续请假半个多月，这段时间的功课几乎都落下了，即使上课也总是走神，作业完成情况更是惨不忍睹。我很担心，就把这个情况跟另一位更有经验的老师说了。她提醒我，这孩子后面是不是在故意装病，借口请假回家，就可以不学习不写作业了？如果这样，那他可能已产生了比较强烈的厌学情绪。我意识到这种可能性比较大，他有可能是由心理上的抗拒上学反映到生理上，如果不了解他内心真正在想什么，那他这个学期后面也没法好好学习了。

第二天上课，他果然又举手报告肚子不舒服想呕吐，我不想耽误整个班级上课，照例让他去了校医室。下课他又拿着请假条来办公室找我签字。此时我心中已经有了怀疑。

我：你是真的肚子不舒服吗？你不是已经吃过药了吗？

生（一直捂着肚子）：是真的不舒服，刚刚又拉了还感觉有点头晕。

我：医生说了什么？

生：医生说没什么问题。

我：你这样总是请假不上学也不是办法，你都落下不少功课了。

他尴尬地笑了几声。

我：你在家除了休息一般都在干吗呢？

生：一般是睡觉，看点课外书，爸爸会让我上网课，然后看一会儿电视。

我：都上什么网课，每科都上吗？

生（支支吾吾）：不是，只有数学和英语。

我：我怎么也不见你写作业，群里的作业你没看到吗？

生：我没手机。

我：你是不是刚好也不想写？你明知道班群里有作业呀？

他又尴尬地笑了笑，没有说话。我打电话给他爸爸，告诉他孩子又不舒服了，校医让接回家休息。他家长声音听起来也很无奈，说他下午请不到假，这次只能让妈妈请假照顾他。我告知其家长，他有可能是因为之前真正生病回家后，习惯了在家没有学习压力的生活，后面就总想借身体不适回家待着，希望家长跟孩子多沟通沟通，试试做下孩子的思想工作。

我：你妈妈等下请假来接你回家，下午也在家陪你。

他嘀咕了一句：那我还不如来学校呢。

我顿时觉得这句话很有问题，莫非他"装病"另有原因？

我：你这话是什么意思？你不喜欢你妈妈吗？

他低下了头没说话，我也就没追问。第二天下午他爸爸打电话说孩子确实有点因为不想去学校，才说身体不舒服，再加上前面落下的课程有点跟不上，导致其即使回学校也无法专心听讲。家长希望老师在学业方面不要给其太大压力，多鼓励孩子，孩子也答应会努力跟上。第二天孩子乖乖来上学了，上课愿意拿起笔来做笔记。作业虽然会写，不过完成得也马马虎虎。我觉得可能确实需要给孩子一点时间，让他调整过来。但没想到周一他又跑来办公室，和我说自己肋骨那里痛。

我：什么时候开始的？

生：就今天上午开始。

我：是不是被什么撞到了？

生：没有，我今天都在座位上，什么都没做。

我：那怎么办，你去校医室看过了吗？

生：看过了，校医说让我去医院拍片。

啊，原来重点是在这儿，要请假回家。我当时十分怀疑他是在撒谎，语气开始严厉起来：你确定很痛吗？完全不能上课了？能坚持吗？

他可能心虚了，一边做出非常疼痛的表情，弯腰用手捂着肚子和肋骨那一块，弯到整个脑袋都吊到胸前了，一边说：我也不知道。我十分无奈，只得再次拨通他爸爸的电话，并且想当面跟他聊一聊孩子的情况。但是，在电话里我得知了一件特别重大的事情，周末在家由于孩子没有写完作业，他爸爸一时情急动手打了他。他因为生气故意偷吃老鼠药，后来送到医院洗胃。

我问他：你周末在家干啥了？

生：没干啥。

我：你确定？我可听说你在家因为没完成作业，你妈妈打你了。

他不好意思点了点头。

我：那你接下来干吗了？

生：我就把作业写完了，到很晚才睡。

我：你是不是偷偷做伤害自己的事了？

他还是不愿说。我只好直接戳破他。

生（极不情愿）：他（孩子爸爸）怎么连这都说。

我意识到孩子其实很害怕这件事被其他同学知道，被人嘲笑。我立马安慰道：你放心，这件事老师绝对不会让其他人知道。但你得知道生命是很宝贵的，每个人都只能活一次，你就不想等你长大了去见识更大的世界吗？他不说话。

我：你家里有兄弟姊妹吗？

生：我有一个姐姐。

我：那你跟爸爸妈妈谁的关系更好？

生：跟爸爸。

我：为什么呢？

生：妈妈喜欢管我，逼我学习，很烦她，每次她让我学习我就更加不想学了。

我：那你爸爸呢，完全不会管你吗？

生：也不是，我之前生病在家，我爸爸会给我布置一些作业，写完了就可以做自己想做的事情。

听完后，想到上次孩子请假，妈妈回家照顾他时不情愿的样子，我觉得孩子厌学有可能跟妈妈有很大的关系。从刚刚孩子不愿告诉我周末在家发生的事，可以看出他此时已经有自己的主见了，独立意识和自我意识逐渐增强。

我接着问：你上次没有写完作业，你妈妈就打你了？

生：也不完全是，主要是写一半就下楼去玩，我妈很生气才打了我。

我：你当时什么感觉？

生：我觉得妈妈一点都不爱我。

我：真的吗？你现在仔细想想，从小到大，如果你没有犯错的话，妈妈对你怎么样？

生：对我还是挺好的。

我：那你还觉得她不爱你吗？

生：我觉得有时候不爱。

我想这个孩子还是挺懂事的，他明白自己挨打，是因为自己有错在先。我告诉他，你想想你妈妈为了你，专门请假回家照顾你，催你写作业是为什么？他不说话。我觉得孩子是隐隐约约知道父母的爱的，只是可能家长的行为，让孩子有时候怀疑了。

我决定跟他妈妈沟通下，对方告诉我，有时候确实太着急了，他比以前叛逆了好多，在家总跟家长吵，不让家长管他。我知道有二胎的家庭，父母对待不同孩子的态度，也会对孩子的心理造成影响。我问他妈妈，平时他跟他姐姐在家关系怎么样。家长说，他姐姐比他听话多了，我常常让他向他姐姐多学习。前段时间他太不听话了，我为了激励他，故意带他们去逛街，给他姐姐买新衣服不给他买。怪不得！本来妈妈严厉地打骂，就让孩子怀疑妈妈不爱自己了，现在妈妈还对姐弟区别对待。我告诉孩子妈妈，这个年龄的孩子已经进入青春期早期，开始叛逆了，所以家长需要注意自己的言行。他希望大人们能够尊重自己的想法，并多听听自己的想法，他就不会专门跟家长作对，甚至用厌学这样的行为来故意惹家长生气了。

第二天一早，他爸爸就打来电话，说昨晚好好跟孩子聊了，以后作为父母在跟孩子交流时也会注意自己的言行，控制好自己的情绪。我来到班上，看他正在专心读书，我把他喊出来。

我：今天肋骨还疼吗？

生：不疼了。

我：接下来还会疼吗？

生（低头小声）：不会了。

**辅导结果：**接下来几天，他确实没有以身体不舒服为借口请假。但是从科任老师那得知，他上课的状态还是不怎么好。如果继续这样下去，他以后对自己的学习会更加没有信心。于是我跟其他科任老师商量了，各科老师每天给他另外布置作业。期中考试，他的成绩不仅没有退步还有一点进步。我在班会上好好表扬了他，他不好意思地低下了头。后面他在课上越来越认真，经常主动举手回答问题。

● **专家点评：**该个案表现出心理问题躯体化的明显症状。余老师是个有心人，从观察者和引导帮助者的角度，分析出该生拉肚子背后的心理原因。"问题"孩子心理问题的产生，往往与成长环境和教养方式有密切的关系。余老师与家长联系，并在与家长的沟通交流中找到了孩子产生躯体症状的原因，给家长合理的家庭指导，思路清晰、方法得当。

第 3 卷

人际交往

# 小一新生入学角色适应研究

**辅导教师：**邴爽

**辅导学生：**韩某

**辅导背景：**开学第一天新生报到时，该生就表现出区别于其他同学的行为表现：不舍得离开母亲，一直在教室里哭闹。老师和家长数次安抚后，该生才勉强留在教室。但该生虽身在教室，却不能遵守纪律，出现敲桌子、大声唱歌等现象。开学典礼结束后，在该生家长和老师沟通的时候，该生表现得很不耐烦，用打滚等方式阻挠，家长制止后，该生出现直接伸手打其母亲等现象。在接下来的学习过程中，该生在课堂上，注意力不够集中，经常分心，做事较拖沓。

**学生分析：**该生性格开朗、活泼好动、心性单纯、重视家人。但因身体肥胖，所以内心敏感多疑，极度缺乏安全感，对于自己的情绪情感没有充分认识，不能很好地控制自己情绪，容易焦虑，严重时会将负面情绪发泄到其他同学身上。

## 辅导过程：

### 第一阶段：心理建设，合理认识，区别对待。

小学一年级作为学生接受正规学校教育的初始阶段，是学生开始学业生涯的关键期。学生能否适应角色转变，适应新的学习生活，在一定程度上直接影响着学生对于自己学业生涯的态度和期望。所以对于该阶段的学生，作为教师更应给予关注和重视，合理引导，帮助学生迈好关键期的第一步，协助学生克服角色转变过程中的遇到的挫折。经过开学一周的观察，我发现该生活泼好动，学习没有主动性，没有养成良好的行为规范和学习习惯。同时该生入学后，有焦虑不安、哭闹不止等现象，需要教师特别关注。于是我私下找到该生，与其沟通。

以下是我对该生心理辅导的过程。

我：来学校一周，你觉得学校生活怎么样？

生：还可以吧。

我：听你的口气好像不是很满意？你觉得哪里不满意呢？

生：课间时间有点短，我和小伙伴还没玩够就得回教室了。

我：看来你在这么短的时间内就交到了好朋友，说明你是个大家喜欢的孩子呀！其实老师想要表扬一下你，你从刚开学时哭鼻子到现在可以和小伙伴们一起玩，你的进步好大呀！你有没有发现？

该生受到表扬有些不好意思，但是脸上表情没有刚刚沟通时紧张了，说明该生已经逐渐放下了心理防备。

我：你觉得什么样的孩子大家都会喜欢呢？

生：听话、懂事的孩子。

我：你觉得你是听话、懂事的孩子吗？

该生低下头。

我：老师相信你也想成为大家都喜欢的好孩子，只是你还不懂如何去做，老师来帮助你，我们一起努力看看，好不好？

生：好！

我：我们既然已经成为一名光荣的小学生，就说明我们已经长大了，不再是小宝贝了。既然已经长大，就要开始学本领，就像绘本故事《狮子王》中的小狮子，慢慢长大，开始学习捕猎。那我们也要像小狮子一样，学一些本领，才能变得强大。

生：我也要变强大！

我：老师相信你，小狮子在成长过程中要学捕猎，你觉得我们需要学什么呢？

生：我们需要学习知识。妈妈说只有多学知识才能有出息。

我：你是一个记忆力很好的孩子，妈妈说过的话你都记得。我相信以你这么棒的记忆力，只要集中注意力听课，肯定能记住很多很有趣的知识。你还记得我们课上都讲过哪些有趣的知识吗？

生：我记得老师讲过《乌鸦喝水》，那是一只聪明的乌鸦。

我：你总结得很好。老师相信你，只要你认真学习、听讲，多动脑、多思考，你会像这只聪明的乌鸦一样，遇到困难会找到解决问题的好办法。

生：我知道了，老师。我会认真听课的。

**第一阶段辅导效果及反思：**本次谈话结束后，该生在课堂上的表现有所改善。虽然在课堂上偶尔还会分心，但大部分时间都能跟上老师的教学思路，积极思考、认真配合。

本阶段教育活动中，教师比较成功地运用了积极心理学的教育手段，拉近了与学生之间的距离，降低了心理戒备，为下一阶段的工作打下了良好基础。同时，这种正向鼓励也对该生身心健康的发展起到了积极作用。

### 第二阶段：目标分解，小步快跑，分步解决。

经历了第一阶段的教育和访谈，该生行为得到了一定改善，对教师的要求和指导的接纳性不断增强，但还存在情绪易激动、纪律性较差、服从性有待提高等问题。结合该生平时表现和家长反映情况，该生亟须树立自信心。每次违反纪律或未完成作业时能清楚地感受到其存在内疚和不安的情绪，说明其主观上是想做一名好学生的，该生极度需要别人的认可。但此时不能一味地鼓励和表扬，要帮助其在学习、纪律、亲子关系等方面得到真实进步，再予以正确引导，促其形成良性循环。我与该生再次谈话，并为其制定了"重拾信心"的小方案。

以下是我对该生心理辅导的过程。

我：最近表现不错，学习和纪律上都有很大进步，值得表扬。

生：真的吗！老师，我有进步吗？（由此可见该生极度渴望他人的认可和表扬）

我：进步是有的，但还有一些问题需要改正，你愿意和老师以及爸爸妈妈一起把这些问题都改正，变成一个优秀的小学生吗？

生：我，我，愿意，可是……我……

我：不要怕，爸爸妈妈和老师会支持你，和你一起进步。

生：好。

我：这里有三朵小红花，需要你在未来三周内做好三件事情，一是上课认认真真听讲，不能再被任何老师批评；二是要和其他同学好好相处，不能再打架、吵架；三是在家里要听爸爸妈妈的话。每当你完成一个任务，老师就会送你一朵小红花，并表扬你一次，三朵都凑齐，老师就在全班同学和你的家长面前表扬你，你觉得怎么样呢？

生（眼睛瞪得大大的，完全没有了刚才困难的神情）：一言为定！

**第二阶段辅导效果及反思：**针对该生的具体问题，我将其亟须改善的学习习惯、同学关系和亲子关系的问题进一步具体化，设立具体目标和阶段目标，让问题的解决看起来不再是那么遥不可及，给了该生自我改变的动力和信心。三周过后，该生改变很大，课堂上的纪律性有了大幅提升，阶段测验成绩也远远高于之前；偶尔还会和同学发生冲突，但能看出其在极力克制，在教师的鼓励下也能够主动帮助同学，在同学眼中也慢慢有了不错的形象；亲子关系也有所改善，父母管教该生时，该生虽心中不悦，但对父母的态度比之前好了许多，能较为平静地接受父母的教育和批评。

结合21天习惯养成，该生的变化还是比较明显的，他分别收到来自教师、同学和家长送的三朵小红花。我也在主题班会上表扬了该生。下一阶段要合理引导其认知养成，实现从"要我做"到"我要做"的质的改变。

### 第三阶段：合理引导，控制情绪，认知内化。

在上一阶段中，该生的学习习惯、同学关系和亲子关系有了很大改善，下一步就是再接再厉将这些难得养成的好习惯内化，形成其自身固有认知，在内心根本上认同一个好学生的自我形象。同时，我发现其自我情绪控制方面做得还不够好。对此，我再一次和他谈话。

我：最近一个月你做得非常棒，其他老师、同学还有你的父母都在我这里猛劲儿地夸你呢。

生：真的吗老师！他们夸我什么了呀？（由此再一次看出其对他人认可的强烈渴望）

我：老师说你学习有了很大进步，上课也不捣乱了；同学们说你现在是个"小热心肠"，愿意帮助人，听说你还帮助别的班的同学倒垃圾、抬水桶了呢！爸爸妈妈也夸你懂事了。

生：嘿嘿，他们力气太小了，我就帮帮他们。

我：你是个乐于助人的小朋友，大家都夸你，高兴吗？

生（兴奋得小脸通红）：高兴啊！我现在是班里的小明星，他们都知道您表扬了我。

我：现在21天已经过去了，我们约定也实现了，你得到了三朵小红花和老师的表扬，以后你要怎么做呢？

生：老师，爸爸妈妈和我说了，我一直这样做下去，慢慢就能成为一个好学生，一个人人喜欢的好学生。

我：你真棒！老师相信你、同学们相信你，爸爸妈妈更相信你，你一定会成为一个优秀的学生。但老师也发现了，你还有一个小问题，有时候你会和班里的同学发脾气，是吗？

生：老师，我也不是真生气，有时候他们不和我一起玩，或者不听我说话，我就……我就想和他们喊，我……我不是有意的。（该生有些懊恼和羞愧地低下了头）

我：老师明白，每个人都有自己表达情绪的方式和方法，老师今天就交给你控制情绪的一点小技巧，你愿意学习吗？

生：我愿意。

我结合行为主义学派的系统脱敏疗法，首先让其列举几个想要发火的情景，并按愤怒等级排序，由高到低分别是：同学推搡、被老师在同学面前批评、被无视、同学嘲弄、被老师单独批评。我教给该生"深呼吸—想象"放松训练。

我：好的，现在闭上你的眼睛，做两次深呼吸，想象一下，现在老师把你叫到办公室批评你，感受一下你的不开心、生气。

生：我一点都不高兴，不舒服。

我：好的，保持这种感觉，现在跟着老师的话想象（放松指导语），同时深呼吸。（记录深呼吸次数）

通过数次训练，该生逐渐降低其不良情绪持续时间和消退次数。我将此方法教给其父母，帮助该生在家中练习，以提升其情绪控制能力。

**辅导结果**：通过三个阶段的教育和引导，该生自卑的情况有了明显改善。通过一次次阶段性的成功和及时正向反馈，该生慢慢地树立了自信心。一段时间后，该生情绪自控能力得到了改善，他还将这种方法教给了其他小伙伴，被同学们亲切地称为"小小心理学家"。

**辅导反思**：本次挫折教育案例，分别应用合理共情建立良好的沟通关系，家校结合、分解目标，使用积极心理学技巧提高其自信心，从认知层面构建"我要成为好学生"的主观思想，快速、根本地解决问题。最后利用行为主义学派知识，教给其解决情绪困扰的方法，帮助其自主控制自己的情绪，整体教育目标达成，效果良好。

● **专家点评**：幼小衔接是一个大家都关注的问题。幼儿园和学校有着较大差异，有一些小学和幼儿园建立了幼小衔接的工作指引，对幼儿园儿童从身心、生活、社会和学习准备四个方面引导，使小朋友产生对小学生活的积极期待和向往，让他们能尽快适应小学生活。郡老师这个个案的辅导过程体现了这一点。建议桥头学校提前开展这项工作，提高一年级学生入学适应能力。

# 一名留守儿童的蜕变

**辅导教师：**张仙云

**辅导学生：**何某

**辅导背景：**该生小时候父母就来深务工，将他留在老家，很少与孩子联系。这两年条件好转，把孩子接到深圳。可因长期的分离，孩子与父母感情疏离，再加上换了学习环境，学业上也难以适应。特别是英语，来深后几乎是从零开始，老家的尖子生现在却成了后进生，落差非常大。疏离的亲子关系，陌生的人际环境，不顺的学业状态，使得该生有了严重的挫败感，甚至萌发回老家读书的念头。

**学生分析：**该生性格内向，情感细腻敏感，与人交往主动性不够，无要好的朋友。但内心渴望友情，渴望被认同，渴望归属感，于是处于焦灼状态。

## 辅导过程：

### 第一阶段：接受现实，找到集体归属感。

该生平时沉默，显得有点孤僻。一次，该生在午休的时候吵闹，他们提醒该生，该生反倒说，关你什么事！这些天已经听到好多次同学对他的投诉了。故第一阶段的教育内容重点在于引导学生和同学交往，让该生找到集体归属感。

以下是我对该生的心理辅导过程。

我：听同学说，你午休的时候有些吵闹，他们提醒你，但是你没有听他们劝说，是吗？

生（点头）：嗯……

我：为什么午休不休息呢？

生：是别人打扰我的。

我：我了解清楚了，确实是有人在你之前破坏了纪律，可是你回答班干部，说不是他们的事情，但是没有和他们解释，是为什么呢？

生：他们平时就没有给过我好脸色。

我：你看到他们的神情，听到他们说的话，你的感受是什么呢？

生：我感觉他们在针对我。

我：你的感受，老师知道了。你在班上有交到新朋友吗？

生：没有，一个人都不认识。

我：你刚刚来到一个陌生的环境，是不是感觉和他们交往有些困难呢？

生：是的，他们都很熟了，在一起玩，可是没有人找我玩。

我：看到他们一起玩，不好意思加入进去，是有些什么担心吗？

生：我怕他们不理我。

我：老师明白了你的担心，我也发现，班级里有不少小团体，他们聚在一起，气氛很热烈，但其他人加不进去，我会在班会上告诉大家，要欢迎新人加入讨论，欢迎新成员是团体里已经有的成员的责任，团体里的人需要学会和新人交往。

生：他们会不会以为我说了什么呢？

我：不会的，这是班上所有小团体都要注意的问题，不仅仅是你，所有的小朋友都需要在不同的朋友圈里玩耍、学习，你还有什么担心的吗？

生：我不知道和他们说什么。

我：你是不是担心你说的话他们不感兴趣呢？

生：嗯嗯。

我：老师给你几个小建议吧。第一，和你感兴趣的同学说话，你不一定要说出所有人都喜欢的话，但是你可以先交一两个朋友，这样你就不会孤单了；第二，如果你怕自己说不上话，可以告诉他们你很想和他们做朋友，可是不知道他们对什么感兴趣，能不能加入他们，或者你就认真地听他们说话，听到他们说得好的地方，就赞同他们；第三，记住同学的名字，看到同学的时候友好地打个招呼，和他们说说话。

生：好的，老师。

第一阶段辅导效果及反思：本次谈话结束后，我在班会上和同学们提到了要扩大自己圈子的范围，邀请朋友加入。看到该生渐渐融入不同的小团体中，我也和班干部说明了该如何管理班级同学，如何和同学沟通。据该生反映，他和班干部的关系还不错。班级同学也不再提该生问题了。本阶段的教育内容中，做得不错的地方是不仅教给该生交朋友的技巧，还关注到了班级的小团体相互隔离的问题，需要转变班集体成员对待新成员的认知和行为，主动邀请而非观望。

## 第二阶段：提高成绩，获得学业成就感。

上次教育辅导后，该生在班级中的表现更好了，学习也更积极，但由于之前没有学过英语，基础薄弱，出现畏难情绪，因而心情低落，也使得他的总体成绩不佳，希望能够提升学生的抗挫折能力和英语学习的动力。

以下是我对该生的心理辅导过程。

我：听说你英语基础不太好，以前没有学过英语。

生：是的。

我：嗯，那是不是感觉英语特别难呀？

生：是啊，句子不知道怎么读，单词也不认识。

我：老师理解你遇到的困难，我发现你的语文和数学都不错，所以只要英语成绩提上来了，你就可以进步很多，而且学习所有科目都会更有激情。

生（点了点头）：嗯嗯。

我：你遇到问题，就压在心里，这样会遇到更多的麻烦。同学和老师不知道你的困难，可能还以为你学习不认真呢。

生：是的，英语老师说我偷懒。

我：所以说，你的害怕给你带来了麻烦。

生（点了点头）：是的。

我：老师知道你的困难，过去没有学习英语对你来说是个劣势。问题本身不是问题，如何面对问题、应对问题才是大问题。你接下来想怎么面对问题呢？

生：问同学单词怎么读，回家多记单词，问问英语老师怎么学英语。

我：太棒了，你想到这么多的办法来面对问题，老师为你骄傲。所以不要害怕哦，其实，很多同学刚学英语的时候也不会读，你只是出发得晚了一些，老师期待你后来居上，成为同学眼中的进步达人，好不好？

生（笑着说）：好！

我：英语只是一门新的科目，你能学好语文和数学，当然也能学好英语。你只需要调整好自己的心态，不要害怕，课后多补补英语。

生：嗯嗯。

**第二阶段辅导效果及反思：**此阶段的教育，主要是帮助学生勇敢面对学习中的短板。其实，很多时候学生放弃学习，不是因为没有天赋和能力，而是因为缺乏学习动机。对困难的恐惧、缺乏鼓励和支持、自我效能感不足都会降低学习动机。本次辅导帮助学生看到资源（寻求同学和老师的支持），想象学习成功的情景（获得进步）。我们老师对学生的支持和鼓励，是学生学习时的强大外部动机，能够帮助学生迎难而上。英语老师反馈，该生的听写成绩有所提高。

### 第三阶段：改善亲子关系，体悟生活幸福感。

我：我听你妈妈说，你们昨天争吵了，是吗？

生：嗯，妈妈说我考试成绩一般。她总是说我不好，我感觉和她在一起很难受。

我：哦，你觉得不被接纳。

生：他们几乎没怎么表扬我，总是批评我，我本来以为他们这么久没见我，会对我好一些。

我：听起来，你需要他们做出一些具体的行动向你表达关心，你有和他们分享你的感受和想法吗？

生（流下眼泪）：我感觉他们和弟弟有说有笑，但是和我就不一样。他们说我成绩不好，但是不知道我进步了；他们和别人说我在家不吃饭，从不说我好话……

我（递纸给他，摸了摸他的头）：我体会到了你的难过，你需要关心和体贴。妈妈说，她指出你的不足，是希望严格要求你，让你做得更好，但是好像没能够帮到你，你面临的挑战不小，可能更需要鼓励和支持。

生：是的，这里学的东西很难，我也想学好。

我：老师和家人也有这样的经历呢，所以我理解你。对老师来说，无论你的成绩如何，你都是我的好学生。其实妈妈也和老师说，她很爱你，上一次你被人打了，她流了很多眼泪，你知道吗？

生：知道。

我：妈妈是想关心你，但是妈妈遇到了一些困难，不知道怎么和你相处，你可以和老师说说你对妈妈的期待吗？

生：我希望她不要命令我做事情，和我说话温柔点，不要总是说我不好的地方，尤其是不要在别人面前说，不要给我那么大的压力……

我：这些我都收到了，妈妈有时候会和我沟通，你希望我和她说什么吗？

生：老师，你千万不要和她说我对她的看法，你就说是你的看法，我希望她不要总是批评我和命令我。

我：好的，我会在为你保密的同时，给你妈妈提提建议。你前面说，你本来以为他们这么久没见你，会对你好一些的，你是不是因为之前父母只带着弟弟，有些不舒服呢？

生：是的，他们为什么不带着我呢？爷爷奶奶更喜欢我，他们更喜欢弟弟。

我：所以他们现在批评你，你会更不舒服，你觉得，他们批评你说明了他们真的不够喜欢你，是吗？

生：是的。

我：感谢你信任我，告诉老师你的真实想法。老师知道你有些委屈，老师也会给妈妈做工作，同时，你也需要做一些改变，好吗？

生：我要做什么呢？

我：首先，是理解爸爸妈妈，那时候条件困难，只可以带一个人。可能觉得弟弟太小，对他不放心，这不代表是你不好，这么做也不是抛弃你，而是担心条件不好，照顾不好你，他们也是无奈的，让你不幸遇到了这样的事情，你辛苦了。现在，你可以换个角度看这个事情吗？不是你不好，也不是爸爸妈妈想抛弃你。

生（眼圈泛红）：可以。

我：我相信你。换个角度看问题，你会更加自信。如果你一直想着过去的不幸，就很难打起精神来面对生活，妈妈就会着急，在家里和学校里，都自信一些，做自己可以做的事情，拒绝自己不想做的事情，告诉妈妈你的感受和想法，而不是沉默或者生气，你觉得呢？

生（点头）：我觉得可以。

我：那我们来模拟一下吧，下一次妈妈说你一门课没考好，你该怎么说呢？

生：我有些难受，我努力了，我需要的是认可。

我：真棒，很开心你开始学会诚实地表达自己的内心感受，那么，为了使妈妈听着舒服一些，是不是可以肯定一下妈妈呢？你觉得妈妈有没有关心你呢？

生：有，谢谢妈妈对我的成绩的关心。

我：你开始会欣赏妈妈了，老师为你感到骄傲。希望你可以在家里诚实地、勇敢地表达自己，同时也看到妈妈对你的关心。也希望下一次，老师看见的是一个热情、爽朗、自信的你。

生（点头）：嗯嗯，好的，感谢老师！

**第三阶段辅导效果及反思：**本次教育辅导结束后，我持续关注该生情况，并且和他的母亲沟通，建议母亲表达自己对孩子的爱，看到孩子本身的价值，而不是只看孩子的成绩。后来，据该生的母亲反应，孩子和家人的沟通变得更加频繁，更愿意表达自己的内心感受，和弟弟的关系也更好了。在学校，也可以看到该生更多自信的表现和美丽的笑容。

**辅导结果：**通过前两个阶段的教育，该生基本可以适应校园生活，学会和同学闲聊，表达欣赏，并加入不同的"朋友圈"，配合班干部的工作，在班级中找到归属感；此外，该生的英语成绩提升很多，语文和数学也学得更有信心了；该生能够积极处理在人际交往和学习中遇到的挫折，抗挫折能力明显提高，收获自信心和成就感。

**辅导反思：** 完成阶段三的辅导后，该生的挫折教育就结束了，在这一学年的辅导中，可以看到该生能够直面挑战，和同学、老师、家人的关系和谐了很多。本次挫折教育目标达成，成功有效。

● **专家点评：** 留守儿童尤其是到了青春期再回到父母身边的孩子，较难建立良好的亲子关系。转学后，学校环境和同学全都发生了变化，如果没有恰当的帮助和引导，确实容易出现适应问题。该个案遇到了这些问题。张老师与该个案沟通的过程中，设身处地感同身受，与之建立了信任关系。同时与母亲联系，及时开展家庭教育指导。在家庭、学校的共同努力下，辅导达成了较好的效果。

# 一名班长的心理困扰

**辅导教师：**邬姗

**辅导学生：**吕某

**教育背景：**该生三年级，成绩中等，胆子大，敢于管理同学，一直是班长。老师们很喜欢她，经常表扬她是得力小助手。她也以此和同学们炫耀。

**学生分析：**该生性格外向，个性要强，管理同学时很严厉，会大声呵斥同学，因此很多同学怕她，不愿意和她一起玩。在多次被同学疏远后她大哭，感到孤独和委屈，不理解同学们为何会这样。

## 辅导过程：

### 第一阶段：平复情绪，认识自我。

第一阶段的教育内容重点在于让该生平复心情，冷静分析问题。

以下是我对该生的心理辅导过程。

我（摸摸头）：不哭不哭。老师刚刚问了其他同学，你是因为大家不和你玩所以很难过，对吗？

该生点点头。

我：那你知道为什么同学们不和你玩吗？

该生摇头。

我：那你想知道原因吗？

该生点头。

我：那你先冷静下来，不哭，然后我告诉你，好吗？

生（从哭泣慢慢平静变为抽泣）：好。

我：嗯，真棒！那老师现在来告诉你，刚刚我去问了几个同学，他们说不想和你玩是因为你太凶了，他们怕你，所以才不跟你玩。

生：我跟他们玩的时候没有凶他们。

我：可是你让A不和B玩，对吗？

生（委屈并有点生气）：每次B来都要抢走A，然后就不跟我玩了，我不想他们一起玩。

我：所以现在他们都不和你玩了。你知道吗，A是很想跟你和B一起玩的，大家一起更好玩呀，可是你这样命令A，她就不想跟你玩了。

生：那A跟B玩不跟我玩了，我怎么办啊？

我：你可以去找他们，说大家一起玩好吗？但不能让A不跟B玩呀，对不对？

生（沉默几秒，点点头）：嗯……

我：你看你都不想A不跟你玩，她不跟你玩你就很伤心。那你让A不跟B玩的时候，B是不是也很伤心呢？老师说过呀，我们在一个班级里就是一个大家庭，大家要团结，互帮互助，都是好朋友。没有谁会抢谁的朋友，一起玩不是有更多的朋友吗？

生：可是B不喜欢跟我一起玩。

我：她为什么不喜欢和你一起玩呢？

生：我不知道，她就是不喜欢我。

我：你们刚开始是不是还一起玩了呢？

生：嗯。

我：可是后来你们没有一起玩了，因为你会命令B要怎么做，她不做，你就会凶她。大家一起玩的时候，你不是班干部，是朋友，朋友就不可以这样凶，不然别人肯定不喜欢和你玩了。

生：可是我不凶他们就不听我的，我就管不了他们了。

我：下课大家一起玩就不要凶了，还有不可以因为是老师的小助手，就在同学们面前炫耀，明白吗？

生：嗯，我知道了，老师。

**第一阶段辅导效果及反思：**本次谈话是在其他学生去上体育课后，该生独自在教室里哭，我到教室里和她谈话，环境安静，谈话效果较好。该生年纪较小，很多事情并不能理解，但老师布置的任务都会认真完成，这也造成孩子没有把任务和友谊交际分清楚。在平常的教学中，要对班干部给予关注，正确引导他们处理好和同学间的关系。该生理解自己的处理方式有问题后，就刻意控制自己，和同学们的相处也融洽起来。

### 第二阶段：肯定付出，戒骄戒躁。

上次辅导后，该生对同学们不再那么凶，但出现了不想管理班级的状况，害怕又没有同学愿意和她玩。此外，发现该生对自己不再那么自信，在意周围同学的目光，不会因为老师的夸奖而开心。据该生家长反馈，该生在家时情绪低落，晚上睡觉不太安稳，有焦虑的情绪。因此对该生进行了第二阶段的教育，希望该生能够重拾自信。

我：最近看你和同学们一起玩了。

生：嗯，下课会和A、B玩游戏。

我：那很好呀，说明你知道怎么和同学相处了。知道今天为什么老师要叫你过来聊一聊吗？

生：不知道。

我：你最近对班级的事情不太积极，为什么呢？你之前都很积极的。

生：我怕我对他们凶，他们又不和我玩了。

我：上课的时候我们是不是应该遵守纪律，认真听讲呢？

生：是的。

我：那如果有同学调皮不听话，老师会不会批评他？

生：会。

我：你上课不认真的时候我也有批评你，你会因此而不喜欢我吗？

生：不会。

我：因为是你做错事了，老师批评你，提醒你之后只要改正了，老师还是一样喜欢你。你管同学也是一样的，如果同学不听话，你批评他们是应该的，他们也应该改正。可是不需要管他们的时候就不能这样，每个人都可以自由玩耍，就像你有自己喜欢玩的游戏，如果别人命令你玩你不喜欢的游戏，你开心吗？

生：不开心。

我：所以你管同学要分清楚时间和地点，上课就是应该管他们，但下课你们还是好朋友。你看这几天你没有好好帮老师，我们班是不是乱糟糟的？

生：对呀，他们这几天好吵，都不听话。

我：老师很需要你的帮助，这样我们班才能更好。我之前还跟全班同学表扬你，说你很棒，把同学们管得很好，但是你不可以因为这样就骄傲哦。

生：好。

我：你要打起精神，继续做老师的小助手，管好班级。老师一直很信任你，有什么困惑就跟老师讲，不要自己放在心里，你这样妈妈也很担心你，知道吗？

生：嗯，我知道了。

我：上课的时候也要认真，积极举手回答问题，不能因为这样影响学习。你是班干部，也是同学们的榜样，老师希望看到你更好的表现。课间活动的时候就好好跟同学们相处，愉快玩耍。

生：老师，我知道了。

**第二阶段辅导效果及反思：**此阶段的教育主要是提升该生的信心。通过对话发现，该生陷入了一个矛盾的心理，想帮助老师管理好班级，得到老师的肯定和表扬，但是又怕同学们会不喜欢她，不跟她一起玩，在班级管理时在意同学们的眼光，怕造成不好的影响，这样影响了该生的自信心，导致上课时也不敢表现自己，课上无精打采。这次沟通后，该生逐渐大胆，重拾信心，主动管理班级，上课积极发言，同时也会注意自己的言行，和同学友好相处。


**第三阶段：换位思考，解决问题。**

在第一、二阶段辅导后，该生改变了和同学的相处方式，注意自己的言行，与同学间的相处慢慢和谐了。家长反馈，孩子的情绪明显有了好转。现需要对该生的思考角度从自己变为他人，学会解决生活中的困难，故有第三阶段辅导。

两周后，该生情绪明显好转。

我：你最近进步很大哦，在上课的时候能够管好同学，积极回答问题，下课后和同学们也玩得很好。

生：对呀，他们最近都很喜欢和我玩，我们玩了好多游戏。

我：你现在明白之前他们为什么不想和你玩了吗？

生：知道了，我应该和每个同学都成为好朋友，大家要一起玩，不能让谁不跟谁玩。

我：还有呢？在玩的时候可以命令同学吗？

生：不可以。每个人都有自己想玩的游戏，可以玩一个我喜欢的，玩一个别人喜欢的，这样大家都会很开心。

我：对了。我们不能只想着自己喜欢的东西，可能你喜欢的别人不一定喜欢。同样的，你让别人玩她不喜欢的游戏她也会不开心，这就叫作换位思考。以后遇到类似问题，你就要换位思考。

生：嗯，我知道了。

我：以后如果遇到问题不知道怎么办，可以和爸爸妈妈、老师或者好朋友分享，我们帮你分析问题，然后一起解决它。

生：好，我以后不会这样了。

本次教育辅导结束后，我持续关注该生情况。该生像之前那样开朗，还更懂事了，管理班级更有方法了。除此之外，该生的学习也有进步，时常能看到她和同学一起做作业、讨论题目，对学习更有兴趣。

**辅导结果：**通过前两个阶段的教育辅导，该生意识到自身的问题，并且积极调整自己的心态和做法，慢慢恢复状态。从后面对该生的观察和同学的描述可知，该生已经能调试自己的心情和处理问题的方式，可见该生的抗挫折能力得到提高。

**辅导反思：**完成三个阶段的辅导后，该生的挫折教育暂告一段落。在这一个月的辅导中，可以看到该生从无法解决问题到正确解决问题的进步，从不自信到自信，从沉闷不悦到活泼开朗。本次挫折教育成果有效。

● **专家点评**：对于三年级孩子来说，如何处理好班级管理和同学关系这件事情是个难题。三年级学生还没发展出相对复杂的思维能力，理解问题和处理问题的能力也比较单一。在这种情况下，要引导他们处理"班长"这个角色包含的任务，同时也要对自己有个较好的角色定位，这确实是个难题。邬老师接纳了班长的情绪，并且通过列举生活中的场景引导班长换位思考，启发她用恰当的方式管理同学，并且与她交流表达情绪的方法。邬老师的介入时间点抓得好，辅导效果好。

# 当学生犯错误后

**辅导老师：**张玉芳

**辅导学生：**何某某

**辅导背景：**何某某是一个小男孩，调皮好动，经常和同学打架。老师多次和家长沟通，父母对待他的方式就是一顿打。一个月前，他和好朋友玩耍时，意外造成好朋友（小A）右手骨折。他回家后被父亲打得很厉害，从那以后，孩子沉默了，不再打闹了，像变了一个人。

## 辅导过程：

我跟何同学的爸爸沟通，他也非常重视，担心给儿子留下心理阴影，于是找了个时间，带着何同学一起和我交流。

我：你觉得你现在的心情可以用什么词语来形容？

生：悲伤。爸爸的责骂让我很难过。

我：这个"悲伤情绪"持续多久了呀？

该生爸爸：那个事情发生差不多一个月了。

我：我想听听看，你是怎么看这个"事情"的？你可以说一说吗？

生：就是有一天，我从后面跑过去，想要搭上小A的肩膀，结果他没有站稳，倒下去了，我也倒下去了，他的手压到地上就骨折了。当天晚上他回家没有说，我也没有说，老师来问才问出来了是我弄的。

我：哦……"意外事件"已经发生一个月了，你有做些什么来帮助自己化解这个"悲伤情绪"吗？

生：有化解一点，通过跟同学聊天，做安全的游戏。

我：如果最开始这个"悲伤情绪"是10分的话，你通过自己想办法转移注意力，现在来打个分的话，你觉得是几分呢？

生：六七分吧！

我：现在这个六七分的悲伤情绪对你产生了什么样的影响呢？

生：一想到这个事件，心里就一颤。

我：通常在什么时候，会比较容易想到这个事呢？

生：玩的时候容易想起来。

我：看起来这个"事件"已经是住进你的心里了，我现在有一个提议，你听听看，看看是否能尝试一下。我们用一个东西来扮演这个住在你心里的"事件"，然后邀请它出来和我对话，你来替它回答，可以试试吗？

生：好的。

我：好的，就用这瓶矿泉水吧。请你把它拿在手上，请问我该怎么称呼它呢？

生：就叫它"骨折"吧！

我：好的，那我们就开始啦！"骨折"，你好呀！请问你是第一次跟人说话吗？

生：是的。

我：能出来说说话，感觉怎么样呀？

生：挺开心的。

我："骨折"呀，你是从什么时候开始，就住在主人的心里呀？

生：发生事件的那一天起。

我：哦……从那天开始你就住进主人的心里了，那我想问问你哟，你通常在什么时候出来呀？

生：在我主人玩耍的时候就会出来。

我：在主人玩耍的时候呀！我很好奇你在这个时候出来，是为什么呢？

生：为了提醒主人，不要玩过头。

我：哦……你这个"不要玩过头的提醒"是怎么来的呀？

生：我怕主人再把人给弄伤。

我：原来你是在担心你的主人呀！当你的主人听到原来你是在担心他，你的感觉怎么样呀？

　　生：希望主人不要再尝试危险的动作。

　　我：哇！"骨折"呀，原来你是这么善良，我觉得好珍贵呀！

　　生：其实我对主人的影响不仅仅是好的，还有负面的。

　　我：哦？都会有哪些负面的影响呢？你能说说看吗？

　　生：就是在主人写作业的时候，我出现了，主人就不能专心写了。

　　我：哦……原来写作业的时候，你可能会让主人分心，还有吗？

　　生：还有就是在玩的时候，我会让主人不敢玩得太开。

　　我：主人不敢玩得太开，会有什么影响呢？

　　生：主人看到别人可以放开了去玩，他就会很嫉妒，很羡慕。

　　我：哦……那主人做些什么事情的时候，能让你的影响少一些呢？

　　生：当主人自己玩积木、玩电子游戏，或者跟家人在一起的时候。

　　我："骨折"呀，主人怎么对待你，才会让你感觉好些呢？

　　生：重视我。小心、谨慎一些。

　　我：哦……当主人小心、谨慎一些的时候，你就会怎么样呢？

　　生：我就会放心些。

　　我：那你放心的时候，你会离开吗？

　　生：不会，我会一直在主人的心里。

　　我：原来你就像一个士兵一样，要一直守卫着主人，让他更小心，更加谨慎啊！

　　生：嗯嗯，是的。还要提防旁边的人用危险的游戏诱惑他。

　　我：哇！我觉得你的心意真的好珍贵呀！好难得呀！请问以前有人知道你这么善良的心意吗？

　　生：没有。

　　我：你的心意能被我们看到，感觉怎么样呀？

　　生：很开心。

　　我：嗯，也非常谢谢你今天能出来跟我对话，让我看到你的心意。那接下来我们就要结束这一次的对话了，你觉得可以吗？

生：嗯，可以。

我：好的，"骨折"再见了。

生：再见！（把水瓶放回桌面）

我：哇！小主人回来啦。你作为主人，刚才听到我和"骨折"小伙伴的对话，有什么感觉呀？或者有什么想说的？

生：以后会警惕一些。

我：当你警惕一些的时候，你觉得"骨折"小伙伴会感觉如何？

生：会开心一些。

我：好的，现在我想邀请你再来给之前你提到的"悲伤情绪"打个分，从最开始的10分，到自己想办法化解一点之后的六七分，现在你会给它打几分呢？

生：四五分吧。

我：你觉得未来怎么才能让自己感觉更好一些呢？你有什么想法吗？

生：时间吧！时间可以帮助我忘记那次事件。

我：除了自己努力之外，你身边有什么资源可以帮到你呢？比如说爸爸、妈妈、哥哥？

生：爸爸可以少骂我，对于安全的话题，不要太过于责骂。

我：哦，你希望爸爸可以用少一些责骂来帮助你，还有吗？

生：希望家人多陪我玩。

我：嗯，家人的陪伴也能帮到你。哇！我觉得你真是个善于想办法的孩子！想了这么多办法来帮助自己。真是不错！其实呀，所有人在经历重大的事件之后，都会受到影响，这些都是正常的，但是随着时间的流逝，人们的状态会慢慢地往正常的方向好转，你也一样，你刚才也看到了自己慢慢变化的趋势。我还觉得今天你能跟我说这么多关于你的故事，真的很难得！其实能这样说，不是件容易的事情。如果今天这样说的自己可以被感谢的话，你会对自己说些什么感谢的话呢？

生：谢谢勇敢说出来的自己。

我：回到最初你对这次咨询的期待，请问通过对话，你有达到你的期待吗?

生:有的。

以下是我与孩子爸爸的对话。

我:某某家长,也非常谢谢您能这么耐心地坐在旁边听我和孩子的对话,请问你听完之后,心里有什么感受,有没有什么想说的?

该生爸爸:从来没有听他说这么多心里话,看到他在慢慢地成长,我很欣慰。

我:嗯,关于帮助孩子的部分,你觉得自己可以做些什么来陪伴孩子呢?

该生爸爸:少一些责骂,多一些理解。

我:是的,我们对孩子要多一些耐心,多一些爱心。

**辅导结果:**通过对话交流与角色扮演,该生感同身受,悲伤情绪得到极大缓解,压在心里的石头终于放下。更重要的是,通过谈话交流,何同学找到了与人相处的办法,知道了遇到挫折时该如何减压、如何应对、如转移注意力,等等。小孩父亲也认识到了自己的处理方法简单、粗暴,导致孩子犯了错误不敢说或被迫撒谎,错失了沟通时机,最终伤害了孩子。作为父母,对孩子严格一点不是坏事,但过于严厉会适得其反。

**辅导反思:**当孩子犯了错误后,应该好好沟通,站在孩子的角度思考问题,想想孩子为什么会这样做,动机是什么,从而找到解决问题的办法,使孩子深刻认识到错在哪儿了,今后该怎样做,这些值得家长深刻反思。家长简单、粗暴地解决问题,只能在表面上平息怨气,却伤害了孩子的心灵。

● **专家点评:**用具体化的方式——梳理学生的不良情绪,并对应找到不合理认知,调整认知方法,对青少年来说是解决不良情绪的好方法。张老师在帮助学生认识情绪的时候运用了心理辅导常用的刻度化技术,引导学生认识情绪,分析产生这些情绪的原因,在辅导过程中激发学生的自我掌控感,并对家长的家庭教育方式给予科学的引导。思路清晰,方法得当。

# 从幼儿园到小学的转变

**辅导教师**：毛慧玲

**辅导学生**：林某某

**辅导时间**：2018年9月至2021年1月

**辅导背景**：一年级入学的第一天，一直要妈妈在教室外等着直到放学。第一周，每天都是哭闹着要回家、要妈妈，自己会偷偷地翻围墙或是躲过门卫跑出去。不愿结交新朋友，每天除了哭闹要回家就是一个人静静地坐着发呆，一个人坐最后一排，要求老师不给他安排同桌。不善于交流，从不主动与同学说一句话，同学找他也是闭口不言，与老师的交流也是问十句回一句。非常容易暴躁，会因为同学无意间拍了一下他的肩膀而大发雷霆，推翻所有桌椅，丢光同学所有的书，对同学还会动手，大家都比较怕他，慢慢地就对他敬而远之了。他变得更易焦虑、更易暴躁。

**学生分析**：该生从小在老家由爷爷奶奶带大，直到幼儿园大班才接来深圳与父母和妹妹一起生活。父母忙于生计和家务，与其交流较少。同时父母两人的教育方式截然不同。父亲是放养式管理，什么都不管，孩子自己喜欢就好。母亲则是严厉型管理，做什么事都要有计划、有安排，没有按要求做好就要惩罚。父母两极化的教育方式让孩子无所适从，精神状态经常处于两种极端。孩子不敢接触新环境，不愿结交新朋友，不善于表达自己的内心。

## 辅导过程：

### 第一阶段：认同感受，消除畏惧心理。

该生因环境变化，与父母的感情又未建立，导致面对陌生环境有一种恐慌、无助，想逃避。第一阶段的教育内容重点在于认同感受，通过家校合力引导学生乐观接受环境变化，提高自己的适应能力。

以下是我对学生心理辅导过程（节选）。

我：我明白你不想待在学校，待在教室，你想妈妈每天都来陪着你是吗？

该生低头不作答。

我：我想你是害怕不熟悉的人，也是担心妈妈不会准时来接你，对吗？

生：嗯……

我：老师刚来这个学校的时候也有一点害怕，都是不认识的同事，都是不熟悉的教室，你现在的心情我以前也有过呢，我很理解你的不安。

生（抬头看我一眼，轻声嘟囔）：那现在呢？

我：一个星期之后就不会了噢，你知道我为什么后面不会了吗？

该生看着我，摇摇头。

我：我当时想，我害怕这个陌生的环境一是因为我对学校不熟悉，二是我对同事不熟悉。这样才让我陌生、害怕。那我就先来熟悉学校的环境啊，放学后，我就一个一个教室逛，一个一个功能室看。我发现这个学校比我想象中还要大，还要美，你看过整个学校吗？

生：没有。

我：如果邀请你明天和我一起去参观我们美丽的校园，你会同意吗？

生（信任地看着我）：老师，你陪我一起去吗？

我：对啊，我来了好几年了，可以给你做导游噢。那明天放学后我们约定好一起去。

生：好的，我们一起。

我：发现校园的美之后，我想我要多认识些新同事、新朋友。空余时间，我会去不同办公室找同事聊天，去食堂吃饭时会和大家坐到一起，聊工作中的趣事，聊家庭聊孩子，什么都聊。一个星期之后我就认识很多人了，大家都很和善、友好。

生：那我要和别人聊什么呢？

我：你以前在老家肯定有很多有趣的事吧？你家里不是还有个妹妹吗？你也爱看书、爱看动画片对不对？这些都可以聊啊！

生：那我试试吧。

后面我又与家长沟通，达成一致意见：第一学期每天一定要准时来接；多陪伴孩子，耐心与孩子沟通；周末假期多带孩子去购物、游玩；鼓励孩子多去找同学和邻居玩，也鼓励孩子带好朋友来家里玩，家长要无条件支持；等等。

**第一阶段辅导效果及反思：**通过与该生的谈话与家校合作，以及平时老师的特别关注，该生慢慢适应了学校生活，没有出现哭闹要回家或歇斯底里找妈妈的情况。家长反馈，孩子周末乐意与家长一起外出而不是把自己关在家里。家长想把他放在午托班，孩子也同意了，并且一个学期坚持了下来。这是最大的改变。本阶段的教育内容，当中比较值得借鉴的是：其一，对于该生感受的认同，让他知道对陌生环境的抗拒并不是一件丢脸的事，也不是一件无法跨越的事；其二，从自身经历出发，给学生提供具体的帮助，帮助学生熟悉学校环境和同学，帮助学生树立与老师和同学主动交往的自信；其三，争取到家长的支持与家庭教育的配合。以上三步相辅相成，为孩子创设心理过渡期、心理安全期，以及心理适应期。

## 第二阶段：控制情绪，改善人际交往。

通过第一阶段的辅导，该生基本适应小学生活，也乐于尝试接触新环境。但该生脾气容易暴躁，与同学交往缺乏方法，宁愿一个人坐也不要同桌，课间也是独来独往，非常孤独。该生内心渴望友情，但由于一次与同学的小矛盾，他在全班大发雷霆，撕了对方的书，推翻了全组的桌椅，踢碎了班级垃圾桶，全班同学全被他的行为吓住了。从此没有同学敢找他玩。针对该生的基本情况，初步评估为人际交往问题，具体表现为成功交往的体验少，失败的体验多，导致该生缺乏自信，总是觉得自己不行，不敢与朋友交往，但其实该生的内心是渴望与同学相处的。因此，针对以上情况，进行辅导。

我：与同学一年相处下来，你喜欢我们班级吗？喜欢同学们吗？

生：喜欢。有些同学我很喜欢。

我：你想和他们成为好朋友吗？

生：想，但是他们不太爱理我，我也不好意思找他们玩。

　　我：交朋友不是丢人的事，反而会使你快乐，我这里有一些我们班同学的照片，你想看看吗？

　　生：想。

　　我给该生展示我平时拍摄的班级同学之间互帮互助和愉快玩闹的瞬间。

　　生：这一张是老师奖励了一个指甲剪给黄同学，他非要给我剪指甲。

　　我：这一张是我最喜欢的。看你脸上的笑容，当时是不是很开心？

　　生（不好意思地笑）：我觉得好好玩，除了妈妈没人给我剪过，也有点怕他剪到我的肉。

　　我：其实我们在与同学朋友相处时是最开心最放松的。但是如果不注意方式方法也容易产生矛盾，失去朋友。你觉得你和同学闹矛盾的主要原因是什么？

　　生：我不喜欢别人乱动我东西，也不喜欢他们不理我。

　　我：其实同学之间互相借用物品也可以增加大家的感情。你可以责备，但也要听听同学的解释，要多沟通，与同学说说你内心的真实感受。但是你马上就大发雷霆，丢同学东西，打同学，这样合适吗？朋友心里会怎么想？

　　生：心里也会难受，可能觉得我太小气或是没把他当朋友。

　　我：是啊！你这一闹把朋友的心都闹凉了，以后当然对你敬而远之了。下回再遇到这事，你先冷静三秒，深吸一口气，听听同学怎么解释的。如果是故意不问自取，你再严肃地告诉他你内心的不愉快，希望对方下回一定要先询问你。把你紧握的拳头放松，平和一下心情，自己先趴着安静下来。你会发现，语言沟通比发火更让人容易接受，印象更深刻，更能取得朋友的喜爱和尊重。

　　生：老师，我知道我发火不对，大家更害怕我了，我以后发火之前一定试试你的办法。

　　我：我相信你一定可以，你心地善良，对人诚恳。改改冲动的脾气，我相信大家一定会看到你的闪光点。如果是在学校想发火了就快速地跑过来找老师，我愿意与你一起坚持。

　　生（开心地笑了）：谢谢老师，相信我可以控制自己的脾气。

　　之后，该生学会控制情绪，与同学相处的情况有好转。我再次与其交流。

生：老师，我现在有好朋友了，也没有乱发火了。同学们是不是开始喜欢我了？

我：当然，这个学期你没有发过一次火，很多同学对你的评价都挺高的。你的转变非常大。老师都为你骄傲。

生：我非常开心。我还想交更多的朋友，我要怎么做才会有更多的朋友呢？

我：你开心，老师也开心！如果你想交更多的朋友，我觉得你要多主动。

生：我不知道该怎么主动？

我：我建议你从主动和同学打招呼开始吧。不管是在校内还是在校外，遇到同学你都试着主动打招呼。如果有同学需要帮助，你可以多帮忙。比如帮同学值日、借同学需要的物品等。大家感受到你的热心和诚意，都会愿意和你交朋友的。

生（开心）：谢谢老师。

**辅导结果：**通过一个学期的辅导跟踪，该生自己有强烈的交友需求，愿意转变自己的方式方法。到二年级第二学期，该生已从孤独一人，到朋友一群，这中间他的转变非常大，改变了自己的坏脾气，调整了自己封闭的心态，改善了人际关系。

**辅导反思：**因小学生的认知发展水平限制，他们的自我中心意识比较浓厚，思考问题总是从自己的角度出发，很难做到换位思考，也导致他们不能完全理解他人的动机和目的，完全凭借自我判断进行反馈，与同伴交往时非常容易出现矛盾。再者，该生幼年时由爷爷奶奶抚养，缺乏与父母的互动，所以该生的人际关系的初步建立不够完善，影响到后续的人际关系。因此我做了两步处理，帮助该生认识到遇事先冷静，学会换位思考，身边才会有朋友，同时通过成功的交往体验，帮助学生树立交往的自信，强化认识，尝试新的交往。

经过阶段一和阶段二的辅导，该生适应了新环境，能够控制自己的脾气，乐于交往新朋友，得到了很多同学的认可。从一年级刚入学到二年级下学期，两年的时间，该生从胆怯、易怒、暴躁、孤独，变得活泼开朗，与同学相处十分融洽，这个转变真让人惊喜。后期，希望孩子能打开心扉，悦纳自己悦纳别人，拥有阳光、快乐、自信的心态。

●**专家点评**：案例中的学生是一名特别的小一新生。毛老师在发现该生的问题时，积极了解该生的成长背景，及时与家长沟通。对于该生的人际交往困扰，毛老师向该生讲解了人际交往的细节，关注该生的人际交往情况，尊重该生的交往意愿。在家校的协同努力下，通过近两年的时间帮助了一个孩子。

# 班级失窃事件的背后

**辅导教师**：陈泽兰

**辅导学生**：小敏

**辅导时间**：2019年7月至2020年12月

**辅导背景**：该生入学不久，就将班上同学的铅笔、文具盒、图书，甚至老师的教具都悄悄带回家。

**学生分析**：该生性格内向，胆子较小，不爱表现，与同学关系一般，暂时没有交好的同学。喜欢自己玩，家长反应孩子喜欢玩过家家。

## 辅导过程：

### 第一阶段：起因：丢失的铅笔盒。

晚上，一个家长给我来电，说孩子的铅笔盒不见了。开始，我不以为然，因为一年级的小朋友丢东西是常事，他们经常丢三落四，今天不见了铅笔，明天忘记带语文书。再说，数学课上，老师带他们到五楼的教室去适应一下座位，因为第二天就是数学公开课，要在五楼的教室上课，或许是放在那里了。第二天，我一大早便跟数学老师打招呼，请她去那个教室看看。我问班上的小朋友，有没有谁看到小锦的铅笔盒？都说没有。另外，我把小锦叫到办公室，问了一下情况，得知那天一共丢了三个文具盒。当时抱着这样一个念头：这两天老师们都忙着赛课，文具盒可能是被其他老师帮忙收着了吧……

上午第二节课，我帮数学老师把孩子们带到五楼教室，下课后又带他们回教室。临走前，我叮嘱他们收好自己的东西。我看着孩子们小小的手都拿着自己的铅笔盒、数学书、本子，心想：这下应该不会落下了吧！可是放学没过多久，连续几个电话打来，都是说铅笔盒不见了。我的神经一下子紧绷起来：怎么办？会是谁呢？别的东西不拿，就拿铅笔盒？昨天3个，今天5个，一共加起来有8个。这也太奇怪了吧！

带着疑惑与不安，我赶紧打开教室门，每个角落都仔细地翻了一遍，也没看到一个铅笔盒。这就奇怪了：小朋友平时连捡到一毛钱都会交到老师这里来，这8个铅笔盒会到哪里去？再说，一年级的小孩，开学到现在也只是半个学期而已，他们是不敢拿别人东西的。难道是他？上次从背板上拿了老师的一块磁铁的小建？可是也不太可能啊，上次他拿了一块磁铁，小朋友都马上发现，马上告诉了老师。一块小小的磁铁，他们都发现了，那么大的铅笔盒，怎么可能没有人发现呢？会是班上的孩子吗？再说，一年级家长最重视孩子，为什么到目前为止，都没有家长有任何反应呢？如果不是本班的孩子呢？那会不会是其他高年级的小朋友的恶作剧？我从学校安全处调了录像，也没有发现什么，但发现敏敏这两天都是最后一个离开教室的。敏敏是班上很不引老师注意的孩子，她内向胆小，安静孤僻，平时说句话都有如蚊子一样，如果不站到她身边去，是根本就听不到的。敏敏的哥哥读三年级，每天放学都是由哥哥来教室带她回家。会是敏敏的哥哥吗？可是她哥哥没有进教室啊？难道是敏敏？不可能吧！这个孩子看着胆小而乖巧，不像会做这种事的孩子。我马上打消了这个念头。

两天来，8个铅笔盒的丢失问题一直困扰着我。于是我决定先从本班开始调查。为了保护孩子幼小的心灵，我没有开关于拿别人东西的班会课，而是开了关于整理书包的班会课，让孩子们把自己书包中所有的东西拿出来，在桌面上收拾整理，然后请小老师来评比，看看谁整理的东西最整齐。（当然，这几位小老师都是丢了铅笔盒的小朋友）我事先跟他们打了招呼，边评比边观察哪个小朋友的铅笔盒跟自己的一样。可是，最后还是竹篮打水一场空！真是百思不得其解！

**第一阶段辅导反思：**一年级刚入学的小学生对于很多事物都十分好奇，对一切新鲜事物都感兴趣，会不会是哪个喜欢做恶作剧的小朋友做的呢？又因为他们害怕被老师发现、被批评而不敢承认自己做的错事呢？如何找到好的方法解决班级里存在的问题，帮助学生树立健康的价值观，是老师不能回避的问题。

### 第二阶段：终于找到了"肇事者"。

我每天像个侦探一样，把孩子一个一个叫过来问话，可一点进展都没有。时间一分一秒过去，我如热锅上的蚂蚁：天哪，会是谁呢？刚入学的六七岁的小毛孩，怎么会去拿别人的铅笔盒，而且是八个，数量如此之多！带着失望的心情到了星期五，中午发现连我给孩子们背诵用的小印章"已背书"也不见了。我的心情由失望升级到愤怒：今天一定要把他"揪"出来！

铃声响，孩子们上体育课去了。我在教室里来回走动，脑海中浮现的是孩子们的脸？我随眼看了一下书架，咦？书架上的书怎么少了这么多？于是走近去看看少了哪些，一个耀眼的东西马上印入我的眼眶中：黄色壳的印章"已背书"。它正静悄悄地躺在敏敏书包放水壶的地方，鲜艳的黄色印章从白色的网中透出，是那么耀眼！我马上把敏敏的书包拿起来一看，天哪！书包中装着几本故事书，那是孩子们从家里带来的故事书，还有我给他们推荐的绘本故事。我内心的火一下子起来了，马上把敏敏和她的书包带到办公室，严厉地问："这些东西是不是你拿的？班上其他小朋友的铅笔盒呢？"敏敏的眼泪马上掉了下来，低声回答："是。""为什么？""因为我……"她已经说不出话来了。

看着这个小小的，头发稀疏、黄黄的小女孩，眼角泛着眼泪，泣不成声的样子，我心中的火一下子就熄灭了。

**第二阶段辅导反思**：苏霍姆林斯基说过：教师要像对待荷叶上的露珠一样，小心翼翼地保护学生的心灵。晶莹透亮的露珠是美丽可爱的，但是十分脆弱，一不小心露珠滚落，就会破碎，不复存在。学生的稚嫩的心灵就如同露珠，需要加倍爱护，这种呵护就是爱。以爱为基础，善待每一个学生，努力做好每一件小事，用心对待每一个孩子，让每一个小生命健康、快乐、自信地成长，是老师义不容辞的责任。小朋友的思维模式跟成年人不同，身为老师，要先了解孩子的思维逻辑，再解释其中的道理，告诉他们何为合适的做法。

### 第三阶段：了解"顺手牵羊"的原因。

我想这么一个弱小的孩子做这种事情，应该有原因的吧？我深深地吸了一口气，缓和自己的情绪。以下是我与小敏的谈话内容。

我轻声地问：小敏，老师不批评你，你能告诉老师为什么吗？

小敏（声音小小的，小得让人听不到）：我知道。

我：小敏，你知道老师在哪里找到的吗？

小敏：……

我：还有同学的 8 个铅笔盒，也是你拿的对不对？

小敏点点头。

我：能告诉老师为什么吗？

小敏：因为，因为……

小敏的声音渐渐小了，没有说出原因。我想单从小敏这边询问，孩子可能因为害怕而不知所措，无法解释清楚。看着小敏怯生生的样子，我打通了家长的电话，并把事情经过告诉了家长。家长来了，不仅带来了 8 个铅笔盒，还带来了十几本故事书……看着这一堆东西，家长也不知道怎么办。

我：小敏爸爸妈妈，今天请你们过来，主要是想了解一下孩子在家的情况。

小敏的爸爸妈妈一开始互相推卸责任，都说是对方在看着孩子。

我：小敏爸爸妈妈，今天请你们过来，不是责备孩子，也不是批评孩子，而是了解孩子，想办法帮助孩子。我感觉你们对孩子缺乏关注。

小敏爸爸妈妈良久没有说话。

小敏妈妈：小敏胆子很小的，她拿这些东西干什么呢？家里什么都有，要什么就有什么，每次买铅笔都是一包一包的。

我：请问每天谁陪孩子写作业呢？

小敏爸爸：是她妈妈。

我：她写作业时你有没有发现异常情况？

小敏妈妈：每次写作业都是她拿出本子来写。她写完后我来检查，也没留意她的书包。她都是自己整理东西，他们兄妹有个小房间，他俩喜欢在里面玩，这些东西就是从小房间里找到的。

我：她都玩些什么呢？

小敏妈妈：她很少出去玩啊，一般都是邻居家的小孩过来我们家玩，哦，小敏经常摆着几张小凳子给他们当桌子，自己当老师。这些文具盒会不会是……

小敏妈妈的一番话让我震惊不已，这个胆小内向的孩子是在模仿我当老师吗？她拿铅笔盒的理由是过家家吗？这就是她拿别的小朋友的铅笔盒和故事书的理由吗？我拿出纸巾，帮小敏擦干眼泪。

我：小敏，妈妈说的是真的吗？

小敏点点头，眼角带着泪花。

我：小敏喜欢当老师呀？你想当什么老师呢？

小敏：我想当语文老师。

我（我笑着看着她）：是像陈老师这样的吗？

小敏：嗯。

我：老师觉得小敏认真学习，以后是可以当上老师的。可是，别的小朋友的东西不能随便拿呀。你拿了，他们就没有铅笔可以写字，没有橡皮擦可以擦了。对不对，小敏老师？

小敏（破涕为笑）：嗯。

我：老师相信你已经认识到错误了，今后一定不会犯这样的错误。你说是吗？

小敏：老师，我再也不会随便拿小朋友的东西了。

为保护好小敏那幼小而脆弱的心灵，也为了预防同样事件在班级中出现，我把文具盒带回教室，对孩子们说是搞卫生的阿姨找到的，并且在班级召开了一次班会课。

**辅导结果：**本次教育辅导结束后，我经常跟孩子们一起聊天、玩游戏。我发现小敏开朗多了，见到老师问好时，声音清脆响亮；课堂上，比之前自信多了，经常举手回答问题。慢慢地，她身边的小伙伴多了起来，她也有了自己的好朋友。后续，我从家长那里了解到，小敏在家还是会模仿老师的样子来上课，不过上课对象已经换成了她的那些小玩偶。小敏妈妈在家也更关注孩子的学习和生活情况，孩子每天都在进步。

**辅导反思：**曾经读过这样一则小故事：一条小鱼儿在清澈见底的小溪里游

玩，忽然，它看见一块漂亮的鹅卵石。小鱼儿不禁问：我看到的石头很多都是有棱有角的，你为何是椭圆的，像鹅蛋一样？鹅卵石笑道：我年少时也是有棱有角的。"那你现在怎么变得圆圆的了呢？""是水把我冲洗磨炼成这样的。"小鱼儿惊讶地问："软软的柔柔的水，竟有这么大的力量？""是呀，水不断地冲刷着我们，经年累月，我们就变成如此模样了。"小小鹅卵石，见证了水的力量和时间的痕迹。我们的孩子多像一块块大小不一、颜色各异、棱角分明的石头呀！身为人师的我们，应该学会像水一样，用海纳百川的胸怀，包容孩子的缺点和错误；用水的韧性、水的力量，让孩子在不知不觉中发生改变，慢慢成长。

● **专家点评**：看了这个生动的案例，我脑海中又浮现起"问题儿童的问题行为背后都有合理的解释"这样一句话。令人感到欣喜的是，桥头学校的老师都有很好的心理学基础，当发现学生有问题行为，分析问题产生的原因时，都有意识地从学生成长经历和家庭环境中找原因，并寻求解决问题的方法。

# 一名喜欢恶作剧的学生

**辅导教师：**杨博

**辅导学生：**黄某

**辅导时间：**2020年9月至2021年1月

**辅导背景：**该生就读五年级，学习态度不够端正，学习兴趣也不够高，学习成绩不理想。在行为习惯上有许多缺点，如上课不能认真听讲，下课经常打闹捣乱，是同学眼中的"后进生"。

**学生分析：**这位同学自我管理能力较差，很少集中注意力去听讲，反应也不够灵活，学生逐渐丧失了学习积极性，以捣乱为乐，思想松懈。另一方面，该生有较强的自尊心，希望获得老师的肯定，这就使得积极的正面引导有了发挥作用的空间。

## 辅导过程：

### 第一阶段：交流谈心，明了情况。

一次课上，该生扭头找后面同学拿书，被老师批评了，还顶撞老师，影响上课。本次谈话首先需要了解并走入孩子的内心，这样才能在了解需求的基础上进行鼓励。以下是我对该生的心理辅导过程。

我：今天上课为什么转头呢？

生（一脸无所谓）：扭一下头呗，反正别人也上课扭头。

我：别人的问题等我教育别人的时候再说，现在说的是你的问题。你先明确，你扭头了吧？

生（表情开始严肃）：嗯，我扭了。

我：上课的时候要专心听讲，这个你是知道的吧？

生（突然一脸委屈）：我知道，但是……

我：你是不是有理由想说？

生：我听不懂啊，我就想借别人的书来抄一下！

我：好，你这个原因我明白了，我懂了，你确实有苦衷。但是咱们把事情捋顺了来说好吗？你也别着急，咱们一件件弄清楚。

生（低着头，挤出一句话）：行。

我：首先，你上课的时候扭头，没注意听讲，老师没说错吧？

生（仍然低着头）：嗯。

我：老师也说过，上课的时候最首要的任务是听课，这个你同意吗？

生：同意。

我：你上课扭头说话，不仅影响了自己，还影响了别人。不仅老师注意到了你，你的同学也不高兴，你感觉到了吗？

生：感觉到了。

我：这件事儿你觉得你处理得好吗？做得对吗？

生：处理得不好，做得也不对。但我也没办法……

我：那我再问问你啊，什么叫作"借"？

生：就是管别人要东西呗。

我：哦，要东西。街上要东西的是什么人？

生（恍然大悟）：乞丐。

我：你是吗？

生（满脸通红）：我不是！我就是想拿过来看看……（声音越来越低）

我：别人同意了吗？别人没有就不算借。"借"是你和人家说好了，人家心甘情愿把这东西给你使用，用完了你还得还给人家。人家不情愿，这就不叫"借"这叫"抢"。你的东西被抢了，开心吗？

生：不开心。

我：就是这个道理。现在说说你想拿别人书的原因吧。现在你愿意说了吗？

生：我听不明白，也不知道听啥，很无聊，就想看看别人都写了啥。同桌不喜欢我不给我看书，我就拿后座的书来看，看看他们笔记都记了点啥，就挺好奇的。

我：我稍微明白了一点。你上课听不懂又不知道干啥，是吗？

生：是，所以我就无聊嘛，我就转头看看谁能跟我玩儿！

我：结果没人跟你玩，你就想看看别人写什么。

生：嗯。

我：想抄笔记。

生：嗯。

我：这样吧，你上课的时候尽量好好听讲，实在听不明白就抄词语。如果你还想抄笔记，课下找我来要，但是记住了，上课的时候不要打扰别的同学。

**第一阶段辅导效果及反思**：本次谈话结束后，每次语文课上我都会观察这位学生。他仍然会发呆、打瞌睡，但他会尽量控制自己的行为，同学对他的投诉也少了一些。本阶段的教育中，最初的沟通并不成功。最开始时，该生明显有抵抗情绪。这个时候最重要的是吸引学生的注意力，让其配合将谈话进行下去。因为该生并不算是非常桀骜不驯，只是对事物有自己的看法而已，所以抽丝剥茧地帮他分析，比较容易获得他的认同，进而可以改变他的想法和行为。这种方法比较适合观念处在成型期的孩子，只要能够说服他，让他心中产生认同感，那么就会事半功倍。

**第二阶段：设置学习任务，促进心态转变。**

一次谈话的效果还是有限，需要在适当的时候继续进行积极正面的引导，在学生思想开始滑坡的时候去鞭策，此次谈话就发生在他上课状态逐渐变差、坏习惯故态复萌的情况下。以下是我对该生的心理辅导过程。

我：最近对你的投诉好像多了点。之前老师一直夸你，觉得你表现很好，有很大的进步。最近老师没有夸你，你自己先松劲儿了？

生（点头）：嗯。

我：老师想知道，你为什么最近课堂上又开始扭头，作业又开始缺这个漏那个的了？咱们上次不是说得很明白，你知道是非对错，是个明事理的小伙子。

生：我知道。但我听不懂，上课也不知道干啥，而且光写词语又累又无聊。

我：你写了几遍？

生：两遍。

我：你是不是觉得写两遍就能记住了？

生：别人都是写两遍就会写了。

我：你之前的词语会写吗？我是说三四年级。

生：不会。

我：那你说别人写两遍就会了。

生：别人是学霸。

我：你是什么？

生：我肯定是学渣。

我：人家辛辛苦苦学习的时候你在做什么？

生：我听不懂，我学不会。

我：所以你就更不听，更想做学渣？

生（神情低落）：听不懂，学不会。

我：你愿意听我的吗？反正听我的话，你也没损失。

生：愿意。

我：你现在非要跟第一名去比，你觉得能比吗？

生（无所谓）：我就说说。

我：我觉得你还是想学习好的。

生：想。

我：但是咱们要明白一点，咱们不可能一下就变成第一名。

生：我这辈子都不可能。

我：你这话说早了，你怎么就知道以后不行，但是现在确实不行。

生（摇摇头）：我知道。

我：你要这样，我举个例子，你一口就把午饭吃完了。

生（傻笑）：谁嘴那么大。

我：饭总要一口口吃，学习要一点点来，人家努力了五年，你俩星期就想超过，你怎么不一口吃完你的饭？

该生笑了笑，没说话。

我：你现在就一个任务，反复听写你的词语，不是抄写，抄写你不用心，你就去听写。另外，你读一遍课文给我听。

该生吭吭哧哧没读完。

我：我还给你一个任务，回去后你就把每篇课文读三遍，读熟了。

生（嘀嘀咕咕）：不会读啊……

我：给你发录音，但你得读，行吧？

生：这个行。

我：你嘴上答应得容易，真的要做又觉得自己坚持不下来了。

生（左顾右盼，神情尴尬）：我试着去做吧。

**第二阶段辅导效果及反思：** 此阶段的教育主要是巩固之前的辅导效果。学生是有惰性的，特别是长时间处于自由散漫状态的学生，需要及时引导，调整他的状态，并提出新的要求。在这一阶段，该生对自己提出了一些新要求，对自己所做事情也有思考，而正是这种思考诱发了该生打退堂鼓的念头，这个时候就需要老师一方面肯定他之前的努力成果，另一方面去合理安排接下来的任务，让学生既感受到自己努力的喜悦，又获得了前进的动力。


**第三阶段：产生认同，主动管控。**

阶段一使学生认识到学习的重要性，阶段二通过辅导及课后小任务引导该生初步产生学习的兴趣，该生现在对老师产生了一宗尊重，会向老师问好，课下打闹的现象较少出现，甚至有很多时候布置给他的任务能提前完成。现需要引导他巩固自己的学习成果，增强学习的信心与毅力，在课堂上表现自己。

生：老师你找我？有什么事儿？我没说话啊。

我：没说你说话，找你过来聊聊。

我：你最近作业交得也好，让你写的词语都写了，而且读书都读了，老师要好好夸奖你。我发现你最近课下也没经常打闹了，这个又是一大进步！

生：因为跟他们一起挺无聊的。

我：课间了就好好休息，别在楼道里追来追去就行。

生：知道了。

我：上课能听懂吗？

生：还是不太懂。

我：读书了吗？

生：读了。

我：我听了，你还是读得很磕巴，说明读的遍数还不够。有能听懂的部分吗？

生：有一点，简单的能听懂。

我：有一些就比没有强。你刚开始跟我说还是不太懂，其实你潜意识里还是在否定自己，觉得自己不行，但是简单的问题你能听明白了。我也不是说让你立刻就能够回答问题，说得很流利，但最起码，课堂上你不会完全不知道我在说什么。

生：有这个感觉。虽然问一些需要总结标题的我不会，但是找课文写的内容我能找到。

我：对呀，你能找到，就说明你上课没溜号，也说明你其实听懂了一些，不是一点不懂。你就是不相信自己真的能听懂。

生：我应该能听懂一点。

我："能听懂一点"和"我还是不太懂"，你觉得哪个听起来更让自己开心？

生："能听懂一点"听起来舒服。

我：以后就要这样坚定信念，你会发现自己能听懂的越来越多。上课时，你也可以试着回答问题，看看自己能不能回答出来。

生：行吧……

我：感觉有点难度？

生：我怕说错啊……万一说错了多丢人……

我：课堂上的知识你要是都会，那我还教什么，大家还学什么？直接去高考就行了。

生：但是说错了……

我：你只要敢说，大家就会觉得你很厉害。

生：我试试。

**辅导结果：**辅导结束后，该生课上偶尔还会扭头抄书，但这种行为少了很多。最可喜的是，他上课真的敢举手回答问题了。虽然回答的都是比较简单的问题，但是他有意识地参与课堂教学，试着将自己融入课堂。特别是学期末的模拟测试，他那一次成绩不够理想，他竟然哭了，那眼泪中包含着对自己的悔恨和对自己努力的期待。那时我确信，他已经从原来的对万事不屑一顾变得认真、努力。

**辅导反思：**其实对该生的辅导观察是意外收获。因为他平时不写作业不听课，跟班上学习习惯极其不良的学生为伍，让我非常头痛。我也想过逐个击破，但苦于没有方法走进孩子的内心世界。在辅导之前，该生对学习一直持一种玩世不恭的态度，老师批评从来不听，自以为是。但那次抢夺书本，我询问了该生理由，才意识到这种看似恶作剧的行为下也包含着他无力的呼救。因为他确实听不懂，听课对他来说无效且无用，他自然不想听。针对这种心态，阶段一只给最简单的任务，让他意识到自己能够完成，阶段二进阶任务，给予挑战，阶段三增强学生信心。这样一套下来，学生慢慢转变了自己的想法。

● **专家点评：**根据个案的发展实际，制定符合个案基础的发展目标，根据小步子原则一步一步跟进，关注过程的同时要对结果进行评估，及时给予强化。这个方法在行为训练方面有很好的效果。杨老师对这个学生观察得细致，跟进得紧凑，制定的阶段性目标很明确。希望三个阶段完成后，学生在学习行为、自我管理和有自信心上，有更好的改变。

# 控制情绪很重要

**辅导教师**：陈雪衣

**辅导学生**：张某

**辅导背景**：该生就读小学三年级。由于父母属于晚婚晚育，所以从小到大，全家人都很宠他，什么都满足他。天长日久，该生便形成了倔强、好胜的个性，在家里爱发脾气，动不动摔东西；在学校脾气暴躁，容易冲动，与同学关系不好，遇到挫折就大发雷霆并伴有暴力倾向。

**学生分析**：该生性格内向，但比较要强，不能接受别人的批评，哪怕别人对他大声了些，该生都会以为对方在指责他，其实这跟该生从小生活在幸福安定的环境中，是在温室里、蜜罐中长大，缺乏"逆境教育"有关系，所以遇到问题不是想办法克服，而是采用回避、极端的方式来解决。

## 辅导过程：

### 第一阶段：个性谈话，引导合理归因。

该生因为在学校午休时与几个同学违反了纪律，老师让其站在讲台，而后老师听到讲台上不停有推动黑板的声音，有同学指认了该生。于是该生开始大声哭喊并朝指认的同学走去准备要动手打他。到了教师办公室，该生不但没有平复心情，反而哭喊得更厉害，并声嘶力竭不停地喊救命，喊着要逃离学校，要回家。该生有此表现是因为他要强，他觉得被指认，让他没有面子，受到了挫败。所以这个时候应该引导他正确认识自己产生这种不合理情绪的原因。

以下是我对该生的心理辅导过程。

该生见到家长后，逐渐能平复心情。

我：现在能平静下来跟老师聊一聊刚刚的事情了吗？

生（点头）：可以了。

我：好的，那你把事情的来龙去脉说给老师听听。

生（一边抽噎，一边说）：因为午餐午休时，我违反了纪律，所以老师让我和另外几个同学站在讲台上，有人在拉动黑板，老师问是谁，有同学指了我！

我：那你是否真的有拉动黑板？

生（点头）：有，因为有同学把黑板推上去了，所以我想把它重新拉下来！

我：这么说，指认你的同学并没有冤枉你，是吗？

生：没有！

我：那你为什么在他的指认后，就失去理智，冲过去想揍他，并大喊大叫说"不是我"呢？

生：因为我不喜欢他说我。

我：但你确实有推动黑板的行为呀！

生：我会自己承认。

我：你是觉得被人指出来，很没面子，认为他这是在指责你，批评你，是吗？

生：是的。

我：为什么我们两个老师让你冷静下来，你却不理会还大喊大叫？

生：我听不见。

我：如果我们两个老师不拉住你的话，你准备干什么？

生：回家！

我：回家干什么？

生：睡觉！

我：你这是在逃避。你知道这样大喊大叫地冲出去会有什么后果吗？

生：不知道。

我：你大喊大叫地冲出去，会造成严重不良影响。第一，当时是午休时间，你会吵到全校的人；第二，万一你摔跤了，会磕伤自己；第三，你可能找不到回家的路；第四，我打电话给你妈妈，妈妈骑着车火速赶来还闯了红灯，可能会发生交通事故；第五，这么小的事情，你就朝同学发这么大的脾气，以后还有其他同学敢跟你玩吗？

该生不好意思地笑了笑。

我：其实指认你的同学并没有冤枉你，对不对！如果再来让你处理一次，你会怎么做？

生：我会跟老师讲清楚我把黑板拉下来的原因，不再发脾气。

我：你很棒，知道用正确的方式解决问题了。有时候我们是会受委屈，但是这样就能乱发脾气吗？

生：不应该。

我：说说应该怎么做？

生：应该先冷静，当时说清楚原因，或事后解释清楚。

我：我很欣慰，你懂得如何去解决类似问题了。确实，与人相处，不可能没有受委屈的时候，遇到问题，我们首先要冷静思考，选择大家都能接受的方法去化解，发脾气是于事无补的，只会使事情变得更糟糕，更难以解决。

生：嗯。

**第一阶段辅导效果及反思：** 本次谈话结束后，该生认识到了他这种遇到挫败就用不合理的情绪来表达愤怒的不良后果，慢慢地他有了很大的改变，当自己没有做对，受到其他同学指责时，不会轻易再发脾气，能和班上同学友好相处，脸上的笑容更多了。

这个方法我也贯穿在我的教育教学中，每次班上发生类似的事件，我都会再找该生聊天，跟他说看："A同学也被指责了，可是他能好好地解释，所以事情很快并很好地得到解决，多好呀！"引导该生合理归因，意识到面对挫败时正确控制好自己的情绪是非常重要的。

**第二阶段：给予关注，提升抗挫能力。**

经过上次辅导，该生能正确处理学生之间的一些小问题，心理素质逐渐提升。于是我更关注他，并尝试制造某些小事件让他受到挫败，以此来训练他的抗挫能力。在某次早读课上，全班都在认真地、整齐地读书，只有他没有开口朗读，于是我故意提高嗓门说：你在干什么，为什么全班都在朗读，你却没有朗读呢？他非常意外，我会如此大声说他，因为该生知道平时碍于他较难控制自己的情绪，我都会低声细语地跟他聊，没有大声说过他。如我所料，他再次感觉到自己在全班面前被老师点名，让他非常没有面子，他有了严重的挫败感，于是该生惊呆了几秒后，就冲出了教室，蹲在门口的角落抽泣着。于是我跟随了过去。

我：你怎么了？

该生不说话。

我：老师刚刚大声点你名字，你就生气跑出来了，是吗？

生：是的。

我：你跟老师说说，大家在朗读的时候，你在干什么吗？

生：看书，没有读。

我：老师是不是实事求是地指出了你的问题？

生：是。

我：你为什么要生气，跑出教室呢？

生：因为你很大声。

我：原来是这样。你觉得老师应该怎么做呢？

生：你可以悄悄过来跟我说。

我：你觉得老师大声点你的名字，让你在大家面前失去了面子，是吗？

该生沉默不说话。

我：当自己做错了事，被他人指出来，这是对自己好意的提醒，我们应该接受呢？还是应该逃避？

生：接受。

我：你觉得被指出问题就冲出教室躲起来，是接受还是逃避？

生：逃避。

我：你觉得这样能解决问题吗？

生：不能。

我：那应该怎么办呢？

生：应该接受他人的指正。

我：可是像我一样很大声地指出来呢？是不是让你感觉没面子呢？

生：要控制自己的情绪，因为对方急于想我改正错误，才会着急大声地说我。

我：你太棒了！老师要表扬你。首先，这次你受到了挫败，并没有大声哭闹，而是自己默默出了教室，说明你已经学会控制自己的情绪，没有随便发脾气。其次，你会站在对方的角度考虑问题，知道指出你问题的人也是为了你好，而不是故意让你没面子。那你现在能回去上课了吗？

生：可以。我一会儿自己进去。

**第二阶段辅导效果及反思：**上次的个性聊天结合这次的训练非常成功，我看到了该生在面对挫败处理自己的情绪时，有了很大的进步，不会因为失去了面子就乱发脾气，学会冷静处理问题了。因此，我想再给他多些关注，让他感受到正确处理挫败的愉悦感，将会有更大的效果。

### 第三阶段：体验成功，增加其自信心及正确面对挫败的能力。

在课堂上，我经常采用合作讨论的方式有意让学生之间进行思维的碰撞，增进学生之间的交流。该生积极参与讨论，敢于表达自己的想法，在讨论后的分享环节，也勇敢举手发言，我常常当堂表扬该生，并鼓励其他学生以该生为榜样，多思考、多表现自己，以此来让该生感受到自己的价值，大家对自己的友好。我趁机约谈该生。

我：这一节课，讨论时感觉怎么样？

生：还不错。

我：在讨论过程中有没有意见不统一的时候？

生：有的。

我：比如说呢！

生：比如，我认为"黄黄的叶子像一把把小扇子，扇哪扇哪，扇走了夏天的炎热"这一句是比喻句，可是有的认为是拟人句。

我：面对这种争执，你是怎么解决的呢？

生：我们一起讨论，发现这一句不仅用了比喻的手法也运用了拟人的修辞手法。

我：非常好！当别人与你的意见不统一时，你不是以发脾气的形式让别人屈服，而是借助再讨论的形式解决了问题。那在讨论的过程中，你有什么感受？

生：我觉得很好，因为我们可以互相交流、讨论。

我：如果别人认为你说错了呢，该怎么办？

生：一起讨论解决问题。

我：你很棒，做得非常好！讨论的时候，大家的想法不可能是一致的。当我们面对分歧时，可以平心静气地听别人的意见。当然，也要好好地跟其他同学说清楚自己的想法。

生：我明白了，谢谢老师。

除了在课堂上关注、表扬该生外，我还会特意让他为班级做些事，并对他进行表扬。总之，抓住一切机会表扬他，提升该生的自信心。

**辅导结果及反思：** 通过以上的辅导和训练，我发现该生的状态越来越好了，不仅在遇到挫败时能够控制情绪，各科成绩也有所提升。该生与同学之间的交流更多了，已学会了自我调适。本次的挫折教育达到预期效果。

● **专家点评：** 不合理的自我认识多是由他人的不恰当评价和引导造成的。在这个个案中，父母的溺爱使他后来在学校生活中产生了环境适应的问题。陈老师运用了斯金纳及时正强化的方法，及时表扬他付出努力得到改善的行为，并且从认知角度帮助他建立认知上"新的秩序"，提高了他的抗挫能力，取得了较好的效果。

# 一个"哭神"的改变

**辅导教师**：张宏

**辅导学生**：林某某

**辅导时间**：自2019年9月至2020年9月

**辅导背景**：该生刚升到小学一年级，对校园生活非常不适应。每天上学都要哭很久，不肯上学，妈妈把她留在教室，她就偷偷跑到校门口，要跑回家。开学一个月了，还是喜欢哭，哭得其他同学都无法正常上课，做了很多思想工作，答应不哭了，没过多久又哭着找妈妈，成为老师和学生眼中的"哭神"。

**学生分析**：该生性格内向，缺乏安全感和自信心，比较在乎别人的看法，不太会与同学们相处，特别依恋自己的母亲。

## 辅导过程：

### 第一阶段：合理归因，提升安全感和适应能力。

该生因大哭不肯进教室，被妈妈带到我的办公室，她很伤心，抱着妈妈不肯松手。她的主要问题是缺乏安全感，适应能力差。故第一阶段的教育内容重点在于认同感受、共情，引导学生说出不愿上学的原因，关爱孩子，帮助孩子提升安全感和适应能力。

以下是我对该生的心理辅导过程。

我：宝贝你好！我是张老师，我是来帮助你的。你现在很伤心，很想和妈妈回家是不是？

生（点点头，躲到妈妈身后）：是。

我：宝贝，我可以让你和妈妈回家，我是年级组长，有这个权利！

生（声音疑惑地）：真的吗？

我：真的，只要你告诉张老师你为什么不喜欢上学，我就让妈妈带你回去。

生（开始哭）：我要妈妈。

我：宝贝不哭，我知道你爱妈妈，妈妈也爱你。你那么难过妈妈也会很伤心的。妈妈不是在这里吗，她不会不理你的。

家长：张老师，她每天总是哭着不肯上学，我都没办法上班了，真是被她给逼疯了。

我：不要急，小朋友刚上小学，这种现象是正常的，有部分孩子是会有分离焦虑，她上幼儿园会不会这样子？

家长：偶尔也会，只是不会这么抗拒。

我：您有没有和孩子聊一聊，她为什么会这么不喜欢上学？

家长（想了一会儿）：幼儿园比较自由，上小学了上课要坐端正，上课时间长，她坐不住，不想上课。她和同学们不熟悉，没有好朋友，不喜欢学校。开始哭的时候，老师们有耐心哄她一下，但总是反复，又没什么效果，老师就会批评她，这样她就很怕老师，不喜欢老师了。她就总是拿电话手表给我打电话，让我接她回家。

我：真是难为您了，您不要着急，我和孩子聊一聊。

家长（开始流泪）：张老师太谢谢您了！

我：宝贝你喜欢上什么课？

生（想了好久）：我不喜欢上课，我喜欢跳舞。

我：哦！音乐课就可以跳舞，还能唱歌，做游戏呢！

该生（继续哭）：我要回家。

我：那现在就和妈妈回家吧！下午有音乐课，让老师教你跳舞好不好？

生（不哭了，感激地看着我）：好。

我：您带孩子先回家，下午上完音乐课，我会再和她聊一聊。

家长：好吧，老师。辛苦您了！

孩子对我笑了笑，拉着妈妈的手走了。我马上找音乐老师说明情况，让她对孩子特殊关注一下。并且和她的任课老师沟通，让老师对孩子更温和耐心一些。下午音乐课后，我到教室想看看孩子的情况，发现她站在教室外面，不肯进教室，吵着要回家。

　　我：音乐课有趣吗？

　　生：嗯，音乐老师说选我进舞蹈队。

　　我：为什么不进教室上课呢？语文课也很有趣的。

　　生（摇头，又要哭了）：我要妈妈。

　　我（摸摸她的头）：妈妈在上班，等一会儿下班就来接你了，你可以不去上课，和张老师一起到操场上一起玩儿，一会儿妈妈就来接你了。你不给妈妈打电话，她一定会表扬你的。

　　生（犹豫不决）：嗯。

　　我：我们先玩跳房子吧……

　　生：好！

　　该生平稳地度过了一个下午，下午放学，妈妈来接的时候很开心，孩子表示明天会来上学，不会哭了。

　　**第一阶段辅导效果及反思**：本次谈话结束后，孩子第二天上学还是哭闹，不愿上课，总是要找我玩，除了音乐课，其他科目都不想上。后来我带她在体育课上玩了一会儿，她也不排斥上体育课了，但我也有工作要做，不能一直陪着她。就让其他任课老师陪她说说话，讲讲故事。她想上课就上，不想上课，老师就带她去玩。慢慢地她和老师们就熟悉、亲切了起来。问题学生，问题都在于需求：需求缺失的学生、情绪压抑的学生、心灵创伤学生。我们老师要让孩子感到安全，他们才能更好地融入学校生活。孩子的状态有进步，但是这样操作，老师们很疲惫，其他同学很不解，也想总出去玩，这样影响很不好，不是长久之计，所以我打算和孩子进一步沟通。


### 第二阶段：慢慢融入班集体。

　　上次教育辅导后，该生的状态有所好转，哭闹的次数有所减少，能上一部分课，和老师们的相处融洽了许多，但和同学们相处得不是很好。因此，阶段二教育方案初步计划是培养孩子的学习兴趣，让孩子在班级里有自己的好朋友。

　　第一步：降低孩子学习主课的畏难情绪。

为初步了解该生对于学习的感受，我与该生又进行了教育辅导面谈。

我：最近进步很大呀！老师们都表扬你了！

该生微笑沉默。

我：同学们跟我说，你在上音乐课时，跳舞跳得特别好。

该生开心地点点头。

我：为什么音乐课表现那么好，一上语文课就哭鼻子呢？可以说说吗？

生：老师希望我举手回答问题，但是我不会。我不出声，同学们都笑我。

我：你当时挺难受的吧！

生：嗯，我怕语文老师。

我：为什么呢？

生：我上课都不敢看她，我怕我哭她批评我，我想妈妈。

我：老师提问你是关注你，那么多小朋友都想发言，老师让你发言，是喜欢你啊！不会回答没关系，告诉老师不会就可以了，这样同学们就不会笑你了。

生：真的吗？

我：是真的，你下次试一下就知道了，我想如果你积极举手发言老师一定很开心。如果你不会，就大声告诉老师，自己还没考虑好，就可以了。

生（看着我钥匙链上的小刺猬）：嗯，老师我看不到妈妈就想哭。

我：你喜欢老师的这只毛茸茸的刺猬小公仔是不是？

生：嗯。

我：它好可爱，我也很喜欢它，我把它送给你，让它陪着你上课好不好？

生（开心）：嗯……

本次谈话结束后，我和孩子的妈妈聊了聊，孩子妈妈让孩子把小刺猬还给了我，给孩子买了一个小兔子，挂在书包上陪她一起上学。我找老师沟通了情况，尽量提问孩子一些简单的问题，培养孩子的自信心和学习兴趣。

第二步：教孩子如何去交朋友，让孩子更好地融入集体生活。

我：宝贝和小兔子一起上课感觉怎么样？

生：嗯，我也不知道，感觉有个好朋友一起上课。

我：你的小兔子会说话吗？会和你一起做游戏吗？

生（笑了）：不会。

我：你想有一个一起聊天，一起游戏，一起学习的好朋友吗？

生：可是张老师，没人和我玩。

我：为什么没人和你玩呢？

生：不知道。

我：如果你每天笑眯眯地，我相信大家肯定都愿意和你做朋友。你知道吗？你笑起来超级可爱、漂亮。

生：只要笑就可以了吗？

我：你可以试试。

生：好。

**第二阶段辅导效果及反思**：此阶段的教育，主要提高该生学习的自信心。由于各科老师都很关注她，经常表扬她，同学们也觉得她是一个优秀的小朋友，主动地与她亲近和玩耍，孩子慢慢地就少给妈妈打电话了，在集体里她感受到了温暖和尊重，就不那么排斥上学了。虽然取得了一定的效果，但老师们不可能长期只关注一个孩子，偶尔有没关注到她的时候，她又会大哭。这也不是长久之计。我猜孩子的这种状况一定有她的家庭原因。孩子的妈妈是单亲妈妈，每次和她聊天她也总是哭个不停，要想解决孩子的心理问题，孩子的妈妈也要扭转现在的状态，要阳光、快乐一些，不要那么多的唠叨和抱怨。和妈妈沟通几次后，孩子妈妈也分析了自己的问题，也咨询了专业的心理医生，调整好了自己的状态。

### 第三阶段：学会调适心理压力，适应环境，提升抗挫能力。

我与该生再次约谈，了解该生的情况。

我：最近上学开不开心？

生：嗯……

我：不开心吗？心里想什么，说出来就不会不开心了。

生：有时开心，有时不开心。

**我：哦，怎么说？**

生：老师没有叫我发言，没有表扬我，我就不开心。

我：班级里有这么多同学，老师不可能天天都提问你，没被表扬的同学有很多，都很不开心吗？

生：不知道。

我：不开心的时候你会怎么做？

生：不想上课了，想回家。

我：回家能干什么呢？

生：妈妈会给我看电视，吃好吃的。

我：哦！你会和妈妈聊学校的有趣的事情吗？

生：会，妈妈很开心地听我讲学校里好玩的事情。最近妈妈很少哭了，我也很少哭了。

我：妈妈和宝贝都很棒！妈妈对你那么好，如果你在学校里不开心，她也会很难过。

生：好像是这样的。

我：所以为了亲爱的妈妈，你也要努力做一个开心的孩子啊！很多老师都说你进步特别大，好喜欢你。

生（点点头）：老师，我明白了。

**辅导结果：**本次教育辅导结束后，我继续关注该生情况，有时候遇见该生也会简单聊几句，肯定她的进步，关心她的生活。后来，据班主任与老师反馈，该生现在给人的感觉与以前很不同。脸上的笑容多了，话也渐渐多了，对他人的关心也渐渐多了，整个人都明亮了起来。她进了学校的舞蹈队，表现优异。不排斥上学，不哭闹，信心也逐渐提高。该生学习状态较好，期末考试考了100分，孩子特别开心，老师们也很欣慰。

**辅导反思：**其实通过前两阶段的教育，该生已学会适当表达自己的情绪与感受，这对该生缓解心理压力有一定帮助。此外，该生重塑学习自信，抗挫折能力明显提高。完成了阶段三的教育辅导后，该生的安全感大大提升，从家庭找到了孩子焦虑的根本原因，家校多互动，多沟通；从孩子爱跳舞这个突破口，让孩子找到了自信，在家长、老师和同学的共同帮助下，孩子克服了焦虑，适应了小学生活。本次挫折教育目标达成，效果良好。

● **专家点评**：不少孩子在进入小学一年级初期时会出现分离焦虑。案例中，张老师有效调动音乐及语文老师协同关注该生，帮助该生逐步适应了小一生活。案例辅导过程中，我们能够感受到张老师是一位负责的老师。张老师在孩子适应了小学生活后，进行了第三阶段的辅导，从家庭教育角度入手，在根源上帮助了孩子及其背后的家庭。

# 从排斥到接受

**辅导教师**：林立群

**辅导学生**：严某

**辅导时间**：自2019年9月至2020年12月

**辅导背景**：该生五年级，比较好动，课间喜欢与同学嬉闹，但总与同学发生不愉快，如随意拿别人东西，与同学吵架、打架等。他上课喜欢插话，因此也影响到老师上课。该生家长多次与老师沟通，但没有效果，该生家长认为，如果老师没有有效的教育方法和解决方案，就不愿意到学校来。据了解，该生有多动症的症状。家长目前就这一个孩子，也花了一些心思在孩子身上，但教育方式比较单一，孩子不听话，就是一顿打骂，打起来也挺狠，基本是爸爸一个人在管他。

**学生分析**：该生性格外向，比较贪玩，心思比较单纯，平时嬉皮笑脸，爱出风头，喜欢得到关注，喜欢与同学玩，但为人比较固执，比较维护自我，容易与同学发生冲突。该生既想要得到老师和同学的肯定，又不能控制自己的行为，是一个矛盾体。同时，他也充满了挫折感。

## 辅导过程：

### 第一阶段：争取信任，家校合作。

作为一个经常被投诉的家长，已经形成了一种教育无力感，面对老师甚至有强烈的排斥意识，正如一直被批评的学生，其实他们很想得到帮助，很想得到老师和同学的肯定。要取得家长的信任，必须从孩子入手。我主要从两方面进行调整。第一，调整座位。把他安排在一个好学生身边，让好学生监督其学习。对于不安分、调皮捣蛋的学生，我们的一贯做法就是让他们单人单桌，隔离开来，这样往往会使他破罐子破摔，越来越糟糕。我尝试着让他融入集体，与同学们相处。第二，公平公正地对待每个学生。这样的学生容易让我们产生刻板印象，觉得他与同学发生矛盾了，一定是他的问题。我在处理他与同学的矛盾时，会认真听取过程，不偏不倚。这样既让他信任老师，又为以后的教育做好铺垫，也逐步改变同学们对他的一些偏见，让同学们意识到其实他并没有很坏。

**第一阶段辅导效果及反思：**该生得到老师的关注，家长感觉到老师的用心，就会慢慢卸下对老师的排斥心理。再次联系家长，家长的态度有了很大的转变，再请家长到校与老师面谈，都很顺利。学生方面，虽然态度有所好转，但自制力还是不够，随意讲话，做小动作，影响其他学生上课。最大的进步就是同学们不像之前那么排斥他，在课堂小组活动中，同学主动拉他进小组，他也有相应的任务，看到他脸上露出的笑容，我也有了一丝欣慰。


## 第二阶段：协调老师，齐抓共管。

虽然在第一阶段取得家长的信任和支持，但要从根本上改变该生的行为习惯还需要制定相应的整改计划。特别是该生的课堂表现，在其他科任老师上课期间，随意插话，不认真听讲，严重影响上课。如何解决这个问题？

该生在课堂上的各种表现，就是为了引起老师和同学的关注。随意插话既是因为真的不懂，也是想让同学们乐一乐。不管哪个原因，都会影响到上课。这个时候，如果老师被他牵着走，花很多时间对他进行批评教育，会影响教学进程。因此，我们建议老师采取冷处理的方式，不予理睬，也可以加上眼神警告。用"以静制动，以冷处热"的方式，对其行为进行强化，有一定的效果，但不能从根本上解决问题。所以，我们实施了第二方案，即行为矫正。

这是一个缺乏正确引导的孩子，在家里，爸爸的教育方式过于简单粗暴，不听话就挨揍。在学校，他早早就被贴上"成绩差""爱打架""爱说脏话""学习差"等标签。这样的问题学生不论在学习上还是在人际交往上，都倍受挫折，如果不加以引导教育，只能是越来越糟糕。所以，我找该生谈话，帮助他认识自己的问题所在：上课随便插嘴的行为不利于维持课堂良好的教学氛围，会打断其他同学的思路，基于此增强他控制这一不良行为的意愿（自我控制法）；第二，经常与同学吵架打架不利于班集体建设，也会影响到其他同学的学习，我向他提出老师愿意协助他改变，在协商交流中获得该生的同意，然后一起制定计划。

我采用观察记录法。选择不同科目、不同节次的课，记录一节课40分钟内随意插嘴的次数，再取一个平均值，以此为标准。以周为单位，记录每天与同学发生矛盾的次数。若做到一节课插嘴次数比平均值的次数少1次，可盖1个印章；少2次，可盖2个印章，以此类推；若超过平均值1次，则划去一个印章，以此类推。规定集满5个印章可换1颗红星，集满10颗红星，可换一样文具。同样，一周为单位，第一天与同学发生矛盾次数如果为0，可盖一个印章；第二天次数为0，可盖2个印章，以此类推。若次数是1或1+，则划去1或1+个印章，以此类推。集满5个印章同样换1颗红星。

**第二阶段的辅导成果及反思：**在这个阶段中，我运用了集体力量，结合了科任老师和同学们力量，先是用"冷热交替"的形式让学生在挫折中寻求改变。用教师的"冷"（冷静处理）应对学生的"热"（多动，爱出风头），用教师的"热"（热情、激励和鼓舞）应对学生的"冷"（不受关注，不自信），虽然没有达到理想效果，但通过行为矫正，该生在此阶段中好的行为得到强化，也逐渐在课堂上有比较好的表现。

## 第三阶段：学习辅导，提高自信。

根据该生的学习实际，我采取以下措施，并与家长共同辅导、监督其学习。

学困生重在激发学习兴趣，强化学习意志，养成良好的学习习惯。教师在作业练习的设计上要善于顾及学困生的理解能力，降低学困生作业练习的难度，让他们做简易的习题。如对于该生的英语作业，我只要求课文会读，核心单词能默，作文以模仿课文为主。当该生完成布置的学习任务时，他就会获得成功的满足感，对学习更有兴趣了。另外，尽量在学校完成作业，这样，不懂的地方可以请教同学或老师。回家的任务主要是由家长监督其读书和复习。

客观地看待该生成绩，寻找问题所在，进行针对性辅导。对于该生的成绩，应该是循序渐进，允许有反复进退的现象。只要他有一点提高，我就及时鼓励，大力表扬。鉴于该生没有良好的学习习惯和学习方法，帮助其掌握一些基本的学习方法。再根据他的意愿，给他配备小老师。

**辅导结果：**经过这一系列的教育转化工作，该生逐渐端正了态度，各方面都有比较明显的转变。该生渐渐恢复了自尊与自信，消除了自卑和抵触情绪，能尊重老师，与同学能友好相处。日常行为表现好转，成绩也有了提高，数学老师说他能认真做题了，成绩也有提高，英语也考了70多分。

**辅导反思：**该生从低年级开始，就开始面对各种来自学习、交往的挫折，他在挫折中只能竖起自己的硬刺，既伤了别人也伤了自己，而我们要做的是帮助他找到自信。辅导学生是一项艰难、复杂和长期的工作，需要教师、学生、家长多方面力量密切配合才能够取得一定的成效。只要我们对学生始终付出爱心、耐心和恒心，他们的转化就必将走向成功。

● **专家点评：**案例中是一个习惯了批评的学困生，可贵的是林老师并没有放弃该生，而是智慧地采用一系列措施帮助该生。家校沟通是需要技巧的，该生家长是一对经常受到质疑、排斥教师的父母。林老师深谙家长心理，先从对孩子实质性的帮助获得家长的信任，并通过严谨的行为塑造等方式有效帮助该生实现了蜕变，值得称赞。

# 一名优秀生的心结

**辅导教师**：岑贤姿

**辅导学生**：华某

**辅导背景**：该生原本成绩优异，在班级名列前茅，是老师和同学眼中的优秀生。但是该生一直有一个心结，他觉得自己是孤独的，班级里没有人愿意成为他的朋友。该生父母也没有时间经常陪伴他。随着这种孤独感愈发强烈，他的成绩逐渐下降，情绪也常难以控制，会在下课时踢桌椅，吃饭时会吃着吃着哭出来，有时甚至哭到呕吐。他认为自己是一个失败的人，甚至产生了厌世的心理。

**学生分析**：该生性格内向，且内心敏感，对他人的看法非常看重。而且该生非常渴求他人的认可，但是往往达不到内心所期待的，因此内心崩溃，难以控制自己的情绪。

## 辅导过程：

### 第一阶段：分析心结，寻找原因。

该生认为自己是孤独的，在班里没有朋友，在家里父母也不愿陪伴他。让他崩溃的一次导火线是A同学生日那天，班级里很多同学写贺卡送给A，而他过生日时，同学们无人问津，更不说用收到礼物了。在第一阶段，我想帮助他分析一下，为什么他会认为同学们孤立他？他和同学们交朋友过程中曾经做过哪些举动？为什么这些行动没达到理想的效果？

以下是我对该生的谈话辅导过程：

我：刚才同学们说你在吃饭的时候哭得很厉害，哭着哭着吐了出来，老师听着很心疼。你先别哭，喝杯水，好吗？

该生点点头，接过我的纸巾擦了擦眼泪，情绪逐渐安定了下来，等他情绪好点后，我们接着开始谈话。

我：今天发生了什么事吗？有什么不开心的事一定要及时跟老师说哦。

生：岑老师，我觉得自己没有朋友，我觉得自己好孤单，活着好痛苦。

我：为什么你会觉得自己没朋友呢？是不是班上的同学做了什么？

生：今天A生日，我看见好多同学写贺卡或者送礼物给她，祝她生日快乐。她真的好幸福，可以得到这么多祝福。刚才吃饭时我就想起我过生日的时候，班级里根本没有同学记得，更不用说收到贺卡礼物什么的，我觉得自己好委屈，为什么我过得这么悲惨？

我：好了，先冷静下来好吗？岑老师想问一下，你有告诉过同学们你生日是在几号吗？

生：没有，从来没有人问过我的生日。

我：那岑老师觉得同学们没有给你生日祝福也是可以理解的，因为他们不知道你生日在什么时候。而且我觉得同学们并没有孤立你，A同学之所以能收到这么多祝福，是因为她提前告知了同学们今天是她的生日。下次我们把生日提前告诉同学们，我相信同学们一定会送祝福和礼物给你。但是，你也要记得同学们的生日并送上你的祝福哦。

生：我在班上没有朋友，我不知道告诉谁我的生日。他们都不肯跟我玩。

我：为什么他们不肯跟你玩，你有尝试过加入他们吗？

生：没有，但我跟他们说话他们都躲得远远的。

我：他们还是学生，岑老师想他们的心思是不会坏的，不会无缘无故去孤立一个学生。好好回忆一下，你是不是对他们做过什么呢？

生：有。我有时候会对着他们打喷嚏，还会抱着他们。

我：为什么要对着同学打喷嚏呢？

生：我觉得这是两个人亲密的表现，我对着他们打喷嚏是因为我信任他们，想跟他们交朋友。

我：可是你对着同学打喷嚏，你的喷嚏全喷到了他们身上，你觉得他们会高兴吗？还有，你把同学抱得太紧，他们会觉得很难受。而且你想想，大热天的，大家汗流浃背地抱在一起，得多难受！

生：好吧，老师，我错了，我不应该对着同学们打喷嚏，也不应该抱着他们。

我：没事，你还小，你本心是好的，只是方法错误，你能够认识错误就非常棒了！你看，你对同学们做了不好的事情，同学们是不是会不自觉地疏远你呢？我们可以尝试换一种方法去融入他们，比如借同学文具、帮助同学解答问题，等等。岑老师相信，你一定会交到很多朋友。

生：好的，谢谢老师。

我：老师很高兴你能跟老师说这么多，你说你没有朋友，那岑老师来当你的朋友吧。你的生日是什么时候呀，到时岑老师给你送一份惊喜！

生：谢谢老师，跟老师说了这么多，我的疑惑也理清了。

**第一阶段辅导效果及反思：**这次谈话结束后，学生的心态发生了较为明显的变化。该生脸上带着笑容，见到老师会问好，而且很少有情绪大崩溃的时候。成绩也有进步。本阶段的教育首先需要初步稳定学生的情绪，待学生情绪稍微好一些的时候再与该生沟通。这次谈话分析了学生为什么会有此心结。孩子们的情绪绝对不是无理取闹，而是有原因的。我们要找到原因，再顺着帮孩子理清原因，解答他们心中的疑惑，这对孩子的情绪控制有非常大的帮助。

### 第二阶段：打开学生心结，找到认同感以及归属感。

该生虽然心态好转，但是还没有在班级里找到认同感，家庭问题也没有解决，此次谈话，主要解决两个方面的问题。

第一步，建立自我认同感及归属感。

我：老师看到你现在的状态好多了，笑容也比之前甜多了。怎么样，有开始找到好朋友了吗？

生：嗯……我不知道他们算不算我的好朋友，但是我之前帮过他们解答一些数学问题，我们渐渐可以谈话了。

我：那你还有对同学们打喷嚏和抱着他们吗？

生：这倒没有了，自从你上次说过后，我自己回去也认真思考过了。要是别人老是对着我打喷嚏，我想我自己也会觉得很难受。

我：那就好，那接下来我们就尝试在班级里主动去交一些好朋友。

生：老师，我该怎么做呢？

我：在下课时可以多跟同学们聊聊天，可以聊一些吃的玩的话题呀；当同学们需要帮助的时候，就要积极地帮助他人；当你自己需要帮助的时候，可以稍微依赖一下同学们，我相信他们一定会帮助你的。

生：好的，我以后要多帮助同学们，也会尝试多跟他们说上一些话。

本次谈话结束后，同学们都认为他像变了一个人似的，之前的他经常会无缘无故对着他们打喷嚏，让同学们很是反感。但是现在他不会做这样的事了，反而经常会在他们有需要的时候帮助他们。看来该生在班级里逐渐得到了他人的认可，接下来我还要解决该生的家庭问题。

第二步，在家庭建立自我认同感以及归属感。

我：你知道吗，你现在在班级里已经小有名气了。

生：嗯，班级里的同学们会经常送我一些小糖果，这要谢谢老师的指导。

我：现在在班级里应该有好朋友了吧。

生：是的，有几个。（向我列举了几个人名）而且我们还互相告诉彼此的生日，并约好了要一起庆祝。我感觉在这个班里每天过得很开心，我现在都不想放暑假了，我想每天都能见到他们。

我：那就好，接下来能跟老师说一下你的爸爸妈妈吗？

生：爸爸很忙，一直在外地打工，只有过年的时候才能见上一面。平时都是妈妈在带我，但是妈妈也每天上班很晚，基本要到晚上11点才能回家。

我：那你上学放学怎么办？

生：都是我自己一个人搞定。我自己一个人会坐地铁，会煮饭，煮的可好吃了呢！

我：真是一个很自立的孩子！孩子，你要知道，爸爸去外面打工也是为了这个家庭好哦，你想想，假如没有爸爸辛苦劳动，那你平时的吃喝住行的钱都从哪里来呢？

生：我也是这么安慰自己的，但我还是好想有家人的陪伴。老是自己一个人孤零零在家，真的好难受。

我：妈妈平时工作也要到很晚，这也是生活所迫。孩子你要感到自豪，爸爸妈妈这么努力工作都是为了让你有一个更好的生活。妈妈周末要上班吗？

生：周六要，周日不用。

我：那平时周日和妈妈在家会干些什么呢？

生：各做各的。我在家里写作业，妈妈在家里干家务，偶尔她会看电视剧。

我：这样子，老师给你几个建议。因为妈妈老是回去很晚，那时你应该早睡了。老师送一个本子给你，名字就叫作"我的活动记录本"。你把你每天在学校所发生的一些琐碎的小事写下来，放到桌子上，妈妈一回来就能看到了。只是妈妈那么晚回家可能会很累，不能给你太多回复，希望你能谅解妈妈。妈妈忙的时候就签个名字，不忙的时候再仔细地回复你，好不好？

生：老师这个方法挺不错的，谢谢老师的小本子。

我：还有，你以后争取周六就把作业写完，周日帮妈妈分担一下家务好不好？

生：好，我在家里都是自己煮饭，自己洗碗，我可是一个男子汉！

我：好的。每周日干完家务活后，可以让妈妈带你去附近的公园玩一玩，然后找一个爸爸也有空的时间，约定好每周开一次视频聊天。现在的科技可发达了。

生：好的，我好久没看见过爸爸了。上次跟爸爸打电话还是一个月前呢，我好想念爸爸呀！

我：岑老师相信，尽管爸爸妈妈经常不在你身边，但是通过这些小事，你会感受到家庭的温暖的！

生：好的，谢谢老师一直以来对我的帮助。

**辅导结果：**该生现在越来越自信，在班级里还会主动竞选副班长了，并且如愿以偿。他在班级里被同学认可肯定，在家里得到了父母的鼓励赞同，他在别人的眼里看到了自己，找到了自己存在的意义。而且，他说自己要成为一个男子汉，不会再哭鼻子，他学会控制自己的情绪，我为他的成长与改变感到自豪！家长也跟我打过电话，她首先向我表示感谢，该生现在会和她说些日常生活中发生的事情；她对孩子承诺，以后每个周日会来一次家庭视频聊天，并且带他出去玩一次。虽然平时没有时间陪伴孩子，但她觉得跟孩子的距离反倒更近了。听到这通电话，我很欣慰，这个孩子渐渐找回了归属感，也得到了父母的认可。这次谈话，我认为是很有意义的。

**辅导反思：**通过这次辅导孩子，我懂得了孩子们有情绪、感觉抑郁是有原因的，我们老师需要做的就是帮孩子们找到心结、分析心结，提出一些建设性的建议，和孩子一起打开心结。

●**专家点评：**青春期是人生的一个特殊阶段。按照埃里克森八阶段人格发展理论，他们处在人生的各种冲突和探索中。他们渴望获得更多友谊，敏感，怕受到情感上的伤害，时不时感到孤独又充满着防御和自我保护。岑老师在该个案的引导中，认识到他处在青春期阶段，帮助他找到心结，分析心结，调整认知和交流方法，取得了较好的效果。

# 我的情绪我做主

**辅导教师：**廖梅芳

**辅导学生：**桐桐

**辅导时间：**2020年8月至2021年1月

**辅导背景：**桐桐不善于与小朋友沟通，非常敏感，受不了同学们说她一丁点不是，遇到解决不了的事情她就会大发脾气，有时会大哭大叫，或丢东西、踢桌椅。上课注意力不集中，爱玩小动作，不专心听讲，喜欢在座位上扭来扭去，作业书写马虎，课堂练习经常不完成，上课时喜欢发出怪声扰乱课堂秩序，课间喜欢追逐打闹，遇到解决不了的事情就动手打人。有时候，她又喜欢安静地画画，或沉醉在自己的世界里，各科成绩比较差。有一次上音乐课，她和同桌起了争执，大哭大闹搅乱了音乐课堂，被音乐老师登记名字并点名批评，结果桐桐又大哭大叫。音乐老师怎么劝说都没用，只能把她送到我的办公室。

**学生分析：**桐桐家里兄弟姐妹有3个，所住出租房较小，父母都是来深务工人员，早出晚归，孩子经常没有父母陪伴。父母文化水平低，家庭教育技巧和能力欠缺，只会大吼大叫，甚至打骂。父母不在家时由爷爷照顾他们，3个孩子经常在一起追逐打闹，爷爷不会管教孩子，一出问题就会批评桐桐。孩子性格内向，有轻度自闭倾向，成绩一直上不去，有自卑感。

## 辅导过程：

### 第一阶段：谈心谈话，获得信任。

来到办公室时她还是很生气，不管我怎么说她都不肯说话。后来我跟她说，给你五分钟时间冷静，如果你还是不愿意跟我分享你们之间发生了什么事情，那我就去班里调查了。她点点头，说自己心里很难受，就是想哭。经过老师耐心地讲解，她的情绪才稳定下来。

我：你今天上音乐课发生了什么事？

生：他们说我上课没唱歌。

我：是老师说你没唱歌吗？

生：同学们说我没唱歌，我说我唱了，但是大家都不相信我。

我：看，音乐老师都说你唱歌了。

生：他们就是不相信我。我唱了，我唱了，我唱了……（孩子一直生气地重复着）

我：老师相信你唱了，而且唱得很好。但是不管怎样，课堂上都不能大哭大闹。你知道吗？每个人的头顶上都有一朵云。我们心情好的时候头顶上就是一朵太阳云，生气的时候头顶上的云朵就会变黑，如果你不懂得找朋友倾诉或解决问题，自己就会感觉整个世界变黑了，你也不想头顶上有一朵黑云跟着你吧？

生：不想！

我：那你应该怎么做呢？

生：我要做像太阳一样的女孩子。

我：对了，你就一个阳光女孩子，加油！

和孩子分享简单的故事，让孩子学会自控。

在教学方式中多样化，采用有趣的导入、动手操作、快乐学习的方式，多开展小组活动带动她的积极性，在课堂上多给她发言机会，发掘孩子的闪光点，多表扬她，树立她的自信心。努力把她带进课堂中，吸引她的注意，尽量让她在玩中收获。邀请她参加班级活动，这会使她觉得自己也是班级一员，在同学中也树立了必要的威信。

有轻度自闭倾向的孩子，情绪非常不稳定，不喜欢接近周围的人，与她交流非常困难，必须要放慢速度，用自己的爱心、关心、耐心去帮助她。课后我与桐桐交朋友，让她感受到老师的关注和关爱。但我不可能时时刻刻都盯着她，所以我鼓励学生跟她交朋友，做游戏、讲故事、背口诀比赛等，当她跟同学友好交谈时，我会悄悄对她说，同学们和老师都喜欢她，她听了都会很开心地笑。她不再沉浸在自己的小世界里，尽量融入同学们之间，感受到周围的人对她的关爱。

每两周和她谈话一次，鼓励她友爱同学、尊重师长、认真听课、专心读书，遇到不开心的事要想办法解决，协助其养成良好的习惯。

进一步了解学生家庭情况，及时与其家长联系，采用电访、面访、家访等形式，取得家长的支持，帮忙家长提高思想认识，转变观念。这种特殊教育，不仅需要教师的参与，也需要家长的支持。学校和家长共同商量教育方案。家长首先要改变沟通方式，创造良好的家庭氛围，和孩子交朋友，多鼓励、少责骂，多表扬、少批评。合理对待孩子的要求，不伤害她的自尊心，尊重她，信任她，多陪伴，利用家庭的温暖感化她。合理安排时间带孩子出去开阔视野，亲近大自然，享受阳光和新鲜的空气，为孩子安排有意义的活动，慢慢地孩子就会敞开心扉。

家长要根据学校的教学进度全面、客观地了解孩子的学习情况，端正心态，设计好培养目标，不要过度要求成绩，着重培养学生的学习习惯。家校互动，向家长提供一些好的教育方法，帮助家长更好地培养孩子。

**辅导结果及反思：** 在老师、家长的鼓励及同学们的赞赏下，她有了明显的进步，不再随便发脾气、打人、乱丢东西，也会解决一些简单问题。家长反映，她在家能做一些力所能及的家务事，脾气也有所收敛。"良言一句三冬暖，恶语一句六月寒。"一句鼓励的话能给予孩子很大的动力，老师和家长发自内心的鼓励可能远胜于一百次严厉的责备，或许我们与孩子私下的约定，比千万遍的念叨和批评来得更有效。看着她满脸笑容与同伴嬉戏，作业也能按时上交，有心事也能跟老师和小伙伴分享，我相信她能找回自信，健康快乐地成长。

● **专家点评：** 问题家庭不一定有问题孩子，但问题孩子大多出自问题家庭。不同的家庭结构和家庭养育方式，会培养出具有不同态度和情绪表达的孩子。廖老师注意到桐桐的不合理情绪表达，给予家长科学的家庭教育建议，并结合学校的教育环境，创设条件培养桐桐学会恰当表达情绪，培养自信心，取得了较好的效果。

# "刺头"的改变

**辅导教师**：唐婉君

**辅导学生**：金某

**辅导背景**：该生是一个各方面都不突出的学生，学习态度"无所谓"，上课时总是"身在曹营心在汉"，还常常插科打诨，扰乱课堂的正常秩序，常和同学发生冲突，是班上公认的"刺头"。

**学生分析**：该生性格活泼，自尊心强，渴望得到他人的关注。因此，在课堂上才会经常插嘴发言，但之前学习基础较弱，他人不认可的态度刺痛他的自尊心，产生极大的挫败感，为维护个人心理平衡，干脆"破罐子破摔"。

## 辅导过程：

### 第一阶段：摆正心态，正确归因。

第一阶段的教育内容重点为帮助学生端正自己心态，正视自身，不因他人评价而看低自己的价值。

以下是对该生的心理辅导过程。

我：你好像每天上课都趴在课桌上听课，是老师上课不够有趣吗？

生：有时候是，有时候不是。

我：那你对哪些课更感兴趣呢？

生：美术、音乐、体育课。

我：这些课堂会有很多活动让大家参与互动，确实很有意思，看来你是一个非常有艺术细胞的孩子。你为什么不喜欢其他科目呢？

生（失落）：很多老师讲的东西都听不懂……

我：除此之外还有别的原因吗？

生（气愤）：我回答老师的问题时，其他同学总会议论我，笑我。

我：他们是只议论你一个人，还是其他同学发言时也议论了呢？

生：有时有，有时没有……

我：班上成绩最好的同学，是不是从未在发言时被其他同学议论呢？

生：（沉思）他也被人笑，不过次数很少。

我：这说明即使是最优秀的学生，也不可能让别人一直称赞，我们左右不了他人的评价，对吗？

生：你说的有道理。

我：那些优秀的学生被他人议论时，是如何反应的呢？

生：这个，我平时没有关注过……

我：要不我们做个实验，观察一下那些同学是如何应对的，行吗？

生：行。

（一周过后，我找到该生，了解他的观察结果。）

我：这段时间你的观察结果如何？

生：大部分人遇到相同情况后，继续听课，没有太大的反应。

我：他们课后会不依不饶，找那些同学理论吗？

生：也没有，他们课后的表现和平时一样。

我：你之前遇到这样的情况，是如何做的呢？

生（有点不好意思）：我会非常生气，觉得那些人是故意在笑我，课也听不进去了，课后定要找他们理论一番，让他们无话可说。

我：由此可见你是个有自尊心的孩子，这是好事。你觉得那些同样被议论却没有反驳的同学们是否有自尊心呢？

生：他们有。

我：那你能想一想，为什么他们不与他人因此而争论吗？

该生：因为他们觉得争论没有用，认真听课才是要紧的事。

我：你说的很对。他们没有因他人一时的看低而改变自己的前进方向，而是正视自身的不足，所以能很快地从挫折情境中走出来。那些不计较他人看法的同学们，他们对自己的挫折归因并没有执拗于外界评价上，而是看到了自身努力尚且不足，并从中调整，所以问题迎刃而解。你认同吗？

生：我同意老师的观点。

我：接下来你知道该如何调整了吗？

生：我知道了，我不能执着于他人的评价和看法，应该努力学习。

**第一阶段辅导效果及反思：**本次谈话后，我留意该生的后续表现，有时也和其他老师沟通。该生用心听课，不会再动不动趴桌上做一个"旁观者"，渐渐能跟上班上其他同学的脚步，和大家一起认真探讨问题，期中考试前，他认真复习，成绩进步很大。

本阶段的教育内容中，比较值得借鉴的地方是引导学生从自己的观察结果开展心理辅导的部分。一味地说教可能会让学生一时信服，却没有实际生活经验更让人感同身受。既然这位学生因他人的评价和看法产生了消极心理，就让他认识到外界评价并不是成功的决定性因素，自己的努力和正确的心态才是打破僵局的正确办法。

### 第二阶段：尝试改变，走出困境。

该生经过第一阶段的辅导教育后，学习状态一直良好，和同学相处也日益融洽，心理素质明显提高。但是，在一次英语单元小考中，发挥不佳，导致成绩距离目标有很大差距。这次考试后，该生感到十分气馁，又产生了逃避心理，对学习和自己的信心再次动摇。通过这件事情，我发现该生在制定学习目标时，对自己的期待过高，学习目标设置不合理，在面对困难情境时的抗压能力略显不足。因此，第二阶段的教育方案，我从上述两个方面入手，帮助该生找准最近发展区，提升面对挫折情境和难题时的心理抗压能力。

第一步：找准最近发展区，设立合理的学习目标。

我：最近一段时间，你好像对学习认真了很多，老师真为你感到高兴。

生：可是……这次月考我没有考好。

我：你好像有点沮丧，看来你已经很认真对待这次考试了，是吗？（认同学生的努力）

生：是的，但还是总觉得自己没有做到最好。

我：为什么这么觉得，可以和我说说吗？

生（低落）：这次考试的时候，我没有合理把握好答题的时间，后面的一页卷子还空着没做，就快要收卷了，我就慌了。

我：看来，当时你一定很难受吧？

生：对，我当时很紧张，心里想这下坏了。头脑也反应不灵敏了，越紧张越答不出来，到最后虽然还有一点时间，却只能乱写一通了。

我：看来，答题时间不足这件事给你造成了很大的压力。

生（气馁）：是的，看到考试成绩后，我想我大概没有学习的天赋。

我：为什么这么觉得呢？你这段时间比之前的成绩还是有进步的不是吗？

生：这离我的目标分差太远了。

我：你可以告诉我你的目标分是多少吗？

生：我的目标是92分以上。

我：你现在距离目标分还差多少分？

生：还差15分。

我：其实，你在学习上有自己的目标是一件非常好的事情。有了学习目标，你的学习时间就有了不一样的意义，生活也有了很大不同，对吗？

生：是的，我觉得生活越来越充实了。

我：这是制定目标给我们带来的正面影响。但是，制定学习目标时，不宜过高、过难，因为这些目标在短时间内无法快速实现，我们可学一下"跳一跳能摘到桃子的小猴子"，根据自己现阶段的状态，制定一个略高于目前自己能力的学习目标。这样，既让自己的学习能力较目前有所进步，又不会出现无论怎么努力都无法实现的无力感。

生：我明白了，所以我可以制定一个略高5—8分的学习目标，而不是一口吃成一个胖子。

我：说得很好。另外，你觉得考试的题目难度会一直停留在同一水平吗？

生：当然不会。

我：既然每次考试难度都有不同，出现难度较高的试题也是正常的对吗？

生：是的。

我：其实，考试不仅仅是在测试一个人的学识水平，更是在考验一个人在应对问题时的心态。当试题简单时，它能测试出一个人是否会粗心大意、小看试题；而试题难度较高时，则能考验一个人是否临危不乱、沉稳冷静。只有冷静下来，大脑才能正常运转。

生（疑惑）：有没有什么方法可以帮助自己不过度紧张呢？

我：当然有。你可以试着深呼吸几次，让自己的呼吸调整到和平时相同的频率，让自己紧绷的神经松缓一下。还可以在心里坚定地告诉自己："没问题，我能行！"这种自我暗示法，方便又实用。

生：我知道了。下次我也试试这几个方法。

我：加油，相信你会做得很好。

**第二阶段辅导效果及反思：**此阶段的教育，主要是帮孩子寻求解决困境的方法，该生已经有了主动面对挫折和困难的进取心，但因经验的不足，方法的欠缺，加上之前制定的目标不切实际，导致自信心受到打击。授之以鱼不如授之以渔，该生只有掌握了正确应对挫折的方法，提高自己的抗压能力，合理地自我期待，才能真正树立自信心，从而实现学习目标。

### 第三阶段：相信自我，积极向上。

在前两次教育辅导之后，该生掌握了正确的自我调适方法，心理状态良好，性格更加开朗，学习成绩明显提高，也收获了很多老师的肯定。我在第三阶段的辅导侧重于引导该生更自信，更主动地提升自我，树立敢于挑战、积极进取的人生观，只有这样，才能在之后的生活中，保持健康的心态，从容地踏浪前行。

我：听说你最近表现很好，想必学习进步也很大？

他听了之后有点不好意思，又有点开心。

我：那你心情如何？

生：每天都很高兴，特别是在学习的时候，感觉很有意思。

我：看来你体会到了努力付出所带来的成就感，我也非常为你高兴。上课回答问题的时候怎么样？还会紧张吗？

生：嗯，现在上课时我经常举手回答问题，遇到难题我会先静静思考一会儿，然后再给出我的回答，有次我答出了一道难题，老师在全班同学面前表扬了我。

我：那么，现在他人的不良评价是否还会让你心烦气躁，无心学习呢？

生：不会了，我会把它看成一面借鉴的镜子。

我：很好，一路走来，我们遇到了很多挫折，但现在我们一一回顾，这些问题是否无解呢？

生：都是能解决的。

我：是的。你觉得未来的生活里，你还会遇到棘手的问题吗？

生（紧张）：应该会有。

我：其实挫折也是可以防范的，防范挫折可以让我们提前做好应对挫折的心理准备，锻炼自己的意志和人格，我们不应等到困难发生了才去思考如何转危为安，而是应该平时就养成勇于挑战和积极磨炼自己的意识。

生：我懂了，就是要主动地挑战自我。但是应该怎么做呢？

我：自我挑战的方法有很多种，比如，参加一项体育竞赛，锻炼自己的毅力和恒心；制定一个有挑战性的学习目标，提高自己的知识水平。只要是走出舒适区，积极向上的活动都可以。

生：原来有这么多的方法。

我：有时呢，我们也可以培养一些兴趣爱好帮助自己调整心态，转移自己因压力而紧张的情绪，你有什么兴趣和爱好吗？

生：我很喜欢听音乐和看漫画。

我：是不是听音乐时觉得格外放松呢？

生：是的，心情也会好很多。

我：那说明听音乐对你来说是个非常有用的自我调节的方法。除此之外，还可以采取向外寻求帮助的方法来防范挫折。你知道大家最容易向谁寻求帮助吗？

生：是朋友吗？

我：是的，大家常常会向身边的好朋友倾诉自己的烦恼，寻求情感上的支持。同时，也可以和老师、家长大胆沟通，不论是学习或者生活，相信他们都会无私地给你很多真诚的建议和帮助。

生：我以前有点不敢说，但现在敢和老师、家长说自己的苦恼了。

我：说明你逐渐打开了自己的内心，敢于和他人分享你的心理活动了。其实这样非常好，我们每个人都是一个社会体，当预防挫折时，不但要善于自我奋斗，自我调整，更要善于寻求他人的帮助，让自己接纳他人的好意，这也会成为你战胜困难的一分力量。你觉得呢？

生：我明白了，谢谢老师！

本次辅导后，我发现这名学生不仅学习上保持了之前的进步状态，性格上也发生了较大的变化。不但在班上和同学们"打成一片"，在下课后还经常和老师聊一些自己近期学习的困惑和收获，脸上也经常洋溢着自信的神采，感觉整个人都变得阳光、开朗了起来。在后续的期末考试中，该生的成绩稳步上升，超过了他当初制定的学习目标。

**辅导结果：**在第一阶段和第二阶段的教育后，这名学生已明显能自然表达自己的情绪和感受，这是他走出挫折情绪、树立自信心的前提。经过第三阶段的教育后，该生不仅掌握了应对挫折的方法，还知道该如何预防挫折，以及进行自我调适。从后续班上同学和老师的反馈来看，该生抗挫能力明显提高。

**辅导反思：**本次挫折教育长达半年时间，该生从一开始不自信到后面自信开朗，从一开始的抗拒他人说教到后来的主动寻求帮助，从对学习缺乏兴趣到后来的充满干劲，刻苦好学，他逐渐找到了面对挫折—应对挫折—预防挫折的方法，提高了自身的抗挫能力。本次挫折教育目标达成，效果良好。

● **专家点评：**在这个个案的辅导过程中，唐老师将心理学理念细致入微地贯穿到每一个恰当的拐点，关注该个案归因的问题，引导该生从"我"的角度，找到问题发生的原因，并从调整认知的角度来重新看待自己的困扰。在学生学习目标设定上，根据学生实际学习情况，结合"最近发展区"的心理学概念，制定该学生通过适当努力可以达成的目标，以此激发学生的学习兴趣和学习动机。

桥头学校的老师，普遍有很好的心理学基础。

# 一位特殊学生的改变

**辅导教师：**王雪

**辅导学生：**小哈

**辅导时间：**2019年7月至2020年12月

**辅导背景：**该生七年级入学之初，没有特别的表现。经过一段时间，同学之间逐渐熟络后，班级一些同学开始反映该生的问题，包括在其他人的书本练习册上涂涂画画，未经同学同意拿同学的学习用具等。八年级上学期，课上会自言自语；课下一直跟着同学说话。后期有位同学实在反感，劝说无效后对小哈动了手。

**学生分析：**该生性格心思比较单纯，智力发育迟缓，心理年龄较小，理解能力较弱，内心想法和言语行为表现不一致，对自己言语行为控制能力不是很强。比较渴望和别人（包括老师和同学）多接触交流，表达自己内心的想法。在交流时，着重表达自己的想法，较少顾及他人说话内容。在谈到问题时，很快承担错误。身上经常有伤。

## 辅导过程：

### 第一阶段：引导换位思考，引导习惯改变。

该生不经允许在其他同学学习资料上乱涂乱画，拿其他同学学习工具。在一定程度上是想引起这些同学的注意和关注，反而引起了其他同学的反感和不满。因此，第一阶段的教育内容重点在于帮助该生改变不良习惯。

以下是我对该生的心理辅导过程。

我：小哈，小A书上这个人物的胡子你知道是谁给画的吗，他说那位同学还拿了他的橡皮呢。

生（低头）：嗯……我画的，以后不会再画了。橡皮我看了看就放下了，我没有拿走。

我：啊，老师知道了，你压根没想拿走，只是想看看。画画也没有恶意是不是？但是我们想想啊，如果有同学在你的书上画东西，随便动你的东西，你还愿意和他做朋友吗？

生：不愿意，我以后不这样了。

我：老师相信你以后肯定不会再这样做了。你看，原来上课经常迟到，你承诺了老师说再也不迟到了，果真最近上课都很准时，都没怎么迟到了，说话算话。所以，只要你下定决心，坚持住，肯定能做到的。老师相信你，肯定能行。

生：我都没有再迟到了。我以后一定不再碰别人东西，你等着看吧。（昂着头，手指向上指）

我：这就对了，老师相信你肯定能做到。如果真的有需要，比如我们的橡皮丢了，或者笔写不出字，这个时候可以向同学借的。我们不可以不问自取，这样别人才会觉得你是位礼貌的学生，才更愿意帮助你，借给你东西对不对？

生：老师，我知道了。

**第一阶段辅导效果及反思**：本次谈话结束后，该生拿取其他同学东西、涂画现象的渐少。该生心智发育没有同龄人成熟，处理问题和表达方式和同龄人有所出入，理解方式不同。他做这些行为都是为了引起同学们的注意，从而获得交流机会。本阶段中，有引导该生换位思考，注意和同学相处交流的方式。只是该生心智发育不完善，情感不能恰当表达，对于这一方面的重视比较有限。


**第二阶段：引导共情同理，和睦同学关系。**

该生其他行为方式引起了同学反感。因此第二阶段对以上问题分而化之，并从矛盾双方入手来平息缓和。

第一步：沟通课上、午休午餐纪律。

我：小哈，你很有毅力，说不经允许不碰别人东西，真说到做到了，很棒！

生（自豪地）：我都没有碰别人东西了！

我：给你点赞。但是有同学说你上课自言自语喊别人名字呢。

该生看了看我，低头不语。

我：是不是有什么事儿需要同学帮助，是需要借东西吗？

生：我以后上课不喊别人名字了。

我：对的，老师相信你上课不是想打扰别人学习的，别人在学习时，我们不去打扰，并且自己更要专心，才能听懂老师讲的，对不对？

我：你今天中午是不是有什么高兴的事儿？你还哼歌了呢。

生：手机拿来（在手机上输入Dance Monkey，哼歌，手指比画），你听听。

我：这首歌挺好听的，品味不错嘛，今天中午哼的是这首歌吗？

该生哼歌，继续比画。

我：是不是午休的时候哼来着？

生（低头）：是。

我;其他同学在做什么呢？是不是睡觉了呀？

生：他们睡觉了。

我：小哈，别人在睡觉的时候，我们应不应该哼歌呢？

生：不应该，我以后不在午休的时候唱歌了。

我：相信你能做到，谢谢小哈分享的歌曲。

此次沟通后，午休午餐时说话唱歌的情况虽然偶尔还有，但是有所减少。

第二步：鼓励学习，尊重他人意愿。

小哈会灵活应用自己学到的知识。例如，有时候他会说两句从视频上学到的日语或韩语。同学小B反映，他会把同学的名字套入所学的数学公式中，如 $|$ 小B $|$ = ± 小B，并且在同学有事的时候，老是找同学说话，有同学在多次劝说无效的情况下动手打了他。为了缓解小哈想要和同学交流，但交流方式和交流时机不恰当的矛盾，我分别找小B和小哈谈话。

我：小B，咱俩来聊聊小哈，最近他的表现有没有进步？

小B：他最近没有再碰别人的东西，午休也没有唱歌了，但是下课总是没完没了地跟着我和我说话，我在忙不想理他，和他说了几次，他都不听，还继续说，还把我名字往公式里套。太烦人了，我没忍住，就推了他，推到地上了。

我：小哈胳膊上青的一块儿是这个原因啊？

小B：嗯，碰到讲台了。

我：有时候，老师在忙，小哈也会来办公室找老师说话，所以你的感受老师知道，确实手里有事儿的时候，小哈一直没有重点说一些无关紧要的话，会感到不耐烦，甚至想发脾气。但是老师回头又想了想，小哈为什么来一直找我说话，而比较少去找其他老师。可能是他觉得和我关系比较近，愿意和我说。同样，小哈比较喜欢你，想要多和你接触，但是他没有想到这样做有时候会打扰你。最近几次，老师明确地和小哈表示：老师在忙，等什么时候老师空闲了我们再聊。这样说了几次后，情况缓解了好多。你可以试试，要多坚持几次。

小B：嗯，我再多点耐心。

我：你是一个挺乐观阳光的大男生。小哈的事儿是有点冲动了，君子动口不动手嘛。君子，以后可别忍不住动手了。

小B（不好意思地笑了笑）：嗯。

与小哈沟通。

我：小哈，胳膊还疼吗？

小哈（伸出胳膊）：不疼了，你看。

我：淤青还没消呢，还好不疼了。老师有道题不会，小哈帮老师做一下这道题好不好？

小哈：给我看看吧。（伸手，仰头）

我：问 $|3|=$ _____ ？

小哈：这还不简单，±3嘛，这都不会。

我：那我们说 $|小B|=±小B$ 可不可以？

小哈：当然可以了，一个数的绝对值就等于正负这个数。

我：再想想，小B会高兴别人把他的名字套到公式里吗？

小哈低头，噘嘴。

我：老师首先要表扬小哈，这个公式掌握得很好，而且能够灵活运用，班里有几个同学这题都不会，所以你肯定是上课认真听，下课认真复习了，做得很棒。但是，如果有同学把小哈套进这个公式里，你愿意不愿意？

小哈：不愿意。

我：所以小B愿意吗？

小哈：也不愿意。

我：对嘛，小哈知道别人不乐意，以后就不套用别人的名字了，好不好？

小哈：好吧。

我：老师还要表扬小哈，看到老师忙的时候没有来找老师聊天，做得很好。昨天小B推你之前，有没有也做到这样呢？

小哈低头，噘嘴。

我：老师知道，小哈觉得小B同学人好，想要和他多聊天。但是和老师一样，有时候同学们也有自己的事情需要做，可能没有时间和小哈聊。老师相信，你能理解这一点，对不对？

小哈：能，等到他没事儿的时候，我再去找他聊天。

**第二阶段辅导效果及反思：**此阶段的教育，主要帮助小哈合理地和同学交流。沟通教育之后，小哈和同学的矛盾减少了。但是小哈交流时，主要讲假象、梦境之类的内容，初二阶段的孩子大多没有兴趣听下去，在这方面怎样帮助小哈还有待思考。

**辅导结果：**这两个阶段的教育辅导之后，继续关注该生情况。据学生反映，该生现在上课、午休情况好很多，大多数情况下会分时间和场合找同学聊天，有几名学生也能耐心和小哈聊一会儿。

**辅导反思：**该生因情况特殊，心智发育不完善，所以处事方式和同龄学生之间有所不同，这是班级同学较少和该生交流的一个主要原因。此次沟通辅导在一定程度上缓解了这一矛盾，第一个阶段旨在帮助该生改变不良习惯，避免因希望沟通而引发不必要的矛盾；第二阶段帮助该生认识到寻找正确的时间、方式和同学沟通。根据辅导结果来看，该生和同学之间发生矛盾的情况有所减少，辅导基本有效。

● **专家点评**：教育学引导我们对学生要"因材施教"，作为教育者不仅要根据学生的知识能力水平因材施教，还要根据不同学生的心智及情绪发展的特点因材施教。针对不同类别的学生，采用不同的方法。王老师在这个个案的行为纠正过程中，指出的问题很具体，设定的行为目标很清晰，便于该生纠正行为，达成老师与他的共同目标。如果王老师能够同时联系家长，争取家长的配合，辅导效果会更好。

# 一名多动学生行为习惯的改变

**辅导教师：**郑胜男

**辅导学生：**郭某某

**辅导时间：**自2020年9月至2021年1月

**辅导背景：**该生为一年级新生，行为习惯差，随意性大，不能很好地控制自己。另外，该生受家庭影响大，解决问题简单粗暴，遇到问题喜欢殴打他人，甚至常常波及无辜者，遭到学生和家长的不满。

**学生分析：**该生多动、顽皮，自主能力差，拖延严重。但该生也挺聪明，有自己的想法，可是性格执拗，很少听取他人的意见、建议，经常犯错。

## 辅导过程：

### 第一阶段：耐心交流，认识错误。

中午放学后，留在学校午休的学生跑来找我，说该生打架了，打了好多人，还不听班长的话。我赶紧到教室，耐心与该生沟通后了解到，该生因同桌没有写字，打了同桌以提醒同桌，在同桌家长提醒该生要和同桌慢慢说，不能动手后，该生开始生气，看到另一位同学说话，又开始打另一位同学，其他学生见状开始拉他，该生变得更为暴躁，见谁打谁，场面混乱，多位同学被打。

故第一阶段的教育内容重点在于认识自己的错误，以及可能带来的后果。

以下是我对该生的辅导过程。

我：老师知道你写完作业后，想看看同桌写了没有，提醒他也要写，这很棒。

生（边哭边说）：嗯，我想让他也快点儿写。

我：提醒他，让他快点儿写应该怎样提醒才对？

生（边哭边说）：要和他慢慢说。

我：如果有人没写作业，能动手打他吗？

该生哭声越来越大。

我：你提醒同桌的方法不对，打人是不可以的，是不是？大点儿声回答。

生（哭声小些）：不对。

我：好了，下午和你同桌道歉。

生：嗯。

我：你当时在想什么，为什么会动手打他？只看见他说话吗？

生：我觉得他是在说我，在骂我，我才打他。

我：你觉得他在说你，就直接动手了？没有先问问他在说什么吗？

生（停止哭，小声说）：没有。

我：刚才问过他，是和同桌说话，头朝向你们这边，所以你就以为他在说你。是不是自己又想错了、冲动了？

生（点点头）：嗯。

我：那你告诉我其他同学过来是做什么的？

生：他们是来拉我的，不让我打架的。

我：嗯，为什么拉你，不让你打架？

生：嗯……打架不对。

我：打架会怎样？

生（沉默一会儿）：他没有说我，不该打他。

我：如果有人说你，你就可以打别人吗？

生：不，应该和他说，不应该打他。

我：嗯，打架会有什么结果？

生：受伤，还会打死。

我：嗯，你知道打架的危害，也要知道打架不能解决问题。你打了这么多人，你同桌的练习还是没写，还有这么多同学被你误伤。以后遇到事情不能冲动，更不能动手。其实呢，你想让同桌写作业，这本是好事，但因为方法错误导致了一系列错误，以后要多动脑筋想想用什么方法才是对的。

生：老师，我知道了。

我：既然知道自己错了，就去给每个同学道歉。

生：嗯。我去和大家说对不起。

**第一阶段辅导效果及反思：**本次谈话结束后，该生在前几天行为表现较好，课堂纪律和课间活动都有进步，能控制自己，有时还会主动帮助其他同学。但几天后开始出现状况，上课坐在地上喝奶，随意走动，老师批评后会随意动他人东西，虽然没有动手，但在其他同学课桌上乱涂乱画来发泄情绪。随后的一周，该生再次动手打人，说明第一次辅导的效果并不明显。但是可以看出，该生对于自己的坏习惯是有意识的，自己也会试着控制，但可能因为年龄小，自控能力差，不能马上纠正错误。所以不断加强引导，时时监督提醒是非常必要的。

## 第二阶段：详细了解原因，明确禁止不良习惯。

一天，该生踩踏草坪，被同学提醒后，不仅没有停止踩踏行为，还故意在草坪上走动，班干部提醒无效后，一个班干部开始拉他，该生便动手打了班干部，其他同学过来阻止他，也被他乱打。经过这次，有些同学不愿和该生一起玩，这对该生也产生一定影响。因此，阶段二教育方案初步计划从两个方面入手，详细了解该生喜欢动手打人的原因，以及让该生明确认识打架行为的错误，严禁出现打架行为。希望该生减少暴力行为，遇到问题可以试着控制自己情绪，逐渐培养良好的行为习惯。

第一步：了解该生动手打人的原因。

我：你最近表现不太好，心情不好吗？怎么回事？

该生沉默。

我：那你自己说说最近表现怎么样？

生：不好。

我：感觉哪里做得不好？

生（大声哭）：打人了。

我：自己知道错了，又自责了？

该生哭声稍小。

我：还有哪里做得不好吗？

生（边哭边说）：上课没认真听，作业没有好好写。

我：上课没听课，作业会做吗？

生：有的不会。

我：不会的怎么办？

生：爸爸妈妈教我。

我：爸爸妈妈会问你在学校做什么吗？

生：嗯……

我：当你表现不好时，爸爸妈妈会怎么做？

生：打我。

我：被打之后，你感觉怎么样？会想什么吗？

该生有些委屈地哭了。

我：爸爸妈妈经常打你吗？

生：嗯……

我：他们会因为什么事情打你？

生（思考一会儿）：没有好好写作业、收拾东西慢、乱扔东西、起床、睡觉、穿衣服的时候也会打……

我：表现好的时候呢？奖励你吗？

生：没有……

我：你喜欢被打还是被奖励？

生：奖励。

我：没有人喜欢被打，无论是你还是其他同学都不喜欢自己被打。虽然我们做得不好，甚至有时做错了，但都希望别人好好和我们说明白，而不是动手。

生：嗯。

我：如果想要奖励、表扬，我们该怎么做？

生：好好表现，不打人。好好学习……

第二步：明确打架是错误的，要禁止该行为。

我：上次你打架也说打架是错误的，会受伤，这次为什么又动手了？

生：他们打我。

我：谁打你了？你确定他们打你了吗？

生（低头小声说）：他们很多人都抓我。

我：为什么抓你？你知道原因吗？踩草坪可以吗？

生：不可以。

我：然后呢？你还做什么了？

生：打了张同学。

我：多个同学提醒你不要踩草坪，你不仅踩，还在上面乱走，班干部提醒你，你也不听。他去拉你，你就打人。现在你觉得他该把你拉出来吗？

生（点点头）：嗯。

我：那你呢？

生：不对，不该踩，不该打人。

我：上次你这样同学们都包容你、原谅你了，你也保证自己会改正。但这次你又如此，你看，同学们也不高兴了，有的都不敢和你一起玩了，这是你想要的结果吗？

生（摇头，又想哭）：不是。

我：好，那你想怎么做，让大家再和你一起玩？

生：对不起。

我：和他们道歉，还有吗？

生（思考一会儿）：不踩草坪了，听班干部的话，不打架了。

我：好，老师相信你。一会儿你去和同学们道歉，老师也会帮你和他们说清楚，同学们间要相互帮助，相互团结。老师相信同学们会原谅你的，但是同学们不会一直原谅你。所以你要记住，打架是错误的，是绝对不可以的。

生（使劲点头）：嗯，记住了。

我：老师也会和你爸爸妈妈谈谈，不要总是打你，如果你表现好，应该多表扬你。但你要好好表现，努力改掉那些坏习惯。

该生点头。

第二阶段辅导效果及反思：此阶段的教育，主要让该生明确知道打架是错误的，是不被允许的，同时了解该生喜欢动手打人来解决问题的原因。我也找其家长谈过，了解到爸爸妈妈无论大小事，只要觉得孩子做得不好，都靠打来解决，甚至双方一起打，以致现在该生根本不害怕被打，有时更是故意不听话。交谈后，家长也表示会控制自己，改变教育方式。我们了解到，该生一方面受父母影响，喜欢动手，另一方面自己情绪易急躁，别人碰自己或说自己时不能控制情绪。这次辅导后，该生有了明显进步，尤其是午餐午休时，会积极帮助老师和同学们，还会主动承担一些班级事务。但有时仍然不能控制自己的情绪和行为，会动其他人，需要老师多关注，多引导。

## 第三阶段：学着控制自己的情绪行为，培养良好的行为习惯。

经过阶段一和阶段二的辅导，该生明白了自己的错误行为及打架的危害。该生行为有明显改变，上课与其他同学相处时，小动作少了很多，家长方面也稍有改善。故阶段三的辅导主要从正面积极表扬入手，对该生的进步予以肯定，正向强化，使该生增强信心，快速进步。

我：最近看你和同学们玩得还不错。

生（眉飞色舞）：嗯，我和朱同学、张同学一起玩了很多游戏。我们上美术课，我还借给他们彩纸了。音乐课，韩同学没唱，我提醒他了，没打他……

我：看来你最近和同学们相处得确实很好。你是不是感觉非常高兴？

生：嗯嗯。我上课也有好好听课。

我：老师知道。其他老师也反映你这段时间进步了，可以较长时间坐在自己的座位上听讲。很多老师、同学都表扬你了。

该生笑。

我：最近表现确实有进步，表扬你，做得很棒！但你还可以有更大进步，比如再坚持坚持，坐在自己座位上的时间更长些。上课时控制好自己的手，不去推扯别人。可以试试吗？

生：可以。

我：老师相信你。最近你爸爸妈妈打你了吗？

生（低下头，小声说）：打了……

我：因为什么？

生：我没好好做……

我：那最近爸爸妈妈有表扬你吗？

该生沉默。

我：你觉得你最近表现怎么样？

生：不好……上课会乱动，会乱扔东西。

我：这些方面确实不好，但是最近你没有打同学，相反有时还会帮助同学，提醒其他人，这些都是你做得好的地方，老师很高兴。

我：你现在取得了小小的进步，同学们都开始喜欢你，和你一起玩耍了，你也很高兴。那如果取得更大进步，相信你会感到更开心，你会交到更多好朋友，学到更多知识，爸爸妈妈和老师也会更开心，为你高兴。

生（点点头）：老师，我知道了。谢谢老师！

**辅导结果：**本次教育辅导结束后，我也持续关注该生情况。该生表现时好时坏，大范围打人事件未出现过，但对其他同学的小动作不断。家长反映说，有次要打他，但是他说不能打，要和他慢慢说，感觉孩子和以前不同了，在家表现也有改善。

**辅导反思：**通过前两个阶段的教育，该生开始试着控制自己，改变自己的行为习惯，尤其在学校，有些表现比较好。虽然仍不能完全控制自己，但遇到相同情况，该生采用可取的方法解决问题，而不再动手，进步明显。在半年的跟踪教育中，可看到该生从习惯动手打人，与同学关系不太和睦，到开始学会自我控制，自己改变，勇于向父母表达，主动帮助其他同学。该生在这一过程中，取得明显进步，良好的行为表现也越来越多。但还有对同学做小动作等问题，需要老师继续关注情况。

● **专家点评：**从幼儿园到小学，不少孩子产生了"适应"的问题。对于过于调皮的孩子，排除"多动症"因素外，奖励、正强化和适度惩罚可以训练孩子们的良好习惯。在这个过程中，要对家长提要求，引导家长配合学校的培养目标，行为训练的目标要达成一致。郑老师对个案改善的行为及时表扬，强化了正向行为。在这个过程中，行为问题可能会不断反复，需要老师不断强化。郑老师认识到了这一点，我们相信，在郑老师的不断关注下，孩子会有更好的行为规范。

# 你好，朋友！

**辅导教师：**余秋秋

**辅导学生：**王某某

**辅导时间：**自2018年9月至2019年6月

**辅导背景：**该生是一名认真负责的优秀学生干部，为班级牺牲了许多时间和精力，却无法得到同学们的认可。在一次监督同学们值日时，和同学发生争执，于是请辞班干部职务。他认为同学们贪玩自私，不理解他人，因此不屑于和他们为伍。

**学生分析：**该生个性独立、要强，凡事追求完美。在与同学们相处时，不自觉地就对他人提出了较高要求，且态度强硬、语言直接，无法使对方接受。该生因和同伴的交往不和谐，产生了心理压力。

## 辅导记录：

### 第一阶段：从自身改变，缓解同伴交往压力。

第一阶段的教育辅导重点在于肯定其能力，引导该生合理归因，从自身开始改变。

以下是我对该生的心理辅导过程。

我：你是一个非常负责的班干部，老师对你的工作很满意。你想辞职，是觉得同学们不尊重你，对吗？

生（愤怒）：对！他们值日的时候只想着赶紧回家，留下一堆垃圾。我觉得他们很自私，不想和他们沟通了。

我：没完成值日就回家，确实不对，难怪你这么生气。但既然你是班干部，说明你能力出众，尝试和他们再沟通，可以吗？

生（恼怒）：该说的话，我说无数遍了！他们是不会改变的，我拒绝和他们交流！

我：噢，原来你已经尽力了。你可以告诉我，你是怎么和同学们沟通的吗？

生：我就是催他们尽快完成值日，警告他们不要找任何借口逃跑。

我：你是用怎样的语气呢？是不是比较不耐烦呢？

生：是的，因为他们太拖拉。我的耐心耗尽了！

我：有没有去了解过，他们一般是因为什么事情拖拉呢？

生：有的记录作业，有的打打闹闹，有的找借口逃跑……

我：特别理解你。这些同学即使在学习上，也比较拖拉。但有时候，他们是不是真的遇上了耽误值日的事情呢？能不能把催促的语气换成温和的提醒呢？

生（思考）：也许是吧……

我：你可以先从这两个方面去改变，如果收效甚微，再来辞职。也请你相信自己，可以吗？

生：好的。

**第一阶段辅导效果及反思**：本次谈话结束后，该生没有再提过辞职一事。其他同学都表示能感受到该生的改变，不仅语气温和了，也爱笑了。之后找该生聊天，他表示和同学们的关系融洽了不少，男孩子会找他玩，也比较听他的。第一阶段，通过和该生的谈话，引导他合理归因，并给予建议，能初步缓解该生在同伴交往中的压力。


**第二阶段：认识自我，感悟同伴交往之乐。**

第一阶段教育辅导后，该生改变自身的不足，初步缓解了同伴交往压力。但在与该生的交谈中，能感受到他的"心结"仍未完全打开。调整沟通策略，仅能帮助他避免矛盾。若想帮助该生收获同伴交往之乐，必须引导他认识自我、了解同伴。故第二阶段的教育辅导任务有：认识自我需求，降低期待；了解同伴，悦纳评价。

第一步：认识自我需求，降低期待。

我：最近很多同学都说你改变了许多，脸上常挂着笑容。

生（害羞）：哈哈，最近是没人来找我的茬了。

我：上次我给了你两个建议，一是理解对方当时的需求；二是改变自己的语气。你真的很聪明，一下子就领悟了，并且有很棒的效果。你怎么看呢？

生（思考）：以前总觉得其他人没做好，喜欢批评他们，关系就僵了。

我：那和同学们关系缓和了，有没有交到好友呢？

生：（沉默）……

我：没关系，可能是时间问题。现在和同学们的关系融洽了，找到知你懂你的好朋友是迟早的事。

生：我不需要好朋友。只要按老师的要求做，能把班干部职责做好，就可以了。

我：和他人友好相处，也不仅是为了做好班干部工作呀。你内心渴望的好朋友是怎样的，可以告诉我吗？

生（思考）：希望我的好朋友是能自觉完成事情的人，有自己的思想，喜欢看书，成绩好，能互相帮助。

我：就和你一样，优秀又自律。你觉得班上有符合这样要求的同学吗？

生：有，但是我和他们都喜欢读书，交流得少。周末都是宅男，很少一起出去玩。

我：我关注到某某同学和你很相似，你可以尝试主动找找这样的同学，说不定有意外的收获。

第二步：了解同伴，悦纳评价。

我：上次谈话后，你主动找你欣赏的同学了吗？

生（高兴）：找了。确实有一些新的发现。

我：有什么发现呢？可以分享一下吗？

生：我发现某某同学和我一样，在班上没什么朋友。但也和我不一样，他比较低调，班上同学很喜欢他。

我：为什么班上的同学会喜欢他呢？

生：……

我：他和你一样，爱读书，学习努力。虽然很内向，但是只要同学请教他，他都耐心解答。对于老师提出的问题，他都有自己的思考。

生：是的。

我：这位好朋友对你有什么影响吗？

生：我似乎找到了一个知己。他经常提醒我，很多事情不要和别人争辩，要先冷静下来找方法。

我：恭喜你找到了一个好朋友，他能帮助你进步。

生：和这样的朋友沟通很轻松，可能我比较适合和这种性格的同学交往。

我：是的。每个人都有自己的个性特点，你能认识自我，并且了解他人，真棒。和他人的交往中收获快乐，是很大的进步。

生：谢谢老师。

**第二阶段辅导效果及反思：**此阶段的教育辅导，主要帮助该生正确认识自身性格特点，从而找到适合的好友，感受同伴交往的必要性和快乐。在第一阶段谈话中，我能感受到，尽管该生初步改变了与他人的沟通策略，但他仅仅视之为班干部的职责所在。在第二阶段的谈话中，他明确自己的性格特点，降低对他人的期待，找到一个交友的舒适区。又通过认识他人，找到好友。从好友的评价中，他明白自己并不是"异类"，也感受到同伴交往是令人愉快、使人进步的。


### 第三阶段：平衡角色，正确看待得与失。

经过第一、二阶段的教育辅导，该生在同伴交往中比较从容。和同学们相处融洽，也交到了几位知心好友，在学习和生活中表现得阳光、自信。

我：最近怎么样？管理班级时遇到什么困难了吗？

生：没有，最近大家都表现得挺好的。

我：从同学们不服管理到同学们都喜欢你、信服你，你有什么感受吗？

生（高兴）：一方面管理班级时比较轻松，另一方面自己也轻松，不会经常生气。

我：现在你和同学们的关系都很融洽，会不会担心一旦对同学稍微严格一些，就会失去友谊呢？

生（思考）：那还是要公事公办，要有自己的原则，总不能取悦所有人。如果因为我严格就讨厌我的，不算是我的朋友。

我：作为一名班干部，你觉得得到的多，还是失去的多呢？

生（思考）：得到的锻炼更多，也磨炼了自己的性格。做班干部很容易和同学们发生矛盾，但是我提醒自己，凡事要多问别人一句。说不定别人真的有难处，不能总是以己度人，大家都是为了班级好。

我：之前你说改变沟通方式只是为了做好一名班干部，现在有别的想法吗？

生：不仅是为了当好班干部，也是为了交到更多好朋友，交到好朋友是很开心的。

我：我觉得你真的变化很大，希望你能保持这种积极阳光的心态，继续做一名让人信服的班干部，也交到更多的好朋友，拥有更快乐的校园生活！

生：谢谢老师！

**辅导结果：**本次教育辅导结束后，家长反映孩子找到了志同道合的好朋友，情绪得到释放，和家长沟通时在语言和态度上有了很大的改善。该生很乐意和我分享在学习和生活中遇到的困难与收获。看到他在与其他同学沟通时多了不少眼神和言语上的认同，看到他学会主动对有困难的同学伸出援手，班干部事务也尽心尽责，很为他的成长感到高兴。偶尔无法与同学沟通顺畅时，他会找到好朋友排解烦恼，也会找到我给予建议。

**辅导反思：**三个阶段的教育辅导持续一年多的时光，其间多次谈话增加了我和该生的情感交流，培养了深厚的师生情谊。该生进入六年级后，在其他同学因青春期各种变化略显慌乱时，该生依旧积极阳光，面对困难时正面思考。我执笔的此刻，该生已是一名初中生，虽学业繁忙但依旧给我发消息聊聊近况、谈谈心事。据他父母反映，他如今虽然处于青春期，但是和师长、同伴交往时都很阳光开朗，让人欣慰不已。

● **专家点评**：心理学家埃里克森的八阶段人格发展理论中，青春期对应的是"自我同一性对应角色混乱"。处于青春期的孩子，渴望与同伴建立良好的关系，但缺乏恰当的方法。不少孩子在家庭中被父母照顾，缺少感同身受的能力，在情感表达方面更关注自己的需要是否被满足。余老师在这个个案辅导中，用恰当的方法一步一步引导他收获友谊，效果好。

# 一名单亲家庭学生的改变

**辅导教师**：凌洁静

**辅导学生**：卫某

**辅导背景**：该生是单亲，跟父亲和奶奶一起生活，其父亲忙于工作，故该生的教育问题主要由其奶奶负责。该生各种行为习惯较差，上课好动且喜欢插嘴，课间非常调皮且喜欢捉弄同学。在入学第四周的一次列队时，该生因与一名同学抢东西而意外摔倒，导致右肩膀骨折，请假一个月。该生的知识水平也差同班同学一大截。在一次课堂小组评比中，因其所在小组未获得科任老师的小礼品，心理不平衡，认为自己得不到老师的关注，不被老师喜欢，产生挫败感。

**学生分析**：该生调皮好动，喜欢耍小聪明，容易嫉妒他人，看到别人拥有一样东西，就觉得自己也应该拥有。同时，由于该生在单亲家庭成长，自我认为缺少关爱，因此时不时做出异样的行为企图博取身边人的关注，久而久之，养成了不良的行为习惯。

## 辅导过程：

### 第一阶段：错因分析，引导主动承认错误。

该生由于成长环境比较复杂，个人行为习惯没有培养好，又因缺失一个月的入学教育，知识水平相对较差。故第一阶段的教育内容在于安抚学生的消极情绪，引导学生发现自己的错误，并主动承认错误，同时，引导孩子用正确的方式来获取奖励。

以下是我对该生的心理辅导过程。

我：A同学跟老师说，你向B同学要了老师的小礼品？老师想听听你的说法。

生：我没有拿B同学的小礼品，是他自己给我的。

我：那为什么A同学跟老师说，你拿了别人的小礼品呢？

生（低下头）：不知道……

我：看来，是A同学误会你了，我们找他解释清楚吧，好不好？

该生犹犹豫豫，继续低着头，不说话。

我：被同学误会的感觉很不舒服吧，如果只找A同学过来比较难解释，我们找当事人B同学过来，一起跟A同学解释清楚，可以吗？

生（声音开始变得低沉，且小声）：老师，我不想他们过来……

我（假装没有听清楚）：对不起，刚刚老师没能听清楚你的话，可以再大声点，让老师听到吗？

生（声音依旧低沉，但稍微大声了一点）：老师，我不想他们过来……

我：为什么不想他们过来呢？难道你不想解开同学对你的误会吗？

生（开始沉默，声音变得哽咽）：老师，我知道错了。

我：哪里错了？

生（开始抽泣）：我不应该说谎，是我自己向B同学要的小礼品，B同学开始不想拿给我，我强行拿过来的。老师，我知道错了。

我：知错能改就是好孩子。想一想，除了不应该说谎之外，还有没有其他地方错了呢？

该生一直在抽泣，没能够及时反应过来。

我：再认真想一想，今天老师为什么要找你谈话呢？

生（继续抽泣）：拿了老师给B同学的小礼品。

我：你是经过B同学的同意才拿吗？

生：不是。老师，我知道错了，我不应该未经过B同学的同意，就强行拿了他的小礼品。

我：嗯，能够及时发现自己的错误，还来得及，改正过来就好了。以后要记得哦，未经过别人同意，不可以随随便便拿人家的东西，更不可以强行索要别人的东西，这是一个坏习惯，知道吗？我们要改掉这个坏习惯，做一个好孩子！

生：嗯，老师，我知道了，我要做一个好孩子。我待会回去就把小礼品还回给B同学。

我：然后呢？

生：然后，跟B同学说对不起，请求他的原谅。并且，以后要跟同学好好相处，不随便欺负同学。

我：男子汉要说到做到哦，老师相信你可以做得更好！好了，现在可以和老师说说，你为什么会想着去拿同学的小礼品呢？

生（原本已经平息的抽泣，又开始出现了）：我也想要老师的小礼品，但不知道为什么，总是得不到老师的奖励。（说到这里，开始痛哭）

我：来，先把眼泪擦掉。老师帮你一起分析分析原因。

该生一边擦眼泪一边点点头。

我：你觉得自己上课表现怎么样？

该生哽咽，沉默。

我：比如，你觉得自己上课有没有认真听老师讲？

生（思考了一会儿）：没有……

我：为什么没有？

生：在玩，搞小动作……

我：还有吗？

生：还有，上课插嘴……

我：不错，能够发现自己的问题。现在，你仔细想一想，B同学上课表现怎么样？

生（思考）：他上课一直坐得很端正，还很认真地听老师讲课。

我：嗯，现在对比一下你自己，知道为什么B同学能够获得老师的小礼品奖励，而你却不能了吗？

生：老师，我知道了！我上课不认真，表现不好，所以不能获得老师的小礼品奖励。

我：嗯，分析得很好！对于上课认真、表现好的同学，老师会进行表扬和奖励。所以，要想获得老师的奖励，应该要怎么做？

生：上课认真听讲，不做小动作，不插嘴……

我：非常棒！其他同学的小礼品是他们努力的成果，是属于他们自己的，我们不可以索要别人的成果。只有通过自己的努力获得的奖励才是属于自己的，才是最好的。之后，知道怎么做了吗？

生：老师，我知道了！我一定会好好努力的。

我：加油！老师希望能够看到你的改变，变得越来越棒！

生：嗯，谢谢老师！

**第一阶段辅导效果及反思**：本次谈话结束后，课堂上一直有关注该生的学习状态，课间也一直留意该生的活动状态。一段时间后，该生课堂表现有所进步，与同学相处也融洽许多。本阶段的教育内容中，比较值得借鉴的是，让学生自己发现错误、主动承认错误；并让学生自己分析原因，改正错误。在教育犯错的学生时，不要直接批评指责学生，这只会伤害学生的自尊心，只有慢慢引导，让学生自己发现错误，主动承认错误，后面的教育才会更加顺利。

### 第二阶段：引导控制行为，适应小学学习和生活。

上次教育谈话后，该生的近段时间内的行为习惯有所改善。但是过一段时间后，该生在课堂上又出现做小动作、插嘴等现象，需要老师多次提醒才能改正过来。事实上，在进行多次类似的谈话后发现，该生每次承认错误都很及时，稍乖一段时间后，其行为习惯又会恢复到之前的状态。这也说明，良好行为习惯的养成需要一个持续且漫长的过程，需要教师耐心、认真的教导。故第二阶段的主要辅导内容是，引导学生学会控制自己的不良行为，调整自己的状态，适应小学的环境。

以下是教育辅导过程。

我：最近，很多科任老师跟我说，你上课不认真，又在玩小动作、爱插嘴。而且，也有很多同学跟我说，你又拿谁谁谁的东西，还跟其他同学疯狂打闹。老师想听听你的说法。

该生沉默。

我：你觉得自己最近表现好不好？

该生摇摇头。

我：自己表现怎么样不知道吗？

该生继续摇头。

我：那你觉得自己上课认真吗？

生：不认真。

我：哪些方面不认真？

生：上课做小动作，不认真听……

我：还有吗？

生：上课插嘴……

我：老师跟你强调过课堂纪律吗？

该生点点头。

我：你有认真听吗？你上次答应过老师什么？

生：上课认真听，不做小动作，不插嘴……

我：你有把老师的话记在心里吗？有说到做到吗？

该生摇头。

我：为什么做不到呢？是控制不了自己吗？

生（开始哽咽）：不是……

我：你不是说也想要老师的奖励吗？你上课表现好，老师就会表扬你；但如果你上课纪律差，老师自然会批评你。前一段时间，你的表现有所进步，为什么到了后面又退步了呢？

该生沉默。

我：你现在已经是一年级的学生了，不能再像之前那样，想做什么就做什么。你要学会控制自己的行为。你看，因为你的手臂受过伤，还没有完全恢复，不能背书包，奶奶还要每天帮你背书包，辛不辛苦？

该生点点头。

我：所以，你在学校就要表现好一点，不要让家人担心。如果一节课40分钟不能够完全坚持下来的话，就先尝试着坚持20分钟。如果你成功做到了，你可以来办公室告诉老师，这节课你坚持了20分钟，老师就会给你奖励。之后再慢慢调整自己的学习状态，可不可以？

生：可以。

我：那我们击掌，一言为定。这次不能再停留在说说而已了，要说到做好！（击掌）另外，除了上课要遵守课堂纪律之外，课后也要注意纪律要求。还记得自己的手臂是怎么受伤的吗？

生：记得……

我：所以，你就要更加注意安全，不可以追逐打闹，更不能打压同学。希望以后，其他老师和同学提到你名字的时候，是表扬你，而不是投诉你。

生：好。

**辅导结果：**第二次谈话结束之后，我继续关注该生的情况，偶尔还是有老师和学生投诉，我也会找他再进行简单的谈话。每次谈话，该生的认错态度都不错，但事后仍随心所欲，改进效果不够明显。

**辅导反思：**通过这两个阶段的教育辅导，该生的一些不良行为有一定改善。但是，偶尔还是有老师和同学反馈其不良行为习惯。多次教育都没有取得明显成效之后，我进行了深刻反思：对于这种行为习惯和学习习惯都不好的学生，短时间内很难改变他，需要学生长期不懈的努力，需要老师耐心、细心的引导教育，还需要家长密切配合，多方协作形成合力，才能让学生养成良好的行为习惯和学习习惯，成为一个优秀的人才。本次挫折教育目标只完成一部分，后面将重点关注该生在校情况，加强教育引导。

● **专家点评：**每个孩子都希望被发现、被认可，一些孩子看似异常的行为背后可能有合理的原因。家庭是孩子成长的重要场所，家庭结构不完整、离异家庭中父母教育和爱的缺失是安全感缺失的一个原因。凌老师发现这位学生的问题，建议同时从家庭入手，引导家长建设适合孩子成长的关系，并同时关注孩子的成长。

# 从批评到肯定

**辅导教师：**余浠

**辅导学生：**吴某某

**辅导时间：**自2020年9月至2021年1月

**辅导背景：**该生自七年级入学以来，自身存在一些不好的行为，如上课画漫画，有时会发出奇怪的声音，扰乱课堂秩序，下课和同学们打闹，经常不能按时完成作业，所以常受到老师批评，加之成绩不理想，认为自己一无是处，有自暴自弃的倾向。

**学生分析：**该生家庭条件较好，但长相比较普通，身材偏胖，成绩较差，既有骄傲的一面，又有点自卑，渴望得到大家的关注，但没有采取适当的方法，故而经常受到老师的批评。

## 辅导过程：

### 第一阶段：悦纳失败，合理归因，正视自我。

第一阶段的教育内容重点在于认同感受、共情，引导学生正确认清自我，悦纳自我，合理归因。以下是心理辅导过程。

我：我知道你最近因为常常受到老师的批评而不开心，甚至觉得老师在故意针对你。

生（低着头）：如果不是讨厌我，怎么总是批评我呢？

我：你想过老师为什么批评你吗？老师批评你是有原因的，你有错吗？

生（沉默了一会儿）：我知道我有些事做得不对，但老师总是批评我，让我很难受。

我：假设老师不管你了，你做什么老师都不管，你真的觉得这样对你好吗，全班同学会不会用异样的眼光看你？

生：好像也不好。

我：不想受到老师的批评，首先要从自身找原因，比如上次你为什么要在上课的时候发出那种很奇怪的声音，扰乱课堂秩序呢？

生：我也没想什么，只是觉得很好玩，这样大家就会注意到我了。

我：你想得到关注，但是不应采取这样的方法啊！你这样做打断了老师的教学，虽然引起了同学们的注意，但他们用敬佩的目光看你吗？这样的关注会让你沾沾自喜吗？

生：可是我长得不帅，那么胖，成绩又不好，爸爸妈妈更喜欢妹妹，谁会在乎我啊！

我：你妹妹年龄小，爸爸妈妈精力有限，可能不自觉地就多关注妹妹了，但这不表示他们不爱你。爸爸工作那么忙，每晚还辅导你写作业，可以看出他是很爱你的，你应该能感受到，你也是一个男子汉，不要总是让爸爸妈妈操心了。

生（点了点头）：我知道我有些地方做得不对，上课时我自己走神，和同学说话，有时候自己也控制不了。

我：你身上确实有很多不好的行为习惯，也不是一下子就能全部改正的，那我们一点点来好不好？像前段时间你把刘某某抬到女卫生间，这样的行为就非常不好，你和他关系还挺好的，为什么要那么做呢？

生：我是和他闹着玩的。

我：如果他把你抬到女卫生间，你会不会觉得很难堪？玩闹也是有底线的，做任何事之前都先想想后果，将心比心地想，如果别人这么对你，你是什么感受？

该生沉默。

我：我想你也明白自己做错了，那你能今后不再犯类似的错误吗？

该生点了点头。

我：希望你可以说出来可以吗？

生：我保证以后不再做这种恶作剧，和同学好好相处，不再犯错误。

我：其实老师也明白，你做这些事情都是想出风头，引起老师和同学们的关注。但你这样做只会适得其反，老师批评你，同学讨厌你，你也不想得到这样的结果。

生：我该怎么做呢？

我：你刚刚也保证了不再做恶作剧，不要伤害同学，这样大家才愿意和你做朋友，上课的时候也不要做些小动作，你可以做到吗？

该生点点头。

我：如果老师批评了你，你要先从自身找原因，反思自己做错了什么，而不要抵触老师，批评你也是为了你好呀！

生：老师，我知道了。

**第一阶段辅导效果及反思**：本次谈话结束后，该生有了很大改变，不再扰乱课堂秩序，与同学之间也没有发生很大的矛盾，也很少受到老师批评了，班主任也说他改变了不少。本阶段的教育内容中，比较值得借鉴的是对于该生感受认同、正视自我的部分。该生渴望得到关注，却用错了方法，反而认为老师在针对自己。因此，在交流时不要使学生产生抵触情绪，引导学生思考问题，合理归因，正确看待自己的问题，明白哪些事情是不对的。

### 第二阶段：培养良好的学习习惯，树立自信心。

该生又出现了情绪低落的现象，与该生交谈得知，该生觉得自己没有什么优秀的地方，学习成绩不好，老师和同学也不看重他，自己就是一个平平无奇的人，他不想这样。因此，阶段二教育方案初步计划从增强其自信心入手，帮助该生确立学习目标，培养学习习惯，减少学习方面的挫败感。

我：我看你最近无精打采的，怎么回事？

生：老师，我是不是真的很差劲啊？

我：你为什么会这么想呢？

生：我成绩不好，爸爸总说我不努力，让我向成绩好的同学学习，同学和老师也不怎么喜欢我。

我：成绩并不是评判一个人优秀与否的唯一标准，每个人都有优点，像你们班肖某某成绩也一般，但是他打篮球很厉害，你们班同学也很喜欢他啊。

生（闷闷的）：老师，我打篮球也不行。

我：你没必要一定和别人一样，找到自己的优点，发挥出来，一样会有人喜欢你。

生：现在爸爸妈妈，还有老师、同学们都喜欢成绩好的，可我就学不好。

我：老师觉得你是个聪明孩子，你最大的问题是没有养成好的学习习惯，记得有次上课你连课本都没带吧！

生：我忘记那天有您的课了。

我：你不带课本，没办法做笔记，也很难跟上老师讲课的步骤，你回去先抄一份课程表贴在家里，每天睡觉前整理好书包，带齐课本，能做到吧？

生（点点头）：这个没问题。

我：我听其他老师说你上课还画漫画，是吗？

该生不敢看我，小声应了一声。

我：看样子你也知道做得不对，那为什么还要在课上画漫画呢？

生：有时候我听不进去，又听不懂，就想做点自己喜欢的事情。

我：爱好可以在空闲的时间做，既然你听不懂，就把它记下来，课后问老师或同学啊。你一画漫画，最起码浪费十几分钟，有些你听得懂的知识，你也没有认真听，导致你之后学起来更加困难。

生：老师，我知道错了，以后我不在课上画画了。

我：你还有一个很大的问题是，作业有时不能按时完成。我听你爸爸说，有时候他会辅导你到晚上12点多，你还写不完，是这样吧？

生：老师，我就是写作业比较慢。

我：这不是写作业慢，是你不会利用时间，你看看那些成绩好的同学，人家利用课下时间和自习时间，在班里就能写完好几门作业了，而你呢？

该生低头不说话。

我：你的问题，老师也告诉你了。如果你能把这些不好的学习习惯改正，老师相信你一定会有进步的。

生：我也想改，但是我怕我做不到。

我：世上无难事，只怕有心人。只有你想改，付出了努力，就一定会有收获，你现在要做的就是上课认真听讲，不要画漫画，利用好课下时间，按时完成作业，坚持一个月，看看进步如何？

生：老师，我这次一定会努力的。

我：老师相信你，这次一定会有收获的，加油！

生：嗯，谢谢老师。

**第二阶段辅导效果及反思：**这次谈话之后，该生学习态度有了很大改变，月考排名也提高了。此阶段的教育主要是提高该生的自信心。可以看出，该生也想取得好成绩，以此得到家长的肯定、老师和同学的喜欢。但是该生学习习惯不好，导致成绩落后，而该生自制力又比较差，这就需要老师为其确定好目标，对他严格要求，通过小目标的实现，增强其学习的自信心。

### 第三阶段：合理制定目标，学会调适心理压力，提升抗挫能力。

该生在一次考试中成绩进步不是很明显，与目标有一定差距，该生觉得自己无法达到父母对他的期望，处在一个迷茫的状态。所以第三阶段主要从确立目标，提升该生的学习信心，包括该生对待家长、老师们的期望等方面入手。

我：你上次考试成绩进步了呀，怎么还是不开心呢？

生：老师，我最近非常努力，才进步了几名，我什么时候才能考到前十名啊……

我：你的目标是好的，但也要结合自己的实际情况，你现在已从三十多名变成二十多名了，这说明你的努力是有成效的。

生：可我这次考试还是二十多名，就进步了两三名，我是不是就只能考到这里了？

我：你在努力，但是其他同学也在努力啊，学习如逆水行舟，不进则退，你只有继续努力，保持好这样的状态，肯定可以继续进步。

生：老师，你觉得我什么时候才能考到前十呢？我爸爸说考到前十就带我去游乐场。

我：你觉得你们班前十的同学有什么优点吗？

生：他们聪明，还努力。

我：他们的基础比你扎实，但是也不要灰心，现在才是七年级，这些都是可以弥补的，不过不是一蹴而就的，需要一段比较长的时间才能赶上他们。

该生点点头。

我：你可以给自己定一个现阶段能够实现的目标，通过一个个小目标的实现，最终肯定能考到前十的。

生：老师，我懂了。

我：你爸爸说考到前十带你出去玩，这是他对你的期望，那你最近的进步，爸爸应该也夸你了吧。

生（开心）：是啊，上次月考我进步了，爸爸很高兴，不仅夸了我，还带我出去吃饭了。

我：所以，只要你不断地进步，你就会离最终的目标越来越近，不要因暂时的差距而放弃，你的每一次进步大家都看在眼里。

生：老师，我知道怎么做了，我会继续努力的。

**辅导结果**：本次教育辅导结束后，我继续关注该生，发现该生学习态度有了比较明显的变化，作业能按时完成，上课认真做笔记，能够和同学友好相处。但有时会出现懈怠的情况，需要老师多加督促。总的来看，现在成绩与入学相比有了明显提高，也有了学习的信心，在向好的趋势发展。

**辅导反思**：该生自身问题较多，喜欢出风头，做事不考虑后果，学习态度不认真，没有学习目标，同时又渴望得到家长、老师和同学的关注，希望在班里有较强的存在感。通过一段时间的辅导教育，这些问题有所改善，抗挫能力明显提高；但该生自制力较差，学习动力不足，要对其多加引导和督促。本次挫折教育目标达成，成功有效。

● **专家点评**：看余老师这篇案例，我心头萦绕着一句话——问题学生问题行为的背后，通常会有一个合理的理由。在余老师记录的这个个案中，上课发出奇怪的声音是期待获得他人的关注。余老师告诉他：成绩并不是评判一个人优秀与否的唯一标准，每个人都有自身的优点。结合每个学生的实际情况，制定符合他的目标并及时反馈，是正强化的好途径。

# 一名行为不良学生的改变

**辅导教师：**陈晓琪

**辅导学生：**朱某某

**辅导时间：**自2020年10月至2020年12月

**辅导背景：**该生课堂上行为规范较差。比如不做好课前准备，课堂不听讲，玩弄与课堂无关的东西，甚至偶尔离开位置，影响正常教学以及同学学习，课后作业不准时完成等。该生曾想要努力改变，但是自律性较差，经常控制不了自己，缺少毅力，加上屡次受到批评，他也慢慢丧失了自信心，更加放纵自己。此外，他有时候会不经他人允许拿别人东西，打扰别人，周围同学也慢慢地疏远了他。

**学生分析：**该生是一个心智发展较同龄人缓慢的孩子，性格单纯，愿意帮助同学，但自律性较差，爱玩，同时学习上难以集中注意力。

## 辅导过程：

### 第一阶段：深入了解，打开心扉。

我：在我心里，你特别可爱，虽然老师有时候在你做错事情的时候会批评你，但你从来不和老师计较，见到老师总是热情地主动问好，所以老师也特别喜欢你。

该生抬头注视我。

我：你知道老师喜欢你，对吗？

生（摇头）：不知道。

我：为什么不知道？

生：因为我觉得老师总是批评我，肯定不会喜欢我。

我：你觉得老师是因为不喜欢你才批评你，是吗？

该生沉默。

我：老师批评你，是想要提醒你好好学习，并不是不喜欢你。相反，正是因为老师很喜欢你，所以当你没有认真学习，影响别人的时候，我才会替你着急，明白吗？

该生点头。

我：老师有时候注意到，上课讲了好一会儿了，但你课本还没拿出来，是为什么呢？

生：有时候忘记了。

我：这是一个好习惯吗？

生：不是。

我：是啊，它不仅不是好习惯，它还是一个坏习惯啊。你想改掉吗？

该生点头。

我：这个坏习惯是需要我们一起努力、坚持才能改掉，以后老师还是会时不时提醒你的。

生：好的，谢谢老师。

**第一阶段辅导效果及反思**：通过这次谈话，我发现之前每次批评该生，该生并没有意识到自己的问题，而是内心失落，觉得是老师不喜欢他才批评他，这就是之前他并没有端正态度去改变这些坏习惯和不当行为的重要原因。在本次谈话后，学生解开了误会，知道自己其实是一个可爱的孩子，老师是喜欢他的，只是有些不当的学习习惯和行为需要改正，于是不再抵触与老师接触，愿意听老师的话。

## 第二阶段：激发动力，促进改变。

上次聊天后，该生的状态较好，有一定进步，积极参与课堂教学。趁着学生解开误会，有了改变自我的意愿，我决定激起该生改变的动力，于是几天后，我与该生约好时间面谈。

我：这几天，老师发现你进步了，你上课不仅听课，还会做笔记了，值得表扬哦！你觉得心情怎么样？

该生扭捏。

我：是不是很开心？

生：开心。

我：那你想不想这种开心一直持续下去呢？

该生点头。

我：好习惯可以让我们成为一个很棒的人呢！可是坏习惯是一个很可怕的坏蛋，只有我们的意志足够强大，我们才能打败他，你有没有信心？

生：有。

我：那我们来说说可以怎么做，比如上课前怎么做？

生：提前准备课本和笔。

我：对，非常好！那我们下课要出去玩，又怕等会回来忘记拿课本了怎么办？

生：出去玩前先放好。

我：你现在还会想好对策了，老师对你很有信心！继续加油！如果还有需要老师帮忙的，可以随时来找老师聊哦。

生：好的。

**第二阶段辅导效果及反思：** 本次谈话结束后，学生做出改变，我们让他享受了这种改变后的积极反馈，这也成为他改变自我的动力。同时，我也在思考，这样还不够，习惯是一个需要反复抓、抓反复的过程。要改掉坏习惯，不仅需要动力和意志力，还需要老师的鼓励和同学们的帮助。这样他才能改掉坏习惯，形成好习惯。


### 第三阶段：反馈指导，正向强化。

在这个阶段中，学生表现出愿意改正的态度，所以我的措施是以正面鼓励为主，看到孩子做得好的地方及时表扬他。

例如，当他坐在位置上，拿出课本准备上课，我会立刻表扬他。如果他做得不够好，我会轻轻敲敲他的桌面，小声提醒他。第一步的措施得到了明显的反馈，该生的状态较好。有时候课间，他会一直跟着我到办公室，和我聊这节课他学到了什么，或者待在我旁边看我改作业。看到孩子的这些变化，我无疑是欣喜的。

改变自己，改掉一个坏习惯，也离不开一个好的环境以及同伴的支持。在做班主任工作时，我着重建设班级良好班风，要求学生入班即静、入班即学。该生在这样的氛围中，慢慢安静下来。午读时分，看到别人都在看书，他也从图书角拿了一本感兴趣的书看了起来。

另外，我安排了一位比较耐心的女同桌帮助他。当该生走神，拿笔出来玩的时候，她会提醒他现在该做什么。早读时分，有时候该生忘记读到哪里了，她会提醒他读到第几页了。为了让更多同伴帮助该生，我在班上大力地表扬该生的同桌，鼓励学生们互帮互助。

**第三阶段辅导效果及反思：**该生取得了一定进步，虽然一些坏习惯偶尔还会出现，但是经人提醒后，该生能够及时改正。最让我惊讶的是，该生开始主动承担班上一些任务，在天气冷的时候，帮助其他同学开门进班。同学的笔掉了之后，他也会帮忙捡起。

**辅导结果：**本次辅导取得了一定成效。虽然该生并没有完全改掉坏习惯，偶尔还会影响课堂秩序，但是学生对老师建立了一定的信任，与同学们的关系也趋于缓和，并开始主动学习，有了改掉坏习惯的意愿。学科成绩也明显进步，语文成绩从第一单元的十几分，到第二单元五十多分，第三四单元基本都在及格线以上。

**辅导反思：**本次辅导让我看到，无论遇到什么问题，老师一定要主动走进孩子的世界，放低自己看世界的角度，去了解孩子是如何看待事情的。另外，在引导学生的时候，需要抓准时机，趁热打铁。在孩子展现出愿意改变的态度的时候，老师要及时引导孩子，激起他愿意改变的动力，在孩子需要老师的时候，应该主动去帮助他，并为他营造一个正向的环境，让他能够在这样的环境下持续不断去强化好习惯，改掉坏习惯。同时，我也看到了老师的信任和爱对孩子的重要性，当学生感受到老师对他的爱和信任，他的心中就种下了一颗爱的种子。这些爱的种子在合适的环境中生根发芽，就让孩子拥有了克服困难的动力。最后，还要看到榜样的作用，当女同桌愿意帮助该生时，被我及时表扬后，整个班慢慢形成了一种互帮互助的氛围。该生也开始看到同学们之间的情谊，并开始主动帮助别人，这点也是我很感动的地方。

● **专家点评：**陈老师笔下的这个个案发展稍微迟缓些。对于一年级学生，有的孩子没有遵守学校的规则和秩序，不是他不想，是还不知道怎么要做什么。陈老师从侧面细致地观察并循序渐进引导他，"趁热打铁"及时强化他的好行为，通过表扬和榜样的示范作用教会他怎么做，取得了较好的效果。

# 一名学业优秀生的人际交往

**辅导老师：**许妍悦

**辅导学生：**施某

**辅导背景：**该生是独生女，父亲上班，母亲在家专职照顾她。学习上，母亲对她要求严格；生活中，母亲较骄纵她。该生就读三年级，聪明伶俐，学习成绩优良，性格活泼外向，喜与人交友。人际交往中，她以自我为中心，性格较强势，希望大家都能听从她。

**学生分析：**该生与同学的交往出现问题，她喜欢的同学都不太愿意与她交朋友，让她感到郁闷伤心。但由于她个性比较要强，不愿意主动跟同学低头，还语出伤人，做出了令人诧异的事。人际关系的挫败，还导致她学业出现了滑坡。

## 辅导过程：

### 第一阶段：学会合理归因，正确看待问题。

该生因为与同学交朋友而不得，情绪很消极。与该生交谈后，我发现，该生经常受老师表扬、受同学喜爱，因此觉得这样才是常态，而目前的人际状况，让她难以接受。因此，第一阶段的教育重点在于与之共情，帮助她处理负面情绪，接纳失败，合理归因。

以下是我对该生的心理辅导过程。

我：我知道，因为与同学的关系，你最近情绪低落，甚至影响到学习，是吗？

生（委屈地点头）：是的……

我：如果是我，我也会感到很低落的。你希望同学们怎么对你呢？

生：我希望同学们能像以前一样，跟我一起玩，有矛盾的时候听我的。

我：原先大家都愿意听你的，现在不愿意了，这对比确实让人感到伤心。据我了解，每次玩游戏，你都要得第一。有时，就算不是真的第一，也要让别人让着你。是吗？

生（有点羞愧）：是，我想都拿第一。

我：其他同学想拿第一吗？

生：大家都想。

我：每个人都有想拿第一的想法。但游戏与学习不同，学习是靠自己努力，你们玩的游戏跟运气、场地都有关系，你能保证每一次运气都是最佳吗？

生：不能。

我：如果你原本可以拿第一，却有同学耍赖，要你让他，你什么感受？

生：我不想让他，更不想跟他玩。

我：对呀！每个人都想拿第一，但又不想无缘无故让着别人。如果有人总是要求别人让他，大家就逐渐不喜欢跟他玩了。

生（低下头）：老师，我明白了。

我：另外，老师觉得你跟同学说话的语气太强硬了，"就要听我的""就是你的错"，这是我路过听到的。如果其他同学这样跟你说话，你心里什么感觉？

生：我觉得不舒服。

我：其他同学听你这样讲，心里也是不舒服的，久而久之就会疏远你了。老师建议你，谁说话让你觉得舒服，你就观察他说话的语气和表达，学习他的表达。

生：好的。

**第一阶段辅导效果及反思：**此次谈话的重点，是与该生共情，并引导她认识出现问题的原因。另外，我就她性格上的问题跟她母亲沟通，陈述利弊，建议家长不要事事骄纵她。此次谈话结束后，我观察到，她重新融入集体中，与同学们一起玩，笑容也多了；与同学沟通时，语气温和，有商有量；上课也慢慢恢复到原来的状态。

### 第二阶段：全面认识自己，发展健全人格。

最近发生了几件事情，该生与A、B同学之间有矛盾。

A同学品学兼优、性格温良敦厚，是老师的好助手，同学们都喜欢与她做朋友。而在这之前，该生与A同学也是朋友。

事件一：早读时，学生排队去讲台背诵，该生因排队问题和B吵起来，后来突然骂起A："我最讨厌A，她死了我乐意。"A被该生吓到了，心里很害怕。

事件二：A交了作业，作业本却不见了。最后，班长帮A在作业堆里找到本子，是该生把A的名字划掉，改成了自己的名字。

我：你最近好像跟A闹了矛盾？

生（支支吾吾）：也没有什么……

我：听说你把A的作业改成自己的名字？

生（眼眶红了）：是。

我：你为什么这么做呢？

生（开始掉眼泪）：因为那天我忘了带作业来，我不敢没交作业。

我：为什么选了A的作业改为你的名字呢？也是有原因吧？

生（低头）：我想她被老师批评。

我：为什么希望她被老师批评？

生：我不喜欢她。

我：你们之前不是朋友吗？你为什么不喜欢A了呢？

生：我们的意见经常不一样，所以我没那么喜欢她了。

我：可是，班上所有同学、生活中你遇到的所有人，你都喜欢吗？对待不喜欢的人，你就要让他们难过吗？

生：不是。

我：老师还听说了另外一件事，你对A说，"她死了我乐意"，有这回事吗？

该生眼泪掉得更凶了。

我：为什么希望A死呢？她做了什么事，让你这么讨厌她？

生：我喜欢B同学，很想跟她做朋友。B说，跟她做朋友，就必须跟A做朋友。可是A很容易生气，她一生气，B就不理我了。B不理我，我就很难过。如果没有A，B就会跟我是好朋友了。

我：A很容易生气，是指容易跟你生气吗？

生：是。

我：你能举例说说吗？

生：我们对作业答案，我说我的答案才是最正确的，她说她完成得最好。我说她的字没有我的好看，她就生气了。

我：看来你经常跟A做对比。

生：好像是吧。

我：老师其实也在观察你们，觉得你不是真的讨厌A，想听听我的想法吗？

生（有点疑惑）：想。

我：A同学也很优秀，你们两个旗鼓相当。你默默地在跟她做比较，希望自己各方面比她更优秀些。在一些事情上，你完成得没她好，她被表扬了，你心里是嫉妒的。另外，你也喜欢跟B做朋友，但B好像喜欢A多一点，愿意听她的建议，你就吃醋了，你希望B听你的。

生：我希望自己比A更优秀。看到老师和同学都很喜欢她，却没那么喜欢我，我心里不舒服。

我：你是个优秀的孩子，当然值得表扬和被喜欢。但这世上很多人也很优秀，而且很多人比你更优秀，也比A同学更优秀。

生：是，优秀的人太多了。

我：老师给你一个建议，帮助你更好地与A和B相处，你想听听吗？

生：想。

我：你不要事事跟A对比，你去跟某方面最优秀的同学对比。比如在学习上，跟年级最优秀的同学对比；书写上，跟班上的"小书法家"D对比；阅读上，跟班上的"阅读之星"E对比。对比的同时，去了解他们这方面优秀的原因，并向他们学习。

生：班上是有一些同学在各方面都比我优秀，可是我之前什么事都跟A对比。

我：因为你们水平相近呀，人总是倾向于找跟自己旗鼓相当的人对比，却忘了人外有人。如果我们跟更优秀的人做朋友，带着欣赏的眼光看待他们，学习他们，我们也会越来越好。我们的目标是成为一个更优秀的人，而不是消灭这样的人。你觉得呢？

生：是。

**第二阶段教育效果及反思**：在与该生谈完后，我又跟她的母亲沟通，告知此事。我建议家长多带她参加户外活动，调节学习生活，开阔视野。家长表示会关注她的心理动态，配合老师。当天，该生让母亲带她到A家里，跟A道歉。另外，我观察到，她主动跟其他同学交流，又多了几个好朋友。

### 第三阶段：**通过教育指导，提升交往能力。**

这段时间，该生对语文老师不再那么热情，甚至躲着语文老师，语文课上也没那么积极了，作业质量有所下降。

我：你最近遇到烦心事了？你是不是躲着语文老师？

生：之前竞选语文科代表，语文老师选了F做科代表，没有选我。

我：你语文成绩优秀，又想做语文老师的小助手，说明你既聪明努力，又有一颗奉献的心。

生：我很喜欢语文，也喜欢语文老师，她不选我做科代表，我觉得她是不喜欢我。

我：语文老师跟我聊过，你上课积极回答问题，作业经常被当作典范，语文老师很喜欢你。

生：那她为什么不选我做科代表呢？

我：你觉得F同学怎样？跟你对比，在竞选语文科代表上有什么优势？

生：F语文成绩很好，老师也经常表扬她。

我：是的，F也很优秀。而且，F每天早上很早到教室，方便带早读。语文老师知道你住得远，不希望你因为要带早读，牺牲睡眠时间。语文老师这是为你着想啊！

生（恍然大悟）：原来是这样啊。

我：是的。当然，还有一点，F同学比较沉稳、细心，老师布置给她的任务，比如收作业、检查订正，她都能快速、高质量地完成。你呢，性格上是热情开朗，却少了一份细心。而老师的小助手需要仔细、认真，能帮助到老师和同学们。

生（有点羞愧）：是的，我帮老师检查订正，有时没有检查出错误来，有时做题会看错题或看漏题。

我：你能认识到自己的不足，老师感到很欣慰。当然，老师希望你能慢慢改掉这样的缺点，看到更完美的你。

生：我之前躲着语文老师，她会不会不喜欢我了？

我：我觉得语文老师是个大气的人，不会因为你一时态度的改变而不喜欢你。你应该鼓起勇气，主动找语文老师聊聊，把心中所想说出来就好了。

生：好。

**辅导结果：**据语文老师反映，该生有主动找她沟通，沟通后，该生不再耿耿于怀此事，恢复如常。从同学们的反馈来看，与同学之间出现矛盾，也能心平气和自己沟通、解决。

**辅导反思：**在长达一年的跟踪辅导中，可以看到该生从被孤立到重新融入集体，从待人强势到温和，从遇事独自烦闷到自己去沟通解决，抗挫能力明显提高。本次挫折教育目标达成。

● **专家点评：**我们不得不承认，挫折和困难将伴随我们的一生。如何看待挫折和困难，应该用什么样的态度来对待挫折和困难，这是个问题。对于孩子们来说，需要学习一些应对挫折和困难的技巧，比如换位思考、改变认知、调整期待、合理设定目标，等等。许老师从侧面引导学生，提高了她的抗挫能力。

# 一位小班长的烦恼和成长

**辅导教师：**何嘉敏

**辅导学生：**曹某

**辅导背景：**该生主动提出要当班长，每一位老师都对她的能力表示赞赏，是老师们的"好帮手"。该生有很强的责任心和自尊心，由于心切，表现出强势的一面，于是被同学以"成绩不拔尖凭什么当班长""她太凶了"等理由嘲笑和指责。于是她向我提出辞去班长一职，认为自己不受欢迎，被同学孤立，产生了巨大的挫败感，自信心也下降了。

**学生分析：**该生外向活泼，乐于助人，热心慷慨，责任心很强，很尊重老师，同时也很在乎别人的看法，成绩中等。由于一直以来希望自己可以帮助到老师，也希望自己能管理好调皮的同学，所以给自己施加了很大的压力，受不了"不愉悦"的声音出现。

## 辅导过程：

### 第一阶段：释放负面情绪，消除消极心态。

第一阶段应该让该生释放出所有的负面情绪，对该生的心情表示认同和理解，慢慢消除其消极心态，继续让该生担任班长一职。

以下是我对该生的心理辅导过程。

我：你可以和我说说，为什么不想当班长了？

生（声音低沉）：因为他们都说我做得不好，如果我不当班长，大家应该会很开心。我也不想管了，好累，他们都不听我的……

我：你觉得自己当得怎么样？

生：我觉得当得不好，我成绩也没别人好。老师相信我的能力，我却没有达到老师的要求，好多调皮的人都不理我，我嗓子都喊破了，我好累。

我：老师一直都很信任你，也很心疼你为班级付出这么多。虽然班上调皮的同学还是很调皮，但是你想知道老师们对你的评价吗？

生（擦了擦眼泪）：想。

我：每一位老师都夸你，说你很负责任，帮了很多忙，大家都说想把你"抢"去自己的班呢。你觉得，老师们对你的评价符不符合你最开始想当班长的本意？

该生眼里闪现了一点光。

我：既然你在老师心目中已经做到了，是不是应该感到开心一点？

生（停止抽泣）：嗯，可是，同学们好像都讨厌我。

我：你刚才说，调皮的孩子不听你的话，那其他人呢？都不听吗？

生（沉思了一会儿）：没有，其他人还是会听的。

我：你看，调皮的同学本身就是一个大难题，别说你了，连老师都觉得头疼。你已经帮老师管理了大部分的同学，那一小部分能影响大家对你的看法吗？显然是不能的，你看下课的时候大家都愿意和你玩，和你说话，怎么就都讨厌你了呢？

该生继续沉思。

我：我们在生活中总会遇到不一样的评价，如果我们每一个人，遇到问题的时候都选择躲开，那我们这个班还团结吗？你觉得你会欣赏遇到事情就逃避的人吗？

生：这样的话班里就乱套了，而且很不负责任。

我：对嘛，你看看，自己都觉得这样不好，对不对？那想不想知道老师遇到这种情况会怎么想呢？

生：想。

我：每次有人对老师的能力不够信任的时候，老师都选择继续努力，让大家看到老师的进步和诚恳。老师这样做，在你看来表现如何？

生：我觉得老师很厉害，很坚强。

我：你看，只要你愿意调整好自己的心情，迎难而上，大家只会对你刮目相看。你有这个能力，得到了老师和大部分同学的认可。剩余一小部分人，我们就当作是鞋子里的小石头，我们停下来，把他们抖出来就好了，而不是选择把鞋丢掉，对不对？

生：嗯嗯，是的。

我：你现在还想不想当班长？有没有开心一点？

生（露出笑容）：想，开心了很多。

**第一阶段辅导效果及反思：** 在这次谈话过后的一段时间内，该生依旧对班级事务很上心，同时对于班级里的一些不愉快的声音也没以前那么在乎了。对于难管理的学生，她选择把名字记下来，向我汇报，在我和她的共同努力之下，班里乱说话的孩子也少了一点。本阶段的教育内容当中，我感觉到老师去理解孩子的内心是一件很重要的事情。教育不能只是教会书本上的知识，更重要的是育人，当孩子情绪低落的时候，我们需要认真对待。

## 第二阶段：引导改进方式，和睦同学关系。

经过上次的谈话后，我深入了解该生在班级的评价，以及她的管理方式，希望提升她的抗挫折能力。

以下是我对该生的心理辅导过程。

我：最近怎么样呀，还有没有不想当班长了？

生（笑）：没有了，感觉大家还是听我话的，虽然那几个同学还是调皮。

我：那很好呀，说明你认可自己了。你上次和老师聊过之后，有没有想过为什么大家会有反对意见？

生（不好意思地点点头）：嗯，有想过，可能我真的太凶了，也没有考虑他们的想法。有时我做得不够好，所以他们不听我的。

我：这几天你有没有尝试改变一下？

生：有，我没有那么凶了，而且我会先听他们解释再做决定。但还是有些人不听我说，要等老师来了才会乖。

我：你很棒！开始尝试找原因并改变自己。你想不想听听同学们对你的评价？

生：想！

我：同学们对你的评价有几点。首先，你很负责任，但是有时候很凶，误会了别人在捣乱；其次，大家觉得你没有做得很好，因为你有的时候也会讲小话被老师批评，或者带玩具来班上玩被同学发现，仗着自己是班干部可以乱来；最后，大家觉得你喜欢"告状"，所以不开心。

该生惭愧地低下了头。

我：你觉得同学们说的对不对？

生：对，我确实没有做到最好，有时也控制不住自己。

我：既然知道了自己的问题所在，你觉得应该要怎么改变？

生：要做好自己该做的，不能对自己的言行有松懈。嗯，还有就是在管理班级的时候要多听别人的意见，不能那么霸道……

我：要学会帮老师解决一些同学之间的小矛盾或者是小纪律问题。你想想看，如果同学之间有矛盾，你站出来解决，把他们往好的方向引导，是不是大家都佩服你？你也不用总往办公室跑，让大家觉得你没有能力，只会告状。

生：好像是这样。

我：那你现在知道应该怎么做了？

生：嗯嗯，我再也不带玩具来学校了，见到能解决的也要努力去解决。我上课会认真听，不会让他们觉得我配不上班长这个位置。还要对同学温柔一点，不要那么凶。

我：如果老师天天只知道对你们凶，不听你们说话，你们什么感受？

生：我会不喜欢这个老师，因为他好像也不喜欢我们。

我：这就对了！老师希望你好好调整好自己的状态，多用脑子管班，而不是嗓子管理班级，知道了吗？

生（眼神坚定）：嗯嗯，我知道了。老师，我不会让你失望的。

**第二阶段辅导效果及反思：**本次谈话结束后，我明显感受到该生想要改变自己，想要当好班长。也同样在这一次交谈中，我深刻地感受到了班干部的重要性，班主任除了信任班干部，还要对班干部进行培训，让他们掌握一些管理方法，对自己的言行举止有更严格的要求。

**第三阶段：针对性教育，提升班干部威信。**

在这一阶段，由于对班长的辅导告一段落，同时考虑到班级里出现了不太好的风气，有对同学不友好的现象发生，所以计划进行一次班风整顿以及班干部威信的重塑。我准备了 PPT 和班干部日常工作视频，也让班干部们上台介绍班级管理难题，让同学们讨论。

以下是主题班会的主要内容。

我：同学们，你们感觉班干部和老师忙不忙呀？

同学们（异口同声）：忙！

我：今天老师就给大家看看，我们的班干部平时都在做些什么。

播放视频。

我：看完后，同学们觉得班干部累不累？

生1：如果是我，我下课都没时间玩了。

生2：那些捣乱的同学好让人头疼。

生3：特别是班长和体育委员，又要费嗓子，又要费脑子。

同学们哈哈大笑。

我：你们想象一下，如果你们每个人都是班干部，这时候身边的人说了一句"你成绩不好凭什么当班干部"，你们的心情如何？

生1：成绩不够好不代表没有管理班级的能力呀！为什么要骂我！我当然也想学习好，我也在努力嘛。

生2：老师和我爸妈说过，成绩不能代表一切，一个人最重要的是品德，我们要关爱同学，所以我觉得这样讲话会伤到同学的心。

生3：老师，我记得你说过，同学们要相亲相爱、团结互助，这样班级才有凝聚力。

生4：老师，我觉得我努力了，听到这样的话，会很难过的。

我：看来你们都很有爱心，并且善解人意。你们有没有想过，随口说出去的一句话伤害是这么大！如果让你们用一个合适的方法表达你们对班干部的意见，你们准备怎么办？

生1：我会悄悄写纸条给班干部，告诉他们我的想法。

生2：我会私下和班干部说，但我不会嘲笑他，因为我们每个人都会犯错。

生3（此生为班干部）：老师，我会严格要求自己，不让别人有机会批评我，我觉得我被别人说，一定是我有的地方没有做好。

生4：我会和老师提意见。

我：同学们真棒，老师感受到了你们的温暖。老师和你们约定，以后大家帮老师一起监督班干部，他们哪里做得不好，大家可以指出来，但要注意方式。自己做得不好的同学，包括班干部，一定要好好反思。

同学们：好！知道了！

**第三阶段辅导效果及反思：**在班会课后的一个星期里，我密切观察学生的言行举止，发现之前说"不愉悦"的话的同学收敛了许多，也不总是闹事了。更让我惊喜的是，班干部们也都严格要求自己，上课认真听讲，下课不追逐打闹，严格遵守班规，给同学们起带头作用。

**辅导结果：**经过了三个阶段的辅导，基本上学生的心态和状态都恢复了，甚至比以前更加积极。在学期末，该生很开心地来到我面前，和我说下学期还要继续当班长，希望大家可以选她。在学期末匿名投票评选优秀班干部的时候，班长的票数最高。她没有想到自己这么受欢迎，整个人自信了很多，期末考试成绩也比以往高了。

**辅导反思：**本次挫折教育目标达成，成功有效，希望对孩子的人生也有影响，以一个更加积极向上的心态应对未来的种种挑战。

● **专家点评：**案例中是一位管理能力不断提升的班干部。该生因不恰当的管理方式前来请辞，何老师结合日常管理及其他教师反馈给予该生正面肯定，提升了该生的自我接纳度。何老师在采用收集学生评价和召开班会课等方式帮助该生的同时，更是提升了所有班干部的管理能力、权威感及班级凝聚力。可以看出何老师是一位用心的、有教育智慧的老师。

第4卷

情感认知

# 一名女生的情感价值观的重塑

**辅导教师：** 涂素娟

**辅导学生：** 俞某

**辅导背景：** 第二节英语课后，英语老师一脸严肃地走进办公室，后面跟着一名女同学，她埋着头，脸红红的。"涂老师，今天课堂上，我正表扬班上的女生心态阳光健康、学习刻苦，这名同学就接话了：不如嫁入豪门！全班顿时哄堂大笑。"此生平时不爱学习也不爱阅读，只爱看言情小说和偶像剧。此事发生在班级里，因此觉得有必要在班级做一次正确的引导，引导学生形成正确的人生价值观。

**学生分析：** 中高年级学生正处于青春期，由于现在媒体发达、资讯泛滥，一些孩子的价值观受到了负面影响。特别是一些影视作品，容易影响孩子的情感价值观。该女生性格外向，个性也较要强，比较在乎别人的看法，对学习漫不经心，平时爱看言情小说和偶像剧，情感价值观有偏差。

## 第一阶段：处理情绪，合理认知。

以下是我对该生和全班学生的心理辅导过程。

利用第三节课的时间，我着手查找资料，做好了PPT。第四节课铃声一响，我站在教室门口环顾四周，班长正在组织课前三分钟诵读，一切正常，只是该生一直低着头，显得很不自在。师生问好之后，我开始了思想动员工作。

我：同学们，我在班上要大力表扬一名同学，俞某！（大家看向她，教室里气氛缓和了一些，孩子们开始窃窃私语）

我：是的，我要表扬她，你们没有听错。因为我觉得她是一位很有志向、目标很明确的同学！（我故意停顿了一下，孩子们更好奇了）她的目标是什么呢？是嫁入豪门！

此话一出，全班哄堂大笑，更有几个女生用手捂着自己的嘴巴，低着头，好像正说着她似的，一脸的不好意思。她们的反应证实了我的猜测，班级内真有孩子受此想法的影响。

我：首先，我们要知道什么是豪门。豪门是指那些有权有势的人家。我们目前知道的嫁入豪门的有哪些人呢？

听到这个问题，班里顿时鸦雀无声。

我顺势引导：你们知道京东商城吗？

知道，知道，我妈经常在网上购物！我家小区电梯里经常贴他们的宣传广告！同学们纷纷回答。

我：京东商城创始人刘强东应该算富豪吧，大家看看他的妻子章天泽的照片，漂亮吗？

你们只知道她长得很漂亮，以为她凭美貌嫁给了京东总裁，可是你们错了！谁知道她是哪所学校毕业的？

孩子们一起摇头。

我：清华大学！（孩子们发出惊叹）章泽天既有美貌又有智慧，曾是学校健美操队队长，高一时荣获全国健美操亚军，国家一级运动员。她曾因学业拒绝了张艺谋《金陵十三钗》的邀请。现在她不仅行事低调，而且热心于公益事业！我们平常看到的只是她光鲜亮丽的一部分，却不知她背后的努力！

我：大家知道郭晶晶吗？她是奥运冠军，退役后嫁给了香港富豪霍英东的儿子霍启刚。因为之前一直专注于体育训练，她在退役后到英国学习了一段时间，提升自己的文化素养。

孩子们听得更认真了。

我：这些嫁入豪门的女士都非常了不起，她们不仅形象好，而且在自己的专业方面有很深的造诣！所以，同学们，实际生活中的豪门夫人，不像电视上演的那样，长得漂亮、会撒娇就行了，世上没有不劳而获的事情。豪门的婚姻双方其实就是势均力敌，两人的才能、学识、智慧相匹配，独立自信永远是排在第一位的。她们不是因为嫁入豪门，才拥有了别人羡慕的一切，而是靠自己的实力拥有一切。所以，刚才我说她以嫁入豪门为目标，我觉得很棒，希望女同学们都以此为目标而努力学习。男同学也要用功学习，争取早日成为豪门。

孩子们听到这里，又哄堂大笑了。但我看到他们的表情与刚开始不一样，特别是那些女孩子，笑容坦诚而明亮。

**第一阶段辅导效果及反思：**本次小型班会结束后，同学们认识了几位优秀的女性。当我再提"嫁入豪门"这个话题时，孩子们就很坦然了。该生课后也跑过来跟我说，原来真豪门和电视上的豪门是不一样的，女孩子只有自己努力才能获得幸福，才能得到别人的尊重。

### 第二阶段：正面鼓励，引导学生将重心放在学习上。

上次班级教育辅导后，该生对学习的兴趣明显提高，也能主动做笔记，偶尔还会回答问题。但是她依然爱看言情小说，回家之后第一时间打开电视，看偶像剧。因此，阶段二教育方案初步计划从以上两个方面入手，希望能降低该生阅读言情小说和沉迷偶像剧的热情，明确自己的学习目标。

第一步：降低该生阅读言情小说和沉迷偶像剧的热情。

为了解该生对言情小说和偶像剧的感受、看法，我约该生进行教育辅导面谈。

我：最近课堂上的表现不错，各科老师都表扬你了，说上课时会主动参与了，偶尔还会举手发言哦！

生：老师，我会继续努力。

我：对了，你最近在看什么书？

该生沉默。

我：怎么啦？不愿意说？

生：我看的书你肯定不喜欢，因为你在班上说过。

我：没关系，你说一下，我不批评你。

生：嗯，一本小说。

我：好看吗？

生（不好意思地笑了）：好看。

我：你觉得最吸引你的是什么地方？

该生沉默。

我：是故事情节，还是主人公的命运？

生：情节一般般，主人公的命运很令人向往。

我：能把书借给我看一下吗？

生：嗯。

我：我尽快看完还你。（看完该书，我继续和该生交流。）

我：书我看完了，还给你哦。

生：老师，好看吗？

我：怎么说呢，我的年龄和你不一样，感受可能会不一样。

生：我觉得还不错，特别是女主，真是羡慕她，虽然学习成绩不好，却能碰到她的白马王子，还一直那么幸福。

我还没想好说什么，只好微笑着面对她，让她继续说完。

生：不过，老师我有一个疑惑？

我：你说？

生：我看到的言情小说中，那些人怎么整天不用学习，只是在谈恋爱？（她说完脸就红了）

我：很不错哦，在阅读过程中还有思考，不错！

生：还有小说中的人物好像都不用工作，女主角大多家境不好，但因为长得漂亮或者特别乖巧就获得男主角的青睐，怎么都是一样的？

我：还有吗？

生：还有。男主和女主都有好多人喜欢，不过不管怎么样，男主和女主最后还是在一起了！

我：这样啊……其实呢，我的感觉是，这些类型的书籍看一本就好了，剧情是雷同的，也是比较脱离现实的。

我：我推荐《佐贺的阿嬷》给你读一下，读完之后，看看你有什么样的感受。

一个星期之后，我再次找该生谈话。

我：怎么样？《佐贺的阿嬷》好看不？

生：很好看哦！很有趣！

我：具体说说看！

生：佐贺的外婆好乐观哦，在那么难的情况下还会想各种各样的办法来改善生活，真的很棒哦！

我：第一次看就看懂了，你的阅读理解能力好强哦！

该生不好意思地笑了。

我：你再说说，《佐贺的阿嬷》和你之前看的书有什么不一样？

生：情节完全不一样，看完之后让我对人有了不同的认识。

我：说得真好，还有呢？

生：文中的小主人佐贺虽然家境贫困，但是他很乐观，通过自己的努力过上了自己想要的生活。

我：是啊！其实大部分人都和文中人物一样，平常地生活着，但是只要有一颗乐观的心，就会感觉到幸福。

我：老师再给你推荐一本书，你愿意看吗？

生：好啊，我觉得你让我看的书特别好看呢？

一星期后，我又和该生就《红岩》进行了一场对话。

我：这本书怎么样？

生：哎呀，看完这本书，我才知道以前人们生活的痛苦，文中的"小萝卜头"真是人小志气大，令人敬佩啊！

我：是的，感悟很深。

生：老师，看了这两本书，让我感觉从书中可以收获很多，不再只是那些……（她不好意思地低下头）

我：是的，阅读开阔了我们的眼界，我们可以认识不同的人生，不同的世界。优秀读物让人受益，低俗读物让人迷失方向，损害身心健康。

生：老师，我这段时间感觉之前看的书确实没有多大的意义，内容千篇一律，没有什么特别大的收获。

本次谈话结束后，我也在思考，该生喜欢阅读，并且阅读理解能力很棒，我除了要引导她拒绝阅读低俗读物，还要帮她树立正确的人生观和价值观，明确今后的努力方向。

第二步：探讨近期学习目标与感受。

我：上次回去之后，老师推荐的书目看得怎么样？

生：嗯，挺好，好看，情节环环相扣，特别有趣。

我：恭喜你，你能从不同的书籍中收获阅读的快乐，这是一种成就。了不起！

该生不好意思地笑了。

我：我发现你的学习能力还是挺强的，相信这段时间你也认识到学习的重要性了。

生：放心吧，老师，我知道自己的问题在哪儿了，我也在努力改正，请看我的实际行动吧！

我：嗯，非常好！我相信你。

生（点点头）：老师，我明白了。谢谢老师！

**辅导结果**：此阶段的教育主要是改变该生的认知。学生通过阅读，认识不同的人生，明白人生是丰富多彩，充满乐趣的，并且树立学习目标。

**辅导反思**：本次教育辅导结束后，我持续关注该生情况，也经常和科任老师沟通。该生学习状态良好，成绩稳中有升，树立了正确的人生观和价值观。本次情感教育和价值观教育目标达成，成功有效。

● **专家点评**：涂老师利用班级突发状况，即刻上了一节效果突出的班会课。利用榜样的力量，纠正了个别学生想"嫁入豪门"的单一价值观。通过阅读分享，循序渐进地引导该同学认识社会主义核心价值观，树立合理的目标，正如涂老师所说：达成了情感教育和价值观教育的目标。

# 读好书很重要

**辅导教师：**杨文芳

**辅导学生：**张某某

**辅导时间：**自2020年3月至2021年1月

**辅导背景：**该生特别热爱阅读，是名副其实的书迷，一直成绩优异。听讲专注，作业认真。受疫情影响，2020年3至5月份，学生不能返校，在家上了两个月的网课。五年级下学期，在一次上交的作文中，出现了对亲情的批判、对自我的否认、对社会现象的不满，认为自己不被认可和理解、自己是一个与周围格格不入的人，情绪非常低落。

**学生分析：**该生性格内向，自我意识较强，想象力丰富，喜欢阅读一些不太符合其年龄阶段的文学作品，自我要求较高，给予自己过多的心理压力。

## 辅导过程：

### 第一阶段：家校沟通，深入了解。

我与家长联系后，了解到几个情况。受疫情影响，孩子滞留在老家，暂时跟着爷爷奶奶生活；孩子在老家的生活较为单一，一些情绪困扰、郁闷心理得不到舒缓和释放；因为热爱阅读，所以在老家除网课之外，剩余时间基本都在看书。老家阅读书籍局限，家中有一些之前表姐的小说书籍或者不加筛选的网文等，不符合小学生年龄和心理的成长需求，影响到孩子的价值观和对周围事物、人物的看法；家长对孩子疏于引导。认为孩子兴趣更为重要，孩子应选择自己感兴趣的书籍进行阅读。还想当然地认为学校老师建议的优秀作品很多都太过无趣，学生选择不读也是很正常的现象。

了解以上情况后，和家长做了沟通。反馈了孩子作文中出现的情况，和家长分析问题产生的可能原因，认为造成孩子现在情况的原因可能是青春期孩子生理心理特点、亲子关系、疫情、网课和现阶段孩子生活环境、阅读书籍等因素。

与家长共同商量应对方法，请家长和孩子运用视频等途径，多进行一些沟通，疏通缓解孩子心理上出现的一些郁结，同时家长要转变经典无趣、好书无用的观念，积极对孩子的阅读进行引导。

**第一阶段辅导效果及反思：**本次电话沟通结束后，该生在网课中的状态好了很多，从网课互动和作业状态来看，都积极了一些。上传的书写作业也比较认真。所有结果的呈现，都是有一定原因的，第一阶段和家长沟通交流，及时反馈孩子的情况，初步了解出现问题的原因，有利于对问题的评判和初步的干预。

### 第二阶段：网络沟通，互动引导。

因为网课局限，不能和孩子面对面甚至直接以通话的形式沟通交流。所以不能很直观地看到该生最显著的变化，后续的网课读后感作文的训练中，该生仍然出现对超出儿童欣赏范围的文学作品的过度反应，文字中出现有暴力、血腥、灰暗、消极等情况，这些感悟来源于其对犯罪小说《十宗罪》的阅读。通过作文，感受到此类超出年龄阶段的书籍对该生产生了消极影响，发现该生对于阅读和写作的理解有些偏差，需要进行适当的引导和改变。因此，阶段二教育方案初步计划通过以下两个方面入手，希望能引导该生读好书，并从好书中汲取营养，在生活中阳光自信。

第一步：以作文为切入点，反馈立意的消极问题。

一篇文章的思想内容正确与否是评价文章好坏的根本依据。我首先从作文立意、选材、写法方面给该生进行了批改反馈，肯定其写作技巧、语言表达和其对作品深刻的理解感悟，但是写作以立意为宗，他的这篇读后感立意消极，这种思想认识上的偏差出现在作文中，即使文章结构完整、语言生动，也不会是一片优秀作文。文章、书籍表达出来的思想观点和感情要健康、积极向上，因而写作也应该立意正确，阅读也应该阅读立意正、高、深的好作品。

批改反馈通过作业平台反馈给该生，该生也比较接受，根据批改建议重新修改作文，呈现出来的作品在立意上稍做调整，尽量向积极靠拢。由于其有较好的写作水平，因而整篇作文就会呈现出不一样的效果。这样的优秀作文，我们在班级中也经常分享，通过优秀作文的分享，实现正向的强化。

第二步：探讨文学作品和社会现象。

除了网课学习、作业等的交流，我们通过网络也进行了信息交流，其中不乏对文学作品和社会现象的一些探讨。他把自己的文学思考、感悟、对社会现象的看法，以文字形式发给我。我同样把自己的理解、感受、看法，以文字的形式表述。在沟通中，我引导其正确看待文学作品和社会现象中的善恶；阅读优秀作品，感受优秀文学作品的魅力；发现生活的美好，热爱生活。

第三步：优秀作品共享，进行正面影响。

网课阶段，进行好书推荐，引导学生阅读健康、立意高远、积极向上的作品；增加阅读指导课，指导阅读的方法，引导学生走进经典作品，领会经典文化的魅力；好书分享，优秀作品班级交流。在分享《山高路远》等汪国真诗歌时，引导学生感受诗人不惧挫折和积极乐观的心态，同时激发了学生写诗的兴趣。一时间班级涌现出《追梦》《星空》等好作品，在班级形成良好的写作、学习风气。该生也有优秀的诗歌，展现出他的积极、勇敢、正义、责任。

**第二阶段辅导效果及反思：**此阶段的教育，主要引导该生读好书，并从好书中汲取营养；引导写作正确立意，积极健康；引导自我认可，提高该生自信心。其实通过以上三步发现，该生热爱文学、热爱文字，同时一些价值观有偏差的文学作品又极易影响到他，导致他执拗于一些消极文字所呈现的意象。青春期的学生受文学作品的影响很大，应该引导其正确选择、辩证看待。


**第三阶段：深入交流，提升认识。**

通过阶段一与阶段二的辅导，该生逐渐处理好作文中呈现的消极情绪，提升了信心。随着疫情复学返校，我与该生进行了面对面的交流，了解该生情况，对该生进行阅读引导，情绪辅导与整体提升。

我：开学返校了，从老家回来深圳，来到学校，你感觉怎么样？

生：挺好的。

我：我看到你没有怎么和周围的同学交流，他们好像都很兴奋，很开心。

生：没有什么好特别开心的。

我：见到你，我就很开心啊。你又长高了，我得仰着头看你和你说话了。

该生腼腆地笑了。

我：你最近在读什么书？

生：太宰治的《人间失格》。

我：之前你也和我一起探讨过这个作者，你很喜欢他。

生：是的，他的文章温柔而忧郁，很美丽。

我：所以，你把这种温柔而忧郁也体现在了你的作文中，是吧。

生：……

我：你这篇作文中体现的消沉、悲观、沉沦也是在模仿他吗？

生：……

我：你会不会把自己当作他，来表达原本不属于你的东西。

生：好像是这样的。

我：正是因为你读了他的作品，深受他这本书中文字、情绪的影响，导致你的情绪也压抑、低落。其实，他后期的很多作品也很明朗，立意也很好，对当时社会也产生了积极的影响。

该生看了看我。

我：所以，你之前读《十宗罪》等里面很血腥、复杂，混杂了一些负能量，作为小学生的你年龄太小，心理承受能力和判断能力都不够成熟，很容易留下心理阴影，甚至影响到价值观。最直观的表现就是你的情绪，还有你的作文。

该生点点头。

我：所以，我对你的建议是，尝试多选择不同风格、不同作家的作品来欣赏，当你的阅读开阔了，你的眼界也会开阔很多，你会更认识你自己，不再仅仅是模仿别人了，而是展示自信的自己。

生：好的。谢谢老师！

**辅导结果：**本次教育辅导结束后，我持续关注该生情况，有时候看他阅读不同的书籍，给出肯定的认可，简单聊一聊书中的内容，聊一聊作者或其他作品。该生现在给人的感觉与以前大不同。脸上的笑容多了，话也渐渐多了，整个人状态轻松了很多。此外，该生在学习方面的信心也逐渐提高，也有更多立意积极的优秀作文和全班同学一起展示分享了。后续的学习状态也良好，成绩保持优良。

**辅导反思**：通过第一个阶段和家长的沟通交流，了解该生产生不良情绪的原因，有利于对问题的评判和初步的干预。在父母和老师共同引导下，该生情绪、上网课和作业状态逐渐好起来。通过第二个阶段和该生的网络互动，引导自我认可，提高自信心。进行第三个阶段教育辅导后，可以看到该生逐渐从心情压抑、情绪低落、自我否认中走出来，变得乐观、积极、自信。

● **专家点评**：五年级的孩子有这样的情绪和认知比较早熟，杨老师敏感地从学生作文中发现了他过早产生消极情感的原因，通过谈话了解到该个案阅读了不少不适合这个年龄孩子阅读的书籍。不恰当的书籍确实对孩子们会产生消极的影响，孩子们正处于对世界的观察探索中，还没有形成稳定的世界观和价值观，没有能力辨别书籍中各种冲击。杨老师是个有心人。

对于青少年读物的引导，建议学校根据不同学段提供可以借鉴的图书清单，并时不时组织读书分享或者读后感比赛等活动，引导孩子们将更多的注意力放在适合他们的书籍上。

# 某沉迷网络学生的变化

**辅导教师：**郝爽

**辅导学生：**游某某

**辅导时间：**2020年9月至2021年1月

**辅导背景：**该生入学成绩排在班级中上等。课堂上，能做到老师的要求，但不会积极主动地回答问题，课堂上表现欲不强，课堂存在感较低。完成作业较拖延，为完成而完成，并没有更好的要求。对于学习没有目标，学习状态不佳。成绩方面，从入学以来一直在小幅下滑，成绩不理想。

**学生分析：**该生性格较为内向、比较慢热，不愿意主动与老师、同学接触，在班级朋友并不多，只有一名从小学就认识的朋友，平时上学、放学都和那名同学一起，与其他同学交流比较少，与老师的沟通更少，观察得出她在新的集体中并未找到归属感和安全感。

## 辅导过程：

**第一阶段：发现问题，分析原因，培养责任意识。**

该生从入学之初的班级前十名，月考后下滑到班级三十二名，观察该生平时在校的表现，并无太大问题。基于这种情况，我进行了家访。家长反馈，学生小学时，比较听话，学习成绩属于中上等，但也存在没有学习目标，自身要求不严格的情况。疫情期间，令家长担心又无奈的是，该生沉迷网络游戏，对于家长的话，不听不服。该生还有一个弟弟，家长对该生和弟弟的要求一直不一致。因为该生是女生，家长对该生一直都是比较娇惯，犯错的时候，原谅的时候居多；对弟弟则较为严格，一定要按要求去做，犯错就罚。分析得出，该生沉迷网络游戏，不听家长的训诫，主要原因还是家长对于该生的要求一直都不严格，对姐弟两个的教育要求、教育方式不统一。在该生心中要求和对错也不明确，万事都是得过且过。基于家访得出的问题和分析的原因，我从培养学生的责任心入手，让她参与到班级日常工作和管理当中，让她在服务班级中，培养责任意识，感受付出之后的成就感。

以下是第一阶段第二步教育辅导的过程：

我：入学一段时间了，感觉怎么样？

生：还好吧，感觉学校管得挺严的。

我：哪些方面你觉得严呢？

生：课堂坐姿、仪容仪表、学习都挺严的。

我：的确是，日常常规、学习方面同时抓，我发现你仪容仪表方面做得很好呀。你怎么做到的呢？

生：想着就行了呀。

我：大家都能想着就好了。

生：那挺难的，每次体育课回来都有同学忘记戴红领巾、校卡。

我：你也发现这个问题了，这也是我发现的问题，要找个负责人提醒大家才行。

生：嗯。

我：你觉得你能做这个工作的负责人吗？

生（犹豫）：我……还是算了吧。没做过，也不太想做。

我：没做过不怕呀，前期我可以告诉你怎么做，一点一点帮你熟悉。有些事情，不要急着否定，去尝试尝试，选择了你正是因为你做得好，我想你也能监督大家一起做好。先试一试好吗？

生：那好吧。

**第一阶段的辅导效果及反思**：经过两周的适应，该生已能胜任仪容仪表检查员一职。她不仅开始学会承担责任，朋友也增加了。第一阶段对该生的教育辅导共分了两步，一是"家访"全面了解学生，分析问题原因；二是培养学生的责任意识，总体来看，基本达到了第一阶段的教育目标，并搭建起了学生与老师之间沟通的桥梁，拉近了师生关系，学生在班级的存在感和安全感也有所提升，这为第二阶段，引导学生克服网络游戏诱惑奠定了基础。

### 第二阶段：直面问题，寻找方法，引导正向改变。

在第一阶段教育辅导后，该生逐渐有了责任意识，但放学回家后还是会要来手机玩网络游戏"王者荣耀"，本阶段的教育辅导目标是，让学生认识自身网络游戏的问题，正视网络游戏的危害，逐步克服网络游戏的吸引，控制自己对网络游戏的依赖。为沟通说服更有效果，我注册了一个账号，尝试怎么玩这款游戏，基本知悉游戏的基本规则，晋级步骤和特征特点。另外，我查了一些玩网络游戏的初中生例子，准备了充分的资料。

第二阶段辅导具体过程：

我：最近我新注册了一款游戏。（为更加走进学生内心，我并未直接批评她喜欢玩网络游戏，耽误学习。）

生（非常吃惊）：老师，你也玩游戏呀。我听说班里有同学在玩"王者荣耀"，想知道这款游戏为什么那么吸引大家，所以就下来尝试了。

生：老师，你是什么级别了呀？（学生在说这句话的时候，就已经不自觉地反映出她也在玩）

我：我没那么多时间，现在还是青铜，你也在玩吗？你是什么级别呀？

生：我已经是王者了。

我：那你玩很久了吧，升上王者还是挺费时的。

生（停了几秒）：嗯，是挺久了。小学六年级就开始玩了。

我：进入初中后，还有那么多时间玩吗？

学生犹豫，不敢回答。

我：你别紧张，我们来单纯地分析分析，游戏好玩在哪儿？

生：晋级有成就感。

我：的确，游戏让你获得了晋级的成就感。那你有没有觉得失去什么呢？

生：成绩没有以前好了。

我：你也觉得玩游戏会影响学习是吗？

生：嗯，但还是喜欢。

我：我理解你在游戏中体会到的放松和成就感。但现在你有更重要、更值得实现的事情，你认同吗？

生：老师你是说学习吗？

我：是啊，有没有想过，那些设计游戏，让你们喜欢他们设计的游戏的人，要具备什么能力呢？

生（陷入认真的思考中）：应该也是学习很厉害的人吧。

我：对啊，他们把喜欢的事情做成了自己的事业，并让更多的人喜欢上他们设计的游戏，这种成就感不是更大的吗？

生（该生面露期盼的神情）：真的能做到吗？

我：每个人都有机会把喜欢的事情做成令自己有成就感的事业，你现在刚十三岁，你有充足的时间去准备，去实现，未来无限可能啊。

我：慢慢来，现在不玩游戏，是为了以后更大的收获。

生（眼神慢慢有了坚定的目光）：我明白了。

**第二阶段的辅导效果及反思：**通过一段时间的观察，以及与该生家长的沟通了解，第二阶段教育辅导后，该生做到在周内不玩游戏，只是周末的时候会玩一会儿游戏。尽管没有做到完全不玩网络游戏，但该生已由最初的每天放学回家后玩游戏，转变到周内不玩，周末规定时间内玩，这是积极的效果。

第二阶段的教育辅导，从学生角度出发，在充分了解学生玩游戏的情况，有针对性、循序渐进地与学生进行沟通，引导学生正确认识沉迷游戏的危害，逐步克服网络游戏的吸引。

### 第三阶段：树立学习和生活的目标，从目标中获得力量。

有了第一阶段的责任心，第二阶段克服网络游戏的效果，相对较为顺利地过渡到第三阶段，即树立学习和生活目标的阶段。怎么让该生将大目标细化到一个个小目标，让该生在实现小目标的过程中获得成就感，继而更加有动力、有力量地去学习，是这一阶段教育辅导的主要目标。

我：最近，你的状态好很多，你发现了吗？

生：嗯，我周内已经不再玩游戏了，周末也是在规定时间内玩一会儿。

我：是吧，只要你想去做，你是可以做到的。

生（带着微笑）：是，刚开始还以为会很难，慢慢地也不觉得那么难了。

我：当你把困难的事情，克服了、做到了，你就是会从中获得成就感的。

生：（赞同地点点头）

我：那么距离实现你的游戏设计师梦，我们还要做准备吧？

生：是，要学习，考上好的大学。

我：大目标，小步子，一点一点慢慢走。

生：好。

**辅导结果：** 本阶段教育辅导主要以肯定该生所做出的改变和努力为主，引导学生感受自己克服困难，在把最初觉得的不可能变为可能的过程中，自己肯定自己，并从中获得成就感。该生从自身做到的结果中，肯定了自己，也感受到了成就感，对于学习有了一定的目标和期待。

**辅导反思：** 学生的问题，如果一直强调问题，而不去发现问题背后的原因，那么教师是无法达到教育目的的，学生问题也不会得到解决。教师一定要从学生角度出发，充分了解学生，抓住学生心理，让学生在做的过程中，培养责任意识，克服困难的意识，感受到成就感，学生从自身所做的改变和努力中获得进一步去实现目标的力量，让学生真的由被动、无所谓到自己愿意、主动去克服、去努力，去实现！这一段教育之路，需要学校、家长、老师、学生的共同努力，缺少一方，都难以达到教育目标。让我们一起努力，共促成长！

● **专家点评：** 理解学生，并在孩子的心里播下一个希望的种子，对他们寄予殷切的希望，用恰当的方式引导他们、等待他们的进步，当学生的心理或行为有异常表现时，从家庭环境和意外事件中寻找产生问题的原因并找到解决问题的对应方法。郝老师一开始从学生感兴趣的话题入手，与学生建立良好的信任关系，帮助学生客观认识自己并制定适合她的目标，引导她循序渐进地进步，郝老师是个有心人。

# 云少年的网游职业玩家梦

**辅导老师：**孙晓宁

**辅导学生：**云少年

**辅导背景：**该生七年级入学时，就热衷于网络游戏，甚至将成为网游职业玩家作为人生理想。随着时间的推移，云少年对学习的热情逐渐降低了……刚开始，只是偶尔上课犯困，每到期中就演变成经常不交作业，上课睡觉了。不论如何苦口婆心地劝说，基本上无济于事。任课老师头痛犯怵，恼怒课堂上有如此不听管教的网瘾学生。

**学生分析：**云少年性格活泼开朗，关心集体，会热心帮助大家。云少年思想比较成熟，不喜欢"一切虚假行为"，班会上，偶尔会表达自己很正能量的"三观"，也会以自己为例，希望同学们不要像自己一样沉溺网络游戏，也告诉大家沉溺网络游戏存在很大的危害。换言之，云少年明知自己成为网络游戏的职业玩家很难，但抑制不住追逐网游带给自己的游戏快感。以至于他自己也很苦恼，既想学习好，又想追求这个飘在云端的"梦"！

**辅导过程：**

**第一阶段：先认同，后提要求。**

我决定"以柔克刚，逐步攻克"，先取得他信任后再去引导他。

以下是我和云少年某次谈话的记录：

我：开学第一课时，你勇敢地分享了自己的网游职业玩家梦。从那一刻起，我就知道，你是一个有目标有人生理想的同学。而且，你是唯一一个敢于上台表演RAP，上台发言的学生，真是太棒了！太让人眼前一亮了！

生（略显害羞的挠挠头）：嗯……我就是从小很喜欢网络游戏，希望自己也可以成为职业玩家。

我：梦想来源于生活，你能想到未来，真的很好！那你有没有想过怎么实现这个梦想呢？

生：老师，我想过。但是成为职业玩家需要很多条件，要有很好的游戏设备，不断地提升自己的技能，也要多打比赛。

我（假装自己什么都不懂）：那是不是只要这些东西就好，每个人都能成为职业玩家呀？

生（很自信的继续说）：不是的老师，他还需要其他要求，比如学历至少是高中，而且还要求年龄限制，必须18岁以上才可以。

我（假装恍然大悟的样子）：哦，原来还有这些条件？那你有想过没有，你符合这些条件吗？

生（为难地说）：唔……没仔细想过。

我：那你先想想，网络游戏技能是需要怎么提升的？

生：没有别的办法，就是多练习才可以！

我：那你现在有时间吗？

生：现在还可以，作业不多，我有时间练习，而且一般会在周末才去打比赛，不会耽误课。（他并没有意识到自己的学习已经深受其害）

我：考试成绩看到了吗？你有没有对比入学考试的成绩分析自己？有没有对比每次的月考成绩呢？

生（有些不知所措地摇头）：嗯……没有。

我：那你可以注意了，如果继续现在的学习状态，你不但无法很好地提升自己的游戏技能，更无法完成初中学业成功升入高中。更何况，游戏是熟能生巧的。你现在急需一个好的成绩，考上好高中，进入好大学，选择自己喜欢的专业，正好在自己18岁左右的年纪，去实现自己的人生梦想。老师真是羡慕你这样的年纪，可以有无限的梦想去实现。那你能不能好好规划自己的学习呢？想一想现在急需提升的科目，想一想自己接下来的期末考试目标？

生（又一次有些不好意思地挠挠头）：嗯……谢谢老师，我会好好想一想的。

我：太好了，老师希望你能尽快写一个学习计划，有任何需要帮助的，随时告诉老师，好吗？

生（低头想了想）：嗯，好的老师，谢谢老师。

**第一阶段辅导效果及反思：**本阶段用时较长，不仅有多次谈话，而且在很多不经意的时候，就多多夸奖云少年的进步，给予他学习进步的希望。在学期末的时候，云少年的确有很大进步，而且也得到各科老师的夸奖，云少年也很满意自己的进步。现在，就需要他自己多一些坚持，多一些自律。接下来的辅导目标就是鼓励他坚持自己的学习目标，先放下自己的网游职业玩家梦，努力实现自己的高中梦。

## 第二阶段：肯定努力，加分鼓励。

七年级第二学期伊始，正当我打算重新为云少年规划小目标，辅导他尽可能摆脱网瘾的时候，新冠肺炎疫情暴发，我们全体师生不得不以网课的形式开展新学年的课程。没有面对面的沟通，原有的规划目标，都不得不重置！更糟糕的是，对于云少年不听网课，不写作业的情况，我作为班主任鞭长莫及。家长也很是无奈，几乎无法管控云少年。尽管在5月份返校上课，但他已经落下了很多课程没有学习，几乎丧失了学习兴趣，学习状态变得不稳定，时好时坏！时间转到七年级下学期末，我意识到，单纯的谈话沟通，恐怕学生们都"免疫"了。于是，我在班级整体设置"课堂加分制"。只要回答问题就加1分，回答正确再加一分，答错不扣分。不仅把课堂回答问题进行量化加分，还可以量化平时交作业的情况。

在掌握好惩罚与奖励的情况下，这个方法慢慢地展露了独特的成效。不仅解决了云少年课堂犯困的难题，还调动了全班同学在课堂上的积极性。随着时间的推移，慢慢地，回答问题就成了学生们的"惯性"，不再需要"加分"来激励学生了。云少年在小组成员的要求和鼓励下，也开始在课堂上回答问题，其他科任老师也不断地夸奖鼓励他，他也有了一定的学习信心。

**第二阶段辅导效果及反思：**本阶段刚开始仅是电话交流，谈话效果甚微。返校之后，不断地肯定他的努力，平时也多多和他交流，时不时夸奖鼓励，又加以课堂加分奖励的形式，鼓励他继续努力，希望他多多参与课堂，减少自己犯困的机会。尽管此次教育辅导的效果不错，但是七年级第二学期期末的时候，该生的学习进步就没有那么明显了，主要原因是前期落下的课程太多了。接下来希望他能尽可能地意识到自律的重要性，能在接下来的暑假里，完成暑假学习任务，甚至在假期里主动学习，查漏补缺。

### 第三阶段：学会自律，而非他律。

演变至此，云少年听课状态很不错，课堂上回答问题，课下交作业，但学习状态很不稳定。幸好疫情管控得当，在八年级第一学期，全体师生终于如期开学。我又一次将云少年的事情，设置为"开学一等大事"。开学第一周，云少年的家长就找到我和心理老师求助，希望新学期可以帮助孩子走出网瘾世界，逐步跟上班集体的学习进度。我们也开始规划新的辅导计划。这次，我计划发挥家长的作用。在联系家长之后得知，家里网线前段时间故意弄断了，现在修好了，所以才会造成这样时好时坏的表象。于是，我多次和云少年谈话，希望他能意识到自律比他律更重要。

以下是我和云少年的某次谈话记录。

我：最近我看你表现不错，各科老师都在我面前点名表扬你。就是有时候老师很困惑，为什么有时候你还是偶尔犯困呢？

生（有些迷糊）：老师，我现在偶尔周末打比赛呢？我周内控制时间，最多玩两个小时，其他时间都是在写作业。

我（先表扬，后鼓励）：嗯……听到你能这样说，老师就放心多了，你已经很努力了！

生（有些惭愧）：老师，我现在还是跟不上。课堂上很多东西我听不懂，有一些听懂了又不会做题。

我（点头表示同意）：嗯，老师明白你的心情，现在毕竟是八年级了，初中很多知识点都在八年级，比较难。我现在给班级设置"课堂加分制"，就是为了让同学们都更专注于课堂，更积极参与课堂，把自己的思维打开，和课堂上的老师进行交流。你可以试一试吗？

生：老师，我有时候会忍不住犯困……

我：那老师就希望在犯困的时候，主动站起来，希望你可以自己管控自己，晚上尽可能早点休息，然后第二天可能就不那么容易犯困了。自律很重要哦！

生（有些为难）：老师，我也不知道自己能不能做到，我试一试吧。

我：好，那我们给彼此机会，我和你家长说，让他们少唠叨你，更希望你在没有老师和家长的"唠叨"下，自己管控自己哦。

生：嗯，我试一试，谢谢老师。

**辅导结果：** 本阶段辅导结束后，家长告诉我孩子在家里的作息时间好了很多，能看到学生在努力地做到调整作息，尽力学习。有了精神面貌的变化后，云少年成了老师们日常夸奖的对象。大家都喜欢这样努力向上的云少年。另外，我还观察到他在逐步转移自己的喜好。他说自己在学习RAP，这样就不会沉溺网游了。听到这样的话，作为班主任我真的是心花怒放！在后续的学习中，希望该生能继续保持良好的学习状态，进一步成为自律的云少年。

**辅导反思：** 事实上，对于网瘾少年的职业玩家梦，我并没有全盘否定他的梦想。在教育辅导的最后，我也着实做不到让该生迅速地变成一个积极向上又努力进步的阳光少年。一切都静待花开，现在的云少年已经意识到网游职业玩家梦是飘在云端的，现在他能做到转移目标学习RAP，未尝不是一种进步。从该生期末考试可以看出，他已经比原来的自己进步了很多；从其他科任老师的反馈中，可以了解到他得到了任课老师的认可与表扬。从该生与其他同学的日常接触中，也看到大家不再以他为不交作业的"典范"，云少年自己也感到自己终于揭下"不学习"的标签。整体来说，本次挫折教育的目标基本达成，成功有效。

● **专家点评：** 案例中是一个有梦想的沉迷网络的云少年。孙老师有效利用该生的网游职业玩家的梦想契机，对该生展开了循循善诱的生涯规划，引导该生认识到这一梦想的实现离不开当前的学习。同时，在实际的教学中，利用有效课堂管理方式帮助云少年改善课堂学习习惯。

# 体育特长生的"早恋"

**辅导教师：**林光凤

**辅导学生：**某男生、某女生

**辅导背景：**陷入"早恋"的两个学生都是体育特长生，成绩优良。男生高大帅气，成绩中上，性格憨厚，是老师眼中的乖学生。女生比较早熟，外向，家庭环境比较复杂。临近小升初，两个人却陷入了"早恋"。导致成绩下降，家长和老师担忧不已。一次，那位男生写给女生的情书被男生的家长发现，因此事件爆发了。

**学生分析：**男生性格内向、单纯，能吃苦。内向单纯的男孩子往往受不了女孩子的撩拨和情感攻击，再者正值青春期，对男女之情懵懵懂懂，受当下电视剧的影响，很容易产生向往之情。女生性格较为外向、早熟，父母关系不好，是比较缺爱的孩子。

## 辅导过程：

### 第一阶段：打开心扉，了解内情。

第一步的教育内容重点了解事件，运用共情，消除学生的抗拒心理，引导学生说出事件的内情。以下是我对两个学生的心理辅导过程：

教师阅览室——我和该男生（两个人）

我：你妈妈把你写的情书交到我这里了，写得挺有感情的，作为语文老师，我很欣慰。我知道这件事了，你能跟我说说是怎么发生的吗？

男生（不安，迟疑了一下）：嗯，我们经常一起在操场训练跑步，一起去参加比赛……有一次，我的脚扭伤了，是某某（该女生）帮我擦活络油。她还常常帮我擦防晒霜。她上个月写了一张纸条给我，说喜欢我……然后我……（该生

似乎不好意思再说下去了）

我：你们就是在这样的互帮互助中，彼此产生了好感，然后你写情书给她？

男生（点点头）：是。

我：确实，她对你是挺好的，可是，你们是田径队的队友，这种互帮互助的精神应该是正常的吧？如果是其他队友受伤了，你愿意帮忙擦活络油吗？

男生（果断）：我愿意的。

我：其实，你们俩互相写情书这件事，我没觉得奇怪，这是一种正常的情感。同学就应该是互相帮助的，在帮助中产生了好感，这是正常的情感回馈。人家对你好，你也想表达对人家好，说明你是一个懂得感恩的孩子。

男生（如释重负，表情放松）：谢谢老师的表扬。

我：这件事让你的成绩下降了是吧？

男生（低下头）：是的，上课的时候，会情不自禁地想到某某（该女生）。

教师阅览室——我和该女生（两个人）

我：你和某某（该男生）的事，他妈妈知道了，说要打电话找你家长"沟通"，被我压下来了。他妈妈答应让我处理，不跟你父母沟通了。

女生（表情慢慢放松）：哦，好的。

我：你家里爸妈还吵架不？

女生（难过）：不吵了，妈妈去别的城市了。

我：嗯，大人的事情确实比较复杂，你现在还不能理解，以后就会明白的。但是，你要记住，你父母是爱你的。你爸爸上次给你办理升初中证件的时候，跑了好几次，很努力，这证明他是爱你的。

女生（情绪稳定）：是，他说一定要把证件办齐，让我在深圳读初中。

我：你要相信你爸爸对你的爱和能力。证件齐全，成绩不达标也上不了初中哦，如果因为成绩问题不能进入中学，你岂不是辜负你爸爸的良苦用心？

女生：我会努力学习的。

我：其实不可否认，你和某某（该男生）最近的成绩确实下降了许多，你认为呢？

女生：是的。

我：说明你俩的事情对成绩影响很大，而且是负面影响。

女生：没想到会影响这么大。

**第一步辅导效果及反思**：第一步谈话活动，我主要是先打开他们的心扉，引导他们俩把事件的过程说出来。值得肯定的是我的共情策略、认同感，以及平静的语气，没有让他们产生排斥，产生叛逆心理，愿意把事情的过程说出来。那接下来的动之以情、晓之以理就比较好开展了。

### 第二阶段：合理归因，晓之以理。

引导学生明白他们所谓的"早恋"其实是身体发育在"作怪"。引导学生明白"好感"并不等同于爱情；针对学生会因成绩而留守老家，树立留深圳升学的目标，让学生为自己的目标而奋斗，从而转移情感，转移注意力，慢慢忘记"早恋"。

教师阅览室——我和该男生（两个人）

我：你知道吗？你们现在正处于青春期，你又是体育训练队的，身体发育各方面都比较好。所以你对关心你、长得漂亮的女生会产生好感，这种好感不是所谓的爱情。日后，你还会读初中、高中，会有更多更优秀的女孩，你可能不只是对一个女孩产生好感，可能会对好几个女孩产生好感。如果这是爱情的话，那你所谓的"爱情"不就出问题了吗？在爱情里，是不能一个人同时"爱"几个人的！你明白吗？

男生：好像是这样的。

我：你目前最重要的是学业，上次家访的时候，你父母明确表态，如果你的成绩不好，会考虑让你一个人回老家读书，从此跟爷爷奶奶一起生活，你愿意吗？

男生：我不要回老家，我要跟爸妈在一起。（小声地）老师，我要留在深圳，我不跟她好了。

我：那怎么体现你把心思都放在学习上呢？这样吧，你每天写一篇反思给我，反思你当天是否把注意力都放在学习和训练上了，一直写到我说不用写为止。

男生（爽快地）：好。

我：老师相信你能做到！

教师阅览室——我和某某（该女生）

我：你是一个不错的女孩，学习自觉，体育训练那么辛苦，你都能坚持下来，确实难能可贵。你跟某某（该男生）都是好学生，老师喜欢你们。某某（该男生）高大帅气，你喜欢他，老师能理解，我也很喜欢某某（该男生）。但是，你对某某（该男生）的喜欢是你青春期身心发展的一种正常渴求。某某（该男生）是外地生，如果他考不上中学，他就得回老家读书，也许你以后就再也见不到他了，他也将成为留守学生，不能跟父母在一起生活了。而你还能继续在深圳读书，这对他来说，很不好呢。

女生（沉默了一会儿）：如果他又给我写信呢？

我：某某（该男生）已经跟我表态，他要把心思放在学习上，要留在父母身边，我想，他应该不会再给你写信了。

女生：好，那我决定放弃，我不再理睬他了。

**第二阶段辅导效果及反思**：谈话从开始的引导说出事件过程，到进入事件剖析和动之以情，呈现递进式深入，引导学生明白此时的"爱情"只是青春期健康身心在作怪。还有一个很现实的问题——升中学，能否留在深圳，能否留在父母身边，跟成绩息息相关，最后这个问题才是关键点。至此，这一步教育算是为成功解决这次事件迈出了小小的一步。

**第三阶段：跟踪观察，及时鼓励。**

时间一天天过去。我一边用心给学生复习，一边留心观察这两个孩子的表现。他们似乎很平常，仿佛这件事没有发生过。该男生每天都会把他的反思交给我查阅。其中一篇是这样写的：今天的学习还是有条不紊地进行着，有时候，我会朝她坐的角落看过去，她再也没有回头看我。我想，她一定是不再理我了。有一篇是这样写的：今天模拟考试的作文被老师表扬了，我写的是——妈妈的唠叨也是一种爱，我一定要努力学习，考上中学！

我也再次家访了该男生，跟他妈妈沟通中得知，他确实用心学习了，连电视都少看了。同学们也没有关于他们俩的特别议论。该男生的反思只写了两个星期，我就让他停止了。小学毕业考如期而至。男生三科总分289.5，超常发挥，考出他最好的成绩。女生也考了268分，略有下降。很快，两个人都拿到了某某中学的录取通知书。

**第三阶段辅导效果及反思：**此阶段的教育，主要是在前面谈话的基础上进行跟踪，不让他们"旧情复燃"，强化他们好的改变。后来他们也确实把注意力集中到学习上来。在这个过程中，两个学生都能从"早恋"的沼泽中跳出来，学会自我调适，增强了抵御诱惑的能力。

**辅导结果与反思：**本次心理辅导经历了三个阶段，历时两个多月，目标达成，成功有效。第一阶段的谈话是有效的，成功地让男生树立学习目标，转移注意力。跟不能留在父母身边相比，女生就显得不重要了。女生也是一个善良的孩子，不想让男生离开父母。没有做周全的是当时没有家访女生家长，未能让女生的父亲给予她更多的关注，更多的关怀，这也许是导致女生毕业考试成绩下滑的一个原因吧。她的家庭关系比较复杂，对她的影响确实很大。

●**专家点评：**担心"早恋"会影响到学生的学习成绩，林老师分别找两位同学谈心，分析"早恋"有可能带来的不良影响，并采用了"写思想汇报"的方式引导孩子自我反思，在这个个案的记录中，看到林老师的措施，使两位同学走出了"早恋"，并提高了学业成绩。

# 让人又"恨"又心疼

**辅导老师：**刘雅婷

**辅导学生：**张某某

**辅导时间：**2020年9月至2021年1月

**辅导背景：**该生在课堂上频繁接话抢答，扰乱课堂纪律。科任老师多次警告，依旧不改接话毛病，严重影响其他同学学习。无法控制自己的情绪，暴躁易怒，多次与老师、同学、家长发生口角甚至是肢体冲突。行为习惯较差，常常违反校纪校规。常在家中与母亲闹矛盾。学生想要考上深圳的高中，但学习习惯与方法还存在较多问题，不愿接受老师提出的改进建议，却又多次因没有考出好成绩而寻求老师的帮助。

**学生分析：**该生对自我评价缺乏客观性与准确性，常不分场合夸下海口，承诺一些自己无法做到的事情，性格比较张扬，会以开玩笑的口吻挑衅他人，希望得到他人的关注。表面上吊儿郎当，没心没肺，与他人对着干，实则十分重感情，有强烈的班级集体荣誉感，尤其能够体恤父母的艰辛，希望身边的人因他感到自豪而高兴，

**辅导过程：**

**第一阶段：课堂中的"约法三章"。**

在科任老师多次投诉下，我决定找张同学来一次深入谈话。在之前的家访过程中，我了解到他的母亲对他期望很高，望子成龙。在这个经济不宽裕的家庭中，母亲省吃俭用都要给张同学从小学一年级开始报辅导班，没有一个星期落下，生怕他考不上深圳的高中。但即使有辅导班的帮助，张同学的成绩一直是处于中下甚至是倒数的水平。他母亲非常焦虑，考虑要不要将他送回老家读

书。但张同学不愿意离开父母独自离开深圳，所以他自然很努力读书，想考上深圳的高中。当然，他也一直盲目自信，觉得自己一定能够考上高中。所以，我想着从考高中这个点入手，对他做思想工作。

我把他叫到办公室来，展开对话。

我：你想要考高中吗？

生：想。

我：那你觉得自己能考上高中吗？

生：可以。

我：你知道考上深圳的高中最少要年级排名多少吗？

生：不知道。

我：那我告诉你，考上深圳的高中至少需要年级前120名，而你现在242名，差距很大。

这时，他沉默了，因为他一直觉得自己学得挺不错的，怎么会考不上高中呢？

生：自己的确是差了好长一段距离。

听到张同学这么说，我感觉到他对考高中的怀疑，对自己能力的怀疑，甚至心里可能有挫败感了。于是我想，或许可以利用他渴望考高中的愿望，来纠正他的学习习惯，从这方面来提升张同学的学习效能感。

我：其实你很聪明，上课也一直认真听讲，老师相信你也听懂了，但是成绩一直出不来，你有意识到问题出在哪里吗？

他不说话，期待着我的答案。

我：那是因为你没有良好的学习习惯。首先，你回答问题不过脑便抢答，说明没有深度思考。其次你上课从来不动笔，仅在脑子里想，以你现在的能力，不足以在脑子里干想便能正确解出一道复杂的数学题，老师都没有那样的能力。

**第一阶段辅导效果及反思：**接下来，我很真诚地帮助他分析目前自己上课状态的不足。若想要考出一个好成绩，需要有一个良好的学习习惯。在这次谈话中，他感受到了我对他前所未有的关注，也把我的话听进去了。课堂上有明显的改善。上课不随意抢答，会按照老师的要求在草稿本上计算，作业写得也比以往规范。

我很是欣慰，觉得自己上次的谈话是有效的。但是我忽略掉了后续对他的正强化，没有及时地去肯定鼓励他的改善。所以过了三天，他发现自己的努力没有得到老师的肯定后，再加上自身的自觉性不好，他又恢复到了之前的样子。后面即使再想通过三言两语对他进行课堂纪律地要求，已然无效。通过这件事情我发现，不要妄想一次谈话便能够改变学生，他需要我们不断对其进行督促和要求。而且我们需要及时正向引导学生，帮助他们改掉陋习。

### 第二阶段：篮球赛后的"离班出走"。

一次，学校举办了一场篮球赛，张同学作为班级篮球队的一员，也参与其中。不得不说，初中男生真是热衷于篮球，且非常在意输赢。他们竟然在周六花一天去练球，打配合。我一开始就知道我们班体育是没有优势的，所以我就对篮球赛的输赢毫不在意，但看见了他们的努力，我还是觉得惊讶感动。也正是因为太在意输赢，张同学又给我出了一个难题。

第一场球赛，由于对手实力较弱，我们班取得了13：5的好成绩。这场比赛在一定程度上提高了他们的自信，从而更看重第二场球赛的输赢。谁知第二场球赛的对手实力很强，随着比分差距越拉越大，他们打得也越来越气馁。我能看得见我们班学生的焦虑烦躁，我也看出来张同学打球的时候带有一定的情绪了，所以我喊了暂停，并嘱咐他们安全第一，友谊第二，比赛第三。若是对张同学一次说教有用就好了，然而并不是，他在离比赛结束的最后半分钟，看到无法追平比分，打着打着便当场摔球，并且在比赛场中大叫了起来，甚至想跟对手打一架。这一举动把全场的人都吓到了。体育老师警告他若再有情绪失控，便取消其比赛资格。那半分钟过得相当煎熬，因为我很担心这半分钟他还会再次失控，做出一些让人意想不到的事情。庆幸这半分钟没再发生什么事情，我见到他眼眶的眼泪不停地转，但是没有流下来。班上因为篮球赛受伤的同学很多，有些同学的膝盖在不停地流血，有些同学的脚扭了，我必须先带这些同学去医务室，于是我叮嘱其他同学赶紧回教室上课，包括张同学。

半节课过后，找不到张某了。后来查监控，发现张同学坐在凉亭的椅子上，眼神无光，垂头丧气的。我心里一颗大石头终于落地，谢天谢地，起码他是安全的。但后来我越想越委屈，越想越生气，他这比赛一输动不动就"离班出走"，万一真出什么事情，我怎么向他家长交代？而且现在还只是初一，还没真正进入叛逆期就这样了，以后我该怎么办？

我上去就对他吼：你为什么躲在这里，让班上的同学和老师找不到你！

他低着头不说话。

我：你不知道你任性地离开教室不上课，老师同学找不到你有多担心你吗！

他的头更低了。

我：你知不知道老师和同学满学校都找不到你有多绝望！生怕你出了什么事情，老师怎么跟你父母交代？

他还是不说话，眼泪在眼眶里打转，但是嘴翘得老高，满脸不愿承认他做错的样子。

我：抬起头来，看着我！老师就跟你们说过，输赢不重要，你们的安全最重要。不就是一场比赛吗？就算这场比赛赢了，但要用你们受伤来换，老师宁愿输掉这场比赛！

我越说越激动，越想越委屈，不经意间字里行间夹杂着哭腔，我的泪水也不争气地打转着。张同学哪里见过我这个样子，我向来在班级里说一不二，雷厉风行，从来不以软弱示人。这时候，他终于忍不住，眼泪珍珠大一般，不由自主地往下掉。我告诉他，人一生要面对很多挑战，这只是其中一次，有输赢是再正常不过的事情。只要坚持努力，总会有胜利成功的一天。你因为自己发挥得不够好，因为无法为班级赢得荣耀而自责，说明你有很强的团体意识，这一点很好。但是，若以后面对失败，都控制不住自己的情绪，习惯性的选择逃避，做出一些让身边的人都很担心的事情，那着实对不起身边关心他的人，他哭得很厉害。为了让他牢牢记住以后不管遇到什么事情，都不能够离家出走或者离班出走，我第一次动用戒尺，在他手心上狠狠地打了一次。他一边抽泣，一边向我承诺，他会好好控制自己的情绪，以后不会再有类似的事情发生了。

在下一场的篮球赛中，对手的实力依然很强，我们班被拉开的差距比上一场还要大，但是这一次，观赛的我却很轻松，因为我看到张同学比赛全程情绪平稳，甚至能坦然接受这悬殊的比分。比赛结束后，还十分乐观地说下一次比赛一定能超过其他班。这时，我是真切感受到他把我上次的话用心听了进去。

**辅导结果：**在那之后，虽然他还是会有一些小毛病，但是他都能较好地控制好自己的情绪，不再会出现像球场上那样"暴怒"了，并且他开始逐渐为自己想要争取的东西坚持努力。

**辅导反思：**对待这样长时间缺爱的孩子，一次两次的谈话，一次两次的关心，起不到太大的作用。其实他们本性不坏，只是希望得到其他人的注意，但却用错了方式。作为班主任，可以发动身边的科任老师和学生去关心他。当他觉得周围的人在真诚地对待自己之后，自然不需要用其他手段来获得我们的关注。当然，若是他犯了原则上的错误，还是应该及时制止，跟他讲道理，可能讲三五次他未必能够改正，但必须要让他认识到某些事情不能做。相信一段时间过后，他的毛病总会有所改正。

● **专家点评：**自我认识偏差是青春期少年时常发生的问题，有的是狂妄自大，有的是妄自菲薄，这些问题都是青春期孩子们在成长过程中的自我探索和自我认识。刘老师这个个案中表现出来的是狂妄自大，对自己的认识高于自己的实际，缺乏对自己的客观认识。在他的不合理自我评价形成的过程中，有家庭教养方式和父母评价的影响。刘老师联系了家庭，并提出了有效的建议。对此类个案的跟进，要从家长的家庭教育指导入手。

# 一名"后进生"的成长

**辅导教师：**洪燕

**辅导学生：**谷某

**辅导时间：**自2020年9月至2021年1月

**辅导背景：**七年级入学时，该生在校的各方面表现均不太好，如上学经常迟到、各科作业经常糊弄瞎写、课上不认真听课、趴台走神、说话语无伦次口齿不清等，受到老师们的关注。一次与心理老师的交流，发现他小学时经历了一些事情导致现在不信任其他人，并且经观察发现他在班级里没有关系较好的同学，经常自己独来独往。

**学生分析：**该生属于慢热型，需要与其慢慢相处才能和他交流沟通，个性比较要强，希望自己某些方面能得到别人的肯定，但是做事缺乏耐心，很难把一件事情从头到尾坚持做完。同时他也是一个非常热心的人，平时喜欢帮助同学，也很乐意帮老师的忙，做事也非常负责。

## 辅导过程：

### 第一阶段：深入交流，发现问题。

在平日的观察中发现该生自身存在不少问题，但也发现了他值得老师表扬的地方。故第一阶段的教育内容重点在于师生交流，引导学生认识自己，发现自己的优点，认清自己的问题所在。以下是我对该生的心理辅导过程。

我：我想知道各科老师经常找你谈话，我也没少批评你，你心里是什么感受？

生：嗯，就是习惯了，小学也经常被老师批评，无所谓，反正老师说我就听着，出办公室我就忘了。

我：我听说你小学三年级之前都是班长，不应该经常被老师批评啊。

生（含糊）：是的，后面经历了一些事情，导致我变成现在的样子。

我：我感觉你好像不是很想谈论那些事情。

生：嗯，想起来就不开心。

我：虽然我不清楚那时候在你身上发生了什么，但是我还是看到了你身上的一些闪光点，不知道你自己有没有发现？

生：我没啥优点，惹父母生气、惹老师生气。

我：哦？看来你也不太了解自己。那老师想问问你，咱班每天的牛奶都是你负责拿到教室的吧？

生：嗯。

我：我有一次发现你一次拿了两筐，本来以为你没注意多拿了但是我后面看到你把另外的一筐放到了五班教室，是吧？

生（沉默思考中）：是的，就拿牛奶的时候顺手帮五班一起拿了。

我：这就是你的优点啊！我相信没几个同学会顺手帮别的班级拿牛奶吧，但是你做了，而且认为就是顺便的一件小事，这就能看出来你很热心，愿意去帮助别人。

该生不好意思地笑。

我：而且拿牛奶这件事情我让你负责，你每天也都做得很好，能看出来老师说的话你是有放在心上的，是吗？

生：有些事情是。

我：就是和学习无关的是，和学习有关的就做不到是吗？

生：也不是，就是老师讲的有的我能听懂，有的听不懂，听不懂了我就发呆自己玩自己的。

我：这个我很理解，听不懂还要装作很认真地听，确实很辛苦。

生：嗯。

我：那你先尽力去做吧，把你的认真往课堂上试试，我不要求你40分钟全神贯注的认真听课、端正坐姿，但你先试试20分钟能不能做到。每天的作业不能全部认真完成，那你试试先认真写好一门功课试试。可以吗？

生：我试试吧。

**第一阶段教育效果及反思**：本次谈话结束后，课上该生表现确实有所好转，首先是坐姿问题，他会有意识地端正坐姿，虽然坚持不了整节课，但是能看出他的态度是有改变的。但学习上效果甚微，作业完成的还是一塌糊涂。本阶段的教育内容中，比较值得借鉴的是发现该生的闪光点，先对其进行表扬认同、再慢慢谈及他的问题。先对其提出表扬有助于拉近与该生的距离，对之后提出他存在的问题也能较容易接受。

**第二阶段：家校联系，探寻原因。**

上次教育辅导后，该生在校的一些表现有了显著变化，但对待学习的态度仍有待提高。因此联系该生家长准备做一次家访，和家长深入交流他的经历及变化。

第一步：与家长交流了解孩子现状，深究背后原因。

我：不好意思打扰你们了，我想问下孩子平时在家里的表现怎么样？

家长：他小学三年级之前表现非常好，平时也会帮着做家务，而且也会帮我们照顾他妹妹，是个非常懂事的孩子。

我：那他在三年级是经历了什么事情吗？我在学校也有听其他老师说他原来是个很好的孩子，之前也是班长，但是后来发生什么导致他发生了很大改变。

家长：其实就是他外婆过来了，外婆比较宠他，不让他帮忙做家务，会私底下给他零钱花、给他手机玩，然后我有时候批评教育他外婆还会指责我、帮他开脱，甚至还会教他说谎这些，所以就给他惯坏了。

我：他之前有提过小学发生了一些事情，导致他现在一直独来独往，并且对待老师的指责批评也习以为常、满不在乎，我想知道你清楚是什么事情吗？

家长：嗯。是班级里有学生丢东西了，说是他拿的。他说自己被冤枉了。

我：这样啊，那如果是冤枉的孩子心里肯定很难受。

家长：他之前在家里有时候会私拿我们的钱出去买东西，还有一次我半夜发现他在玩手机，问他手机是哪儿来的，他说是别人借他的，我让他还回去了。结果过了段时间他又拿着那个手机在玩，我就找到那个人说以后不要给他玩，但是人家告诉我手机已经被他买下了。我们发现这个情况后就没让外婆照顾他了，外婆现在已经回老家了。

我：那不知道你们有没有发现他身上其实还有很多优点，比如他非常乐于帮助同学老师，上次有个同学体育课后不舒服去了校医室，回教室是他背着回来的。

家长：是的，我们知道他一直都很爱帮助别人，其实在家里他也很乖，也会帮我们做些家务，自己的衣服都是自己洗，有好吃的也会留给妹妹，很体谅我们父母。

我：对的，其实我们抛开学习来说他还是一个很好的孩子，可能小学的事情对他确实打击很大，那我们就先多看他的优点，多发掘他的优点。尽量不要有什么没做好的就批评骂他，多做证明引导，可能会有不一样的效果。

家长：好的，我们也试着多和孩子交流。

本次谈话结束后，我了解了该生发生改变背后的原因，在与家长交流之后我也想再和孩子聊聊，了解孩子内心的想法可能会更有助于我们解决问题。

第二步：师生交流沟通，捋清原因对症下药。

我：上次去家访后了解了你的一些事情，我很心疼你。

生：老师我习惯了。

我：妈妈说你发生那么大的转变很大程度是受你外婆的影响，你怎么看？

生：我外婆太宠我了，确实也有这些原因。不过外婆回老家之后我慢慢又变回来一些。

我：嗯，你妈妈说你在家很乖很懂事，会帮着做家务，也会帮忙照顾妹妹。

生：妹妹是我自己要妈妈生的，因为我觉得自己一个人很孤单，生个弟弟或妹妹可以和我一起玩。

我：天哪！像你这个年级的孩子能有这种想法真的很难得！你真的太懂事了！那我觉得作为哥哥有些方面是要给妹妹做榜样的呀，比如学习上。你自己感觉你现在对待学习的态度怎么样？

生：不好。

我：那我们要不要试着调整一下，慢慢改变？

生：嗯，我试试。

**第二阶段教育效果及反思**：此阶段的教育主要是深入家庭了解他的成长过程，发现问题所在以便对症下药，同时帮助提高该生端正对待学习的态度。

### 第三阶段：巩固效果，提升自信。

通过持续一段时间的交流关注，该生的学习态度有所改变，不过存在反复的状况，同时在班级常规方面也时好时坏。在一次违反学校午餐午休纪律后，我与该生再次约谈了解情况。

我：我感觉你前段时间学习状态有所改进，尤其是作业这块，各科老师也这么和我反馈。

生：还好，会的我就好好做。

我：我能看出来你是想改变自己的，那今天中午午休是怎么回事？

生：我迟到了，不敢进教室。

我：哦，就是到点没进教室，然后又怕被老师骂，所以就直接不回教室了？那你这样午休时间在外面不也算违反纪律吗？

生：我，没想那么多。

我：最近各科老师都和我反馈你的情况，你得到了不少老师的表扬，心里有什么感受？

生：被老师表扬还是挺开心的。

我：我听说你以后想去当兵是吗？

生：嗯，想去当兵锻炼自己。

我：很棒！既然你有这个目标，我相信只要你付诸努力肯定能够实现。

生：嗯。

我：所以，我对你的建议是，在校期间还是要认真对待，尤其是上课的坐姿一定要端正，这对于你以后当兵来说都是硬性条件。还有希望你能好好学习，争取以后在大学期间应征入伍，那以后可以走军官这条路。

生（点点头）：嗯，我知道了，谢谢老师！

**辅导结果**：本次交流结束后，我也持续关注该生情况。有些事情并不是靠我三言两句就能改变的，就像这个孩子一样，他的状态是反复，时好时坏的，有时候表现很好，有时候有很差回到了原点。但是我相信只要我一直坚持对他耐心的辅导，和他多交流，最后一定会有所好转的。

**辅导反思：**其实通过前两个阶段的教育，我已经明白了该生的挫折教育不是一朝一夕就可以完成的。小学发生的一些事情深深地烙印在他的心里，我只能通过自己的努力一点点地改变他，而这条路是非常漫长的。不过好在他自己很清楚自己的问题所在，并且也愿意慢慢改变现状。此外，对他进行的一系列辅导，也在一定程度上为他树立了自信心，从后面同学的反馈来看，该生也会主动与其他同学交流。本次挫折教育目标尚未达成，还需更长的时间来跟踪进行。

● **专家点评：**每个人都需要被看见，每个人都期待获得他人的肯定。对于一个从小学就不断被批评的孩子，"出了办公室门"就忘了是一个保护自己不受伤害的好方法，虽然是"自我保护"的好方法，但也不利于行为的改善。洪老师发现并肯定该个案身上具有的优秀品质，结合实际对他提出付出适当努力就可以达到的"小目标"，使孩子认识到自己有优点，使他充满希望。洪老师为他点亮一盏"希望的灯"。

# 破罐子破摔心态的改变

**辅导教师：**许洁纯

**辅导学生：**某学生

**辅导背景：**该生七年级入学时，行为习惯较差，上学时常迟到，仪容仪表不符合学校要求。同时，在学业方面，该生基础薄弱，不能按时上交作业，上课不认真听讲，经常扰乱课堂秩序，对教师班级管理造成很大影响。

**学生分析：**该生对自己在学校的表现是一种比较"无所谓"的态度，对自己的日常表现与学业没有要求，也不在乎其他同学的看法，自然而然就各方面表现都较差。从与该生的谈话来看，该生从小学时就表现不佳，让老师比较头疼，同学们也对他的行为感到厌恶，久而久之该生就"破罐子破摔"，养成了对自己没有要求、无所谓的习惯。

## 教育过程：

### 第一阶段：深入交流，给予积极鼓励。

七年级开学两周后，我发现该生经常迟到，屡教不改。对学校的各项常规要求不能遵守。经过两周的观察，我决定对该生进行一次家访，通过与该生及其家长面谈，了解该生以往的学业情况，试图帮助该生改变不良行为习惯。

以下是我对该生的心理辅导过程。

我：老师发现刚开学的两三天你的表现是很不错的，能按时到班，也能遵守常规要求，怎么越到后面，你开始有一天迟到，就各种常规都没办法遵守了呢？

生：我也不知道。

我：那老师帮助你一起找原因然后努力改进好吗？

生：嗯。

我：你早上都是几点起床呢？是你自己设定闹钟还是你爸妈叫你起床呢？

生：是我爸爸叫我起床。

我：你现在是初中生啦，是不是可以不那么依赖父母，可以每天自己设定闹钟起床？

生：我怕我起不来没去上学。

我：那你总要独立起来，不能总是靠你爸爸对吧。那如果你觉得你会因为磨蹭迟到怎么办呢？

生：我也不知道。

我：那假如今天因为磨蹭迟到了明天是不是要吸取教训把闹钟设早一点，预防这种情况的发生，吸取教训就不会迟到了。

生：好的。

我：还有就是一些学校的常规，比如说佩戴红领巾、校服长短、头发长短等，或者是交资料，你怎么总是会不符合要求呢？

生：我总是会忘了……

我：那你有没有想办法解决这个问题呢？

该生摇摇头。

我：那老师给你提供一种办法，你就在老师强调的时候记在便利贴或者小纸条上，夹在回家一定会翻的书里面，这样不就可以提醒你自己啦。你要不要试试这种办法？

生：好吧，我试试。

我：老师通过跟你爸爸的聊天知道，你以前小学可能表现也不好，后来老师就渐渐地不管你了，你自己也就无所谓。但老师希望你把初中当成一次新的开始，对自己严格要求，做一个学生应该做的事，老师相信你能做到。

该生点点头。

**第一阶段辅导效果及反思**：本次家访与辅导结束后，我密切关注该生的日常行为表现，该生有一定进步及时给予鼓励与肯定。在家访后的两周内，该生的日常行为规范有了一定改进，能做到按时到校，各项常规渐渐能符合学校的要求，虽然偶尔也会犯错误，但相比之前已有不小改进，我也常常鼓励与肯定该生。本阶段的教育心理辅导中，我通过与该生交谈对该生表示情感认同，进行正确归因，同时给予一定的解决措施帮助其改进；心理辅导之后积极关注，在该生有改进时及时肯定与鼓励，起到一定的正面促进作用。

### 第二阶段：软硬兼施，合理利用奖惩机制。

由于该生基础薄弱，上课听不懂，还是会出现不按时交作业，上课趴着瞌睡，开小差与其他同学讲话等问题。又因为一次被老师批评，从这个时间节点之后课上问题时常出现，常规也反复不符合要求，该生又一次出现"放弃自我"的状态。

在该生状态又下滑的情况下，我又找到该生进行谈话，疏解其不良情绪，并肯定其进步，鼓励其继续保持积极向上的状态。但我发现，该生在经过谈话之后，改变并没有第一阶段明显，还是时常会出现上课趴着，看无关书籍，未交作业的情况。根据我与该生的谈话分析，学业对该生来说确实是比较难跨越的障碍，要做到在学业方面有改变确实是比较困难的，于是我合理地利用奖励与惩罚机制，给该生制定了一些规则。例如，未交作业要利用课间时间补齐并且负责当天的班级值日工作；上课扰乱课堂秩序写反思，达到五篇邀请家长到学校面谈，而如果有改善则可以退回反思；作业有进步可以获得在全班同学面前的表扬等。

在大约辅导后的一个月时间里，我密切关注该生的学业表现。一开始确实还是比较糟的，但由于该生害怕惩罚尤其是写反思，经过一段时间的约束，该生在日常行为表现上确实有比较大的改进，能够按时交齐作业，虽然质量不大理想，但这至少证明该生面对学业的态度有了不小的转变。同时，上课也采纳我给他的建议，会做简单的笔记，避免犯困与趴着。

**第二阶段辅导效果及反思：**第二阶段的辅导主要是采用了奖励与惩罚相结合、正强化与负强化相结合的方式，利用该生惧怕惩罚的心理，矫正其不良行为。通过长时间的实施，该生的学业行为表现有了一定的进步，也养成了交作业、上课基本不影响其他同学的习惯。但在此阶段，奖励的措施相对较少，如果能有更多的奖励措施，该生的转变应该会有更好的效果。

在前两个阶段主要都是通过教师与学生单线之间的联系帮助实现该生的转变，在某些方面忽略了该生与其他学生之间的联系，如果能从其他学生与该生之间的关系着手，应该会有不一样的效果。

### 第三阶段：多方帮助，培养集体荣誉感。

经过两个阶段的教育辅导，该生相比刚开学的时候已经有了挺大的转变，起码在常规方面能基本做好，在学业方面也有一定的进步，能达到基本的要求。但在我关注该生的过程中，我发现该生与小组成员关系不佳，因而对于小组课上的合作活动或者班级加分活动都没有什么兴趣，也不太配合，经常会有学生找我投诉。为此，我觉得有必要介入加强该生与小组成员、班级成员之间的关系，培养该生的集体荣誉感，同时促进该生的转变。

以下是我对该生的心理辅导过程。

我：我发现你好像不怎么跟小组成员一起玩？

生：对啊，他们不喜欢我，说我拖小组后腿，对我说话语气也不好。

我：你之前的常规和学业表现确实都不好，给小组扣了很多分数，让小组其他成员跟你一起承担了惩罚，他们是难免有埋怨的。你换位思考想想，对吧？那你假如能坚持努力，做出改变，他们肯定也会接纳你的。

生：不会，他们不喜欢我。

我：我们班级的人都是比较善良的，但他们也是小孩子，有情绪是难免的。你首先要做出自己的改变，老师也会帮你跟他们说的。

该生点头。

之后，我先单独与该生小组其他成员谈话，跟他们说该生的特殊情况，让其他学生对该生多一点宽容心，希望其他小组成员能帮助该生进行转变，接纳该生，在其有进步的时候，能给予鼓励与肯定。小组成员都能理解，并且接受了我的建议。我再把该生和其小组成员叫到一起进行沟通，让其能为小组的利益共同努力，爱护小组成员，建设好小组。

　　**辅导结果**：本次教育辅导结束后，我积极关注该生与其小组成员的相处，也能感受到小组成员对该生态度的转变，这在很大程度上促进了该生的转变。相比自身利益，小组与班集体利益更能约束该生的行为表现，所以该生会为了小组利益与班集体利益作出改变，并坚持下去。通过三阶段的教育辅导，该生相比七年级已经有了很大的转变，能够达到学校常规要求，学业上能达到基本要求，遇到困难能向小组成员求助，虽然学业成绩还有待提高。

　　**辅导反思**：在该生的辅导过程中，该生的在校表现有一定进步，本次挫折教育取得一定成效，转变成功。

> ● **专家点评**：所谓"破罐子破摔"在某种程度上可以解释为"自我保护"，心理学上有个概念叫"习得性无助"——当学生发现自己怎么努力都无法改善的时候，就可能会放弃努力选择"破罐子破摔"。许老师用奖惩结合的行为训练和小组鼓励的方式激发他的内在动机，从认知、自我认识和获得他人认可等方面做出努力，取得了较好的效果。

# 某佛系学生的转变

**辅导教师：**余雪晴

**辅导学生：**邓同学

**时间：**2020年9月至2021年1月

**辅导背景：**该生在七年级入学考试及第一次月考时在数学上成绩均发挥稳定，作业也书写得比较规范整齐，正确率相对较高。但课堂上没有很积极地回答老师课上的问题。从学期中期开始作业质量下降，成绩开始逐渐下滑，学习积极性下降，出现几次作业空题情况，甚至有几次没有交作业。在课堂上也开始出现讲小话的行为。成绩下滑看上去并没有导致该生的紧迫感。

**学生分析：**该生做事不紧不慢，小学知识基础较好，却没有非常明确的目标和强烈的进取心，对今后的发展没有明确的定位，取得了较好的成绩时很开心，但是当成绩考差时看上去并没有情绪波动。该生相对于其他优生，缺乏一定的学习积极性，拿现在的网络语言来说，该生性格总体上感觉比较"佛系"。

## 辅导过程：

### 第一阶段：分析试卷，树立目标。

以下是我和该生的第一次谈话。

我：这次考试不太理想，是最近学习上有什么困难吗?是有哪一部分数学知识没学懂还是?

生（尴笑）：基本上没什么困难老师，上课都能听懂，考试时时间不太够，有些还没来得及写。

我（拿出答题卡）：除了后面难一些的题目，前面这些比较简单的题你都写错了，是怎么回事?

生：考试的时候状态不太好，本来是可以做对的，写的时候有些马虎了。

我：不能在初中刚开始落下了，不懂的要及时问老师和同学，知道吗？

生：嗯！

我：你对老师课堂上的教学有什么意见吗，觉得老师还应该怎样做，你会觉得数学学习更有趣？

生：我觉得老师可以多提问，或者故意犯一些错误让同学们发现，这样我们会记得更加牢固。（说这段话时该生状态很放松）

简单聊几句后，我就让该生回教室了，没有批评，只是想让他意识到老师关注到他成绩退步这件事，有一点危机意识，同时也想通过该生了解一下刚进入七年级的学生对数学学习的一些看法，进而改进教学方式。

这次谈话后，我仍没在课堂上重点关注该生，对于成绩相对比较好的学生，我通常会有点忽略，把重点集中在了班里的后进生。第一次谈话后，该生的作业质量相对有所提升，上课的状态也好了一些，他的眼神会跟着老师走。但接连几次周测，该生成绩仍然没有提高，有几次甚至下滑很多。和家长进行沟通后了解到，该生是一个性子比较慢的孩子，初中学习科目增多，作业量相对于小学也加重不少，平时在家里写作业写到很晚都做不完，考试考得差了也会觉得不好受，但很快就过去了，没有意识到中考压力，也不善于发现自己的问题，学习目标也不明确。因为多次考试成绩不理想，我也意识到了问题的严重性，平时也开始去观察他，我发现该生在学校和家长描述的状态很类似。在一次周测后，我把该生叫来办公室再次进行谈话。

我：我上次抽查你过来讲压轴题你怎么没来？（为了培养优生的思维，我会不定时抽一些学生过来给我讲一些我布置下去的难度较大的题目，该生被抽查后没主动过来讲题）

生：老师，那天放学后和同学一起玩，把这事忘了。

我：为什么抽查的其他同学都能过来讲，你却忘了？

该生沉默，没说话。

我：压轴题你相对于班里其他同学做得算好的，但老师为什么要抽查你过来讲呢？因为自己做一遍会了和把这道题讲明白别人也听懂了这个效果是不一样的，你在讲给别人听的过程中，可以发现自己的问题，发现不一样的思路，也可以锻炼你的思维能力，如果哪天遇到有问题的地方，我们还可以一起探讨解决。

生：知道了，老师！

我：做压轴题是想培养大家的数学思维，抽你来讲，是因为老师觉得你很优秀，发展潜力大，你知道我们班前面十几名同学我才会抽查，因为我觉得这些同学平时课堂上的知识远远不够，想要取得好成绩，也需要这种类型题目来加分。虽然这几次你考试差得很远，但老师还是相信你可以做得更好，你也要对自己有更高要求。并且作为课代表，你必须要在班里各方面起到带头作用，你知道吗？

生：嗯。

我：你的目标高中你想过吗？是要上哪所学校呢？

生：没有想过，我不太了解这些。

我：那你对自己的要求是要排上班里或年级里的什么名次呢？

生：嗯……这个我也没有仔细想过。

我：如果有一次你考试突然退步很大，你什么感觉？

生：刚开始会有点难过，后面就还好。

我：首先，我觉得你这种心理状态是挺好的，不给自己太大压力，但是呢！在学习的过程中，调整好自己心态的同时还是要有一个明确的目标，不能整天混混沌沌，虽然没有明确要考上哪所高中，应该首先目标是要考上高中吧？

生：是的。

我：那考上深圳的公立高中，你知道就数学学科来说的话大概要多少分吗？

该生摇摇头。

我：大概要85分左右，并且这只是普通高中，如果想去更好的，还不够。

当我说到这里，该生看上去有点惊讶。我开始和该生一起分析他的试卷，找到了很多本不应该的失分点。

我：老师对你的要求是下一次考试首先考到班级前十名，分数的话最低要达到85分，争取90分左右，这是第一个目标。你自己说这个难达到吗？

生：好像还可以。

我：首先第一个85分的目标要怎么达到，需要平时严格要求自己，每次作业都认真对待，对于老师课堂上讲过的题目和作业上碰到的题目，一定不要放弃，既然你不懂，就说明有某个知识点你没弄清楚，如果你放弃它，那么下次考试碰到你还是不会，并且就像滚雪球，不会的知识会越滚越多。但是如果你能够及时把它解决掉，下次遇到你就不会有问题了，我们把这些一点一点地解决掉，你会发现达到85分的目标很简单。那第二个考到90分以上的目标怎么实现，那就需要做好我刚说的这个压轴题，你可以要求自己先看懂答案，慢慢地你会发现自己也可以做了。

生：嗯嗯，好的，老师！

我：所以，下次我们的目标是考到班级前十，分数最低要在85分以上，如果试卷简单点，要在90分以上。

生：嗯，我尽力！

我：那我这段时间可要着重关注你哦！包括你的作业和课堂表现。

生：嗯。

**第一阶段辅导效果及反思：**谈话后，我也和班主任沟通了该生的问题。第二天上课，我就听到该生洪亮地回答问题的声音，再来办公室送作业时也问了几个课堂上没有懂的问题。作业质量虽然还是不太理想，但我想应是之前的知识确实是有些地方没掌握，作业这个事情应没办法很快改变。但是该生细微的转变也是很让人惊喜的。当然也没有说就一直保持了很好的状态，中间还是会出现一些小问题。

**第二阶段：关注过程，实现目标。**

这次谈话过后，很快就到了期末复习阶段了，因前面没学好，又很佛系，对于该生，我平时隔一段时间会找他简单聊一下最近的学习状态，比如，最近见你上课状态不太好呀！怎么回事呀？昨天你作业里面有一道题答得完全不在点上，是不是某某知识点还存在疑惑？……我想这样可以及时了解他的问题并加以解决，也时不时提起我给他树立的学习目标，加强他的目标意识，明确知道自己的努力方向。对于考过的试卷，我会找该生或是让他自己分析一下自己的失分点。

**辅导结果：**该生有所改变，做事效率逐渐提高。考试前一天，在走廊上碰见他，我问：怎么样？这次考试能实现目标吗？老师，我尽力！只要试卷题目不难，哈哈……虽然仍然是那句话，但是后面期末成绩出来证明他确实达到了这个目标。

**辅导反思：**虽然达到了我给他树立的目标，但我也不确定他对待学习这"佛系"的性格是否真有所转变。我想，不仅仅是对于这类"佛系"学生，对于很多刚进入中学的学生来说，他们无论从年龄还是经历上来说，都没有很成熟，没有感受过升学压力，但在他们的认知里，那是一段很长时间，一切都来得及。学习是一个逐渐积累的过程，只有每个细节都做好，才能在后面顺顺利利。当然，如何让学生在刚开始时就有一个目标，并朝着它不断努力，这就需要老师的正确引导，帮他们找到目标，教他们如何实现目标，我相信学生自然会学会自己成长。有可能在这个过程中我们没办法做到很好，很完善，但是作为教师，只要愿意努力，在不断摸索中前行，总会找到适合自己的教育方法。

● **专家点评：**案例中是一个成绩较好、没有明确目标的"佛系"学生，这往往是教学管理中的盲区。余老师关注到该生成绩中的微小波动，并及时地进行干预。余老师通过与学生具体分析考试试卷、做小老师等方式让该生详细了解自己的学习状况，接着以近期目标与远期目标相结合的方式调动该生的学习积极性。虽然考试结果未呈现，相信余老师对该生的关注会有效地持续下去。

# 一名"问题生"自我蜕变

**辅导教师：**游小烨

**辅导学生：**秦某某

**辅导时间：**自2017年7月至2018年12月

**辅导背景：**该生四年级时，总是偷东西、打架，上课总是打扰课堂，坐不住，有时在地上爬，有时在课堂上大喊大叫，并伴随有攻击性行为，无法控制自己的情绪，家长带他去儿童医院诊断，判定其患有多动症，是令老师头疼的"问题学生"。一次办公室老师丢了200块钱，后得知是该生利用中午办公室没人时，偷偷潜入办公室偷取，并在外面买玩具，被发现后，在办公室痛哭流涕。

**学生分析：**该生上课不遵守纪律，欺负同学，控制不住自己的情绪，还常有小偷小摸的行为，在老师、父母和同学眼中都是令人头疼的，他文化基础差，又无法集中注意力学习，使他学习越来越吃力，常常在20分左右徘徊，加上家长在工厂上夜班，只有奶奶带，家庭教育环境也不理想，无论是身体上还是心理上，孩子都缺乏自信，自己想改变却又无能为力。

## 辅导过程：

### 第一阶段：以情感为切入口，产生共情，正面转化。

该生因自己想买玩具，而父母没有给零花钱，就产生偷钱的想法，我从保护其隐私及深究其偷钱的根本原因为切入口，循循善诱，引导孩子面对自己，改正不良行为。

以下是我对该生的心理辅导过程。

我：孩子，是人都会犯错，我们是在错误中长大的，犯错没有关系，我们承认错误，改正错误，其实也是不小的成长对吗？

生（点点头）：嗯……我错了。

我：那你应该怎么做呢？

生：我应该给数学老师道歉，还应该把钱还给老师。

我：这就像一个小小男子汉了。

向数学老师道歉后，数学老师温和地原谅了他，他第一次面露愧疚。

我：想说什么？原本暴跳如雷的数学老师就这样原谅你了，有点不好意思？

生（点点头）：嗯。

我：你看，只要真心道歉，大部分人是会愿意原谅你的，对吗？

该生抽泣。

我：做坏事是很容易的，但勇敢承认自己的错误，勇于承担责任是不容易的。

该生沉默思考中。

我：同时呢，你也不要有心理负担，这件事情，你知我知，数学老师知，再没有别人知道了。

生（惊讶）：游老师……

我：老师会保护好你的隐私，也相信，你以后不会再犯同样的错了。

生（坚定的）：嗯……

我：嗯，那我们来聊聊吧，把最真实的想法告诉我。

生：好。

我：今天中午为什么进办公室？

生：因为数学老师没收了我一本书，我想进来找书。

我：所以去翻了老师的抽屉？

生：嗯。后来就翻到了两百块钱。

我：为什么拿走两百块钱？

生：因为在外面小店看到一个玩具，很想要，所以就趁没人拿了两百块钱。

我：拿了钱以后心里怎么想的？

生：游老师，其实我从拿钱到现在一直很紧张，怕被发现，有时又想，肯定没有人发现的，每天都在害怕，有时候看见你黑着脸过来了，就以为你发现我了，上数学老师的课，也不敢看他。每天都很难受。现在被抓到，认错以后，反而感觉轻松多了。

我：这种感觉并不好受，是吗？

生：太难受了。

我：那你能告诉我，假如真的很想要一件东西，正确的做法是什么吗？

生：老师，我不知道。

我：你在家很想买玩具的时候，会告诉妈妈吗？

生：会，但是她不给我买，还会打我。

我：那面对这种情况，你怎么办呢？

生：和我奶奶要钱。

我：这次是因为奶奶也不给你钱吗？

生：是。游老师，以后我也不会再拿别人的东西和钱的。

我（我欣慰一笑）：我也会和你妈妈好好沟通，让她不要打你的，合格安排你的零花钱。

生（感激）：游老师，谢谢你。

**第一阶段辅导效果及反思：**本次谈话结束后，该生虽然多动，注意力不集中，偶尔在课堂上捣乱，但班级里再也没有少过东西。该生对我有了前所未有的信任，班上同学不知道这件事，我也再没提过，仿佛它从来没有发生过，他脸上的笑容也渐渐多了，我说的话，有时能听进去一些，有很大的进步。本阶段的教育内容中，比较值得借鉴的是对于该生的宽容和爱。因此，在引导该生勇于承担错误，处理好其情绪后，那么后面的教育自然也就水到渠成了。


**第二阶段：家校沟通，促使习惯改变。**

上次教育辅导后，该生的偷窃行为有了极大的转变，但他身上的问题是多方面的。原因很多，最根本的，该生没有理想稳定的家庭教育环境，家长忙于生计，不懂教育。教师与家长的批评不断打击他的自信心，强化了他的对抗情绪，其实他是很想引起关注的。同学们一直看不起他，让他愈加郁闷，于是

"破罐子破摔"。

与家长取得积极沟通后，虽然他有了一定的改善，但其身上的各种行为实乃"冰冻三尺，非一日之寒"。这天上课时，他打扰其他同学，干扰课堂，我在课堂上批评了他，放学后，他一个人缩在角落里大声尖叫，不肯沟通，不愿交流，不肯离开。

针对这种状况，我在教室里静静等他平静再与该生进行教育辅导面谈。

我：你气完了吗？

生（暴躁）：没有！不要你管！

我不说话，也不生气，静静地站在他身边。等该生情绪稍稍平复，我蹲下来与他平视，语气温和。

我：好一点了吗？

生（只是哭）：哼！

我：你这样哭，不是因为太生气，是因为太委屈？

生（停止哭泣）：是！

我：噢，那你把你的委屈说给我听听，我来给你评评理。

生：明明是他先骂我，我才打他的，你怎么只批评我，不批评他！

我：所以你觉得不公平？

生：是。

我：他骂了你，你很生气，我可以理解，你打他，老师却只批评你不批评他，你更愤愤不平，是这样吗？

生：嗯。

我：那他为什么骂你？

生（气鼓鼓）：因为以前我借给他一支笔，他搞坏了，我就打了他。

我：噢，我明白了。你现在心情平静一点了吗？要不要喝点水，来坐下来，我们聊聊吧。如果老师确实有做得不对的地方，我也和你说抱歉。

生（从地上起来，坐在凳子上）：嗯。

我：你在课堂上打人，动作非常大，就算你们两个不愿意上课，但班上50多个人，你这样不仅影响老师上课，也影响同学们听课，所以我批评你。但是你知道我为什么没有批评他吗？不是因为他做得对，而是因为我不了解事情的经过。那你知道我为什么不了解事情的经过吗？

生：因为在上课，老师没有时间问。

我：对了。其实这是一件不大的事，对吗？你现在试着想想可以怎么换一种不打架也不骂人的方式解决这个问题吗？

生：不要打他，好好和他说。

我：是啊。你知道大家为什么总不愿意和你一起玩吗？因为你解决问题的方式方法只有打人。我们要学会沟通，有些事其实真的是小事，如果你明确地表达了自己的不满意，其实这时候，同学肯定会和你道歉的，然后你原谅了他，他心里觉得不好意思，以后会更加关心你，这样反而多了一个朋友，不是挺好的吗？退一步说，如果你明确表达了自己不满意，他还挑衅你，你可以选择反击他，我会站在你这一边。但我们不能没有任何沟通就动手，是不是？

生（释然）：游老师，我知道了。

我：那我们以后和同学相处的时候，先试着沟通好吗？

生：好。

我：你在家里会这样和弟弟抢东西吗？

生：不会。我做什么，我妈妈都骂我，从来不骂我弟弟。有时候是我弟做错的，我妈也骂我。

我：所以你刚才情绪这么激动，是因为在家里总被冤枉吗？

生：嗯。

我：其实有的时候，我们可以试着和妈妈好好沟通，比如说，妈妈，这件事是我做错的，我承认，但是那件事是弟弟做的，你不能把所有的错都怪在我身上，这样我会很难过。

生（惊讶）：好。

我：每个妈妈都是爱孩子的，只是爱孩子的时候方式方法可能有点不对，他们也是第一次当父母，你尝试着好好沟通以后，可能会很不一样噢。

生（露出笑容）：谢谢你，游老师。

**第二阶段辅导效果及反思：**此阶段的教育，帮助孩子走出因父母偏爱导致的不和谐同学关系，以及稍微偏激的性格，孩子时有笑容挂在嘴边。谈话后，我也在思考，孩子是父母的一面镜子，父母的任何行为都会在孩子的身上留下痕迹，特别是问题学生。他与人发生冲突，情绪激动，打架可能都与家庭分不开。于是，我找家长进行了沟通，家长也意识到自己的错误，但却不知该从何下手。我教给他一些方法，家长试着和该生换一种方式相处，收到了一定的效果。

### 第三阶段：表达需求，学会友好相处。

在阶段一与阶段二处理好该生行为习惯上的最大问题后，现需要帮助该生形成科学合理的情绪表达方法。故阶段三的辅导从以上方面入手。

我：当你试着放下打人的想法，和别人先沟通的时候，会不会觉得好一点？

生：好像是。我妈不总骂我打我了。

我：开心吗？

生：开心。

我：但是我感觉你好像还是控制不住自己的情绪。你告诉我为什么？

生：不知道，有时候就是控制不住。

我：你情绪崩溃的时候想得起来自己是什么感受吗？

生：很难受。

我：对呀，这样既伤身又伤心。每个人都有情绪，你想不想知道我情绪控制不住的时候会做什么？我会拖地，一边拖一边骂，把家里的地拖个几遍，气消了，我也开心了。

该生哈哈大笑起来。

我：所以，你知道吗？我们有很多科学的办法来保持自己情绪的稳定，比如跑步、劳动、唱歌、画画等，你甚至可以撕纸、剪纸。总之，以不伤害自己和别人为前提。还记得以前给你们看过一本绘本《煮一碗生气汤》，里面的方法你都可以去试试，你总会找到最适合你又最不伤害身体和心理的办法。这样你就会越过越开心。你愿意试试看吗？

生：好啊。谢谢游老师！

**辅导结果：**本次教育辅导结束后，虽然该生仍有许多问题，但是也有所成长。他再也没有偷过东西，与同学相处也和谐了很多，能在一定程度上控制情绪，脸上的笑容也多了，愿意和班主任沟通。同学们对他渐渐友好起来，他还有了两个朋友。

**辅导反思：**在这一年多的教育辅导中，秉承着关心关爱学生，从学生的角度出来，看行为背后的根本问题的原则，我与家长积极沟通，与学生友好谈话，使该生获得了自我的蜕变与成长。这些可喜的变化，终将成为学生成长路上的垫脚石，辅助他一步一步面对荆棘，走出自己的星光大道。本次改善"问题学生"行为习惯的目标达成，成功有效。

● **专家点评：**一言不合就打人的孩子需要我们观察，观察打人产生的原因。有的是不懂得如何合理表达、有的是模仿、有的是缺少感同身受的能力……游老师从学生角度出发，细致入微深入了解该学生产生不合理行为的背后原因，并通过各种途径引导，使他获得了行为改善。达成了预设目标。

# 一位要强学生的改变

**辅导教师：**何春红

**辅导学生：**邓某某

**辅导时间：**2020年8月至2020年1月

**辅导背景：**该生小学成绩和七年级入学成绩皆名列前茅，是老师心目中的优生，该生自己也对自身的成绩十分看重，在第一次月考中也取得了全班第一的好成绩，但在期中考中发挥失利，成绩倒退到班级中间程度，在得知成绩和排名时大受打击，产生了消极情绪。同时也因和父母关系紧张，在课堂中频频走神，作业也不及时上交，在日常周测中成绩下滑严重。

**学生分析：**该生有较强的自尊心，对自身有较高要求，对自身成绩也比较骄傲，不容许有一点失败，所以在遭受失利时受到了较大打击，心理崩溃，对学习失去信心。也因为性格要强，与父母在学习上的沟通总是有自己的想法，经常会出现争执。

## 辅导过程：

**第一阶段：合理分析原因，提升心理承受力。**

第一阶段的教育内容在于引导学生分析成绩失利原因，提升自身的心理承受能力。以下是我对该生的心理辅导过程。

我：期中考成绩你自己有预想过吗？你觉得自己应该达到什么标准？

生（点点头）：有的，我觉得知识点都掌握了，没想到成绩会下滑那么多，我以为班级前三是没有问题的。

我：但据我的观察，其他科任老师也都反映你上课有走神的情况，为什么上课状态不好呢？

生（有点不想回答）：在想事情。

我：想什么呢？你应该知道上课状态不好也是会影响你的学习成绩的。

生（支支吾吾）：其实……是我跟我妈吵架了，她老是管我这管我那的，我觉得我已经在很努力学习了，可是她老觉得我还不够努力，让我觉得很烦。

我：所以你上课时走神是因为跟妈妈的一些争执，也因为这样你的心理压力很大，是吗？

生（低下头）：虽然有时走神，可是我觉得我已掌握了知识点了，以为这次也能考好的。这次考差，我妈又说我不听她的才考成这样的。我真的觉得是不是我自己就那么没用呢？

我：你虽然没有回答我的问题，但从你的话里也可以看出你对自己是有自信的，同时你认为妈妈的管教给了自己很大的压力。期中考之后，你的学习状态也不好，班主任和其他科任老师都有反映过你有时缺交作业、上课走神的事情，是因为什么呢？

生：期中考之后，我妈又把我说了一顿，可我心里不服气，又起了争执。我之后的周测和小考都想考好给她看，可是不知道为什么越考越差，我觉得自己很没用，老师肯定也对我失望了，我就越来越不想学了。

我：我知道你肯定也是在不断努力提升自己的成绩，想回到以前那么优秀的状态，但你有没有想过自己成绩下滑的深层原因呢？

生（沉默了一阵）：上课走神，学习状态不好……

我：的确，你这次考试没有考好有你学习状态的原因，但你有没有发现，你很在乎妈妈对你的看法，所以在和她争执后很想要证明自己是对的，于是无形中也给了自己心理压力，在压力的影响下你渐渐打乱了自己学习节奏，对自己也逐渐失去信心，成绩才会越来越差，你觉得老师的分析对吗？

该生沉默思考后点了点头。

我：你之前是老师和同学们心中的优生，你对自己的学习方法很有信心，但上了初中之后学科有些调整，以前的学习方法是否还适应现在的学习，你有没有想过这个问题呢？

该生沉默。

我：所以妈妈对你要求严格也许也有她的原因，你也许可以跟妈妈冷静下来好好探讨一下学习方法，对吗？

生：是的……我确实有时候不太想听她说的话，我觉得那是对我的束缚。

我：嗯，其实你可以详细地向妈妈说说你的看法，如果妈妈说的你不同意，你应该心平气和地说出你的理由，争吵不能解决问题。

生：嗯，老师，我知道了。

**第一阶段辅导效果及反思：**本次谈话结束后，该生回去认真地反思了自己的问题，回去跟父母也进行了沟通，在上课和日常作业中也逐渐恢复以前的状态，也慢慢恢复信心，在数学周测中取得了班级第一的好成绩。班主任也积极联系家长，促进该生与家长之间的沟通交流。正确引导学生科学看待挫折，学会分析存在的问题及原因，从挫折中吸取经验，提升自己的心理承受能力。


**第二阶段：正确认识自己，建立合理目标。**

第一次教育辅导后，该生的学习状态逐渐变好，慢慢拾起信心。但在班主任的一次班干部调整，他由班长的位置调整到纪律委员，自己觉得不再受班主任重视，心情十分低落，不太理解班主任的调整，所以本次教育辅导主要帮助该生正确认识自己，为自己定一个合理的目标。

我：听说你最近因为班干部调整的事不开心，是吗？为什么呢？我觉得纪律委员还挺适合你的。

生：可是我本来是班长啊……是不是因为我成绩下降的原因，班主任才对我失望了

我：原来你是这样想的，那你有跟班主任沟通过吗？

生：有的，班主任跟我说我身上的职务太多了，怕我压力太大了，于是让我当纪律委员了。

我：听起来你好像不是这样认为的。听说你之前是班长的同时也是学生会干部，你觉得自己可以兼顾得了吗？

生：我觉得我可以啊，可我从班长变成纪律委员，同学们肯定也觉得我能力不行了。

我：你认为班长这是对你自身能力的肯定，但是变成了纪律委员在你眼中就变成"降职"了，班主任不器重你了是吗？

生：嗯……

我：可班干部调整是很正常的事情，因为经过一段时间，班主任对你们的了解更加深入，对班干部做出适当调整，班级的管理方面也会更好。

该生沉默。

我：那从另一个角度去想，你觉得班长跟纪律委员的职责有什么区别？

生（思考了一下）：班长更多的是协调和统筹整个班级的管理，也负责跟班主任联系。纪律委员是负责班级的纪律维持，把违反纪律的同学记录下来。

我：是的，也就是班长更多需要的是协调和组织能力，而纪律委员为了能够严格执行学校纪律则需要公正、严明、大胆和细心等品质。

生：是的。

我：那你认为自己的性格来说，比较适合哪个职务呢？

生：我不知道……

我：从跟你之前的谈话来看，你能跟妈妈坚持自己的学习方法，我觉得你是个有原则的孩子，同时你的班主任也跟我提过，你在做班长的时候已经把学校荣耀班的评选规则都记得很熟。班主任把你的职务做出一个调整，只是认为你更加适合纪律委员，并没有不重视你的想法。而且班干部每个学期都会进行小调整，这次并不代表以后，你还是可以在以后竞选想要尝试的职务，对吗？

生：嗯……

我：同时因为你在学校里也兼任着学生会干部的工作，考虑到你的精力有限，才做出的调整。至少你现在能有更多时间专注在学习方面不是吗？

生：嗯。我是很想把成绩提上去的。

我：对啊，而且你发现没有，你对自己其实有很高的期望和要求。

生：是的。我想把每件事都做完美。

我：我们每个人都会对自己有一个期望值，当我们做的事情结果达不到我们的期望值时，就容易增加挫折感。但每个人精力有限，有时候要把每件事都做好不容易，必须要分清轻重缓急。从这个方面来说，我认为你应该为自己制定一个合理的目标。

生：嗯……

我：那我们现在来梳理一下，一起定一个本学期的目标。在学习方面，期末考你有什么目标呢？

生：我想考到全班前五。

我：好，从你之前的成绩来看，这个目标也是比较合理的。那么在学生干部方面，你有什么目标吗？

生：我想把学生会干部做好，以后竞选学生会长。班里的职务，我觉得我先把纪律委员做好，帮助班长和班主任管理班级纪律，让同学们都看到我的能力。

我：嗯。看得出来你有认真在思考你的目标。那有了目标，你可以回去继续制定你的行动，怎么样来实现你的目标。

生：好。

**第二阶段辅导效果及反思：**第二阶段的教育辅导，主要是帮助该生正确认识自身的优势，合理制定目标，提升自信心。这一阶段的教育辅导从分析该生的性格优势，增加其自信心，制定能够达到的、合理的目标，最后在目标达成的时候，能够大大增强该生的成就感。

## 第三阶段：正确看待挫折，积极面对挫折。

通过前两个阶段的辅导，能看到学生的状态在不断地转变，为了帮助该生能够树立正确面对挫折的观念，需要对该生进行第三阶段的辅导。

我：这一次的期末考感觉怎么样？

生：离我定的目标还差一点。

我：听起来你还是有些沮丧，对吗？

生：嗯……

我：我觉得你不用操之过急，学习是一个慢慢进步的过程，至少比之前进步不是吗？

生（点点头）：我觉得我没有像之前那样受打击了，我其实做了心理准备。

我：感觉你已经掌握了一些应对的方法了，与父母的关系有好转吗？

生：好一些了吧，老师和我妈沟通过之后，感觉她没有之前那样老压着我了，我现在也慢慢能听进去了。

我：你之前把成绩看得太重，对自己的要求太高，这根弦绷得太紧，所以结果达不到你的预期，你就大受打击。每个人生下来不可能一帆风顺，每个人在奔往理想的道路上总会遇到困难和阻碍，你的骄傲不允许你失败，但却没教会你如何在挫折中成长。希望你能从这次的挫折中摸索出一条道路，而不是跌倒于此。

生：老师，我明白的。

我：保持优秀是很难的，但老师相信你会不断地向优秀靠拢。所以我给你一点小建议，你可以继续保持你的骄傲，但是不要被它蒙蔽了双眼，允许自己犯一点小错误，在遇到困难和挫折时，能够像老师引导你一样自己来梳理过程，汲取经验，这样，你才能不畏艰难困苦，勇往直前。

生：虽然我现在不能完全做到，但是我会一直努力的，谢谢老师！

**辅导结果：**本次教育辅导结束后是寒假，该生也曾问我拿过下学期的学习资料，打算在寒假期间进行预习，看起来该生对学习的热情十足，渐渐恢复自信，目前看来，对该生的辅导起到了一定的作用，在之后的时间我也会持续关注该生的情况。

**辅导反思：**通过这次的教育辅导，其实也会发现，在面对学生时，有时会控制不好力度，把挫折教育等同于打击教育，当学生遭遇挫折时，父母老师一味地说教和指责，缺乏正确的指导，会让孩子更加郁闷无助。因此，在教育孩子面对挫折时，我们需要给予他们一定的情感支持，帮助他们积极面对挫折。

● **专家点评：**我们的家长都希望孩子获得成功，在接待个案的过程中，我发现压力大的孩子往往来自父母控制比较严格的家庭。在引导陪伴孩子成长的过程中，我们需要引导遭遇挫折的孩子合理认识所面对的困难，帮助他们调整认知，客观地认识自己。桥头学校以积极心理学为基础，组织老师们开展挫折教育下积极心态建设的研究，对于正在探索"我是谁"的青春期少年来说，十分契合。

# 在坚持和放弃之间

**辅导教师：**郭凯欣

**辅导学生：**戴某某

**辅导时间：**2020—2021学年第一学期

**辅导背景：**该学生刚入七年级时，毛遂自荐当上课代表，但入学初期他个人的成绩以及学习行为习惯一直较差。他表示对自己开始有更高要求，想开始逐渐有转变，但行动起来又总是约束不了自己，内心很矛盾，在坚持和放弃之间开展拉锯战，觉得自己其实很想进步，但又变成行动上的矮子，每次作业得不到A等级或者考试成绩比不过另一个课代表，他就觉得自己很差劲，产生了挫败感。

**学生分析：**戴某某个性比较张扬，活力充沛，对周围事物敏感程度较高，个性要强偶尔又容易不自信，但自我约束力和毅力不够强，当想法和行为发生冲突时，内心没有找到一个平衡点。

## 辅导过程：

### 第一阶段：提高自我效能感，消除习得性无助。

该生由于自身小学成绩不理想导致升入初中对自己不自信，在中学失败一次后就容易开始放弃，也就是习得性无助，久而久之就更懈怠，所以第一阶段重点放在自信心的建立上。

以下是对该生的心理辅导过程。

我：其实你是一个很有活力的孩子，在学业上也开始对自己有更高要求，但是你由于和另一个课代表对比，觉得作业和成绩没有他好，觉得难过，那你觉得除了难过，还有什么感受或者想法愿意和老师说一下吗？

生：我知道自己一开始成绩就不太好，但是我觉得也努力了，每次作业拿不到A+或者A，我担心班里同学不会肯定我这个课代表。

我：其实老师也看到你的改变，只不过成绩上的进步是慢慢呈现的。老师是肯定你这个课代表的，因为你积极认真负责，为同学服务。老师相信同学们也看得到你的付出。

生：嗯，谢谢老师的肯定。

我：老师选课代表不是用成绩来衡量一切的呀，这个工作你做得很好。

生：老师，我就是觉得我是课代表，应该成绩也要好。

我：你有这个想法老师很欣慰，我觉得只要你付出行动，一定可以的。

生：我感觉大部分时间我上课还是挺认真的，也能听懂，但有时候好像也控制不住开小差，感觉想做好，可是又抵挡不住玩的诱惑。

我：能不能具体说说？

生：有些家庭作业，感觉好多就不太想做，可心里也知道不做不行，觉得挺累的。

我：你要相信自己是可以做好的，其实我们每个人都有三个层面的自己，分别是超我、自我、本我。我们心里有一个监视自己的人，叫作超我，超我常常会给本我、本能的我发出指令，比如超我说打算让我今晚背诵一篇课文，如果本我克服了懒惰、玩手机的诱惑，完成了超我制定的目标，那么你的自我，也就是现实中的我就会觉得，嗯，我是个很不错的人，挺厉害的，再接再厉，明天还能这么棒。如果本我没有克服懒惰，没有完成目标，自我就会失望，哎，反正我就这样了，也没什么本事达到自己对自己的要求，就这么混着吧。

生：我的本我可能还有点懒惰呢。

我：你可以对自己有一个高的评价的，然后学会自我克制，当你自我约束后获得了成功体验，你自己也会很快乐的。

生：感觉这是一个很漫长的过程。

我：我们可以一小步一小步来，今天你回家学习的时候就试试，做生物作业的时候要求自己克制一次，然后明天再和老师分享一下你的感受。

我在平时课堂教学中，也会适当给他一些能力范围内能回答的问题，甚至让他来给同学们讲解一些题目，他能因此获得快乐感，从而提升自信心。久而久之，他对生物学科的学习兴趣越来越浓厚，师生关系也拉近了不少。

**第一阶段辅导效果及反思：**通过此次谈话，该生在我的科目上尽量上课要求自己坐直坐好，跟上我的进度做好笔记，作业质量有提升，成绩上还未见成效，但是学习习惯明显变好，说明他自发克服阻力的愿望逐渐增强。此阶段的教育中，首先肯定了学生的课代表工作，提升他的自我效能感和自信，这是一个很关键的前提。让他开始减少外在评价对他的影响，开始关注自身，更好评价自己。之后，他就发现自己的问题——自我克制力不强，抗逆力不高。于是他就有了一个切实的努力方向。鉴于他担心因为成绩班里同学不肯定他，在平时应该给他足够的人际支持，来自老师的人际支持的非常重要的一部分，所以老师应该树立尊重接纳所有学生的理念，人人生而平等，每个学生不论成绩好坏都有他作为人的价值。

## 第二阶段：提高硬实力（自律），迁移学习热情。

我：经过这一段时间，老师发现你进步很多呢，自我感觉怎么样？

生：老师，我就是尽力要求自己认真一点，发现我还是挺厉害的。

我：是吧，在生物科目上是有进步的，其他科目的学习咋样啊？

生：老师，生物我一定会学好的。其他科目还有点难，不好说。

我：我觉得啊，你现在生物科目的学习感觉正在步入正轨，你可以尝试把对生物学习的热情进行迁移一下，生物学上叫作嫁接。

生：我是可以尝试一下，就是要一直坚持学习、克制。

我：确实，一直克制挺难，所以你很棒啊，关于自律，老师之前学到了一个简单的方法，这个办法就是延迟满足。延迟满足能力因人而异，不过也是可以锻炼的，我就经常锻炼自己的这个能力，你可以当成是自己和自己玩儿。

生：可以教给我吗？

我：好的，具体怎么操作，比如你在看一部特别好看的电视剧，剧情跌宕起伏，看得你心潮澎湃，但你一看钟表，已经很晚了，可这集还有好多没看完。熬夜不好，但是你又心里痒痒的，非常想马上看完。好，游戏开始了，你关闭电视，按捺住想看的心情，乖乖上床睡觉，你想，这么好看的电视节目是舍不得一次性看完的，把这种愉快的感觉留到明天，细水长流慢慢看。当然你的"本我"可能再跟你咆哮，我就想马上满足！我就超级想知道后面怎么样了。于是你的"超我"安抚了你的"本我"，今天看完了明天就没有了。于是游戏结束，你又胜利了，自律能力又提高了一点，这种内心交战的游戏是非常好玩的，有时候胜利，有时候失败，胜利次数多一些，偶尔失败，就让自己任性一把。你也可以试一试这种延迟满足的办法。

生：自己和自己玩，这个有点意思。我也试试，谢谢老师！

**第二阶段辅导效果及反思：**经过第二阶段的强化，该生自我约束力明显加强，学习热情也在逐渐迁移到其他科目，班主任也对这个孩子刮目相看，惊喜于该生的变化。该生生物科目上从一开始的后进生，一跃成为班级A层以上学生，甚至还考过班级第一的成绩。他也增强了学习自信心，总是很积极地利用在校时间完成作业，遇到不懂的问题会主动请教老师。

**辅导结果：**通过两个阶段的交流，该生的学习习惯和行为习惯有了很大改善，这使得他有了更多的自信去慢慢提升其他科目，从日常在校表现来看，他的自我约束能力也提升了很多。在课代表工作方面，他越来越细心，尽力做好自己的工作，同时监督同学作业和背诵。他逐渐学会反思，而不是其他同学怎么看我决定我怎么做。这两个阶段的交流是经过了一个学期的，在这个长周期里面，该生渐渐地提升自己，努力实现后进生的奋起直追。

● **专家点评：**心理学有个皮格马利翁效应，当你被周边的人饱含着美好期待的时候，你就会变得越来越好。郭老师有很好的心理学基础，深知青春期孩子的心理发展特点，尊重引导他，帮助学生更清晰地认识自我，并激发学生的价值感和学习动机。在正向行为的引导过程中，利用正强化的方法及时巩固好的行为，并时时激励，帮助学生形成习惯。

# 一名班干部的成长

**辅导教师**：李帅

**辅导学生**：冯某某

**辅导时间**：自2020年9月至2021年2月

**辅导背景**：该生刚进入七年级时，表现非常积极，争取做班级卫生委员与英语课代表。但自从做了卫生委员后，他的管理能力与工作能力并没有得到同学们与老师们的认可。在班委轮换选举时，他因没有得到理想的投票数量而崩溃大哭。我在与他交流时，他总是埋怨、指责他人，感觉自己很委屈，被同学孤立了，没有朋友，没有心情学习。

**学生分析**：该生做事比较积极，但有点莽撞。爱在老师面前表现自己，在同学面前炫耀自己，但不考虑自己的言行是否会对他人造成影响。他非常希望老师们能够偏爱他，同学们能够喜欢他，但又不能受一点点委屈，不能主动承担责任。当受委屈时，他会一边哭一边责怪他人，他还很爱说谎。

## 辅导过程：

### 第一阶段：引导换位思考。

新生入班的第一天，他就主动找到我，欢喜雀跃地申请做卫生委员。我答应了，并说这只是临时担任，一周后需要班级同学投票选举。他手舞足蹈地和其他学生讲述这个"喜讯"。之后，经常会听到他与负责值日的同学发生争执，同时班级卫生检查时不时会出现扣分状况。在班委竞选时，他只拿到了很少的选票，从而失去了当卫生委员的机会。他显得很失落。

中午我看到他独自一个人在教室外边待着，就把他叫到办公室。

我：是不是因为竞选失败而失落？

他不说话，低着头，时不时地用手擦去眼泪。

我（安慰）：没事的，不要哭嘛。你在老师的心目中是个很负责任的好孩子。虽然这次竞选落败了，那咱们一起分析一下原因，争取下次做得更好。

生（缓缓抬起头，伴随着豆大的泪珠抽噎）：老师，我之前跟同学说我能一直当卫生委员的，现在我感觉很没有面子，他们都不喜欢我。

我：你是因为落选了，感觉丢面子了，所以怕别人嘲笑你，感觉没有朋友？

他再次低下了头，沉默着。

我：其实竞选落败，并不丢人，更不代表同学们不喜欢你。你知道林肯吗？他在成为美国总统之前参加过很多次竞选，都失败了，但是他没有气馁，在51岁时竞选美国总统成功了，成为备受美国人民爱戴的总统。

他再次抬起头，脸上阴转晴。

我：所以我们不能怕丢面子，也不要担心没有朋友。我们需要向林肯总统一样反思一下为什么落败，好不好？

他坚定地点点头。

我：那咱们先分析一下你当卫生委员时是怎么组织工作的。

生：我命令他们倒垃圾，很多同学都不愿意倒垃圾。在打扫卫生时，很多人在那里玩，也不听我的话。

我：如果在打扫卫生之前，给他们分配好任务，会不会好一点呢？

生（点点头）：如果有的同学不想打扫卫生呢？

我：假如你是那个不愿意倒垃圾的同学，你愿意听到"垃圾桶满了，我们一起倒一下垃圾，可以吗"，还是"你赶紧去倒一下垃圾，如果你不去，我告诉老师"？

生：第一个。

我：为什么呢？

生：因为第二个是命令我，我感觉很不爽。

我：对啊，我也愿意听第一个。如果你听到第一个的提醒，是不是就明白自己做得不好，而且会认真完成自己的工作？

他想了想，羞愧地点了点头。

我：我们在与同学交流时，应该注意什么？

生（笑了笑）：自己的言行举止。

我：对，老师期待你能为班集体贡献自己的力量。

**第一阶段辅导效果及反思：**本阶段的教育内容中，比较值得借鉴的是从该生的角度分析问题，通过伟人的例子进行疏导教育。当时该生很顾及自己的面子，感觉受到了冷落，非常委屈。所以我们在教育他时不能太过于直接，应该对他之前的工作给予肯定与表扬，同时通过伟人的例子加以开导与激励。然后慢慢地引导他寻找问题的根源，并站在学生的角度通过多种角色扮演让学生意识到自己的错误点。

### 第二阶段：促使正确认知自我。

初一下学期，我根据孩子们的成绩与性格重新分配了座位，希望他们相互合作，共同进步。他虽然爱出风头，但是内心比较敏感，很在乎别人的看法。所以我想帮助他得到同学们的认可，获得他想要的友谊。

在分座位的当天，我先读了各个小组的组员，然后让他们推荐行政组长。当我念到他的小组时，他惊讶地发现他们小组就他一个男生，他显得很不好意思，甚至表现得很抗拒。他不愿意参与小组讨论，整个上午都闷闷不乐。其实我知道他心里在想什么，这也正是我想让他克服的地方。

午餐时间，我看他一直在那儿生闷气，故意走到他面前。

我：怎么了？刚开学嘛，要高兴呀。

生（愁着脸，有点埋怨地）：老师，我不想在那个小组，她们都不喜欢我。

我：为什么呢？她们都是女生吗？（因为之前他和男生坐在一起时，上课老是说话、闹别扭，搞得整个小组都鸡飞狗跳。而女生比较安静，希望他能够先安静下来，其实他那个小组的女生纪律性都比较强，而且很团结。）

生（苦着脸）：其他的同学都笑话我，而且她们是女生，都不欢迎我。

我：你们小组的女生特别欢迎你啊，你是小组唯一的男生，是个"国宝"啊。她们都说你做事比较积极，很负责任，希望一起努力成为优秀小组呢。

生：那，那其他的同学笑话我怎么办？

我：他们是羡慕你啊，他们没有这样的机会。同时这是老师对你的信任，希望你能担起责任，带领你的小组成为优秀小组。

生（笑起来）：老师，你真是这样想的吗？

我：对啊，你是你们小组中数学成绩最好的，同时你也是最积极的。老师希望你帮助你们小组成员，提高他们的数学成绩，你任重而道远啊！

生（兴奋地跳起来）：老师，我知道了，我一定能做好的。

这次谈话后，我发现他主动融入小组，积极参与小组讨论。在课下，我每次遇到他时都会暗示他：你最近数学课表现不错啊，但是你小组其他成员有很多数学问题，而我的时间比较有限，你可以帮我想想办法或者多关注一下她们的数学成绩吗？我是数学老师，他是小组的数学顾问。

生（想了想）：老师，我能不能放学后留下来？我想给我的小组组员答疑。

我：可以啊，我想她们会很高兴的，但是你要有耐心哦。

生：老师，你要相信我，我能做好的。

**第二阶段教育效果及反思：**此阶段的教育，主要是引导孩子积极地帮助他人，从而收获友谊。刚开始，我们需要让孩子直面自己的缺点，给他们适当的挑战。然后让他们建立被需要的意识，以及主动帮助他人的观念，从而让他在不知不觉中收获友谊，同时明白团结合作的重要性。

**辅导结果：**通过一系列的引导与教育，他成长了很多。他由一开始的爱出风头、鲁莽，变得沉稳、注重自己的言行、礼貌待人。同时，他所在的小组表现得非常积极。在最近一次数学测试中，他们小组的数学成绩提升很多，他的数学成绩更是名列前茅。

**辅导反思：**经过这两个阶段的教育，该生进步很多。一方面，他意识到自己的缺点并积极地改正；另一方面，他也明白了团结互助的重要性，不但收获了友谊，更取得了学业上的进步。从这两个阶段的教育，我也收获了很多。作为老师，我们也学会从不同的角度分析问题，深入了解孩子们的心理特征，同时也要想方设法地给孩子营造机会，引导孩子利用自己的优点来弥补或者战胜自己的缺点。

● **专家点评:** 李老师在对该生的引导中积极采用名人经历、学生自身擅长的学科等方式有效地调动学生的积极性,并通过循循善诱的谈话让学生懂得理解他人的感受,积极沟通。该生在李老师的帮助下顺利适应了初中生活。

# 从一无是处到阳光自信

**辅导教师**：梁晓艳

**辅导学生**：杨某某

**辅导时间**：自2020年9月至2021年1月

**辅导背景**：该生七年级入学时，成绩倒数，是师生眼中的"后进生"。虽然课堂上也认真听讲，并按照老师的要求认真做笔记，可作业还是不会做。所以她认为自己头脑不聪明，不适合学习。性格内向腼腆，不敢主动与老师交谈，不敢在公共场合表达自己的想法，严重缺乏自我认同感。认为自己一无是处，产生了巨大的挫败感。

**学生分析**：该生性格内向，个性也较胆怯，非常不自信，比较在乎别人的看法。加之家庭经济条件不好，成绩不好，又觉得自己形貌平平，内心非常自卑，极度缺乏自我认同感。

## 辅导过程记录：

### 第一阶段：克服恐惧，培养自信，构建自我认同感。

在一次生物课上，我抛出了一个问题，因为问题相对比较简单，于是我就挑了杨同学。她慢慢地站起身来，把头埋得很低，半天也没有回答一个字。课后与该生交谈后，发现她其实会，但害怕出错，害怕同学们笑话她，所以不敢回答。故第一阶段的心理辅导内容重点在于倾听、共情，引导学生克服自卑、培养自信，构建自我认同感。

以下是我对该生的心理辅导过程。

我：我知道，今天生物课没有回答出老师的问题，这件事对你有点影响是吗？

生（低下头）：嗯……

我：老师看得出来，你当时挺难受的吧！（引导该生表达自己的感受）

生（支支吾吾，很胆怯）：嗯……其实那个问题我会。

我：怎么不说出来呢？

生（声音很小，非常腼腆）：因为我不确定那个答案是不是正确的，怕说错了，让同学们笑话，让老师失望。

我：你的心情我特别能理解。老师小的时候也像你一样，最怕在课堂上回答问题了。其实这是一件很正常的事情，大家都希望自己能给别人留下一个美好的印象。（与学生共情）

该生微微地点了几下头，表示认同。

我：其实老师上课提问，只是想了解一下大家的学习情况，从而反思自己的教学是否适合。所以，即使回答错了，也是完全没有关系的。

生：但我还是担心同学们会觉得我笨，这么简单的问题都不会。

我：不会的。你看老师平时的课堂，也有很多同学答错问题，甚至班级前几名也经常答错。你觉得他们笨吗？

该生摇了摇头。

我：其实你自己怎么想的，怎么回答就好。很多时候，问题根本没有标准答案，只要言之有理就是好答案。如果你不表达，别人怎么知道你是怎么想的呢？也许我们会错过一个"惊天地，泣鬼神"的绝世好想法呢？（故意幽默，缓解气氛）

该生忍不住笑了，整个人看起来轻松了很多。

我：你觉得自己有什么优点？（换一个话题，引导学生自我认同）

生（略显尴尬）：弱弱地说，好像没有什么优点。

我（语气略显严肃）：仔细想。

生：我从小到大成绩都不好，真的没有什么优点。

我：啊？一个人怎么会没有优点呢？现在给我想，想不出五个优点，不许离开我办公室。

批评学生觉得自己没有优点，我批评得越严厉，学生越觉得老师很认可自己。

生：老师，我从来没有撒过谎，算吗？

我：说明你非常诚实。诚信是多么宝贵的品质呀，是人身上一个非常闪亮的优点。今天晚上回家，写十个优点，明天早上交给我。

生：好的。

第二天，该生拿着昨天我布置给他的作业来找我，我看到她写了自己乐于助人、吃苦耐劳、认真负责、勤奋、善良……

我：看，不是有这么多优点吗？怎么可以说自己没有优点呢？

该生羞涩地低下了头。

我：班级还缺一个副生物课代表，老师邀请你来担任，可以吗？

生：我生物成绩不是很好，可以担任吗？

我：课代表只需要认真负责就可以，我觉得你非常适合。

生：谢谢老师的信任，我一定好好干。

**第一阶段辅导效果及反思：**谈话后，该学生开始协助课代表收发作业，工作认真负责。我明显感觉到她在课堂上听课更加认真了，偶尔还会主动举手回答问题。虽然声音有点小，但是我始终相信"时光不语，静待花开"。本阶段的教育内容中，比较值得借鉴的是引导学生科学认识和对待老师的课堂提问，克服恐惧，建立自信以及构建自我认同感。


**第二阶段：正确看待考试，查漏补缺，重拾学业自信。**

该生因期中考试失利而备受挫败感，在生物课堂上大哭。第二阶段的教育内容重点在于理解、共情，引导学生悦纳失败，合理归因。制订合理的目标，掌握科学的学习方法，重拾学业自信。

我：我知道，你觉得自己本次考试考得很差，很难过，对吗？

生：点点头，嗯……

我：你自己也没有想到会是这样的结果吧！

生（声音低沉）：是的。

我：那你本来的目标是怎么样的？

生：我觉得35~40分之间，但至少及格吧。

我：难怪你会这么难过，你给自己设定的目标都没有达到呢！

生：是啊，为了这次月考，我花了很多时间来复习。上个周末，我都在家复习生物，其他科目都没有怎么复习。

我：花了超级多的时间与精力来复习，结果发现付出与收获不成正比，真的太令人失望了！

生：我觉得自己很失败，真的很没有用。我对不起老师，老师对我那么好。

我：老师特别理解你的心情，你一点也没有对不起我。作为课代表，你非常认真负责，是老师的得力小助手。反倒是老师有点不好意思，你为班级和老师做了这么多事情，老师却没能帮助你考出满意的成绩。

生：不，是我自己的问题。

我：其实这次考试的题目较往常偏难了一点，你有没有这种感觉？

生：好像是。

我：每次考试的题目难易程度不一样，拿这次考试的成绩跟上次相比，你觉得合理吗？

生：好像不太合理。

我：其实老师从你平时的作业可以看出，你最近进步很大，好几次作业都是A。一次考试成绩并不能代表什么，你平时觉得生物学起来难吗？

生：还行。就是上课感觉听懂了，做题却老是出错。

我：那么剩下的听不懂的一小部分，你是怎么解决的？

一时间学生不知道怎么回答，我大概明白了她的意思，应该是没有尝试解决这些问题。

我：其实老师特别喜欢来办公室问问题的学生。比如咱们班的谢某某、张某某就经常来办公室问问题，生物课一周就两节课，有时候老师两三分钟就解决他们一周的疑惑。所以，不懂的问题，一定要及时问同学和老师。

生：老师，我放学后可以来找你补课吗？我前面有好几课都听得似懂非懂的。

我：好呀，那我们就约定每周四放学可以吗？

生：好的。

**第二阶段辅导效果及反思：**本次谈话结束后，该同学每周四放学后都会来找我补习20分钟，我有针对性地给了她一些学习建议和指导，后来她课堂上有疑问也敢当堂举手提问。在下一次月考中，取得了满意的成绩。本阶段的教育内容中，比较值得借鉴的是引导学生正确地看待考试成绩，分析原因，查漏补缺，找到科学有效的学习方法，学生成绩自然会有所提高，重拾学业自信。

## 第三阶段：正确看待贫富问题，树立远大的理想。

在一次午餐时，有几个同学向我投诉，说杨同学没有交午餐费，却喝了大家的汤。这个时候，我看到杨同学突然停下了筷子，羞愧地低下头。同时我也注意到，杨同学的饭盒和学校发的不太一样，在她的座位下方还放了一个保温桶。我意识到，杨同学应该是自己带的午饭，吃完饭后盛了"大家"的汤。为了缓解尴尬，我当机立断地说，杨同学是我的课代表，帮助老师做了好多事情，是老师允许她这样做的。老师今天已经吃过午饭了，所以就让杨同学和大家一起吃午饭。同学们这才不再议论，坦然接受。放学后，杨同学看到办公室无人，便来找我。

我（故意装得若无其事）：找老师补课吗？

生：不是，今天中午谢谢老师。（声音低沉并深深地向我鞠了一躬）

我：今天中午？（我假装思索了一会儿）喔，小事一桩，不用记在心上。

我想营造一种轻松的氛围，因为她已经意识到问题了。

生（有点哽咽）：老师，我不是故意的。因为我看到还有很多汤，觉得大家应该喝不完，所以才……

我：老师相信你（拍了拍她的肩膀，给予安抚）。其实学校提供的汤就是给在学校吃饭的同学们免费喝的。因为带饭的同学比较少，所以老师们没有特别说明，其他同学也不知道。（我暂时编了一个理由，因为全班只有杨同学一个人是带饭的，所以后期我计划和班主任协商一下，给予特殊照顾）

生：是这样呀！（杨同学显得轻松了很多）

我：不过下一次遇到类似事情，不知道能不能或该不该做时，最好先问一下老师，这样就不会给自己带来不必要的麻烦了。

生：知道了，谢谢老师。

我：你是班里唯一一个带饭来学校的同学，你的爸爸妈妈一定很爱你，担心你在学校吃不好，每天亲自下厨给你做爱心午餐，真令人羡慕呀！

生（略显不好意思）：其实不是这样的，我家离学校比较远，爸爸妈妈中午也要上班，没有时间给我做饭，但是在学校吃饭又太贵，所以让我带饭来学校。

我：是吗？你妈妈太棒了！虽然，学校的饭菜可能有时候比妈妈做的好吃，但是没有家的味道，你觉得呢？

她若有所思地点了点头。

我：老师整个中学时代都是寄宿在学校，一开始也觉得学校的饭菜种类多，还有自己喜欢的炸鸡、火腿等，但是时间长了就吃腻了，开始想念家里的味道。尤其是上了大学后，常年在外，每次回家最幸福的事情莫过于吃一碗妈妈亲手包的饺子。现在你真的很幸福，要珍惜这段美好的时光呦！

生：嗯嗯，我突然觉得自己挺幸福的。

我：其实幸福无关贫富。虽然没钱在校用餐，但收获了满满的母爱。虽然物质略显匮乏，但是我们可以通过读书，与伟人对话，与圣贤谈心，让我们的精神世界富足起来。你说对吗？

生（使劲儿地点了点头，表示认同）：嗯嗯。

我：当然，我相信只要努力奋斗，面包和牛奶迟早也会有的。但这些不是一个中学生需要耗费大量时间和精力去思考的问题。青春只有一次，转瞬即逝。我们应该不负青春时光，绽放出绚烂的青春之花。

生：好好学习，因为奋斗的青春最美丽。

我：是呀，奋斗的青春最美丽。我们要树立远大的理想抱负，仰望星空并脚踏实地，一步一步地走向美好的未来。

**辅导结果**：本次谈话结束后，我发现该生明显更加鲜活、有生气了，自卑感也减弱了，她轻松、快乐了很多。有一次，她悄悄告诉我，她对生物特别感兴趣，以后想当一名医生。

**辅导反思**：本阶段的教育内容中，比较值得借鉴的是通过善意的谎言保护学生的自尊，引导学生正确地看待贫富，保持幸福的心态，树立远大的理想抱负，并找到自己的人生意义。

● **专家点评**：青少年时期，是学生的快速成长期，也是其人生观、世界观、社会观逐步形成时期，往往情绪波动大。无论自卑还是自傲，都是学生心理问题的反映。因此，老师要遵循学生情绪变化的规律，循循善诱，科学引导，帮助学生克服心理障碍。

# 他只是个求关注的小孩

**辅导教师：**张雁

**辅导学生：**张某某

**辅导时间：**自2020年9月至2020年12月

**辅导背景：**该生成绩不好，但喜欢当老大，经常带着他的小团体在校园里各种搞事情。抽烟、逃课、不交作业、顶撞老师的情况都有发生。

**学生分析：**该生是老师心目中的问题生，成绩差，但爱表现自己，课堂上经常捣乱，顶撞老师，其他同学也深受其影响。他也想学好，但自制力不足，加上之前课程已经落下，因此在想放弃又不想屈服之间徘徊。

## 辅导过程：

### 第一次：带头抽烟。

一天课间，我们班的"小卧底"跑过来告诉我班上有人抽烟。作为新老师的我听到这话，怒发冲冠。我想立马冲到那个同学面前，怒目圆睁地质问他，但是我还是克制住了。冷静了一下午，以及询问了其他老师意见后，我的心情平复了下来。他们这个年龄段，一般是没有烟瘾的，抽烟可能就是出于好玩的心理。问题的关键就在于解决小团体的"头目"——小A。我明白，这件事需要有十足的证据才可以让他们承认。而证据很明显就是烟和打火机。正好接下来他们要上的是体育课，于是我趁他们不在教室，去翻了他的书包（这个行为可能不是很光荣，所以就不提倡大家了）。果不其然，在他的书包夹层里找到了一个打火机。我拍下照片，又把东西放回到原位。等到他们下课后，我把他叫到教室外面。

我：你把什么不该带的东西带到教室里了？

生（思考了一下）：没有啊。

我（盯着他的眼睛）：你好好想想。

生（坚持）：老师，我没有。

我：你们那个小团体的一名学生已经把你供出来了，你确定没有？

他依然坚持说没有。我连续逼问了三五次，他都坚称没有。而且，他还主动说可以看他的书包，于是我开始打感情牌。

我：我们坦诚一点，因为不管你承认与否，事情都已经发生了。据我所知，没有一个家长是同意自己孩子抽烟的。我不了解你的家长，所以想问一下，你父母知道你抽烟之后会怎么样呢？

生：我妈肯定会打死我的。

我：这次我不会告诉家长，但是我们两个得把这件事解决掉。

生（眼睛都亮了）：老师，你真的不告诉家长？

我：是的。

我：那你是不是抽烟了？

生（不好意思地）：抽了。

这应该是我俩建立的第一步信任，紧接着他和我谈论了他之后想干什么以及他脾气火爆的父亲。他说得泣不成声，也答应我不再抽烟了。我也意识到，每一个问题小孩或多或少都是受家庭影响，但家庭问题是一个老师解决不了的。最后我又问，那B、C同学抽没抽？他告诉我，他们也抽了。于是我说，我知道他们都很听你的话，把你当作好大哥，你应该珍惜这份信任。你清楚什么事情该干，什么不该干。这是第一次，我们两个把这件事解决掉，但是如果有下一次，一定不会这么简单了。你也把这个后果转告给其他几位同学。他答应了。这件事就这么解决了，后来也没发现他们再吸了。因为那天谈完话后，我顺便让他写了张承诺书，并且告知他，如果发现小团体中有任何人吸烟，我就把这张纸送到家长面前。

**第一阶段辅导效果及反思**：直至目前，仍未发现吸烟情况。通过这件事，我明白了，解决问题学生首先要攻心为上，获取他们的信任，在平等沟通的基础上与其达成协议，这可能更容易让学生接受。

### 第二次：上课玩手机游戏。

抽烟事件过去大约半个月后，小A违反纪律把手机带到了学校，还明目张胆地放在课桌里，开着机，连着网。周边的学生都知道了这件事。有的觉得不妥，有的觉得很酷，也有的蠢蠢欲动，想寻求一下刺激，课间玩一两把游戏。看到手机后，我已没有之前发现烟时那么震惊了，可能是被每天层出不穷的事情搞得见怪不怪了。当时我脑子里只有一个念头，这件事是重申班规、帮学生意识到手机问题的良好时机。于是我把他的手机直接拿走了，并且关了机。到了下午第二节课，他来找我了。

生（面带愧色，不好意思地）：老师，我手机不见了。

我（假装不知道）：手机？哪里掉的？

生：教室。

我：教室？你把手机带到学校了？

生：是的。

我：我们班会说过吧，不能带手机到教室，你违反校规带到教室里，这个我帮不了你。

生：老师，我知道错了，你帮我找找吧。

我：你想让我怎么帮？

生：我问了班里学生，他们都说没见过，您帮我查查监控吧。

我：现在的问题是，你带手机违反校规在前，丢手机在后。所以我们解决问题的顺序是先解决你违反校规问题，再解决其他。

生（有点慌了）：老师，老师，我带来也没玩。

我：所以如果不玩的话全班是不是都可以带手机到学校？（我自己都感觉有点咄咄逼人，但为了抑制班级手机成瘾问题，暂且只能用这种杀一儆百的方法）

我：这件事，我需要让家长了解，你给你妈妈打个电话吧。

不巧的是，他父母的电话迟迟不接通，于是我们就僵持着。我能感觉到他在这期间的煎熬。到最后一节课，他父母还是不接电话，他开始着急了。因为紧接着放学后便是长达八天的假期，如果手机找不到，一来长假期就没有手机玩了，二来可能手机真的找不回来了。又恰好那天下午我很忙，没有多少时间能和他沟通。到了快放学的时候，我和他说，手机问题是不容置疑的原则问题，如果你真的需要和家里联系，可以让家长给我打电话，又或者你把手机带来先交给我，而不是直接放到教室里。你上课经常犯困，你也和我说是因为晚上刷小视频刷到很晚。这些手机软件的设置就是想要不断吸引我们的注意力，在这个软件上耗费我们更多的时间，很多成年人都对手机没有自制力，何况是你们。因此面对手机，我们要更加自制才行。

到现在这个地步，他当然是百依百顺，连连点头。他再三保证绝对不带手机来学校，也会在周一到周五上交手机。于是我从抽屉里把手机拿出来，他眼睛都亮了，又感到疑惑，但转眼就明白了——这是我设的局，他毫不迟疑地掉了进去。

小A是一个不太服管的孩子，他已经听烦了老师的说教，左耳进右耳出的本事恐怕修炼得炉火纯青了。我的这个方法主要是为了磨磨他的性子，让他记住这一下午的煎熬。因为班里同学比较怕他，如果他带头抽烟、玩手机，可能很多人都会效仿他，所以我想用这种方法苦其心志，劳其筋骨，让他切实感受到犯了错误的煎熬。

到了返校那一周，我顺势上了一节关于手机的班会课，也算巩固一下教育成果。在学习方面，我关注了他一个学期，他进步不大，内心彻底放弃了学习。他在课堂上开始与老师顶嘴，后来我想，得让他在班里有点事做，于是让他做了班级的卫生部部长，没想到他不仅很喜欢这个职务，而且做得非常好。以前班里经常因为值日生拖拉导致扣分，从他上任之后，这种现象再没出现。

**辅导结果：** 到截稿为止，没有再发现班里有同学在学校抽烟、带手机。而他的成绩虽然没有进步，但卫生管理得很好，我也经常在班上夸他，让他找到存在感，并提高他的班级荣誉感。

**辅导反思：** 没有一个孩子不想要受到关注，得到表扬，但是由于各种各样的原因，他们在学习上确实很难找到自信，作为他们的班主任，我有义务让他们在班级里找到自己的位置。这份自信可能影响他们的一生。因此，在教学中，不仅要关注成绩，更要关注学生的身心发展。

● **专家点评**：张老师遇到了一个"不好管"的学生，抽烟、带手机到学校。两次较量张老师都没有"如愿"地达成行为矫正的目标。最后，张老师安排他当卫生部部长，他出乎意料地做得好。可惜这部分的文字描述比较少，只说明了结果，没有呈现过程，而这个过程，确实是行为矫正的好方法。每个人都需要被需要，每个人都希望获得他人肯定。

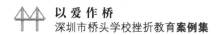
# 批评的背后

**辅导教师：**廉琳琳

**辅导学生：**许某

**辅导背景：**本班某男生，独生子，从小跟随父母在深圳务工，父母为生活奔波，无暇照顾孩子，和孩子沟通交流少。该生进入初中以后，随着课业难度的增加以及自身学习习惯较差，成绩一落千丈，成为师生眼中的"后进生"。

**学生分析：**该生性格要强、好面子，但不想努力行动，在遇到挫折以后，再加之家庭给予的言语冷暴力，表现出无学习热情和奋斗目标，通过与老师对抗博取同学关注，进而影响班级学习氛围。

## 辅导过程：

### 第一阶段：赶鸭子上架、接受挑战。

进入八年级后，他每天基本上都不能主动上交作业，每天都被追着要各科作业，受到老师的批评。久而久之，他就破罐子破摔，任凭老师怎么说，作业就是不能完成，遇到听不懂或者不喜欢的课，书都不打开，要么埋头发呆、睡觉，要么就是讲话。没有任何目标规划，出现严重厌学心理。

一天历史课上，全班同学都在全神贯注地做笔记，唯独他，课本都没有拿出来。我站在讲台上大声批评他，上课已经这么久了，书都没有拿出来，那你来学校干什么的？来混日子的吗？全班鸦雀无声，他慢吞吞地拿出课本开始听课。本想着这次大声批评他后，他能收敛一些，没想到过了几天，他上课还是老样子。我忍不住想要去批评他，但是一想以前批评他都没有效果，就对着他的方向说，最近某某的历史作业选择题正确率很高啊，已经打败了我们班三分之二的选手，如果他再认真学一学，说不定历史可以考A+。此时全班学生都笑了。

我看到他的脸上微微变红，或许是害羞，或许是觉得同学的笑是在挖苦他，我紧接着又说，大家不要笑，如果他认真学习肯定能做到，他是个有志气的男生，如果学期末真的做到了，我就送你一件球衣。一听到送他球衣，全班男孩子都开始起哄，喊着他的名字让他接受挑战。他问我说话算话吗。我说，全班人可以作证。就这样维持了一个多月，他偶尔上课认真听课，在期末考试时，虽然其他科目没有明显进步，但是历史竟然考到了A等级。

### 第二阶段：天台握手、化敌为友。

进入九年级以后，他出现了更严重的问题，除不想学习以外，还偷偷逃体育课、逃课间操、逃晚自习。某一天我去教室拿作业本，发现他坐在位置上玩叠纸，不去上体育课。我和他说话，他只是笑笑，并不回答我的问题，对他的教育基本上进入了死胡同。我对他进行了批评教育以后，给他父亲打了电话，说明了他逃课的事情。

某个周三的晚自习，我发现他和另一个男孩子不见了，问了一下同学，说去厕所了，我就派了一个同学去厕所找，在厕所没有找到后又找了其他地方，还是不见这两个孩子。我很担心，第一时间联系了双方父母。晚自习下了，只有我一人站在讲台上，他俩慢悠悠地走过讲台。我说，你们这一个多小时干吗去了，知不知道我们都在找你们？他抿着嘴说，我俩上完厕所去了天台，然后就聊起以后想要做什么工作，想过什么样的人生……两人写了反省书，便背着书包回家了。有一次，有学生反映他不上体育课，跑出去买辣条。我一听特别担心，立刻给他父亲打了电话，并说了一通他的问题。随后几天他来到学校更加颓废，上课还会偷偷吃零食、做手工。

我感受到他的改变以后，约他来了天台，那个地方是上一次我和他握手承诺的地方。我首先放低身段给他承认了自己的错误。"我不应该只单方面听了其他同学说你逃课买东西，就告诉你的父母，应该深入调查一下。你也要原谅老师的不完美，老师的初衷是好的，也是怕你做了违反校纪校规的事情。上一次我们在这里聊天，规划了你想要考高中的目标，但是最近你做的种种事情，让自己离这个目标越来越远。我很担心你的状态。"

生（原本斜着看向天空的头，转了过来）：你不觉得那些女生说我上体育课出去买辣条这件事情，很离谱吗？我怎么可能出得去。

看来他愿意同我继续交流下去。

我：你现在这个情况是否需要我的帮助？

他没有说话，我就这样坐在那里等着他，大约过了五分钟。

生：剩下的这学期，能不能不要给我爸爸打电话说我做错的事情，我不想让他失望。除了这个，我想让老师您继续监督我的学习。

听到他的回答我很开心，我告诉他只要不是原则上的问题，我可以保证不打电话给他的父亲，他舒了一口气。

我：接下来我们再谈一谈你的目标规划吧！你现在有什么目标？

生（轻声）：我努力考高中，保底考公办职高。

就这样，我俩再一次握手承诺，化敌为友。我把他的位置调到了倒数第二排，我坐在后面改作业时会提醒他好好上课，有时候会给他写一些充满励志话语的纸条，多给孩子正能量，给孩子成长的时间。

**辅导反思：** 通过与该生的多次沟通、交流，我也在反思中得到了成长。

一是在批评学生前，要全面调查实情。在得知学生犯了错误以后，要多方面调查，询问其他同学，不能像我一样，只单方面听取某学生的话语，不分青红皂白地去责备孩子，那样起不到教育他的目的，反而会使师生关系破裂，进而让他消极对待一切事情。事后和该生交谈的过程以及和其他同学的沟通中，发现他并没有出校买东西。

二是和学生相处时要注意心理相容。心理相容指教师与学生在心理上协调一致，表现于师生关系密切、感情融洽、平等合作的人际关系。在天台交流时，我放下自己是老师的角色，先给他道歉，说我做错的地方，在天台承诺以后，他对我的态度没有那么敌对了，我继续监督他的学习，有时是言语上的责备教导，有时会写纸条传给他，让他感受到，原来班主任一直没有放弃他，虽有批评教育，但还是一直相信他、鼓励他。

三是在批评教育学生时刚柔并济，让学生既爱自己，也尊重自己。当发现学生做错事情时，自己一定要理智，尽量先去肯定、赞美他的品德、行为；然后就这件事进行教育引导，不能冲动，乱发脾气责备一通，那样孩子的自尊心会受到伤害，可能会带来一系列问题。

作为一名教师，我知道学生是一个不断成长的个体，要用发展的眼光看待每一个学生。帮助他们改变不好的行为习惯，因材施教，用"新"的眼光来看待这些孩子，才能给每个孩子平等学习的机会。

● **专家点评：**青春期是人生的一个特殊阶段。步入青春期的孩子有很鲜明的特点，个性要强、在意同伴关系、自尊又敏感、比较强调自我。按照心理学家埃里克森的八阶段人格发展理论，青春期是"自我同一性对应角色混乱"的阶段，他们内心冲突比较多，期待获得他人肯定的同时又希望自己与众不同。对于青春期阶段学生的引导，有很多基于这个年龄心理发展特点的教育方法。廉老师运用了恰当的方法，在班集体中表扬他并提出具体的要求，满足了他被关注、被尊重的需要。做有心的教育者，桥头学校的老师们在实践。

# 一名优秀生的多角色安排

**辅导教师：**周淑媚

**辅导学生：**林某某

**辅导时间：**2020年2月至2021年3月

**辅导背景：**该生在七年级入学时，成绩优秀，表现良好，担任某科课代表、副班长、学生会纪检部部员，给老师和同学留下了良好的印象。但某次期中考下滑较多，询问以后，发现该生心思被其他年级的学长吸引了，加上这次没考好，家长想让其辞掉职务一心学习，该生不乐意，和家长关系比较僵，有点叛逆，更无心学习了。该生家里是做生意的，家境较好。

**学生分析：**该生性格活泼，十分有想法，不是老师说什么就乖乖照做的。该生比较在意同龄人的看法，也想维护自己在班级里的"好学生""好干部"人设，性格要强，不想因为成绩下滑被别人议论，因此心理压力较大。

## 辅导过程：

**第一阶段：个别会谈，打开心扉，归纳原因。**

第一阶段在于共情，体会学生的感受，引导其打开心扉，正确看待青春期的情感变化，合理分析本次考试失败原因。

以下是我对该生的心理辅导过程。

我：你认为这次考试没考好，不是你真实的水平，是其他事情扰乱了你的心绪，是吗？

生（点点头）：是的。

我：你认为你的全校排名应该是多少呢？

生：我本来定的目标是全年级前30，结果竟然到了85，我觉得太不可思议了，不能接受。

　　我：原来你不仅没有前进，反而还后退了20多名，记得你入学时是全年级40名，难怪你这几天情绪不高。

　　生：对啊，我平时特别忙，放学回家后先写各科作业，写完都接近晚上11点了，还得做一些学生会的工作。考试前的那个周末，我就出去玩了一个下午。我爸爸还说我不把心思放学习上，我明明是做完了作业才去做其他事情的。（说到这儿，该生叹了口气）

　　我：你的时间安排得很满，这次考试还没考好，有点对不住自己的努力哦。

　　生：我觉得自己没有懈怠，该完成的作业一科不少，但没想到成绩竟然下滑了那么多，实在接受不了。

　　我：我明白你的感受，付出了很多却没有得到相应的回报，就会怀疑自己的努力是否值得。我有一个想法，你要不要听一下？

　　生：什么想法？

　　我：这次期中没有考好不要紧，这只是一次小考，未来你还要经历中考，甚至是高考，和这些考试比起来，这不过是一次小小的期中考。

　　该生脸色缓和了一些，点了点头。

　　我：你现在13岁，才七年级，到了八年级、九年级，学得会更多，到时候又要怎么处理这些知识呢？是不是要花更多的时间在学习上？

　　生：我知道，可是我现在上课有时候还是会走神。

　　我：这就关系到学习效率了，你也感受到你时间花了，但是效率没有提上去，是吗？

　　生：是的，是这样。

　　我：嗯，那你最近的学习状态怎么样？

　　生：我早上6多起来，洗漱，吃早餐，然后父母送我上学，在学校一天7节课，一下课我就喜欢和同学去走廊聊天，看看过往同学，或者去老师办公室看看有没有什么要帮忙的。中午放学，回家吃饭，写作业，玩一会儿，然后再来上学。到了下午放学，就和同学一块回家，回家写作业，吃饭，写作业，写得快我爸妈就允许我玩一会儿手机，然后11点多睡觉。

我：其实你的学习能力没问题，你们初中生精力充沛，不睡午觉也不会觉得累，但是我看了一下年级前几的同学，他们都是在学校午餐午休，有比较充足的时间来睡午觉，下午上课我看他们的状态都不错。你下午上课状态和不睡午觉有没有一点关系呢？

生：应该是有的。

我：嗯，所以不用开例会的时候，你是不是可以在家午睡一下，保证自己下午上课时精力充沛、状态更好呢？

生（认真地点点头）：我觉得可以。

我：还有就是，我观察到你经常去学生会老师的办公室，是她有事情找你吗？

生：也不是，我就是想去看看有没有什么我能做的。

我：学生会是一份很能锻炼自己的工作，可以去别的班级检查，及时将情况反馈给老师。据我所知，学生会的老师也认为你挺负责的，对吧？

生：是呀，我喜欢学生会的工作，喜欢和别人打交道，也喜欢去别的班级检查眼保健操和自习情况，我觉得我热爱这份工作，我想把它做好。

我：好样的，选择自己喜欢的事情且尽力把它做好。但是你这个阶段最重要的事情应该是什么？

生：考高中，我知道的，老师，我也想考好，可是爸妈给我的压力太大了，想让我考上姐姐所在的高中——红岭高中，我觉得对我来说有点难。

我：爸妈对你学习的担忧是有道理的，以你现在这个成绩，考红岭确实有点难。所以他们认为是学生会的工作耽误了你的学习，想让你辞掉，专心学习，他们是世界上最爱你的人，因为担心你才一时情急说出这样的话，我相信他们肯定也能感受到你对学生会工作的热爱，可是孰轻孰重我们还是要区分开来的，对吧？

该生：我还是不想辞掉学生会的工作，我会更努力地学习。

我：那下星期开家长会我和你们班主任好好跟你家长聊聊，劝他们支持你的工作，但是你要保证始终把学习放第一位，可以吗？

生（咧嘴大笑）：绝对没问题，老师！

**第一阶段辅导效果及反思：**本次谈话结束后，在家长会上也和其家长沟通了，孩子是一个比较有想法的人，不能以强硬的手段勒令其该干什么、不该干什么。该生家长也认为自己有时太强硬了，会转变态度，希望她更专注于学习。在走廊看到该生，她精神比较饱满，调整好情绪后，后面的教育会更容易开展。她的期末考试成绩较期中也提高了一些，但还是没有达到自己年级前30的目标。本阶段的教育缓解了学生的情绪，缓和了学生和家长的关系，取得了阶段性胜利，后面应该乘胜追击，帮助其提升学习自信。

### 第二阶段：心理疏导，引导其正确处理青春期情感变化。

上次教育辅导后，该生的状态一直良好，但课间经常和几个同学在走廊上看九年级的学长学姐。有次上课和同学传纸条，任课老师发现他们在讨论前段时间小书吧音乐活动中，一个九年级弹吉他唱歌的学长。因此，阶段二教育方案初步计划是：一是引导该生正确面对青春期的情感变化；二是引导其提高自身信心。

第一步：了解该生的情感变化，获取信任。

我：我看你最近一下课就在走廊上晃悠，和几个小姐妹叽叽喳喳的，看什么呢？

该生沉默。

我：我上次从你们背后看了一下，是不是在聊4班的几个学长啊？

该生脸红了一下连忙否认。

我：我都看到好几次了哦，没关系啦，愿意和我说说吗？我可都教过他们哦，什么情况我最清楚了。

生：老师，我没有谈恋爱哦，我只是和她们在走廊上看看而已啦。

我：我知道呀，我也是从你们这个年纪过来的，美好的人和事自然都喜欢呀。

生（大笑）：嗯！就是这么个情况。

我：但是上课传纸条讨论这些就不对了，你说是吧？

生：是的老师，我知道自己上次做得不对。

我：看来你很了解自己嘛，那你有没有了解过你欣赏的那个对象呢？

生：哈哈，不瞒你说，老师，我就是看他表演觉得他挺帅的，才和小姐妹们分享，她们也这么觉得。我们真没有做什么啦。

我：我当然相信你啦，某某某以前上我的课时我也注意到了，他虽然看起来不是很乖，没想到还有一技之长呢！而且我知道他跑步也很快哦，成绩在年级也名列前茅。据我所知，他是一个非常清醒的人，早早确立了要考某高中的目标，所以你知道吧，你的眼光还挺好哈。

生：是吗？老师，那我应该怎么面对他呢？我有时候上课还会想到他。

我：看来你也发现自己受这件事影响了。

生：嗯嗯，我也想知道怎么处理好。

第二步：现身说法，提升自信。

我：首先，你要明确，这件事在青春期是很正常的事，不要有太大的心理压力。其次，不能再出现在课上传纸条讨论这件事或这个人的情况，这不仅影响自己的学习，还会影响同学和老师。最重要的是，刚才你知道了他的学习情况，他本身是一个很优秀的人，有自己的目标，就像我们喜欢一个偶像，就想着要学习他身上的优良品质，想着向他靠拢。老师以前最喜欢周杰伦了，觉得他有才华又努力，歌还唱得那么好，上学时想要买周杰伦演唱会的门票，又不想向父母开口，自己就定下目标——好好读书，努力工作，以后要看杰伦的演唱会，位置还要是前排的。后来我工作了，有了一定积蓄，恰巧他来我们城市开演唱会，我毫不犹豫地抓紧抢票，虽然没抢到，但后面加价买了别人的票，总算是圆了自己的一个梦想。

生：老师你太酷了，我也有喜欢的偶像，希望以后也能见到他。

我：就拿你现在欣赏的这个学长看，他以后估计要上一个好高中，上一个好大学，拥有灿烂的未来。你想不想像他一样呢？你想不想成为这样让别人欣赏的人呢？

生：我想的，老师！

我：那你知道该怎么做了吧？把他放在心里，作为榜样，激励自己好好学习，成为一个优秀的人！

生：没问题，我一定会更加努力，考一个好高中，让父母放心，让自己的未来更光明。

**辅导结果：** 本次教育辅导结束后，我持续关注该生情况，有时候遇见该生也会简单聊几句，了解情况并进行简单提醒。后来，该生班主任反映，其学习劲头很足，各科成绩都有了进步，也会关心别人，引导身边的同学好好学习。该生成绩回升后，学习信心有所提高，找到了适合自己的调节情绪的方法，抗挫折能力更是明显提高。

**辅导反思：** 在长达一年的跟踪辅导中，可看到该生从无法接受自己的失败到学会分析失败原因，找到解决办法；从处于青春期情感的困惑到能够正确处理情感变化并转化成正能量，她更加自信了，学习能力逐渐提高。可见本次挫折教育目标达成，成功有效。

● **专家点评：** 从周老师的文字中，我们看到一个积极探索、蓬勃成长的初中生，在学习生活与人际交往中遇到了困扰，不能很好地统筹安排各种角色、对应的任务及时间，产生了不少成长的烦恼。周老师引导该生认识到失败和苦恼产生的原因，找到解决问题的方法。辅导取得了较好的效果。

# 冷漠的背后

**辅导教师**：罗雅兰

**辅导学生**：某学生

**辅导背景**：四年级学生，平时话语不多，课堂上也不主动回答问题，很少和老师有眼神交流，就算是老师和他说话，他也是低着头或眼睛向下看，很没自信。成绩基本不及格，对学习冷漠，没有学习兴趣。

**学生分析**：由于长期的学业压力和学业挫败，该生自卑，性格越来越内向，不爱与人交流。对学习也心灰意冷，提不起兴趣，已处于放弃学习的边缘。家长方面，对他也已经攒够了失望，不对他抱希望，放任自流。

## 辅导过程：

### 第一阶段：适时鼓励，提升自信心。

在对他进行教育辅导时，我先找到他的闪光点，再找机会和他谈话。我有意让他做点小事，比如帮老师拿东西、为班级整理书架等。他并不抱怨，能配合做事。我想他只是对学习心灰意冷，这不是最坏的情况，于是找机会和他谈话。

我：你觉得自己有什么优点吗？

生：没有什么优点，学习不好，成绩也差。

我：在有些方面你表现是不错的，例如你能自觉遵守学校的纪律，你愿意帮老师和同学们做一些小事情。这让老师觉得很欣慰，你其实是个挺好的学生。

他听到我的话，抬头看了看我，眼神中有一点惊喜之光。接下来的日子，我还是找些班级的小事让他做，并时不时在班上表扬他，让他感觉自己也能做一些有意义的事情。在得到大家的赞扬后，他的自我价值感也有所提升，更积极主动地为班级出力。看到他的进步，我想是时候切入学习方面了。

我：老师觉得你不太想学习，对学习不努力，为什么会这样呢？

生：我觉得自己学得很差，知识也越来越难，别人学得会，我学不会，不想学了，努力了也没用。

我：老师讲的你不懂，很多题也不会做，确实是挺难受的。但是这并不代表你比别人笨，不用觉得自己比不上别人。你只是有疑问时没及时解决，没及时理清知识，长期下来积累的问题越来越多，才学不会的。你想一直这样下去吗？

生：我觉得自己学不会，没办法。

我：如果大家愿意帮你，老师、同学和家长和你一起面对，先从简单和基础的知识开始突破，你愿意尝试吗？

该生再次沉默，但是他接下来还是点了点头。

我：有改变，才有新的可能。有坚持，才有效果。大家都愿意帮你，如果你有什么难题，可以及时来找老师。

我从年级学科资料库里挑选出一些适合他的资料，给他打印了一份知识点和一份相关练习题。每周利用午读课和辅导课给他讲解，然后针对做错的题目再出一些练习题，给他强化练习。同时也给他备了个小老师——班上成绩好，而且性格也比较好、有耐心的同学小果，告诉他如果有疑问可找小老师，方便及时解决难题。

**第一阶段辅导效果及反思**：通过一段时间的练习，他的基础知识补上一些，成绩有些提高，学习态度也没那么消极了，每天都有事可做，有题可练。当然如果要继续提高，还需付出很多努力，也需要家长的配合。

## 第二阶段：家校沟通，齐头并进。

该生家长忙于工作，无暇顾及孩子，思想上也不够重视，基本放任不管。于是我和家长联系，了解到，由于家有二胎，妈妈没有太多的精力和时间来关注他，而且随着年级的升高，已经无法辅导他的学业，有心无力。爸爸文化水平较高，能辅导他学习，但是孩子基础差，需要花费的时间多，爸爸没有坚持下来，越来越少辅导他，到最后放任不管。

我和他爸爸分析了孩子的学习状态，如果再不调整，可能会影响他学习以外其他方面的心态，孩子还有提高的可能，虽然不能一下有大飞跃，但是如果坚持，肯定会有收获。他爸爸反思了自己做得不够好的地方，决定要多关注孩子的学习。做通他爸爸的思想工作之后，每当该生有点小进步，我都会发信息给他爸爸，希望他爸爸在看到孩子这些进步的时候，明白辛苦没有白费，孩子需要他的帮助，也在他的帮助下越来越好，这样他就更有动力坚持下去。慢慢地，亲子关系得到改善。

### 第三阶段：培养积极态度，提高抗挫能力。

面对挫折，不同学生的态度是不一样的，其结果也就完全不同。作为教师，应从积极的方面引导学生正确对待所遇到的困难和挫折，使他们认识到困难和挫折是我们生活中的一部分，并教育他们如何应对所遇到的挫折，提高挫折耐受力。

我给该生讲述了中外战胜挫折的典型范例，如因遭受失学挫折而奋发成才的爱迪生、法拉第、蒲松龄等，虽处境艰难但自强的达尔文、牛顿等，战胜病残而卓有成就的海伦·凯勒、贝多芬、张海迪等。同时也讲述了身边一些战胜挫折的榜样。这些榜样的遭遇让他明白了生活中难以避免地会有逆境、坎坷、困难，我们要学会正确地认识挫折，掌握应对挫折的策略，提高意志力，勇于面对挫折。

**辅导结果：**经过辅导，该生不再消极地应付学习，成绩有所提高；能够正视自己的弱点，行为习惯也有所改进。

**辅导反思：**每个学生都是一朵花，有的正盛放，有的还是花苞，相信他们总会战胜挫折，总会有开放的时候。我们教师就是要尽己之力帮助他们，然后静待花开！

● **专家点评**：罗老师针对这个案制定了详细的辅导目标，在辅导过程中用榜样的力量鼓励他。心理学家班杜拉的社会学系理论中强调了榜样的力量。青少年树立正面的榜样，可以激发内在动机，并提高自己面对困难的勇气和解决问题的能力。结合家校互动和及时强化，该个案辅导达成了预设目标。

# "捣蛋孩子"的一点点进步

**辅导教师**：李依轩

**辅导学生**：程某某

**辅导时间**：2020年9月至2021年1月

**辅导背景**：该生小学时曾被诊断为多动症，有服药经历。初中入学依旧课堂表现过于活跃，学业困难较多，作业上交、课堂纪律、与同学人际交往等均存在一定问题。某学期初，由于主科老师及班主任调换，该生变得叛逆，课业表现愈发下降，且对周围同学造成不良影响。

**学生分析**：该生虽已升至八年级，但个性较为幼稚活泼，身形、身高、性格均类似小学低年级学生。与老师沟通的态度平等，会明确表明自己的态度。优点：较为亲近、信赖老师，对于老师的批评与教育能较快接受，不抵触；性格天真、单纯，对同学友好，愿意帮班级、同学做力所能及的事情。缺点：情绪化严重，无法控制自己的言行，在课堂上看到感兴趣的内容会大喊大叫；行为习惯较差，对不交作业习以为常；多动行为较明显，上课坐姿不规范，容易东倒西歪或东张西望。

## 辅导过程：

**第一阶段：不谈成绩，拉近距离，放下戒心与防备。**

该生因作业未交被送到我办公室接受批评教育，我未让他补作业，而是让他一边整理书卷资料一边谈话。

我：你上课的时候对学的东西还是挺感兴趣的，对不对？我看你听得很认真。

生（嬉皮笑脸）：那是因为上课的时候常常有视频看。

我：你在课堂上发表的一些见解也挺有意思的，怎么不写在作业里面呢？

生：回家了谁还写作业？写作业的都是傻子，我才不写作业呢。

我：邱某某（与该生关系较好的一名优等生）的作业就写得挺好的，你觉得他是傻子吗？

生（沉默了一会儿）：反正我不写。

我：你不愿意补作业，那愿不愿意帮同学们干活？这是他们的试卷，你给他们整理整齐，这次的作业我不让你补了。

该生同意后，蹲下整理试卷，我递给他零食，他接过后表示很开心，整理得更起劲儿了。

我：看你做这些事情还挺细心靠谱的，是个聪明孩子，是觉得作业太简单了不愿意写吗？

生（咧嘴笑）：那是当然。

我（趁热打铁）：那你想写什么样的作业？我单独给你布置。

生：不要抄写，不要太多字，不要都是材料题，不要我看不懂的图……

我：好，那你今天的作业就换成试卷上这两道题的订正，你把图画在本子上，正确答案写在旁边。

生：行吧。

随后又与该生谈话了约一节课时间，话题主要是班级同学的趣事，从侧面了解该生的生活习惯，以及该生对于学科任务繁重程度的评价。谈话过程中，该生多次微笑，谈话气氛逐渐轻松起来。他开始主动透露一些班级的"秘密"。到了快放学让他回教室的时候，能感觉到师生关系明显拉近，该生也做出了"第二天一定交作业"的承诺。

**第一阶段辅导效果及反思：**本次谈话结束后，该生表现出对本学科的一定兴趣，对老师的态度也友好很多。具体表现，一是在走廊上遇到老师会主动跑过来聊几句；二是此后多次主动交作业，偶尔作业未及时交会到办公室跟老师解释，且随后就补上；三是数次随课代表到办公室交作业，并主动帮忙抱作业、查作业。明显能感觉出，他学习态度有所改变。

**第二阶段：循循善诱，多管齐下，遏制课堂小动作。**

自上次谈话后，该生的作业情况一直良好。但是，由于该生认为自己受到老师的偏爱，在课堂上的表现反而有所下降，具体表现为开始接话；在看视频、听案例时放声大笑，哗众取宠；用发出小声音、做小动作、给同学递东西来获取老师关注。因此第二阶段的辅导，重要的是帮助他养成良好的听课习惯。

第一步：通过谈话，提高该生的自我约束力。

在一次课上，该生手舞足蹈时，我走到该生的身后轻轻拍他。随后在小组讨论环节，将该生带到教室后面进行批评教育。

我：刚刚你的手都快打到前桌女孩子了，她听得挺认真的，回头还瞪了你一眼，你有发现吗？

生（抬头撇嘴）：没有啊，我看她和我互动也挺开心的。

我：你知道吗？大家一直都特别喜欢你，对你特宽容，因为你长得可爱，性格可爱，大家平时多照顾你，都让着你。每次你被老师训话，都有人陪你去，不会背书、不会做题，也有人教你，同学们是不是都对你可好了？

生（笑嘻嘻）：是还可以。

我：你觉得你对他们怎么样？上课的时候捣乱，让他们看不到视频；讨论的时候大叫，影响他们的思路；听讲题的时候不认真，时不时还要打搅他们上课。你觉得自己做得对吗？

生（低头）：那我知道了。

之后的时间，该生表现较好，配合老师回答问题，在背诵环节拿出知识提纲认真背诵，在小组成员的指导下完成了本节课的背诵任务。

本次谈话结束后，我也在思考，该生并非不知道自己行为的对错，而是思想有时幼稚，希望吸引他人注意，以及无法良好自控，有些行为在自己意识到之前就已经做出来了，比如大叫、挥手。该生的自控力相对较差，且对课堂纪律要求十分不敏感，因此规范其课堂状态时，需要周围同学的支持与帮助。

第二步：小组合作，形成合力，共同帮助该生进步。

我校一大特色是每个班级都是由8个小组组成的学习共同体。通常每个小组会包含以下几类学生：自我约束力非常强、学习习惯优秀的尖子生1名，学习习惯良好、较为乖巧懂事的潜力生1至2名，较为努力但仍有较大进步空间的中等生2至3名，以及相对来说暂时成绩落后、学习较为困难、学习习惯及基础可能存在较大问题的后进生1名。程某某在小组内属于后进生，但其所在的小组氛围融洽，学习上进，互帮互助，团结友好，大家都希望帮助程某某成长，该组的尖子生翟某某较为热心，且自身具备优秀的学习习惯、扎实的知识基础与温和耐心的品性。如果要通过他人监督、朋辈互助来帮助程某某改造，翟某某是很优秀的人选。第二次课堂的主要任务是背诵，在背诵任务布置完成后，我先给该生制定了相对较简单的特殊任务供该生完成，并指派翟某某指导、监督该生。

我：今天给你先挑，你选三道这节课要背下来的题，我再给你加一道。

该生果断选了三条最短的知识点，以及附加一条重要知识点。

我：好，再给你选一个背书伙伴，就是你前面的翟某某，她已经先背完了，而且很愿意监督和帮助你，你愿意和她一起背书吗？

生：行吧。

我：那就说好了，今天背书你全都听翟某某的，她指挥你服从，如果比平时背得好，以后就不给你布置统一任务了，都给你自己选，怎么样？

生（喜悦）：好，我也想以后都自己选！

该生在翟某某的引领下，行为有了明显改善。经过翟某某指点，该生的背诵速度明显提升；该生走神、做小动作时，翟某某会提醒该生，他立即收敛，提醒数次后有明显效果；在翟某某认真背诵、标记重点、自行反复练习写易错字的时候，该生仔细观察并有所触动，背诵更加认真；由于翟某某是女生，该生作为青春期的男生，多次背诵不通过后在一定程度自尊心受挫，因此愈发努力背诵。

**第二阶段辅导效果及反思：**此阶段的教育目标是提升该生对本学科的学习兴趣，规范该生的课堂言行表现，养成良好的学习习惯。经过本堂课的实践，该生在朋辈的干预下表现好转较为明显，优秀学生对该生的影响与带动作用十分显著。他人约束虽然有用，但有时限，且存在影响优秀学生学习的可能性。在这种情况下，应该尽早帮助该生建立良好的纪律意识，养成良好的行为习惯，让该生尽早正常上课。

**第三阶段：逐渐摆脱他律，学会自我管理。**

在阶段一与阶段二处理好该生的厌学情绪，提升学习兴趣，提高学习积极性，初步训练该生课堂规范之后，本阶段的主要任务是帮助该生逐渐摆脱需要小组内同学监督才能遵守课堂纪律、完成课堂任务的现状，使该生具备一定自控力。因此本阶段的主要目标是帮助该生认识到自我管理的重要性，掌握自我管理的方法，从而遵守课堂纪律、完成学业要求。

第一步：课程开始前谈话。

我：这节课的任务是背诵这几道题，一共两个单元，你可以选择是在同学帮助下背完两个单元，还是靠自己只用背你选的两道题。

生：两道题比两个单元少这么多，傻子都会选，那我背两道题。

我：好，那有附加一个小要求我要提前告诉你，背两道题的话你要一直在自己座位上背，背下来之前不可以离开座位、不可以和同学说话、不可以大喊大叫、不可以做课堂不允许的动作，你能做到吗？

生：两道题我只用五分钟就可以背完，我肯定能做到！

我：好。那我就当你承诺我了。

生（点点头）：没问题。

事实上该生背诵这两道题花了将近半个小时。出于他自己的承诺，尽管该生数次想要离开座位去和同学搭话、想将背诵提纲一扔趴下睡觉，都在我的眼神提醒下收敛了。这说明做出了承诺之后，该生有一定的遵守意识，并且能控制自己的基本行为。本节课堂该生的行为习惯有明显好转，该生也意识到了这种"自己能管住自己行为"的感觉便是他常常听说的"自控力"。

第二步：课程开始后谈话。

某节课堂我布置过任务后并没有额外与该生进行沟通，起初该生与其他同学一样正常拿起提纲背诵，没一会儿便开始与旁边同学聊天说笑，用提纲挡住脸做小动作。我抓住时机走到旁边，将他带至教室后面开始进行教育。

我：上节课你明明已经好多了，为什么这节课又开始管不住自己啦？你明明证明过自己可以背诵完成得很好，为什么不背书呢？

生：上节课只用背两题，很简单，我想着很快就完成了。这节课我一看这么多，知道肯定背不下来，干脆就直接不背了。

我：以后上课你先给自己布置一个任务，为自己选几道愿意背诵的题，然后举手示意我，我帮你看过你的任务没问题，你就完成自己制定的背诵任务。背诵完成之后，我允许你在不影响其他同学的情况下先写其他科的作业，或者自己看看课本上的插画、图片。

生（垂头丧气）：我知道了。

我：已经很好了，不然就一直把你放我旁边背完才能走，你愿意选哪个？

生：那我就给自己布置任务背诵吧。

本节课该生为我指明了为自己选择的背诵任务后，便开始自行背诵，其间虽有一定程度的东张西望与注意力不集中，但总体表现较为正常。花费了大约一半课程时间完成背诵任务后，该生便开始翻阅书中的插图，提前完成当天的作业。本节段的主要进步是本次课程表现该生基本凭借的是本身的自觉性约束自己，谈话结束后我对他仅进行了眼神提醒，小组其他同学也并未过多关注他。

**辅导结果：**本次教育辅导结束已经接近期末，可观察该生表现的课程量已经较少。但每节课通过我的观察，基本上该生能完成自己的承诺，先给自己挑选几道简单的知识点作为任务，快速背诵完成后才会翻阅其他书籍、完成作业。与本学期初他的课堂表现相比，已经取得了较大的进步。

**辅导反思：**通过对程某某同学的谈话与观察，我能发现对于像他这样学习基础存在漏洞、学习习惯尚未养成、学习任务完成上存在较大问题的学生来说，以下要素在对其的帮助中较为重要：交流初期保持尊重、平等、爱护的态度来进行交流，打消这类同学可能会有的学习抵触情绪、畏难情绪与厌学情绪，帮助他建立学习自信心与学习积极性在后续的一系列沟通中非常重要；交流中多多对他们进行鼓励、口头表扬等精神支持，能帮助他们在每个阶段中坚持下来，避免学习积极性被消磨而造成半途而废；可以通过他们对同学与其他同龄伙伴评价的在意程度来改变他们。青春期的学生眼中，同龄人的评价与帮助至关重要；对于确实难以完成的任务、难以改变的习惯，可以暂时采取冷处理的态度，通过日后长时间的交流慢慢帮助情况好转，不能操之过急。

● **专家点评**：建立良好的关系是心理咨询有效果的重要基础，信任在教育过程中起着重要的作用。对于个案提出具体的目标，并在目标行为发生后及时奖励，有助于激发学生的学习兴趣和学习动机。李老师根据该同学的实际，从学习态度、学习行为和学习态度等方面逐步引导并及时强化，并及时反思辅导过程，总结出班级学生心理辅导的有效的实操经验。值得分享。

# 一名多动症学生的辨识与帮助

**辅导教师：**左娇娇

**辅导学生：**曾某某

**辅导时间：**2020年9月至2021年1月

**辅导背景：**该生七年级入学时较其他孩子明显活泼好动很多，难以自我约束，上课无法静坐、专心听讲，甚至出现频繁离开座位或主动"招惹"周边同学等系列问题。入学半个月来，各科老师反馈的问题较多，除去作业、课堂纪律之外，也会出现与其他班级同学产生口角甚至肢体冲突类的事件。

**学生分析：**该生相对活泼，但因好动以及情绪管控能力较弱，导致其在班级内的人际关系并不是很好，所以性格里或多或少有些自卑。但他在班级里很乐意帮忙分发作业、打扫卫生等，是一个热心、勤快的孩子。

## 辅导过程：

### 第一阶段：发现问题，尝试解决问题。

以下是我第一次尝试对该生的心理辅导过程。

我：上课的坐姿要求是什么，你肯定记得吧？

生：老师，我记得的！就是手放在桌面，挺直腰背。（语气略显骄傲）

我：我怎么发现你上课没有这样坐呢？

生：我就是这样坐的呀！我只是有时候想动一动，我也控制不住啊。

我：这样啊，那老师知道了。这样吧，你用最标准的姿势示范一次给老师看，老师给你拍张照片，然后打印出来，贴在你桌角，提醒你上课要坐端正，怎么样？

生：好啊。

我：那老师希望下次能看到你认真在上课哦。

生（言辞肯定）：嗯！

后续我将这个问题反馈给学校心理老师，咨询了相关情况，得到她的帮助与支持后，决定第一阶段先采取"贴照片"的方式。

刚开始两天，该生较之前有些许变化，观察其上课在"坐立不安"之时，我走到其座位旁点一点照片，他能会意并迅速做出反应。但没过几天，他便开始用书挡住照片，甚至开始"毁坏"照片，后来索性将照片收起来了。

发现该情况后，我跟他聊了一会儿，内容如下。

我：你怎么把照片收起来了呀？

生（很不耐烦）：我不想把它放我桌子上了。

我：这样啊，那你把照片收好，上课还是认真一点。好吗？

生（依旧不耐烦）：我知道。

这次简单的谈话后，"贴照片"的方式显然以失败告终。没过两天，班级学生来办公室找我，说曾同学跟3班同学起冲突了。我和3班的老师到现场时，3班男生的右侧脸颊红了一片。我们询问事情缘由。

生：我下课玩棋，他过来捣乱，我刚刚在洗手间碰到他，就骂了他，他也回骂了。

我：那你动手了？

生：他骂我的。

我：所以你就先动手了吗？

该生沉默。

我：你看看人家脸都红了，动手是不对的。

生（语气有些许不耐烦和害怕）：我控制不住啊！

这是我第二次听到这句话，适当引导教育后，我将该生情况向级长详细报备。级长是我们班科任老师，对他也比较了解。借此机会，我和级长、心理老师坐在一起对该生入学以来的情况做了详细交流，并从其他科任老师及该生小学同学和老师那里了解更多信息。我们认为该生可能有多动症。

**第一阶段辅导效果及反思**：整体而言，第一阶段对该生的了解更多，但存在的问题并未解决，甚至连缓解都未达到。我们拟定了下一阶段计划，决定进行一次家访，尝试了解孩子在家的情况以及家长的教育方式，通过家校共育的方式，帮助孩子尽快调整状态，尽量做到课上的行为管控及常规行为习惯的养成。

### 第二阶段：家校合作，双管齐下。

他父亲在家，母亲和哥哥都不在家。我们委婉提及孩子在校的一些情况。该生父亲一直强调，孩子从小就比较活泼、好动。整个聊天过程中，该生一直在客厅周围活动，或是在几个抽屉来回翻找，或是在阳台上动一些杂物，或是去厨房里翻东西。总之在半个多小时的家访中，他未曾静坐片刻，家长对此也似乎习以为常，并未过多干涉。孩子的好动家长是看在眼里的，但并未意识到问题，只是默认是孩子的性格使然，所以未能予以重视。第一次家访后不到一周，一次班会课上，该生坐在一名女生后面，这位女同学头发很长，他总是忍不住去扯同学的头发，这位女同学随后把他的桌子往后推了些许，该生立马勃然大怒，大骂了一句，言辞难听，音量很大，班级同学都听到了，这位女同学当场就哭了。该名女同学提到该生最近有时候会用大头针往她头发上弄。得知该情况后，我密切关注了两天，发现他确实带了一根针，于是我没收了这根针，并问他为什么带来学校。

生：是别人给我的。

我：那你用针扎同学头发了吗？

生：我弄着玩的，老师。我又没有真的扎。

我：但是很危险啊，你看你前面的女生都哭了，是不是。

生：关我什么事，我又没有惹她，她推我的桌子。

我：你动她头发了，影响到她上课了对不对？

生：我就是逗她玩的。

我：好，那下次不能这样了，这根针暂时交给老师保管，可以吗？

生：好吧。

我决定让家长来学校交流一下孩子在校的情况。家长来学校的事，我并未告知该生，此次谈话目的是希望家长在家里协助孩子养成良好的行为习惯，并寻求专业人士帮助，去相关专业儿童医院诊确认当前孩子的情况。我们陪同家长在教室外观看孩子上课的表现，家长还是强调孩子从小就好动。

我：孩子多动会影响他的注意力，您看他每节课几乎很难静下心来听课学习，这样长期下来肯定有很大影响。其他还是很聪明的，有时候上课无意中听一下就能记住，所以咱们还是要尝试调整他的注意力。

家长：是啊，我和他妈妈平时工作也很忙，确实忽略了他，责任其实还是在我们。

我：孩子的成长离不开家长陪伴，您可以尝试下班回来看一看他的作业，签个名也可以，让他知道你们在关注他。

家长：嗯嗯，我回去和他妈妈也说一下。

回办公室后，我们又和家长聊了一会儿。谈话主要从安全问题入手。家长认同我们三位老师的想法，表示会带孩子去专业的医院寻求相关帮助，心理老师也介绍了这方面情况。期中考试后的家长会上，该生父亲主动将医生的报告给我看，显示孩子确实有多动症，也建议家长学习相关专业知识并辅以药物治疗。家长的言辞里有感谢、无奈等，医生也告知如果来得更早些，治疗效果会更好。对此我们所有参与这个过程的老师都感到欣慰。

**第二阶段辅导效果及反思：**后续该生情况一如往昔，上课频繁大幅度动作，有时会离开教室或控制不住自己情绪对同学大吼，但所有的事情都有一个循序渐进的过程。我站在家长的角度思考问题，为人父母都希望自己的孩子健康，所以接受孩子与其他孩子略有不同本身就不是一瞬间能完成的事，在帮助孩子之前，我所要做的是陪同和鼓励家长迈过心里的那道坎，只有这样，孩子的成长之路上才有更强大的助推力。只有家长和我齐心协力，才能真正帮助到孩子。

### 第三阶段：关心关注，科学引导。

某一天的最后一节课，我开完会经过教室后门时，突然看见该生拿着保温杯往里面吐水，我走过去，同桌说他吞了笔芯前面的笔头。我一看，满杯子都是红色笔芯液体，便急忙带他出去。从他同桌口中得知，他拿了同桌的笔芯，然后咬下笔头。当时正在数学小测，同桌没有过多理他。后来他就跟同桌说，他吞下那根笔头了。我将该生带到校医室后，将杯子里的水倒出来后发现了一根钢针。校医询问情况后，他说自己只是逗同桌玩，并没有吞笔头。但是这根钢针又怎么解释呢？他告知是同桌捡的，他拿过来了。这件事情让我意识到更多的潜在危险，于是我就问了一下他最近有没有去医院。

生：有啊，医生说我有多动症。

我：这样啊，老师以前也有学生有类似情况，那医生有没有让你吃药啊？

生：吃药，没有啊，没事的，吃什么药。

这次简短的谈话后，我跟家长联系后得知家长并未遵医嘱让孩子接受相关治疗。我们只能再次跟家长沟通，将课上的事情委婉告知，并鼓励家长要积极配合专业人士的治疗。这次约谈结束的几天后，我找到该生与他进行交流。

我：老师觉得你最近好像有点不一样，作业交的比以前好，还有家长签名。

生：对啊，我爸妈会看。

我：那你也有很棒，进步这么大，能保持吗？

生：应该可以吧。

我：我觉得你肯定可以。这么多老师都关注你，而且爸妈又那么关心你，每次家长会你妈妈都是第一个到。所以，你自己也要加油。

生：好，老师。

**辅导结果：** 该生在寒假之后出现较大改变，上课集中听课时间相对之前较长，能主动记笔记，甚至在心理老师给的心愿卡上写道："加油！成绩一定会提高！"到这个阶段，我清楚认识到，我必须有更多的信心和耐心。我按照心理老师的意见，给他提供了更多动起来的机会，让他成为班级流动书籍的维护员。我想这是一个更好的开始。

**辅导反思：** 学生问题的显现往往是冰山一角，其背后有家庭等各种因素促成。转换角度看问题，单一的教师视角可能会让解决问题的方式变得狭隘。让家长和我们一起"战斗"，给家长参与教育的机会，这不仅会改变学生，更是老师和家长一起了解孩子、一起成长的过程！

● **专家点评**：需要注意的是，学生注意力缺陷的类别需要医院医生的评估诊断才能下结论。在这个个案的辅导过程中，左老师有意识地认识到这一点。特殊儿童随班就读，需要专业的指导，有的特殊儿童要伴随药物辅助治疗，对于中度以上程度的需要在专业机构进行行为训练或康复训练。左老师在该个案辅导的反思中认识到教育引导学生健康成长需要家长和学校的共同努力。

# 一名智力发育迟缓儿的蜕变

**辅导教师：**王丽群

**辅导学生：**方某

**辅导背景：**该生是一个智力发育迟缓的孩子，有一个学期曾休学在家，后来复读加入了新集体。有着很强的个性，我行我素。课堂上也不例外，不管什么课，只要他想做什么就做什么，影响老师和同学上课。成绩不理想，使得他厌学情绪加重，行为表现经常失控，认为自己不如别人。

**学生分析：**该生性格古怪，我行我素，情绪不稳定，易暴躁，易失控，是个非常自我的人设，渴望受到身边众人的关注，又不太愿意去付出努力，无形中心里形成了压力，挫败感油然而生。

## 辅导过程：

### 第一阶段：引导认清自身，融入集体，学会与他人相处。

第一阶段的教育内容重点以诚相待，同理心交谈，引导学生接纳新的人和事。

以下是我对该生的心理辅导过程。

我：美术课上受委屈了是吗？

该生不吭声，就一个劲嗬嗬大哭，嘴里絮絮叨叨的。

我：不打算和老师聊聊？老师看得出你现在心里很难过，恨不得休假在家里。是吗？

生（边哭边说）：你要我聊什么吗？我就是上课剪一下纸而已，老师就批评我，那些人都看我！我有什么错吗？我又没讲话，那老师凭什么说我？

我（搭搭该生的肩膀）：嗯，书法老师应该换种方式来提醒你！这样会更合适些！至于你说的那些人，是指班上同学吧？

生：是！他们有的还笑我！

我：哦，笑你的同学可就不对了，老师再找个时间和同学们聊聊，好好批评教育一下他们。

生（不再大哭，用手擦眼泪）：我不喜欢上书法课，要写那么多字，那些字又那么不好写，数学的数字一下子我就写完了。

我：是啊，汉字是没有阿拉伯数字那么好对付！可是，你没发现吗？有时一道数学题，就几个阿拉伯数字也要磨掉我们不少时间呀！老师就深有体会，我上学那会，数学就没有那么好。

生（有点不信任的语气）：你不是老师吗？还学不好？

我：我在不做老师之前，我也是一名学生啊！再说老师也有不完美的，不是什么都会的呀，其他同学也都一样的呀！

生：那语文课呢？你会写作文吗？那个作文那么长，要写更多的字，我就不想写，太累了！

我：嗯，你说得有道理，写那么多，当然累了！可是，我还是会写的，有时候，我还觉得写作文挺好玩的。

生（笑了笑）：这么搞笑，写作文好玩？

我：对啊，作文也是要写字，跟书法课上写的差不多，书法课跟着老师好好练习，把点、横、竖、撇、捺写好了，字就有模有样啦，老师和同学自然对你刮目相看！

生（若有所思）：嗯，我就是不喜欢老师说来说去。

我：换是我，我也不喜欢，但是老师如果不提醒你，校长来巡查了，看到你在做别的事，那老师不就要挨批评了！这样多不好啊！

生：啊，老师也会挨批评啊？

我：会的。

生：本来嘛，我就是想着剪完纸也去写一下子，可是我又不会写。

我：你下次上书法课，就别再剪纸嘛，睡觉就更不要了，试着听听老师的课，看看老师怎么书写的，你肯定会写好的。

生：真的吗？

我：那当然，你又不笨。写好了还可以和同学比一比，说不定比很多同学都写得好！

生：好，我下次上课试试。

我：一言为定哦！

生（笑了笑）：好。

我：那回去教室还生气不？

生：不气了。

我：看来你还是很大度的嘛，宰相肚里能撑船。

生：谢谢老师。

我：听到你说谢谢，我很高兴！老师相信你肯定会进步，不会再去随便发飙。

生：我也知道发飙不好，但是……

我：嗯，我相信你的。

生（不好意思）：我想回去上课了。

我：好！好好加油，能做到吗？

生：试试不就行了。

**第一阶段辅导效果及反思：**本次谈话结束后，该生还会时不时来找我聊几句，偶尔也会遇到他在课间和其他同学一起活动。看得出他虽是智力发育迟缓，但症状级别属于轻微型，生活和学习是可逆转的，只是我行我素的个性，一时半会使他无法融入集体。本阶段的教育中，做得比较成功的一点是能够对这个智力发育迟缓儿进行心理疏导和调适。通过谈心，用同理心把他这个我行我素的人设征服，使该生的情绪逐渐恢复。初步达到预期效果。

**第二阶段：勇于面对，克服困难，提升自信心。**

在第一阶段的教育后，该生的行为表现是有进步的，情绪逐渐好转。但是，该生成绩相对落后，长此以往，会对学习完全失去信心！翻看该生的作业，明显看出有畏难情绪！这一阶段的教育主要就是引导该生克服学习困难，给予有效的学习方法指导，让该生有信心对待学习。

以下是辅导过程的谈话教育：

第一步：晓之以理，动之以情地给予语文习作方法的指导。

我：咱们一段时间没见面了，今天我们聊聊，最近班里都发生什么新鲜事？

生（情绪高涨）：足球比赛啊，我们班拿冠军！

我：呀，那你去做啦啦队了吗？

生：我去了，我喊加油喊到嗓子都冒烟了。

我：哇，这么棒啊，怎么样？这个集体不错吧？

生（腼腆一笑）：还可以。

我：那就恭喜你啦，有了一批新朋友哦！

生：谢谢老师。

我：中段考试成绩如何呀？

生（愣了好一会儿才开口）：数学70多分，就是有两道应用题我不会做的，这里都丢好多分。

我：其他学科呢？

生：哎，语文好烦，我没写作文，太难了，我不会写，不想写。

我：写作文是比较烦的，但是它的分值那么高，不写吃大亏了啊！

生：嗯，我每次都考全班倒数，就是因为没有写作文。

我：那这个买卖不划算啊。

生（忍不住笑了）：是啊。

我：不妨把作文啃下来。

生（吃惊）：作文怎么能啃呢？

我：哦，那不是叫你真的啃，而是挑战一下，把它写了。

生：啊，我做不到。

我：其实没有你想象的那么难。比如，在最近要考的第五单元，你试试看能不能写3到5行字啊？

生：哦，那不要写太多，几行我是可以写的，平时作业都写很多行了。

我：对啊，我就是这个意思——从写个三五行开始嘛。

生：可是，我还是会很低分啊，我写字很慢，还有阅读题又那么多。

我：阅读题有些不会做的，我们先跳过，你选择写写作文，如果写得好了还可以拿高分。

生（有些难为情）：好吧……

我：对了，你喜欢读课外书吗？

生：我喜欢看《名侦探柯南》。

我：呀，那太棒了，你可以把看书获得的一些积累在写作时用起来！

生：这个倒可以试试。

我：一言为定，那第五单元的语文检测，期待你写作文哦。

生：好。

第二步：实践出真知，及时予勉励。

我：前几天约好了成绩出来了就等你给我汇报啦，怎么样？是喜还是忧呢？

生：我不知道怎么说。

我：哦，没关系的，哪怕全班倒数第一也没关系，我们再努力努力就好了嘛，后面还有很多次的考试呢！

生（从裤兜里拿出试卷）：老师，我的试卷，你看看，只是有些皱巴巴了。

我（打开试卷，非常吃惊，作文写了7行啊，得了10分，但是阅读题有些没写完）：哇，你太了不起了！作文写了7行哦，还得了10分，这个进步太大了，我得好好奖励你呀！可是为什么试卷那么快就皱巴巴呀？

生：每次考试发卷子我都怕同学看到分数笑话我，我每次都很快地一把抓住试卷，所以试卷就皱巴巴的。我这次听老师的，写了几行作文，虽然阅读题有些没做，但是分数不会全班倒数了，还有3个同学比我差。

我：老师为你高兴。照这样的进展，你会有更大的进步，比如下次考试作文写上十行，那不就可以得10分以上了吗？你看，老师没看错吧，说你行你就行的。学习和生活是一样的，难免会遇到磕磕绊绊，但是只要我们扛过去了，一切就都好起来了！

生：好像是。

我：不是好像，确实如此！

生：我知道了。

我：嗯，好好加油哦。

**第二阶段辅导效果及反思**：此阶段的教育主要是引导该生克服学习中遇到的种种困难，特别是语文学科的习作，给予指导，给予信心。在整个辅导过程，通过谈话，可以确定该生虽智力发育迟缓，但对进步的渴望还是很强烈的，而且在情绪相对稳定的情况下，谈心是没有障碍的！因此，他在学习上获取进步也是可期可待的。

## 第三阶段：逐渐学会控制情绪和心理状态，提升抗挫能力。

在第一阶段和第二阶段的辅导教育后，该生经常性的情绪失控缓解了许多，偶发还是有的。学习方面，该生的自信程度还远远不及正常的孩子，而且也需要时常给予心理辅导，因此，这个阶段的辅导重点就是让该生的情绪稳定和学习自信得到延长和提升。

本次约谈情况如下：

我：有一段时间没见啦，学习可好？

生：我上课没有不听课了，就是数学课现在有些难，我不会。

我：哦，那语文还可以了？

生：好多了，我写了很多次作文了。

我：非常棒啊。数学有些难，你不会请教老师或者同学吗？

生：我在家里问了妈妈，妈妈会教我。

我：你很幸福，有个好妈妈。在学校若是不懂，可以及时问老师呀，这样老师也会帮你解答的。难道你不好意思？

生：嗯，是啊，有时候我不敢。

我：你尽管大胆去请教，只要对学习有帮助，你不需要不好意思啊。哪怕每天解答一个问题，对你都是有帮助的呀！

生：好吧。

我：你还动不动发脾气吗？

生：有时候有，像上一次发脾气，我的本子找不到了，我一直在找，翻遍都没有！我叫妈妈帮我找，她说很忙，让我自己再找找，我就生气了啊。

我：你对妈妈发脾气，妈妈多难过啊！你学习不懂，妈妈会教你，那东西找不着，妈妈叫你自己再找找，没错啊！我要是你妈妈的话，我会好伤心哦！

生：嗯，我是不应该随便发脾气。我……

我：你要知道自己不是一个小孩儿了，不管是生活还是学习，你都要勇敢地去面对它，遇到不如意的事，学会求助老师、家人、同学，大家都会帮你。

生：好，我会努力的。

本次谈话结束后，我继续持续关注了该生一段时间，据反馈，该生生活上许多小事情都能够自己去完成了；学习方面，逐渐认真起来，自信心也与日俱增。

**辅导结果与反思：**在对该生长达三个阶段的辅导中，我想用"蜕变"来形容该生的变化给我最大的感受。他由最初的经常性情绪失控，甚至号啕大哭，不接纳他人和集体，到后来能与同学一起交流，参与集体的活动；从对学习的不喜欢与不自信到逐渐适应，逐渐进步；从逐渐进步达到质的飞跃，语文考了70多分，科学考了80多分。这些变化与跟踪辅导教育密不可分。本次挫败教育目标达成，成功有效。

● **专家点评：**案例中是一个轻微发育迟缓的学生，该生自我意识觉醒，会通过与他人的比较来自我评价。王老师在该生书法课情绪失控后及时进行干预，并通过三阶段逐层递进帮助该生积极看待各门功课、积极融入班级以及情绪的自我管理。案例辅导过程中，王老师的耐心、包容、积极关注等都是积极的治愈因素。

# 后　记

　　经过酝酿、讨论、征稿、统稿、修订等多个环节的打磨，历经近两年的辛勤付出，这本《以爱作桥——深圳市桥头学校挫折教育案例集》完稿，也标志着桥头学校"基于'奋斗幸福观'的中小学挫折教育策略研究"第一阶段工作结束。我们编辑、出版这本案例集，有着多重考虑。

　　第一，促进学校挫折教育课题研究成果的转化。2019年，桥头学校申报了"基于'奋斗幸福观'的中小学挫折教育策略研究"课题，并被立项为深圳市宝安区教育科学"十三五"规划2019年度重点资助课题。为做好课题研究，学校投入了大量的人力和精力，并取得了系列研究成果。科研成果的价值在于实践运用，因此，我们编辑、出版这本案例集，就是对课题研究成果的总结和提升，推动理论研究和实践探索的耦合，促使研究接地气，从实践中来，到实践中去。

　　第二，为中小学挫折教育提供方法借鉴和路径参考。我们开展中小学挫折教育研究，开始定位就是策略研究，也就是说，我们的研究重心是行动研究。在开展研究之初，就确立如下研究目标：构建适应"奋斗—幸福"挫折教育策略体系，推动中小学"奋斗—幸福"挫折教育从具体案例到普遍性规律，从典型经验到扩散推广的迈进，进而在更大范围上为中小学挫折教育提供方法参考和路径借鉴。因此，我们编辑这本案例集，不仅是展示研究成果，更希望能在更大范围，为更多的中小学开展心理健康教育，提供有益借鉴和参考。

　　第三，案例严格遵循"真实"的原则。本案例集汇编了80篇案例，全部来自课题组成员、班主任及学校一线老师的亲身经历。在征集案例时，我们将

"真实"原则放在第一位，要求所有案例必须是真实发生的，心理辅导过程是真实亲历的，不能杜撰，不能虚假。即使心理辅导的结果不尽人意甚至失败，也必须"真实"记录。因为即使失败的案例，其"失败"也蕴含着不可替代的价值。原生态的案例，原汁原味，原原本本，真实呈现，从而保证了研究成果的价值。

第四，对案例进行了适当归类。为便于阅读，更便于家长、学生及同行借鉴及参考，对这些案例进行了适当归类。根据挫折来源，分为"学习压力""家庭影响""人际交往""情感认知"四卷。当然，学生心理健康问题来源往往是多样化的，既有学习方面的压力，也有家庭因素的影响，还是自身情感认知的偏差等，因此，这样的分类不是绝对的。

第五，本书是集体智慧的结晶。本书主编杨晖也是"基于'奋斗幸福观'的中小学挫折教育策略研究"课题主持人。前篇《快速城市化视野下的中小学生挫折教育策略研究——以深圳市桥头学校为例》，是杨晖带领课题组开展课题研究的阶段性成果。案例全部来自学校一线教师，每一篇案例后面的专家点评由副主编石红梅老师完成。石红梅老师是宝安区教科院心理（特殊教育）教研员、宝安区心理教育名师、名师工作室主持人。她对课题研究、学校心理健康教育和案例编辑给予了充分的关注和科学的指导。因此，本书是专家、课题组、教师集体智慧的结晶。

第六，"以爱作桥"的书名思考。做好学生心理健康教育，与学生密切接触的教师是关键；教师要做好学生心理健康教育，爱心和责任心是前提与基础。心理健康教育是做"心"的工作，更强调情感的投入，心灵的交融，这就要求教师对教育事业、对学生有着强烈的热爱，保持高度的责任心。只有这样，才能引导、帮助有需要的学生克服一个个的心理障碍，成功渡过"心海"到达彼岸。"爱"在这过程中就发挥着"桥梁"的作用。因此，我们从"桥头"校名出发，将本书命名为"以爱作桥"，就是希望教师用爱心和责任心，为学生搭建

"心海之桥"，帮助学生摆脱"心魔"，头向阳光，积极向上。

本书的出版，并不意味着课题研究的结束。我们将进一步拓展课题研究的深度和广度，争取更多更优的成果，为学校挫折教育提供更多帮助和指导，也为更多的中小学心理健康教育提供借鉴和参考。

编委会

二〇二一年四月十一日